북유럽의 교사와 교직

핀란드, 스웨덴, 노르웨이, 덴마크, 아이슬란드

북유럽의 교사와 교직

핀란드, 스웨덴, 노르웨이, 덴마크, 아이슬란드

초판 1쇄 인쇄 2023년 11월 21일
초판 1쇄 발행 2023년 11월 27일

묶은이 예스퍼 에크하트 라르센, 바바라 슐테, 프레드릭 튜
옮긴이 유성상, 김민조
펴낸이 김승희
펴낸곳 도서출판 살림터

기획 정광일
편집 이희연
북디자인 이순민

인쇄.제본 (주)신화프린팅
종이 (주)명동지류
주소 서울시 양천구 목동동로 293 22층 2215-1호
전화 02) 3141-6553
팩스 02) 3141-6555
출판등록 2008년 3월 18일 제313-1990-12호
이메일 gwang80@hanmail.net
블로그 https://blog.naver.com/dkffk1020
한국교육연구네트워크 https://www.kednetwork.or.kr

ISBN 979-11-5930-265-7 93370

＊가격은 뒤표지에 있습니다.
＊잘못된 책은 바꾸어 드립니다.
＊이 책은 저작권법의 보호를 받는 저작물이므로 무단전재와 복제를 금합니다.

북유럽의
교사와 교직

핀란드, 스웨덴, 노르웨이, 덴마크, 아이슬란드

Schoolteachers and the Nordic Model

예스퍼 에크하트 라르센, 바바라 슐테, 프레드릭 튜 묶음
유성상, 김민조 옮김

살림터

저자 소개

베아트리체 쿠코(Beatrice Cucco)

이탈리아 토리노대학교(Università degli Studi di Torino)의 박사수료생. 박사과정 동안 비교역사적방법론을 활용해 덴마크와 핀란드의 예비교사교육에서 연구기반 지식을 주제로 연구하고 있다. 현재 북유럽 교사문화비교네트워크의 일원으로 비교교육, 교사교육, 북유럽 국가 등의 주제에 관심을 기울이고 있다.

캐서린 팔켄베르그(Kathleen Falkenberg)

독일 훔볼트대학교(Humboldt-Universität zu Berlin)의 국제비교교육센터 연구원. 비교연구를 통해 교사교육, 교사전문성, 교사평가 및 선발메커니즘, 교육시장화의 국제적 동향 등을 주제로 연구하고 있다. 주로 질적 연구방법을 채택해 연구하고 있는데, 국제비교연구에서 방법론적 논점을 다루기도 한다. 특히 사회주의 (이후) 국가/지역에서 아동기 기억에 관한 연구를 자문화기술지방법을 통해 연구하는 데 관심을 기울이고 있다.

비욘 푸루하겐(Björn Furuhagen)

스웨덴 웁살라대학교(Uppsala University)의 역사학 교수. 고교 교사 교육을 받았고 동대학에서 역사교사가 되려는 예비교사들의 교육을 맡고 있기도 하다. 주요 관심 분야는 교육사, 범죄사 및 경찰과 사회통제의 역사다. 최근 발간한 논문은 주로 스웨덴과 핀란드에서 1950년대부터 진행된 교사교육의 전개과정 및 개혁에 관한 주제를 얀 홀맨 (Janne Holmén)과 함께 연구한 것들이고, 더불어 20세기 북유럽 국가에서의 근대경찰교육의 발전과 경찰조직의 개혁에 관한 것이다.

얀 홀맨(Janne Holmén)

웁살라대학교(Uppsala University) 교육학과의 교육사 전공 부교수이자 쇠더톤대학교(Södertörn University)의 현대사연구소 선임연구원. 연구의 주요 주제는 교육사 분야의 비교연구로 대체로 북유럽 국가(특히 스웨덴과 핀란드) 간 비교연구를 수행하고 있다. 예를 들어, 학교 교과서에서 미국과 소련의 냉전에 대한 묘사를 비교하였다. 또한 교육을 통해 사회를 민주화하는 일, 교사교육 개혁, 고등교육의 거버넌스, 발트해 및 지중해 지역 중등학생들의 정신 상태를 지도로 만드는 일, 도덕 교과서 내 정치체제의 도표를 비교하였다.

크리스티안 라르센(Christian Larsen)

덴마크 국가기록관(Danish National Archives)의 선임연구원. 19세기 덴마크의 초중등학교교육 분야에 관한 연구를 수행하면서 특히 대중교육이 어떻게 출현하게 되었는지를 규명하는 데 관심을 갖고 있다. 최근 'A Diversity of Schools: The Danish School Acts of 1814 and the Emergence of Mass Schooling in Denmark' (Nordic Journal of Educational History, 2017), 'The Danish Secondary Schools 1880-1950: National Legislative Framework and Local Implementation' (Nordic Journal of Studies in Educational Policy, 2018) 'Pedagogical Journeys or Pleasure Trips: Danish Schoolteachers' Educational Journeys, 1898-1932' (Nordic Journal of Educational History, 2020) 등의 논문을 발표했다.

예스퍼 에크하르트 라르센 (Jesper Eckhardt Larsen)

노르웨이 오슬로대학교(University of Oslo) 교육학과의 부교수. 덴마크 교육사학회의 회장을 역임했고 덴마크교육사연보(Danish Yearbook of the History of Education) 발간의 공동편집을 맡고 있다. 관심 연구는 교수법, 빌둥의 개념, 지식제도화에 대한 접근이 어떻게 역사적으로 변천해왔는지를 다루는 것으로 비교역사적 교육연구 분야에 접근한다. 교사교육의 대학화, 사회의 인문주의, 식민지학교사 등에 관해 논문을 발표하고 있으며, 'Knowledge, Politics and the History of Education (LIT-Verlag, 2012)'을 발간했다.

라스 에릭 라르센(Lars Erik Larsen)

오슬로메트로폴리탄대학교(Oslo Metropolitan University)의 박사수료생. 연구 주제는 1960~2018년 시기 노르웨이 고등학교 교사문화의 전개 과정에 관한 것으로 국가와 교직의 관계, 교사동료성에 초점을 두고 있다.

쇨비 마우셋하겐(Sølvi Mausethagen)

오슬로메트로폴리탄대학교(Oslo Metropolitan University) 교사연구센터 소속 교육연구과 교수. 교직, 교사전문성개발, 교육정책, 교육 거버넌스, 책무성 등의 주제에 관심을 기울이고 있으며, 이 주제에 관해 방대한 연구성과를 내놓고 있다. 'Studies of the Teaching Profession, Teacher Education and Education Policy (TEPEE)'를 제목으로 하는 연구팀의 공동연구책임자이며 관련 주제의 다수의 다른 연구에도 참여해왔다. 뿐만 아니라 최근 "Renewed perspectives on research use in education'를 제목으로 하는 연구프로젝트의 책임을 맡고 있기도 하다.

마르조 니에미넨(Marjo Nieminen)

핀란드 투르쿠대학교(University of Turku) 교육학과의 교수. 평생학습 및 교육연구소(Centre for Research on Lifelong Learning and Education, CELE)의 연구원을 역임했다. 주요 관심 분야는 교육사로, 최근 초등학교에서 후기중등학교 및 대학교에 이르기까지의 교육사를 연구하고 있다. 다양한 사료(기록물, 구술자료, 시각자료 등)에 관한 방법론적 접근에도 관심을 기울이고 있다. 무엇보다 여성의 역사 기술에 관심을 쏟고 있다.

티네 프뢰츠(Tine S. Prøitz)

노르웨이동남대학교(University of SouthEastern Norway) 교육학과 교수. 교육정책, 교육개혁, 교육거버넌스 및 교육자치를 연구 주제로 삼고 있다. 현재 연구책임자로 'Comparisons of Leadership Autonomy in School districts and Schools'(CLASS) 제목의 연구프로젝트를 수행하고 있다.

요한나 린가르프(Johanna Ringarp)

스웨덴 스톡홀름대학교(Stockholm University)와 웁살라대학교(Uppsala University)에서 역사학과 및 교육학과의 부교수. 주요 관심 분야는 교육사, 교육정책, 교사전문직화, 교사교육개혁, 교육 거버넌스, 신공공행정 및 국제교육평가 등이다.

바바라 슐테(Barbara Schulte)

오스트리아 빈대학교(University of Vienna)의 국제비교교육전공 교수. 교육모델 및 교육프로그램의 전 지구적 확산과 지역화를 주제로 한 연구에 초점을 맞추고 있으며 비교역사적인 연구 접근방법을 취하고 있다. 30여 개의 학술논문을 발표하면서 '교육, 민영화, 소비주의' '신기술, 교육, 기술결정주의' '중국에서의 교육, 원조, 개발' 등의 주제를 다루어왔다. 최근 중국 남서지역에서의 소수민족 교육, 권위주의 정권에서의 교육 혁신 등의 주제로 연구를 수행하고 있다. 근래에 Wieland Wermke와 함께 작성한 모노그래프는 스웨덴의 국제비교교육 도입에 관한 것이다(Internationellt jämförande pedagogik, Stockholm, 2019).

프레드릭 튜(Fredrik W. Thue)

오슬로메트로폴리탄대학교(Oslo Metropolitan University) 교육사 및 교육이론 전공 교수. 주요 연구주제는 프로테스탄티즘, 교직전문직성, 복지국가 등으로 다양한 연구프로젝트를 수행하고 있는데,

'돌봄직업(교사, 간호사, 사회복지사 등)'에 초점을 맞춘 스칸디나비아, 독일, 미국의 비교연구를 수행하고 있다. 이전에는 주로 대학의 역사, 노르웨이 인문학의 역사, 2차 세계대전 이후 대서양지역 사회과학 통합, 스칸디나비아 역사기술에 관한 역사 및 이론 등의 주제로 연구를 진행했었다. 현재, 〈Scandinavian Journal of History〉의 편집장이자〈Professions & Professionalism〉의 공동편집자이기도 하다.

린지 웨인(Lindsey Waine)

15년 경력의 교사교육가로 유럽의 다양한 대학에서 가르치고 있다. 최근에는 독일 프라이부르그 교육대학(University of Education in Freiburg)에서 강의를 했고, 영국 런던대학교 교육대학(Institute of Education)으로 옮겨 대학원에서 비교교육 석사과정 담당 강의교수로 있다. 비교교육 분야에서 프랑스, 독일, 영국의 예비교사 정체성 발달과정에 대한 경험연구를 비교연구관점에서 연구해 박사과정을 마쳤다.

빌란트 베름케(Wieland Wermke)

스웨덴 스톡홀름대학교(Stockholm University) 특수교육 전공 부교수. 다양한 학교급의 교사실천 및 비교교육방법론을 연구주제로 삼고 있으며, 최근 Maija Salokangas와 함께 〈The Autonomy Paradox: Teachers' Perceptions of Self Governance across Europe (Springer 2021)〉을 발간했다.

수잔느 위보르그(Susanne Wiborg)

영국 런던대학교 교육대학(UCL Institute of Education)의 조교수로 대학원 비교교육전공 주임. 비교교육정치학의 전문가로 유럽교육의 정치학적 논의에 관심을 기울이고 있으며 특히 이해관계자 간의 정치학 및 공교육의 시장기반개혁에 연구 초점을 맞추고 있다. 〈Education and Social Integration: Comprehensive Schooling in Europe(2009, Palgrave MacMillan)〉을 출간했고, 스탠퍼드대학교의 Terry M. Moe와 함께 〈The Comparative Politics of Education: Teacher Unions and Educations Systems around the World (2017, Cambridge University Press)〉를 발간했다. The Guardian, The Times, The Financial Times, BBC, Newsweek, Prospect 등과 같은 언론에 다양한 글을 싣고 있기도 하다.

| 목차 |

표·그림 목차

표

그림

감사의 글

이 책은 북유럽연구진흥협력위원회의 인문사회과학분과(NOS-HS)에서 "북유럽 교사문화비교연구"라는 제목으로 학술회의기금을 지원받아 2019~2021년 동안 진행된 연구네트워크의 논의와 교류의 산물이다.

이 학술회의는 덴마크-노르웨이협력재단(Fondet for Dansk/Norsk Samarbejde)의 지원으로 덴마크 코펜하겐의 세퍼가든(Schæffergården)에서 성사되었다.

또한 이 책에 담긴 내용은 또 다른 학술회의를 주최했던 오슬로대학교의 북유럽지역연구 프로그램인 '북유럽 교육모델'과 연계되어 있기도 하다.

서문

북유럽 교육문화의
통일성과 다양성
북유럽 교육에 대한 신화와 모델

라르센(Jesper Eckhardt Larsen)·슐트(Barbara Schulte)·튜(Fredrik W. Thue)

영국에 가면 공장을 볼 거고, 독일에 가면 군인 막사를 볼 것이다. 덴마크에 가면 학교를 볼 것이다.

(Harvey & Reppien, 1915, p. 163)

'북유럽 모델'에 대한 문제제기

북유럽 모델은 일종의 희망처럼 이야기되곤 한다. '사회주의와 자본주의 사이의 안정된 중도 혹은 사회개혁의 합리주의적 문화와 민주적 제도 사이의 조화로운 균형점'이 존재할 수 있다는 살아있는 증거처럼 말이다(Andersson, 2009, p. 231). '북유럽 모델'은 이제까지 학술 및 정치적 담론의 장에서 화제를 불러 모았다. '북유럽 모델'이라는 표현은 북유럽 국가에 관심을 보이는 사회과학 문헌 및 정책 보고서에 널리 퍼져 있는데, 마치 이 모델이란 게 이 지역의 고유한 정치, 경제, 사회적 문화를 구성하는 태생적 요소인 듯하다. 교육연구라고 하여 다를 게 없다. 교육연구에서 북유럽 모델은 양질의 교육과 평등한 기회를 특징으로 하는 포괄적이고 아동중심적 학교교육을 집약한 말로 쓰인다(cf. Blossing, Imsen & Moos, 2014). 이 책 전체에서 초점을 맞추고 있는 북유럽 국가의 학교교사는 북유럽 모델이라는 배경에 비추어 이해하지 않는다면 도무지 상상하기가 어렵다.

그러나 장구한 역사적인 관점과 더불어 북유럽의 발전을 국가 간, 그리고 각 국가 내부의 발전 맥락으로 고려해보면, 북유럽 모델은 실제 작동하는 것이라기보다 회고하는 방식으로 더 많이 구성되었을 수 있다. 우리가 하려는 바는, 뫼셋(Mjøset, 1992, p. 652)이 두루뭉술하게 이야기한 바처럼 '북유럽 모델이란 건 늘 존재했었어'하는 식이라던가, 혹은 '이 모델은 단지 북유럽 지역을 브랜드화하기 위해서 사용된다는 것'(cf. Marklund, 2017)에 의문을 제기하려는 것이 아니다. 그보다, 우리는 이 서문을 통해 '북유럽 모델'이라는 그럴듯한 자기 설명적 개념을 역사화하고, 문제로 삼아보고, 그래서 그게 도대체 뭔지 해명해 보려고 한다.

북유럽 모델은 일종의 아이디어로서 비북유럽에서 고안해낸 투사적 개념이자 북유럽 자체적으로 만들어낸 결과물이기도 하다. 북유럽 모델은 이 지역을 여타 다른 지역(유럽대륙, 미국, 나중에는 아시아까지)과 뒤엉키게 한 복잡한 역사적 역동성 속에서 탄생하였다(이후 제4장 참조). 무시알(Musiał, 2002, p. 21)은 전형적인 북유럽의 특징을 구성하는 서로 다른 두 구성체를 각각 **'자동고정관념**(autostereotypes)'과 '**이종고정관념**(xenostereotypes)'이라고 명명하였다. 자동고정관념은 이 지역 자체에서 만들어낸 것이고 이종고정관념은 국제사회가 만들어낸 전형적인 북유럽의 특징으로, 이 두 가지 구성체는 계속 상호작용한다. 따라서 자동고정관념은 전지구적 발전에 대한 대응으로 등장한 반면, 북유럽 국가에 대한 이종고정관념은 자동고정관념으로부터 촉발되고 형성되어왔다.

북유럽적 특징을 '북유럽 모델'로 자기 동일시하는 것이 그리 생소한 일은 아니다. 이전에도 북유럽 모델이라는 말을 쓴 적이 있었는데, 북유럽 지역 밖에서 진행된 운동, 예를 들어, 19세기 독일의 통합 과정 등에 일부 영향을 받은 범스칸디나비아주의는 공유할 만한 북유럽 정체성이 있는지 묻고 이를 찾고자 애썼다. 범스칸디나비아주의는 1830년대 덴마크, 스웨덴-노르웨이연합이 추진한 문화지성적, 정치적 운동에서 시작하였다. 하지만, 1864년 프러시아 및 오스트리아제국과 전쟁을 치르면서 덴마크가 주변국으로부터 군사적 지원을 받지 못하자 범스칸다비아주의는 정치적 추동력을 잃었다. 대신, 북유럽의 정체성이, 예를 들어 사회복지, 법률, 문화, 교육 등의 좀 더 문화적인 분야의 상호협력을 통해 형성되었다(Strang, 2016). 시민사회에서의 협력적 네트워크는 북유럽 지역 전반을 연결하기 시작하였고, 교사, 법률가, 경제인 등과 같은 전문가 그룹 간의 주기적이고 제도화된 모임을 주선했다(Hemstad, 2016). 정치적 영역에서도 일부 연계 협력 활동이 일어났다. 1907년 북유럽 의원연합(Union of Nordic Parliamentarians)이 설립되었고 1919년에는 북유럽통합협회(Association for Nordic Unity)가 설치되었다. 1920년대 이후 북유럽 국가 회의(Nordic meetings)에 핀란드와 아이슬란드가 포함되었다. 특히 노동운동은 이 지역 전체를 아울러 통합을 촉진하는 동력으로 작동했고 상당히 낭만적이고 민족주의적 정서에서 시작한 범스칸디나비아주의를 연대에 기반한 '노동 스칸디나비아주의'로 탈바꿈시켰다(Hemstad, 2016, p. 187). 서로 뒤엉킨 역사와 국경을 초월하여 시민사회 전반에 걸쳐 수많은 연결고리를 가지면서, 북유럽 지역은 '비교분석을 위한 현상학적 개념을 구성하는 '역사적으로 중요한 지역Geschichtsregion'으로 인식될 수 있다(Hilson, 2013, p. 15).

교육영역의 조직화된 네트워크 역시 19세기 중반에 시작되었다. '북유럽 학교 회의'를 정기적으로 개최하자는 계획이 1860년에 이미 성안되었다. 이에 따라 1864년 첫 회의를 코펜하겐에서 개최하기로 했었지만, 독일-덴마크 전쟁 발발로 취소되었다(cf. 'De nordiska skolmötenas silfverbröllop', 1895). 시작은 이렇게 불안했지만, 북유럽 학교 회의는 1870년 이래 5년마다 개최되었다. 개최장소는 스웨덴, 덴마크, 노르웨이, 핀란드의 각 도시를 돌아가면서 정해졌고, 각 회의에는 4개국에서 온 수천 명의 교사가 운집했다. 여기에 약간의 아이슬란드 교사가 더해졌다(Landahl, 2015). 이 회의에서는 교육, 학교조직 및 교육정책과 관련된 각종 문제들이 논의되었다. 더불어 이 회의는 참가 교사가 국가를 초월하여 새로운 집단의 일원이라는 인식을 갖게 해주었다. 사실 이때까지 대부분의 학교 교사는 독립적으로 일하고 홀로 성찰하는 데에 익숙했다. 특히 시골지역에서 일하면서 말이다. 그런데 이런 새로운 초국가적 회의를 통해 개별 교사는 소속된 학교 및 마을이라는 협소함에서 벗어나 전문가적 정체성 개발을 위한 공간을 가질 수 있었다. 이 회의는 노르웨이-스웨덴 연합국 체제가 깨진 1905년 이후에도 계속되었다. 하지만, 흥미롭게도 이 회의는 1970년대에는 더 이상 이어지지 않았다. UNESCO 보고서에 따르면 1970년대에 북유럽 지역의 교육협력이 약화되었는데 이 네트워크에 대한 스웨덴의 관심이 줄어들었기 때문이었다. 동일한 보고서는 1980년대에는 덴마크가 신자유주의로 전회하면서 북유럽의 지역 협력이 방해받게 되었다고 주장했다(Eide, 1990). 역설적으로 이것은 '북유럽 모델'이 신조어로 만들어지기도 전에 교육협력이 크게 옅어졌다는 것을 의미한다. 이 패러독스에 대해서는 아래에서 검토할 것이다.

북유럽 지역에 대한 이미지와 북유럽의 자기 표상화

바깥세상을 향한 북유럽 지역의 자기 표상화는 20세기 초반까지만 해도 그다지 많지 않았으나 1970년대부터 급증하게 되었다. 반면, 북유럽 지역은 이미 1910년대와 1920년대에 국제사회의 관심을 받았다. 이 서문의 맨 처음 부분에서 인용한 내용처럼 덴마크는 북유럽 국가 중에서도 국제사회의 관심을 받은 첫 국가였다. '제3의' 혹은 '중도'와 같이 이후에 붙여진 이름을 돌아보면, 아일랜드 출신의 연구자이자 런던 국제심리연구소(International Institute for Psychical Research, IIPR) 공동설립자이기도 한 데스몬드(Shaw Desmond, 1877~1960)는 덴마크를 가리켜 '무정부적인 개인주의와 자비로운 관료제가 뒷받침하는 국가사회주의 간의 조화로운 장치'를 찾았다고 진단하였다(1918, p. 135). 특히 덴마크의 성인교육을 위한 고등평민학교운동, 국가 차원의 협동조합, 자연과학분야의 국가장학체계 등은 국제사회의 눈길을 사로잡았다. 덴마크가 교육을 민주화하는 데 성공했다는 인상이 대세를 이뤘다. 미국의 학자들은 농촌교육에 대한 연구질문에 푹 빠져 덴마크 농촌 지역에 대한 교육의 효과에 특히 주목하였다. 미국의 교육사학자인 나이트(Edgar Wallace Knight, 1886~1953)는 덴마크 사람들이 '전 세계에서 가장 똑똑한 농촌 사람들임에 분명하다'고 했다(1927, p. x). 이에 따라, 덴마크는 미국의 덴마크 교육에 대한 관심 덕분에 재정적인 이득도 얻게 되었는데, 미국의 몇몇 재단이 연구소를 설립하고 운영하는 데에 막대한 재원을 제공했기 때문이다.

1930년대부터는 스웨덴이 하나의 역할 모델로서 덴마크를 대체하게 되었다. 그 이유는 주로 국내외의 사회과학 연구에 대한 관심이 커졌고 이런 연구들이 사회문제 해결을 위한 개혁을 추진할 수 있다고 기대했기 때문이었다. 특별히 미국의 진보적 기관(대표적으로 록펠러재단 등)은 스웨덴이 산업 발전과 사회계획에 상당히 성공적인 모범사례라고 보았다. 즉, 스웨덴은 '합리적으로 진보를 이룬 국가'로(Musial, 2002, p. 18) 성공적인 근대화의 모범이라는 평을 받았다. 스웨덴의 사회복지 기반 '평민을 위한 국가(folkhemmet)'라는 개념, 정부 정책 결정과 사회과학의 적극적 통합은 개혁 성향이 강한 미국기관이 스웨덴을 일종의 진보주의를 실현하는 작은 미국으로 보게 만들었다. 즉, 미국은 스웨덴을 사회공학 이론을 시험해봐도 될 만한 사회실험실이라고 본 것이다. 덴마크와 유사하게 스웨덴 기관 또한 미국의 관심을 받음으로써 이익을 얻을 수 있다고 보고 '사회 실험실'을 내세워 기금 확보에 나섰다. 이어서 스웨덴 사례가 여타 국가에게 잠재적으로 유용하리란 점을 적극적으로 홍보하고 나섰다. 이 일에서 가장 잘 알려진 인물은 사회학자이자 경제학자로 활동했던 뮈르달(Gunnar Myrdal, 1898-1987)이었다. 뮈르달은 초기에 미국 모델을 열렬히 따라 하자는 입장에서 출발했다가 점차 스웨덴식 모델의 영향력 있는 전파자로 선회하였다.

차일드(Child, 1936)는 〈중도의 길을 가는 스웨덴, Sweden: The Middle Way〉이라는 제목의 책을 내놓았다. 당시는 이미 북유럽 지역의 탐방과 북유럽 국가와의 학술 협력이 잘 진행되고 있던 때였다. 제2차 세계대전이 끝날 때까지는 이런 탐방 지역이 주로 덴마크 및 스웨덴으로 한정되었다. 무시알(Musial, 2002)의 글에서처럼 핀란드와 노르웨이는 기껏해야 덴마크와 스웨덴의 형편없는 복제품 정도로 비쳤다. 사이먼(Simon, 1939)은 〈작은 민주주의, The Smaller Democracies〉에서 이를 잘 보여주었다. 당시까지 아이슬란드는 거의 알려지지 않았다. 북유럽 국가는 국제사회가 북유럽 지역에 대해 이렇게 선택적으로 인식하고 접근하는 것에 대응하려고 했다. 그래서 1937년 이들 국가를 하나의 독자적인 연합체로 표상하는 첫 발간물, 즉 〈세계 경제에서 북유럽 국가들, The Northern Countries in World Economy〉을 내놓았다(Delegations for the Promotion of Economic Co-operation Between the Northern Countries, 1937). 이 책은 '북유럽 국가(Northern countries)'라는 명칭이 무엇을 의미하는지에 관한 이야기로 시작한다(이 시기에는 아직 '북유럽 모델'이란 말이 명시적으로 사용되지 않고 있던 때였다.) "'북유럽 국가.' 도대체 누가 이 이름을 만들어냈는가? 대답하기 쉽지 않은 질문이다. 이 말이 왜 필요한지, 이 말이 의미하는 바가 무엇인지를 설명하는 것이 오히려 더 쉽게 생각될 정도다"(전게서, p. 1). 책 내용 대부분이 이 지역의 경제 및 산업 발전에 관한 것으로 채워져 있기는 하지만, 이 책은 전반적으로 높은 수준의 사회 형평성, 높은 교육 표준, 우수한 학교교육에 대한 접근성 역시 강조하고 있다.

이런 상당히 긍정적인 자기 표상화 양상은 제2차 세계대전 이후 좀 더 유행했다. 뮈르달의 발자취를 이어 북유럽 국가의 지식인은 점차 북유럽 모델의 이점을 전 세계 다른 국가에 전파하기 위한 일종의 '문명화의 사명'에 뛰어들었다. 물론 당시까지도 여전히 모델이라는 말이 따라붙지는 않았다. 덴마크

작가인 스탄게럽(Henrik Stangerup, 1937~1998)은 1965년 4월 23일 발간된 신문 〈폴리티켄, Politiken〉에서 '우리의 경험은 주변 모든 국가에게 큰 이익이 될 것이다'라고 주장하였다(Musial, 2002, p. 14 재인용). 마찬가지로 북유럽사회민주노동운동연합위원회(Joint Committee of the Nordic Social Democratic Labour Movement)는 북유럽이 거쳐온 경로를 일종의 모델로 만들어내고자 부단히 노력했다. 다른 국가가 북유럽 경험으로부터 혜택을 누리게 하겠다는 사명을 갖고 말이다. 북유럽 모델은 1970년대 냉전체제를 배경으로 '지정학적 틀' 속에서 등장했다(Lundberg, 2005, p. 7). 이것은 중도를 표방하는 국가에게 작지만 매력적인 공백을 남겼다.

전체적으로 북유럽 국가를 포함한 전 지구적 환경(특히 유럽 및 미국)은 자기들의 이해관계가 담긴 구상을 실현하기 위해 서로를 이용하기 바빴다. 위에서도 언급했듯이, 스웨덴, 덴마크는 독특하게 덴마크식, 스웨덴식, 혹은 북유럽식으로 불리는 것에서 이득을 얻을 수 있었다. 이런 명성으로 기금을 확보할 수 있었기 때문이다. 이어서 미국 및 유럽 국가들과 기관들은 북유럽 국가를 특정 사회정책의 주로 긍정적인 그러나 가끔은 부정적인 방식으로 참조 사례로 삼아 활용했다. OECD(Organisation for Economic Co-operation and Development, 경제협력개발기구)처럼 강력한 국제기구들이 등장하면서 북유럽 국가의 사례는 각 국가가 수용할 만한 새로운 아이디어 혹은 개혁 방안을 마련하는 데 활용되었다. 그렇게 사회복지 모델과 교육에 대한 아이디어들은 이런 과정에서 요긴한 도구로 작동했다. 우선, 이런 아이디어들은 좀 더 진보적인 기관, 특히 미국의 여러 단체로부터 관심을 받았다. 둘째, 북유럽 국가는 자신들이 이런 아이디어들을 시험해보는 사회적이고 교육적인 실험실이라고 직접 홍보하거나 실제 그런 방식으로 활용하였다. 진보적 기관은 사회변화를 위해 이를 적극 옹호하고 나섰다. 셋째, OECD가 나서서 이런 아이디어들을 매개하거나 장려하기도 했다. 이로써 이런 아이디어가 다시 북유럽 정책 결정자들에게 정당성을 부여했다. UNESCO 보고서에서 볼 수 있듯이 OECD의 '축복'(Eide, 1990, p. 20)은 북유럽 국가에서 진행 중인 교육개혁을 지원하기 위해 활용되었다.

'북유럽 모델'이란 용어의 탄생

1970~80년대 북유럽 국가는 소위 북유럽 모델이란 말로 독특한 지역성을 내세우며 자신들의 브랜드화에 보다 열을 올렸다(Musial, 2002). 교육 분야에서의 실질적인 협력은 사실 줄어들었는데도 말이다. 학술 연구에서는 이 시기에 왜 '북유럽 모델'이란 용어가 등장하게 되었는지에 대해 두 가지 서로 다른 설명을 하고 있다. 물론 이 둘은 서로 상보적인 관계에 있다고도 할 수 있다. 우선, 무시알(2002)은 근대성 및 근대화가 더 이상 단선적인 목적론적 과정으로 여겨지지 않게 되면서 비로소 다양한 '모델들'의 형태로 발전이 이루어지는 것으로 인식될 수 있었다고 주장했다. 그 결과 1960년대 다양한 발전 경로가 존재할 수 있다는 인식이 커지면서 스웨덴식, 덴마크식, 실로 북유럽식 모델이라는 용어들이 만들어지게 되었다는 말이다. 그러나 무시알은 1960년대 혹은 1970년대에 북유럽 모델이라는 용어가 쓰였는지를 증명할 만한 자료를 제시하지는 못했다.

또 다른 설명이 있는데, 슈트라스는 '북유럽 모델'이란 용어가 정확히 북유럽 복지국가가 조직화하거나 일부 소멸해가던 시기에 등장했다고 주장한다. 마치 '발전과정에서 위협받았다고 여겨지는 것을 구하기 위한 것'처럼 말이다(Stråth, 1993, p. 55). OECD 교육분과 활동에 관한 UNESCO 보고서를 보면(Eide, 1990, p. 41), 이런 주장이 일리가 있어 보인다. OECD가 공교육 예산을 줄이라고 압박하면 할수록 북유럽 국가는 그들의 모델에 보다 더 '방어'하게 되었고, 예를 들어 이들은 형평성 의제에 대한 더 많은 투자를 주장했다. 슈트라스는 좀 더 나아가 '북유럽 모델'이란 용어가 1990년대까지 덴마크, 노르웨이, 혹은 스웨덴의 자료에 거의 등장하지 않았다고 했다. '스웨덴 모델'이라는 용어는 존재하지만, 그 용어는 미국 모델과 일본 모델 사이의 중도를 가리키는 의미로 프랑스에서 만들어졌다(Servan-Schreiber, 1967). 그리고는 '북유럽 모델'이란 말만 1980년대 핀란드에서 빈번하게 사용되기 시작했다. 사실, 이 용어를 사용한 두 번째 UNESCO 발간물은 키빈넨과 린네(Kivinen&Rinne)라는 핀란드 저자들이 고등교육에 관해 쓴 논문이었다. 이들은 '북유럽 모델'로서의 핀란드에 대한 글을 작성했다(Kivinen & Rinne, 1991, p. 426).

북유럽 모델을 언급한 영어 출판물 발간 동향을 살펴보면 이 용어는 1990년대 전에는 그다지 진지하게 다뤄지지 않았음을 알 수 있다([그림 0-1] 참조). 교육연구에서는 2000년대가 되어서야 북유럽 모델이란 용어가 자주 사용되었다. 최근에 이 용어는 성황리에 사용되고 있다. 교육을 포함한 모든 주제영역에서 지난 5년간(2016~2020) 북유럽 모델이란 용어가 사용된 경우는 1985~2015년까지 31년 동안의 경우보다 빈번하다.

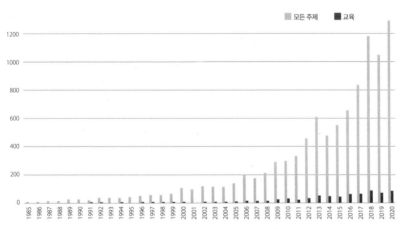

[그림 0-1] 북유럽 교육 모델 및 연구를 참조한 영어 자료

출처: CAJ 데이터를 기반으로 작성

OECD 발간물에 언급된 북유럽 모델

'북유럽 모델'이라는 용어의 사용 빈도에 관한 이런 동향은 OECD 발간물에서도 반영되고 있다. 1990년대 이전에 이 용어는 거의 등장하지 않았다. 예외적으로 1973년 인플레이션 문제와 이를 어떻게 극복할 것인지에 대한 전략 보고서 정도다(OECD, 1973). 이 보고서에서도 북유럽 모델이라는 용어는 전체 내용 중 딱 한 번만 등장하는데 지금 우리가 이해하고 있는 '북유럽 모델'이라는 의미와는 별 상관이 없다. 북유럽 모델은 1996년이 되어서야 비로소 처음 등장하는데, 핀란드가 다시 등장하여 핀란드 경제에 관한 연구에서 '북유럽 복지 모델'을 언급한다(OECD, 1996, p. 63). 이때 내용은 오늘날의 우리 이해와 상당히 가깝다. 이후 북유럽 모델은 OECD 발간물에 연이어 등장한다(예를 들어, OECD, 2000 등). 노동시장, 고용정책, 나중에는 직장과 가정생활 사이의 조화를 포함한 내용 등을 다루고 있다. 이 보고서들 속의 많은 내용은 에스핑-앤더슨(Esping-Anderson, 1990)의 연구에 근거하였다. 이 사람은 세 가지 복지자본주의 유형 연구를 통해 북유럽 지역이 독자적인 방식('사회민주주의, social democratic')의 정책 레짐을 실천하고 있다고 규정하면서 '북유럽 모델'이란 아이디어를 하나로 정리해낸 인물이었다. 에스핑-앤더슨의 연구논문 발간 시기와 1996년부터 OECD의 관련 참조가 이루어지기 시작했다는 점을 생각해보면, 사실 에스핑-앤더슨의 책이 널리 알려지며 OECD가 북유럽 모델을 독자적인 것으로 규정하도록 하는 데 크게 기여했다는 점을 배제할 수 없다.

교육 분야 북유럽 모델은 OECD의 언급으로 시작되는데, 슈트라스의 연구에서 볼 수 있듯, 이미 이 모델은 잘 굴러가고 있지 않은 상황이었다. 명시적으로 교육의 '북유럽 모델'(혹은 '스칸디나비안 모델')을 언급한 첫 보고서는 노르웨이에서의 평생학습에 관한 연구였다(OECD, 2002). 이 모델은 다음과 같은 특징을 갖는 것으로 설명된다. '오래된 민주주의 전통', '잘 통제된 경제레짐', '사회적으로 갖추어진 재분배체제', '강하면서도 상대적으로 통합된 노조운동', '강한 사회민주주의 정당' 등. 특히 교육 분야에서 북유럽 국가는 '진보적이고 학생 중심적이라고 묘사되고 듀이의 사상 및 독일의 노작학교(Arbeitschule)라는 전통에 따라 학생 활동을 강조하고 있다(OECD, 2002, p. 23). 이후 북유럽 교육모델에 관한 OECD 발간물은 OECD에서 주관한 PISA(Programme for International Student Assessment), 유아교육(OECD, 2006), 교육형평성(OECD, 2018; 하지만 북유럽 모델이라는 말은 단지 참고문헌에만 등장한다), 고등교육(OECD, 2019) 등과 관련된다. 지금까지 이들 주제와 관련하여 OECD에서 발간한 총 13,500건의 교육 관련 보고서 중 단 23건에서만 북유럽 모델이 언급되었다.

UNESCO 발간물에서 언급된 북유럽 모델

'북유럽 모델'은 UNESCO 발간물에서 좀 더 크게 조명받고 있다. 총 34건의 보고서에 관련 용어가 등장한다. 최초의 언급은 OECD에서 처음 언급하기 몇 해 전이었다. 노르웨이 공무원인 에디(Kjell Edie, 1925~2011, 경제학자로 1960년대 OECD에서의 경력을 거친 후 노르웨이 교육·종교부(Ministry of Education and Church Aairs)에서 30년 넘게 관료로 일했다.)가 작성한 것으로 그는 이 보고서에서 북유럽 국가(특히, 스웨덴과 노르웨이)가 OECD 교육 활동에 어떤 영향을 끼쳤는지에 대해 서술하고 있다. 그는 '북유럽 모델(전게서, p. 2)'을 '다른 국가가 상당히 명료한 교육정책 아이디어를 얻을 수 있는 것으로 여겨질 만큼' 잘 알려져 있는 사실이라고 제시하면서 '북유럽 모델'의 특징을 다음과 같이 열거하고 있다. 16세까지의 종합교육, 의무교육 이후 학교 기반 직업교육, 확장적인 성인교육, 교육의 형평성 보장, 소규모의 학교, 분권화된 의사결정권한, 학생 중심 교육 등이 그것이다.

UNESCO 발간물은 이에 더해 주로 평생학습, 교육포용성, 고등교육에 초점을 두고 북유럽 모델을 언급하고 있다.

'북유럽 모델'이란 용어가 왜 그렇게 늦게 등장했는지에 대한 앞서 설명은 다음 세 번째 관점과 연결되어 보완될 수 있다. 논쟁의 여지 없이 1990년대는 세계화가 이전에 없던 속도로 확장되던 시기였다. 세계화는 당시까지 계속해 동질화를 강화해온 일반적 과정이라기보다는 '변증법적 현상'(Giddens, 1991, p. 22)으로 전 지구적 수렴과 지역적 분산이라는 양자적 성격을 동시에 갖고 있었다. 교육 분야에서도 학자들은 '상반된 흐름을 서로 엮어내는 일'(Schriewer, 2000, p. 327)을 강조하면서 국제화 과정은 토착화 과정과 함께한다고 기술했다. 전 세계가 점점 더 유사해지는 상황과 동시에 특유의 정체성과 전통에 대한 지역의 탐색 역시 서서히 나타나기 시작했다. 또한 그 자체로 세계화의 필수적인 부분을 구성하였다(예를 들어, Schulte, 2004 참조). 이런 관점에서 보자면 '북유럽 모델'은 북유럽 정체성의 한 상징으로 볼 수 있을 텐데, 이 지역이 전 세계 다른 국가와 보다 많이 연결되면서 훨씬 더 필요하게 된 용어였다. 따라서 이 관점에는 슈트라스의 가설(이 용어는 그 개념이 이미 빛을 바래가던 시기에 겨우 만들어졌다)과 무시알의 주장(북유럽 전통이 하나의 모델로 간주되는 데 있어 무엇보다 근대화가 이런 경로들을 구성하는 것이었다)이 통합되어 있다. 세계화는 표면적으로 지역 모델과 지역 전통이 부상하기에 친화적인 맥락을 제공했다. 어찌 되었건 이런 전통들은 이들이 부각될 수 있는 전 지구적 환경이라는 조건 없이는 등장하지 않았을 것이다. 따라서 홈스붐의 '만들어진 전통'이라는 의미에서 북유럽 모델은 '과거에 대한 참조로 특징지어지는 형식화와 의례화의 과정'으로 여겨질 수 있다(Hobsbaum, 1983, p. 4).

북유럽 모델의 의미

위에서 언급한 바처럼 북유럽 모델과 가장 밀접하게 관련된 국가가 한결같이 동일했던 건 아니었다. 덴마크는 이 모델의 첫 주자였고 스웨덴은 1930년대에 등장했다. 스웨덴은 수십 년 동안 북유럽 모델을 위한 전체를 표상하는 대표 주자로 자리매김해왔는데, 이런 상황은 1990년대 경제금융위기와 잇따라 경제, 정치, 사회적 고난이 발생하면서 대표 주자라는 입지가 흔들릴 때까지 이어졌다. 특별히 교육 분야에서 스웨덴은 오랫동안 우월성을 인정받았으나 형편없는 PISA 결과로 서서히 허물어지기 시작했고 당시까지 거의 알려지지 않았던 국가, 핀란드가 급부상했다(Dervin, 2016).

물론 덴마크, 핀란드, 아이슬란드, 노르웨이, 스웨덴은 각 국가별로 독자적인 교육체제를 유지하고 있다. 엄격한 의미에서 '북유럽 모델'이라고 하면 이 모든 국가의 체제를 상당히 수용하는 모델이어야 한다. 하지만, 북유럽 모델이 무엇인지 포괄적으로 보여줄 수 있는 공유된 지표를 내세우는 것은 상당히 어렵다. 혹 그런 것이 있다고 하더라도 5개국 모두에 동일하게 합당한 방식으로 이를 적용하기란 난망하다. 이 책의 글들은 북유럽 지역 내에 포진한 다양성이란 게 상당히 크다는 점을 보여준다. 멀리서 보면 북유럽 국가는 상당히 비슷하게 보일 수 있다. 그러나 연구 차원에서 비교를 목적으로 가까이 들여다보면 볼수록 이 국가들 간의 차이는 점점 더 크게 보인다. 때때로 특정 북유럽 국가는 주변의 북유럽 국가보다는 북유럽 국가가 아닌 다른 국가와 유사성을 더 많이 공유하고 있을 수도 있다(노르웨이, 스웨덴, 독일을 다룬 본서 제13장 참조).

무엇보다 북유럽 각 국가는 북유럽 모델을 구성하는 요소로 서로 다른 특징을 주장할 수도 있다(Telhaug, Mediås & Aasen, 2006; Andersson, 2009; Wiborg, 2009; Sejersted, 2013). 스웨덴 입장에서 노동자 교육은 교육 프로젝트에서 무엇보다 우위를 점하는 것인데 반해, 덴마크, 노르웨이는 교육의 중핵적 전통으로 농민 교육을 오히려 강조하였다. 마찬가지로, 세속화는 스웨덴 교육에서 꽤 오랫동안 중요한 의제(비록 반드시 시행된 것은 아니었지만)였던 반면, 덴마크는 다수의 기독교 기반 학교를 특징으로 하였다. 합리주의적 국가건설은 스웨덴 및 핀란드에서 나름 공유된 특질이었지만, 덴마크와 노르웨이에서는 상대적으로 이런 경향이 약했다.

우리가 북유럽 국가 전반을 아우르는 공통점을 역사 속에서 찾는다면, 16세기 이래 이 국가들이 기반한 루터교 유산이 가장 빈번하게 언급되는 공통된 특질 중의 하나이다. 여기에 더해, 대부분의 북유럽 교육의 궤적은 친국가적, 중앙집권적, 주로 공적 주체에 기반한 체제라는 특징을 보인다. 여기서 덴마크는 약간 예외적인 사례인데, 덴마크의 경우, 1855년 자유학교법(Free School Act)으로 인해 (위에서 언급했던 종교계 학교와 더불어) 비국가학교(사립학교)들이 등장할 수 있게 되었다. 1920년대 이후, 덴마크는 '교육개혁' 운동을 비롯한 진보주의적 교육 의제를 내세웠다. 국가-시민사회의 관계성에 있어 국제사회의 다른 국가와 비교해본다면 북유럽 국가 모두는 국가제도(교육제도 포함)에 대한 대중의 신뢰도가 상당히 높다는 특징을 보인다. 게다가 북유럽 국가는 대체로 이질적 능력 집단으로 학급을 편성하고 교사와 학생 간의 관계가 상대적으로 평등한 아동중심 교육으로 이야기되는데, 이론의 여지 없이 핀란드는 예외적이다. 핀란드는 전통적으로 진보주의 교육 사조보다는 헤르바르트 사상(Herbaritianism)에 더 큰 영향을 받았다. 덴마크와 노르웨이의 진보주의 전통은 그룬트비히주의(Grundtvigianism)로까지 거슬러 올라갈 수 있는데, 그것은 교과 지식에 기반한 전통적인 교육 개념을 탈피하였다(제1, 2, 7, 10장 참조).

5개국 모두에 주장될 수 있는 점은 공공재로서의 교육에 대한 정치적 지지가 있어왔다는 점이다. 이런 경향은 19세기 말부터 이어져온 것이고 일부 초기 학교의 아이디어를 따져본다면 18세기 초까지 거슬러 올라간다. 20세기 동안 사회적으로 포용적인 초중·중등전기 종합학교는 명백히 보편적인 복지국가 모델의 사회 및 사회통합의 토대가 되어왔다(Wiborg, 2009; Sejersted, 2013).

1900년 이래 북유럽 국가는 교육을 평등이란 가치 및 사회정의를 지원하는 의도적인 수단으로 활용해왔다. 특히 제2차 세계대전 이후에는 이를 점점 더 강화했다. 여기에는 브루닐라와 에드스트롬(Brunila & Edström, 2013, p. 301)이 교육에서의 '성평등한 노동'이라고 이름 붙인 것에 대한 상당한 강조를 포함한다(Warin&Adriany, 2017 참조). 다른 국가와 비교해볼 때, 북유럽 국가의 교육체제는 상대적으로 늦은 시기에 교육과정 분화와 이에 따른 학생들의 직업/진로 분류에 관심을 보였다. 이 국가들은 또한 대체로 경쟁적 고부담평가와 직업 진로 분류에 대한 구체적인 형태를 갖추지는 못했다.

이상을 종합해보면, 전체적으로 북유럽 모델은 비교분석의 적합성을 가질 만한 다음 4가지 차원을 갖는 것으로 정리될 수 있다.

1. 북유럽 모델은 학생, 학부모, 교사, 교육 당국, 정책결정자, 교육연구자 등이 경험한 것으로서 사회적이고 경험적인 실재를 나타낸다. 따라서 북유럽 모델에 어떤 것이 포함되고 그 이유가 무엇인지에 대해서는 늘 협상의 여지가 있다.
2. 북유럽 모델은 북유럽(덴마크, 핀란드, 아이슬란드, 노르웨이, 스웨덴)의 문화적 정체성이 자국의 독자성뿐만 아니라 지역의 통합성이라는 것을 규정하기 위한 자국의 도구로 작동한다. 이미 위에서 언급한 바와 같이 지역적 독자성은 각 국가가 점차 전 지구적 경제체제에 통합되어 가면서 그 필요성이 더욱 분명해졌을 수도 있다.
3. 북유럽 모델은 이 지역 국가가 국제적으로 자신들의 지역을 구별하기 위해 활용될 수 있다. 비북유럽 국가를 향한 일종의 공인된 대변인이라고 할까? 혹은,

오늘날 볼 수 있듯이 이 모델은 브랜드 또는 마케팅 용도로 사용될 수도 있다. 적어도 교육영역에서, 핀란드는 정체성을 드러내는 용어로 '북유럽적(Nordic)'이라는 말을 점점 더 적게 사용하기는 하지만 말이다. 오히려 직접적으로 '핀란드식(Finnish)'이라는 말로 교육을 팔고 있다. 이런 상황은 좀 역설적인데, 그 이유는 위에서 상술한 바와 같이 '북유럽 모델'이라는 말을 가장 많이 써온 국가가 바로 핀란드라는 점에서 그렇다.

4. 마지막으로 위에서 간략한 역사적 회고가 제시한 것처럼 북유럽 모델은 피상적인 이미지 정도로만 작동한다. 북유럽 지역 바깥의 다양한 국가 혹은 다양한 사람들에게 일종의 유토피아(간혹 디스토피아)가 되고 있다는 점이다. 북유럽 모델이라며 실제 투영되는 것은 그 내용(북유럽 국가)보다 이들을 반영시키는 매체(북유럽 바깥의 국가)에 더 크게 의존하고 있다(PISA에 관한 국제사회의 투영 사례를 볼 것. (Steiner-Khamsi & Waldow(2019) 참조).

이 4가지 차원은 교사와 관련성이 높다. 우선, 교육이 국가 건설(혹은 국가 유지) 과정에서 계속 중요한 기능을 수행하므로 교사는 많은 차이에도 불구하고 여전히 '북유럽적'이라고 많은 사람이 간주하고 있는 교육모델을 만드는 것으로 이 과정에 적극적으로 참여하도록 기대받는다. 둘째, 많은 교사가 점점 더 교육 수출이라는 목적을 위해 채용되기도 한다. 즉, 북유럽(혹은 덴마크식, 핀란드식, 아이슬란드식, 노르웨이식, 스웨덴식) 모델의 이점을 설파하도록 말이다. 셋째, 교사는 우리가 북유럽 지역에 대한 북유럽 이외 지역의 투영이 불러올 수도 있는 '반격'에 대응해야 한다. 학교체제의 독특한 (추정컨대 이로운) 특징은 국제사회에 계속 보도될 것이고, 그러면 북유럽 국가에서 이런 특징들을 무시하기가 점점 어렵게 될 것이다. 그래서 국제적 투영은 종종 이런 특징들을 학교체제에서 강화해나가는 힘이 되어왔다. 예를 들어, 스웨덴의 젠더 형평성 정책은 자국

내 발전과 스웨덴이 이 문제를 어떻게 해결하는가에 관한 국제사회의 관심이 역동적으로 작동해 만들어진 것으로 이해될 수 있다. 마찬가지로, 핀란드는 PISA 결과에 대해 국제사회 언론 및 여러 연구의 긍정적인 조명을 받은 이후 교육수월성을 이룩한 국가로 표상되어야 한다는 강한 압박을 받아왔다. 익명의 핀란드 동료들은 스웨덴 교육연구자인 룬드그렌(Ulf P. Lundgren)에게 '최고가 되고 받는 타격이 크다'고 말했다(Lundgren, 2013, p. 28). 다른 것들도 많지만, 특히 이런 압박이 의미하는 바는 이전에 학교 개선을 위해 필요하다고 여기던 변화를 주장하기가 불가능하거나 어려워졌다는 것이다.

북유럽의 교사교육

북유럽 5개국의 교사교육 역사는 상대적으로 고르지 않게 발전해온 것으로 알려져 있다. 따라서 일부 연구자들은 교사교육 분야에서 '북유럽 모델'이란 건 없다고 결론짓기도 한다(Jóhannsdóttir, 2008). 교사훈련원(seminarier, 세속적인 교사교육대학)이라고 불리는 교사교육 기관은 18세기 말부터 20세기 초에 걸쳐 북유럽의 모든 국가에 설립되었다. 이 기관의 사명은 초등학교 및 중학교 교사를 길러내는 것이었다. 고등학교(혹은 김나지움) 교사는 대학에서 양성되었다. 이 기관의 초기에는 독일의 영향이 상당히 컸다는 점을 확인할 수 있다. 특별히 덴마크와 노르웨이에서는 더욱 그랬다. 덴마크의 첫 교사훈련원은 1750년대로 거슬러 올라가는 데 슐레스윅과 홀스테인(Schleswig & Holstein) 지역에서 설립되었다(당시에 이 기관은 덴마크 영지에 귀속되어 있었다). 이 교사교육 기관은 그 지역의 최초의 사립학교이면서 나중에는 국가가 운영하였는데, 1791년 코펜하겐에서 설립된 교사훈련원의 모델로 기능했다. 덴마크에서 교사교육에 관한 첫 번째 국가법률은 1818년 통과되었다. 노르웨이의 첫 공립 교사훈련원은 1826년 설립되었다. 스웨덴은 1830년대에 처음 설립 구상을 하였고, 핀란드는 러시아의 지배를 받던 1860년대에 첫 교사훈련원을 도입했다. 아이슬란드는 1907년이 되어서야 교사훈련원을 마련했다. 그러나 아이슬란드 예비교사는 흔히 다른 북유럽 국가, 특히 덴마크에서 교육받곤 했다(Buchardt, Markkola & Valtonen, 2013).

20세기 동안 모든 북유럽 국가에서 교사교육이 대학 수준으로 이루어진 것은 독일어권 지역에 비해 상대적으로 늦었다. 독일어권 지역에서는 1920년대 후반에 이미 교사훈련원 전통·전통에서 교사교육을 위한 새로운 대학 체제의 도입으로 변모되었다. 그나마 비교해볼 만한 북유럽 국가에서의 대학기관으로의 전환은 1970년대에 가서야 힘을 얻었다. 그나마 핀란드가 당시 이를 받아들인 첫 국가였다. 오늘날 핀란드, 아이슬란드와 스웨덴의 교사교육은 대부분 대학 내에서만 이뤄진다. 노르웨이의 경우 교사는 주로 단과대학에서 양성된다. 그러나 일부 단과대학이 종합대학으로 상향조정되어오면서 이 교사교육 프로그램은 이제 대학 내에 자리하고 있다. 덴마크는 스펙트럼상의 또 다른 극단에 자리하고 있는데, 덴마크의 교사교육은 오로지 단과대학에서만 이루어지고 있다는 것이다(Jóhannsdóttir, 2008; Nordic Council of Ministers, 2009).

핀란드는 탁월한 교사교육체제를 가지고 있는 것으로 명성이 높기 때문에 교사교육 영역에서는 아마도 북유럽 국가 중 가장 많이 연구되고 있을 것이다. 이 분야의 모범 사례로 핀란드를 참조하고 있는 여러 연구는 2000년 이래 PISA에서 핀란드가 대단한 성과를 거뒀다는 점에 주목하며 살베리의 '〈핀란드의 교훈, Finnish lessons)'을 인용하고 있다. 살베리(Sahlberg, 2015, p. 98)는 세계적으로 베스트셀러 반열에 오른 자신의 책에서 하나의 챕터를 통째로 할애해 '훌륭한 교사진'을 치하하고 교사를 '핀란드의 강점'이라고 언급한다. 핀란드는 PISA와 같은 국제학업성취도평가에서 거의 최고 순위에 올랐을 뿐만 아니라 따라 할 만한 가치가 있는 모델, 혹은 그렇게 비칠 만한 요인으로 핀란드 자국의 시스템을 내세우는 데 성공했다. 아주 분명한 성공이었다. 이는 유사한 성과를 보이는 중국 혹은 한국과 대비되는 상황이 아닐 수 없다(Steiner-Khamsi & Waldow, 2019). 특별히 핀란드의 이러한 성공은 교사교육과 관련되어 있다. 본 서의 슐테(Schulte)가 저술한 장(제4장)에서 볼 수 있듯, 연구기반 교사교육은 중국으로부터 상당한 관심을 끌었다. 중국도 PISA에 참여해 최고의 성과를 올렸는데도 불구하고 말이다. 핀란드 및 북유럽의 다른 국가와는 달리 덴마크는 '발달기반' 교사교육을 공식 정책으로 채택했다. 핀란드와 덴마크 교사교육의 이런 차이는 다양한 국가 차원의 지식 문화와 그것이 최근 교사교육 정책 및 정치 역학에 끼친 영향 때문이다(Larsen, 2016).

교사교육을 둘러싼 논쟁은 교사채용 및 유지 문제와 깊이 관련되어 있다. 주로 핀란드에서 볼 수 있는 교직은 높은 수준의 대학 학위와 장기간의 교사교육 기간과 관련되어 있다. 결과적으로 교사의 탁월성과 교사교육의 대학화는 다른 북유럽 국가의 대학화를 좀 더 채근하는 계기로 작동하고 있다. 북유럽의 교사교육이 본래 실천 지향에 치우쳐 있었다는 사실에 비춰보면, 최근의 이런 발전양상이 대학화가 교사의 일에서의 이론-실천 역동성에 어떤 함의를 갖는지를 둘러싼 논쟁을 촉발시키고 있다. 이 문제는 아래 새로운 교사전문직성을 논의하는 장에서 다시 검토될 것이다.

북유럽의 교사, 세계화, 새로운 전문직성

교사는 북유럽 모델이 계속 생명력을 갖게 하는 핵심 행위자였고 지금도, 앞으로도 그럴 것이다. 이들은 북유럽 모델이 학생, 학부모, 전문가 집단으로서의 동료 교사에게 통용되게 만드는 역할을 짊어지고 있다. 물론 맥락 의존적이기는 하지만, 역사적으로 우리는 두 가지 대비되는 교사교육 발달과정을 목격할 수 있다. 하나는 교사가 주로 보편교육을 수행하는 데 중앙에서 설계된 하향식 접근을 따른 것으로, 특히 북유럽의 동부지역 국가(핀란드, 스웨덴)들이 여기에 해당한다. 다른 하나는, 교육을 아래에서 위로 향하는 계몽 프로젝트의 핵심 요소로 인식하면서 교사는 자신을 광범위한 민중운동의 일부로 이해하는 것이다. 라르센(Jesper Eckhardt Larsen)은 이 책 제1장에서 교사의 이런 양상을 각각 '식민화하'는 유형과 '유기적인' 유형이라고 지칭한다. 이론의 여지 없이 북유럽 교육모델과 이 모델이 북유럽 이외의 국가에 끼친 영향에 훨씬 더 지속되어 각인을 남긴 것은 '유기적인' 교사 유형(더불어 이런 유형의 교사가 학교를 민주화하는 잠재력을 상징화하는 방식)이었다. 유기적 교사 유형은 이미 1920년대에 아주 멀리 떨어진 중국에서 주목받았다. 개혁적 태도의 중국 교육가들은 북유럽(이때에는 덴마크) 교사와 농촌 사람들 사이의 전혀 위계적이지 않은 관계에 주목하였다. 이 개혁적 지식인들은 농촌 지역의 민중교육운동을 조명하면서 농업 지식을 교육과정에 통합하는 문제에 특히 관심을 기울였다(Zhu, 1923).

물론 '진보적인' 북유럽 교사라는 개념에 별 저항이 없는 것은 아니었다. 역사적으로 고정된 이미지가 있고 지역적으로 통일된 특성을 보인다기보다, 북유럽 교사는 (특히 교원노조로 대표되는 것처럼) 지향하는 바나 행동하는 방식에서 지역적 차이와 일시적 단절성을 보였다(Telhaug, Mediås & Aasen, 2006; Wiborg, 2017; 본서 제9장 참조). 개별 국가의 역사적이고 정치적인 맥락에 따라 북유럽 교사는 서로 다른 역할을 가정할 수 있다. 덴마크와 노르웨이에서는 교육정책, 교사 채용과 배치, 교사 수 간의 삼각관계는 보다 수평적인 특성을 가졌다. 그러나 스웨덴의 대중교육체제는 훨씬 더 수직적인 방식으로 조직되어 있었다(예를 들어, Boli, 1989 참조). 스웨덴의 경우 교육을 통한 분리 차별은 교육체제에서 빠질 수 없는 부분이었는데 학교 교육이 모두에게 제공되어야 함에도 불구하고 누구나 똑같은 수준의 교육을 받지는 못했다. 스웨덴에는 스톨러와 쿠퍼(Stoler &

Cooper, 1997)가 통합(만민교육)과 차별화(계층화된 교육체제)라고 명명한 두 개의 상보적인 과정이 존재했다. 그러나 여기서 중요한 지점은 교사 및 교원노조의 진보적이고 민주적인 특성이 북유럽의 자기 이해 및 자기 브랜드화의 일부가 되어버렸고, 이로써 형평성, 합리성, 진보적 민주주의라는 이들의 서사에 맞지 않는 발전과정이 가려져버렸다는 점이다.

　　1990년대 이후 점증하는 세계화를 배경으로 북유럽 교사는 자신들이 아주 역설적인 상황에 빠져있음을 깨닫게 된다. 교육 거버넌스가 전 세계적으로 발전해가는 것과 함께 교직에 관한 사회적 신뢰 및 정당성은 계속 문제시되었다. 더불어 교사는 교직 수행에 대해 점점 책무를 가지게 되었다. 이런 과정은 교사의 업무를 개선해주기보다는 오히려 방해하는 방식으로 작동했다. 위에서 지적된 바와 마찬가지로 북유럽 모델로 규정되는 특징 중 하나는 교사와 정부 사이를 포함해 국가와 시민사회의 관계가 높은 수준의 신뢰에 터한다는 점이다. 이렇게 표면상 대립적인 세력 간의 중재를 어떻게 할 것인가가 끊임없는 논쟁거리였다. 예를 들어, 최근 스웨덴 정부는 '사회신뢰위원회(Tillitsdelegationen)'를 설치하여 교육 이외의 다른 영역 사이에서도 다른 부문 중에서도 효율성과 질적 수준을 다시 높이기 위해 신뢰관계를 어떻게 (재)구축할 수 있을지 조사하도록 했다(SOU, 2018: 48). 이 위원회가 발간한 2018년 보고서를 보면, 탈규제화와 민영화가 어떻게 정치적 의사결정자들의 통치를 보다 어렵게 만드는지, 그리고 '보다 관료주의적이거나 시장 논리를 지향하는 모델이 선호되면서 장학을 포함한 좀 더 전문직에 기반한 거버넌스가 후퇴하게 되었다'라는 내용이 포함되어 있다(전게서, p. 19). 현재까지는 이런 시도들이 교사 및 학교 관리자들에게 전문가적 자율성을 더 부여해줄 것인지, 아니면 이런 시도들이 단지 북유럽 모델의 최후를 보여주는 것인지 분명하지 않다.

　　교사 및 교직과 관련된 '전문직'이나 '전문직성'과 같은 용어의 사용은 서구의 다른 국가와 마찬가지로 북유럽 국가에서도 최근 수십 년 사이에 최고조에 이르렀다. 이렇게 새로운 '전문직성 담론'은 과거와의 단절을 의미하는 것처럼 보이는데, 특히 초등학교 교직을 '전문직'이라고 보지 않는 전통이 강한 북유럽 국가에서 더 그렇다. 전문직이라는 개념은 주로 미국이 주도하는 사회과학연구를 통해 도입되었고, 북유럽 국가에서는 상대적으로 늦게 받아들여졌다. 게다가 초등학교 교사, 간호사, 사회복지사 등과 같은 직업은 온전한 의미의 전문직으로 간주되지 않았고, 오히려 준전문직, 즉 자율성, 사회적 위신, 지적 엄밀함이 떨어지는 직업으로 생각되었다(Etzioni, 1969).

북유럽 국가에서 교사 전문직성이라는 새로운 담론을 시작한 사람들은 교사나 교사단체가 아니라 교육학자와 정부기구들이었다. 그러나 외부로부터 '전문직화할' 필요성에 직면하자 북유럽 교사는 자율성과 책임감이란 이상에 초점을 두고 자신들만의 전문직성 담론을 개발했다(Mausethagen, 2015; 본서 제11장 내용 참조). 이렇게 전문직성 담론의 두 갈래는 에벳츠(Evetts)가 말한 상당히 큰 영향력을 가진 두 용어로 묘사될 수 있는데, 위로부터의 전문직성과 안으로부터의 전문직성이다(Evetts, 2003; 2013). 북유럽 국가에서 전문직과 '준전문직'은 전형적으로 위로부터의 전문직성과 안으로부터의 전문직성 간 상호 작용으로 형성되어왔다(마찬가지로 제13장 참조). 최근 교사를 '위로부터' 전문직화하려는 시도가 '안으로부터'의 전문직성과 조화를 이루고 있는지, 아니면 대립, 갈등 관계에 있는가, 혹은 어느 정도로 조화, 대립/갈등 관계에 있는지는 교육학자 및 초중등교육 이해당사자들 사이에 큰 논쟁거리다. 스웨덴, 덴마크, 노르웨이의 교육학자들은 이런 상황을 아주 모호하고 여전히 답변하기 어렵다는 식으로 기술해왔다. 대체로 이 대답은 교사의 전문가적 지위에 대한 미래 전망이 낙관적이거나 비관적인 정도에 따라 달라진다(Hjort, 2003; Dahl et al.,2016; Nilsson-Lindström, 2019).

교사 전문직성이라는 새로운 담론은 북유럽 국가에서의 교사, 국가, 시민사회 간의 전통적 계약에 도전하는 몇몇 경향에 대한 대응으로 등장했다. 전문가적 책무성을 요구하는 새로운 움직임은 정부 패러다임이 복지국가 협동조합주의에서 국가가 채택한 신공공관리로 바뀌면서 교사의 사회적 지위와 지적 수준이 하락했다는 대중들의 광범위한 인상에 의해 촉진되었다. 여기에 실망스러운 PISA 결과에 대한 반응 즉, 'PISA 충격'이 한몫했는데, 2000년대 초 핀란드를 제외한 북유럽 국가를 강타했다. 따라서 '전문직성'에 대한 요구는 또한 교직, 정책 결정, 학교경영 사이의 경계를 재규정할 수 있는 새로운 사회계약의 필요를 반영하였다(Dahl et al., 2016). 게다가 교사 전문직성은 다양한 교사훈련 프로그램에 대한 총체적 점검으로 추동되었고, 개별 북유럽 국가는 서로 다른 교사교육의 경로를 따랐다(본서 제1, 2, 5, 7, 8장 참조; 그리고 Hjort, 2003; Nilsson-Lindström, 2019; Nilsson-Lindström & Beach, 2019 참조).

교사 전문직성에 관한 대부분의 논쟁은 종합학교에서 근무하는 교사에 초점이 맞춰져 있다. 이에 반해 학문적으로 훈련받은 후기중등학교(고등학교) 교사에게는 그다지 큰 관심을 기울이지 않았다. 역사적으로 고등학교 교사는 좀 더 안정된 전문가적 지위를 누려왔다. 그러나 이런 안정된 지위에 대한 압력은 1970년대 이래 스웨덴과 노르웨이의 전통적인 김나지움이 중등종합학교체제에 통합되면서 점점 커지고 있다(Skarpenes, 2007). 교사에 대한 '전문가적 전환'은 두 범주에 속한 교사 간 전통적 차이를 어느 정도 상호 조정하고, 이를 통해 차이를 줄여보려는 시도로 보일 수 있다(본서 제9장 참조). 적어도 노르웨이와 스웨덴에서 종합학교 교사 양성은 학문적이고 연구에 기반한 양성에 더 가까운데, 고등학교 교사 양성에서 교수법 요소는 오히려 강화되어왔다. 핀란드에서 교사 양성의 종합대학으로의 조기 통합은 교육학과 교수법에 관한 지속적인 강조와 함께 이루어졌다.

전문직성이라는 새로운 담론은 북유럽 교사가 역사적으로 발전시켜온 정체성과 전문가적 자아상에 대한 최근 구성개념과 다른가? 직업적 정체성의 역사적 층위와 제도화된 실천은 '전문직성'이 규정되고 이행되는 방식을 어느 정도로 수정 혹은 조건화할 수 있는가(Telhaug & Mediås, 2003)? 그런데, 위로부터의 교사 전문직화는 한편으로 북유럽 지역에서 그다지 뭔가 새로운 것을 보여주지 않는다고 주장될 수 있다. 물론 북유럽의 다른 국가도 그렇기는 하지만, 특히 스웨덴의 경우 정부가 새롭고, 과학에 기반한, 개혁 지향적인, 그리고 '진보적인' 교사 유형을 만들어내고 그를 통해 좀 더 민주적이고 효율적인 학교를 만들어내는 수단으로 교사교육을 계속해서 개혁해왔다(Nilsson Lindström & Beach, 2019). 다른 한편으로는 최근 안으로부터의 교사 전문직성은 교직을 천직 혹은 소명으로 보는 전통적인 이해를 재생하려는 시도로 해석해왔다. 이전에는 1980~90년대 협의로 정의된 노조주의 직업 전략을 따르면서 이런 해석을 공격적으로 거부했었다(Grinder-Hansen, 2013).

교사 역할과 역할 기대에 관한 양면성의 생성은 교육 및 교사 발달에서 끊이지 않고 지속되는 과정이다. 새로운 기대는 종종 이전의 기대에 훨씬 더 많은 것을 덧붙여 만들어진다(본서 제13장 참조). 교사 역할을 다룬 최근의 노르웨이 정부 보고서를 보면, 이런 상황을 '지층 위에 지층'이 쌓이는 역사적 퇴적물이라고 묘사하고 있다(Dahl et al., 2016, p. 41). 이 말인즉, 교사는 복잡하면서도 어쩌면 상반되는 요구에 노출되어 있다는 것이다. 교사는 민주적이면서 엘리트적이어야 하고, 집단적이면서 또 개인적이어야 하며, 사회-윤리적이면서 또한 성과지향적이어야 한다. 초중등교육에서 사회민주적 가치와 자유경쟁적 가치를 통합하려는 이런 움직임은 특히 북유럽 국가에서 분명히 나타나는 듯하다. 이렇게 상반된 이념을 연결하려는 시도는 모든 북유럽 국가에서 관찰할 수 있는 변화와 관련되어 있다. 즉, 독일 교육학(페다고지)에 영향받은 교수법

(디댁틱, Didaktik) 전통에서 무엇보다도 미국 및 영국의 연구 기반 전통에 의해 형성된 교육과정 전통으로의 변화 말이다(cf. Westbury, Hopmann & Riquarts, 2015). 위에서 사용했던 용어들(책무성, 자유주의의, 경쟁적, 수행지향 등)은 북유럽 지역에 대한 최근 주요 참조국(미국 및 다른 자유복지레짐 사례)에서 유행하고 있다. 이런 배경하에서 우리는 전 지구적 벤치마크로 역할해 온 대안적 모델을 고려하는 것 역시 시의적절하다고 생각한다. 그렇다고 이 책이 북유럽 모델을 홍보하는 것이 목적이라고 여겨져서는 안 된다. 오히려 이 책은북유럽 모델이란 용어 뒤에 자리한 이중성을 묘사하는 데 있다. 모델을 맥락화하는 방식으로 우리는 풍부한 전통을 드러내고, 오늘날 북유럽 모델이라 불리는 것에 쏟아부어진 다양한 문화적, 정치적 기대사항들을 드러내고자 한다.

북유럽 교육 및 북유럽 교사: 이 책에 대한 간략한 소개

이 책은 3부로 구성되어 있다. 제1부 '북유럽 교사의 사회적 역할, 지위, 이미지'에서는 북유럽 지역에서 교사는 무엇을, 그리고 누구를 표상하고 있는지에 대해 자세하게 논의하고 있다. 즉, 역사적 관점과 국가 간 비교 관점에서 국가 및 사회와 비교하여 교사는 누구인가? 이 교사는 도시 사람들 혹은 농촌 사람들과 어떻게 상호작용해왔는가? 이들은 교육자로 자신의 역할을 실현하기 위해 어떤 유형의 자원을 활용했는가? 앞서 논의된 **자동고정**관념과 **이종고정**관념 간의 차이를 생각해보면 북유럽 교육과 북유럽 교사가 북유럽 이외의 세계에 표상하는 것은 무엇인가?

    본서 제1장에서 라르센(Jesper Eckhardt Larsen)은 교사 유형이란 틀을 가지고 교직을 조망한다. 라르센은 북유럽 국가 및 독일, 아일랜드, 미국에서 1880~1920년대 교사들의 사회적 배경 및 예비교사선발 유형을 보여주는 자료를 활용해 '식민화하는' 교사 유형과 '유기적인' 교사 유형으로 구분한다. '식민화하는' 교사 유형이 교직에 있어 도심 엘리트형이라면 '유기적인' 교사 유형은 농사 짓고 사는 평민들과 긴밀하게 관련성을 가지고 있는 평민교육모델에 기반해 있다. 엘리아스(Elias, 1978)의 연구에서 제시된 생존 단위로서의 국민국가라는 개념을 활용해보면, 두 가지 교사 유형은 각각 문화적으로 방어적인 국민국가 유형과 문화적으로 확장적인 국민국가 유형이 관련된다. 라르센은 이런 매트 릭스의 도움으로 북유럽 모델이라는 단순화된 개념을 깨뜨리고 덴마크, 아일 랜드, 노르웨이가 어떻게 유기적인 교사 유형을 보이면서도 문화적으로 방어 적인 범주에 속하게 되었는지, 이에 반해 독일, 스웨덴, 미국은 식민화하는 교 사 유형을 보이면서 문화적으로는 확장적인 국민국가 유형을 갖게 되었는지 기술한다. 핀란드와 아이슬란드는 대체로 식민화하는 교사 유형을 보이면서 도 문화적으로는 방어적인 국가 유형에 속한다고 할 수 있다. 대체로 유기적인 교사 유형은 문화적으로 확장적인 국민국가 유형에서는 발견될 수 없다.

　　제2장에서 튜(Fredrik W. Thue)는 북유럽 교사문화의 종교적 기원을 다루고 교육학 및 교육에 대한 언뜻 상반되어 보이는 두 가지 접근의 역동성을 검토 한다. 소위 덴마크, 노르웨이, 스웨덴에서 나타나는 세속적 접근과 종교적 접 근 두 가지다. 튜는 아동의 마음을 다스리는 교사의 기술에 대해 푸코의 이론 을 차용해 분석하고 있는데, 북유럽 초등학교 교사는 여러 면에서 루터교 성 직자와 크게 다르지 않은 면모를 보인다고 주장한다. 책임감 있고 자성하는 주체를 형성하는 이전 루터교의 활동이 교육영역으로 옮겨졌다고 본 것이다. 따라서, 공통의 사회적 가치 혹은 아동의 주체성과 같은 '북유럽'의 교육적 특 징은 단지 근대국가 형성의 결과에 불과한 것으로 반드시 읽힐 필요가 없으며 훨씬 더 오랜 문화적 전통에 뿌리를 두고 있다. 이에 제2장에서는 덴마크, 노 르웨이, 스웨덴에서 각 국가의 교사 발전 경로와 교사문화로 인해 성직자적인

교사의 모습이 어떻게 다르게 형성되는지를 보여준다.

라르센은 (제3장에서는 노르웨이 및 스웨덴과 비교해) 덴마크 교사의 일상적인 사회적 역할을 면면히 검토하면서 19세기 교사가 국가와 소작농 사이에 다리 역할을 어떻게 했는지를 보여준다. 특별히 덴마크 교사는 교육적인 면에서 모범이었을 뿐만 아니라 농촌사회에서도 선도적인 역할을 담당하였다. 각 교사는 임금으로 (혹은 임금의 일부로) 토지를 받았고 토지를 경작하여 지역 사람들에게 근대적인 농업 지식을 전달하는 모범적 농부로 비쳤다. 이 교육자들은 '행함으로써 가르침'을 통해 진정한 '인민의 교사'로 등장했다. 라르센의 연구는 '유기적인' 교사 유형(라르센이 제1장에서 논의하고 있음)이 등장하게 된 토대가 어떻게 마련될 수 있었는지 역사적 발전과정을 보여준다.

제1부의 마지막 장이자 제4장에서 슐테(Barbara Schulte)는 중국 교육가들이 1990년대 중반 이후 지금까지 북유럽 교육을 어떻게 참조하고 있는지에 대해 멀리 떨어져서 살펴보고 있다. 슐테는 애초 벤딕스(Bendix, 1967)가 만든 '참조사회'라는 개념을 좀 더 발전시켰는데, 미국과 비교하여 북유럽 지역이 중국 교육학자들에게 어떻게 투영되고 있는지, 어떤 이미지로 그려지고 있는지 분석하고 있다. 이미 앞서 논의한 **자동고정관념**과 **이종고정관념**이 상호교차하면서 만들어진 이런 투영은 특히 '북유럽적인 것'이 어떻게 인식되었는지뿐만 아니라 서로 다른 북유럽 국가(여기에 아이슬란드는 포함되지 않는데, 당시 중국 입장에서 아이슬란드는 거의 눈에 띄지 않는 국가였다)가 이런 참조에서 어떻게 다른 기능을 담당해왔는지 보여준다. 제4장에서는 핀란드와 스웨덴의 교사교육을 대비시키고 있는 중국 사회의 논쟁을 확대해 보여주는데, 핀란드와 스웨덴에 대한 참조가 다양한 목표를 위해 어떻게 활용되고 있는지 드러내 보여줄 것이다. 핀란드에 대한 관심은 연구기반 핀란드 교사교육을 부분적으로 채택하는 데 목적을 두고 있어 그 성격상 좀 더 도구적으로 보인다. 반면, 스웨덴에 대한 참조는 특성상 훨

씬 더 정치적이고 최근 중국 교사교육의 이념적 토대에 문제를 제기하는 역할을 한다.

2부의 주제는 '북유럽 교사교육의 등장과 교사 정체성'으로 북유럽 교사훈련의 특징을 지역 내부의 관점 및 북유럽 이외 국가와의 비교를 통해 제기하고 논의할 것이다. 위에서 지적한 바와 같이 교사훈련의 대학화는 교사의 전문직화에서 중요한 발전과정이었다. 교사훈련에서 대학화 경향이 가장 강한 것으로 알려진 핀란드에서 이런 대학화가 어떻게 전개되었는지, 이런 경향이 그다지 확장적이지 않았던 스웨덴에서의 대학 학문화 발전과정과 비교해 살펴볼 것이다. 북유럽 교사교육에서는 어떤 교육학 전통이 중요한 역할을 담당해왔는가? 이런 전통은 훌륭한 가르침에 대한 예비교사의 인식에 어떤 영향을 미치고 있는가? 교사교육의 변화는 한쪽에 자리한 전 지구적 압력과 또 다른 쪽에 자리한 교원노조와 같은 이익집단과 어떻게 상호작용해왔는가?

제5장에서 니에미넨(Marjo Nieminen)은 1860년~1960년대 핀란드 초등학교 교사훈련의 역사를 검토할 것이다. 이를 위해 핀란드 교사교육 상황을 분석하고 향후 개혁을 제안하기 위해 정부 산하 위원회가 발간한 보고서들을 분석할 것이다. 이 위원회보고서들은 핀란드 교사교육 시스템이 점차 대학화되는 과정을 추적하는 데 있어 중요한 자료다. 핀란드 교육체제는 바로 이 시스템 때문에 전 세계적인 유명세를 타고 있다. 저자는 이 보고서에서 이루어진 국제적인 참조내용들을 분석하면서 핀란드 교사교육의 근대화 및 대학화 추구에 핀란드 이외의 다른 북유럽 국가는 상당히 제한적인 역할밖에 하지 않았음을 또한 보여주고 있다. 비록 핀란드가 '북유럽 모델'이란 용어를 처음으로 사용한 나라 중 하나이지만, 위에서 논의한 바와 같이 북유럽 국가는 핀란드의 교사교육개혁에 별 이렇다 할 영감을 제공해주지 못했다. 대신 이런 개혁들은 겉보기에 상당한 정도로 국제적인 시각을 지닌 것이었다.

홀멘과 린가르프(Janne Holmén & Johanna Ringarp)는 제6장에서 20세기에 핀란드와 스웨덴 초등학교 교사훈련의 대학화 모습을 상세히 살펴보면서 고등교육개혁과 교사교육 프로그램 개혁 간의 상호작용을 검토하고 있다. 핀란드와 스웨덴이 복지사회를 발전시켜나갔다는 점에서 공통점은 많지만, 과거의 비학문적인 평민학교 교사훈련원을 종합대학 시스템에 통합하는 시기에 두 국가의 경로는 서로 다른 양상을 보인다. 핀란드가 평민학교 교사훈련원의 계승자인 교사교육 기관을 전통적인 종합대학과 같은 수준에 맞추는 데 성공한 반면, 부분적으로 평민학교 교사훈련원에서 탄생한 스웨덴의 단과대학은 여전히 오랜 전통의 기존 종합대학과 같은 수준의 자원을 장악하지 못하였다. 서로 다른 정치적 우선순위가 서로 다른 궤적을 만들었고 우리는 서로 다른 궤적의 효과를 오늘날 여전히 목격할 수 있다.

제7장에서 쿠코와 라르센(Beatrice Cucco & Jesper Eckhardt Larsen) 역시 교사교육을 검토하고 있지만, 그 초점은 덴마크와 핀란드에서 서로 다르게 활용되고 있는 교직학에 대한 접근이다. 저자들은 역사적 발달과 함께 최근의 변화상황에 대한 분석을 통해 서로 다른 국가의 교육체제와 교사교육을 제도화하는 서로 다른 전략들이 어떻게 다양한 역사적 궤적을 형성하였는지를 보여주는데, 이 역사적 궤적은 오늘날까지 덴마크와 핀란드의 교사교육에 영향을 미치고 있다. 이들의 연구는 덴마크에서 교직학은 교수법 지식에 대한 교리상 해석적 접근을 발전시키려는 평민교육기관에 발판을 둔 반면 핀란드에서 교직학은 도심의 학문적 엘리트와 강한 대학화가 주도해 만든 것으로 점증적 실증주의 패러다임을 초래하였다는 것을 보여준다.

제8장에서 웨인과 위보르그(Lindsey Waine & Susanne Wiborg)는 지난 수십 년 동안 스웨덴, 독일, 영국에서 이루어진 교사교육개혁을 분석하기 위해 북유럽 국가-북유럽 이외 국가라는 비교접근을 취한다. 위에서 논의한 바와 같이, 전

지구적 압력과 새로운 거버넌스 모델은 교사를 향한 기대에 상당한 영향을 끼쳤는데, 교사교육과 교사교육개혁에 대한 통제권을 쥐기 위한 다양한 전략들을 취하도록 이끌었다. 분석의 대상이었던 이 세 국가 모두 새로운 압력에 대응했지만, 그 방식은 서로 달랐다. 독일과 영국은 각각 상반된 방향에서 출발했다. 독일은 덜 이론적이고 좀 더 실천 지향적인 교사교육을 지향하는 방향으로 움직인 반면, 영국의 전통적인 '반교수법주의'는 많은 예비교사가 교육이론을 익히지 않아도 용인하였다. 저자들은 북유럽 국가인 스웨덴은 통상적으로 집단주의적 교사단체가 있는 국가로, 가장 극적인 변화를 겪었다고 주장하였다. 즉, 좀 더 통합된 전문가 정체성을 희생하고 교과 전문성과 개별화된 업무수행 평가가 중시되면서 소위 전문직성의 파편화를 가져왔다.

2부의 마지막 장인 제9장에서 푸루하겐과 홀멘(Björn Furuhagen & Janne Holmén)은 지난 50여 년간 핀란드와 스웨덴의 교사교육 및 교사교육의 변화, 그리고 교원노조 사이의 상호 관련성을 파고든다. 이 책에서는 주로 교사교육과 교사 정체성을 형성하는 핵심 요인으로 정치적 의사결정과 교수법 전통에 가장 큰 관심을 쏟고 있지만, 저자들은 이 맥락에서 교원노조가 상당히 중요한 역할을 담당했음을 보여주고 있다. 스웨덴과 핀란드의 교원노조는 행동하고 다른 정치 파트너와 동맹관계를 맺는 방식이 현저하게 달랐다. 스웨덴에서는 두 교원노조(고등학교 교사가 주로 참여하고 교과지식 전문성을 강조하는 교원노조와 종합학교 교사를 대변하고 일반적인 교수법을 옹호하는 교원노조) 간 반목이 있는데, 이것은 정당-정치 영역에서의 계속적 이념 대결을 초래했다. 이에 반해, 핀란드에서는 교원노조가 정치에 관한 교사교육의 자율성과 유연성을 강화하면서 하나의 단일한 행위자로 행동한다.

이 책의 제3부는 북유럽 국가의 교사 전문직성에 대한 다양성으로, 교사 전문직성으로 돌아가 사회변화 및 교육개혁이 북유럽 교사의 전문가적 지위와 실천에 어떤 영향을 끼쳤는가를 다루고 있다. 교사 전문직성은 교육의 거대한 팽창에 어떻게 영향을 받았는가? 어느 정도로 교사 전문직성에 대한 관점이 교사교육에 통합되어왔는가? 한편에 자리한 전문가적 자율성과 또 다른 한편에 자리한 교사의 학생 평가 권한의 역동성은 어떠한가?

제10장에서 라르센과 튜(Lars Erik Larsen & Fredrik W. Thue)는 20세기 후반 덴마크와 노르웨이에서 중등교육의 팽창이 교사의 전문가적 지위와 자율성에 어떻게 다른 방식으로 영향을 미치고 있는지 보여주고 있다. 이 두 국가는 중등교육개혁을 거쳤는데 서로 다른 문화적, 정치적 전통으로 인해 교사의 행위 주체성은 다소 차이를 보인다. 덴마크 사례를 보면, 후기중등학교인 김나지움 교사는 김나지움의 엘리트주의 전통을 어느 정도 유지하면서 개혁을 만들어 가는 데 적극적인 역할을 담당했다. 이에 대해 라르센과 튜는 덴마크의 엘리트 교수법 전통과 중상층 문화가 상대적으로 아주 강하게 남아 있다는 것, 학교의 자기조직화 전통이 여전히 만연하다는 점을 들고 있다. 반면, 노르웨이에서 후기중등학교 교사는 교육개혁에서 그 역할이 상당히 제한적인데, 라르센과 튜는 노르웨이에서의 사회민주적 정치 헤게모니가 그 원인이라고 지적한다. 이런 정치적 헤게모니는 종합교육과 하향식 학교조직 전통을 강조하기 때문이다.

제11장에서 마우셋하겐(Sølvi Mausethagen)은 노르웨이의 교사 전문직성에 대해 다루고 있는데, 서로 다른 교사교육 대학원(박사과정) 프로그램이 보여주는 교사 전문직성에 관한 담론의 구성을 분석하고 이런 담론 구성이 노르웨이 교사 전문직성 정책담론 및 교사 전문직성에 관한 스웨덴과 덴마크의 관점과 어떻게 연결되고 있는지 보여준다. 마우셋하겐은 노르웨이에서 지금 한창 담론을 주도하고 있는 교사 전문직성이 교사교육에서 세 가지 다른 방식으로 작동해왔음을 발견하였다. 저자가 '도구적'이고 '관계적'이라고 한 처음 두 가

지 방식은 정부 담론에 더 가까운 것으로 각각 연구기반 증거와 실천 연구의 산출 및 활용을 가리킨다. 교사 전문직성을 개념화하는 세 번째 방식은 '비판적'인 방식으로 교사 실천에 관한 메타지식의 산출 및 활용에 관심을 기울인다. 마우셋하겐은 교사 전문직성을 둘러싼 논쟁의 많은 부분은 오래된 교수법적 전통과 새롭게 등장한 교육학 사이의 긴장과 갈등을 반영한 것이라고 결론 내린다. 말할 필요도 없이 경험에 기반하고 맥락 의존적인 교사 지식은 새로운 형태의 교사 전문직성에서 주변화되어 있다.

제12장에서 팔켄베르그과 린가르프(Kathleen Falkenberg & Johanna Ringarp)는 교사의 가장 핵심적인 실천, 즉, 평가와 성적 매기기에 주목해 살펴볼 것이다. 팔켄베르그와 린가르프는 독일과 스웨덴의 평가와 성적에 관한 지침, 실천, 규정을 비교하면서 이 두 국가 간의 공통점과 차이점을 보여주고 있다. 이들의 연구 결과에 따르면, 각 국가의 맥락에 다양성이 있기는 하지만, 교사의 정의감이 각 맥락 내의 제도적 환경, 국가별 지침, 전체 학교체제와 상호관련성을 보인다. 저자들은 이와 관련된 네 가지 정의감을 보여주고 있는데, 이것들은 성적과 관련된 미시적 규정 및 규범적 기대의 정도, 교사 간 집단 협력의 정도, 지침의 문서화 정도, 개별화 평가의 가능성 정도 등 서로 다른 선행조건으로 인해 두 맥락 속에서 정도를 달리하여 구체화된다. 결론적으로 저자들은 스웨덴 교사는 조직적 전문직성으로 즉, 위로부터의 전문직성으로 특징지어지는 반면, 독일 교사는 직업적 전문직성 혹은 안으로부터의 전문직성으로 특징지어진다는 점에 주목한다.

마지막 장(제13장)에서 베름케와 프뢰츠(Wieland Wermke & Tine S. Prøitz)는 스웨덴, 노르웨이, 독일의 교사가 어떻게 일상적 교직 생활에서 서로 다른 복잡성에 직면하게 되는지 논의한다. 교사는 아주 광범위한 상반된 기대와 규정에 직면하여 자기 일을 가능한 한 위험에 빠뜨리지 않으면서 '위기관리'를 하는 것이 필요하다. 베름케와 프뢰츠는 다양한 위기관리 형태를 이들 국가의 다양한 역사사회적 궤적과 이런 궤적에서 기인하는 다양한 거버넌스의 복잡성에 관련짓는다. 스웨덴 교사는 급속도로 진행되는 교육개혁으로 그 내용을 차분히 검토하기가 어려운 다중적인 압력과 복잡성에 노출되어 있는 반면, 독일 교사는 상당히 오래 지속되어온 시스템 속에서 일하고 있다. 독일에는 '복잡성 감소' 효과를 가진 전통이 자리 잡고 있다. 노르웨이 교사는 새로운 책무성 방안과 결과기반 거버넌스 논리의 지배를 받고 있지만, 강한 교원노조와 정부기관과의 합의기반 의사소통 방식에 의존할 수 있어서 스웨덴 교사보다 좀 더 높은 수준의 자율성을 구가한다. 무엇보다도 중요하게, 베름케와 프뢰츠는 노르웨이가 스웨덴보다 독일을 더 닮아가려고 하는 한 단일한 북유럽의 교직이란 존재하지 않는다고 결론 내린다.

[참고문헌]

Andersson, J. (2009) 'Nordic nostalgia and Nordic light: the Swedish model as utopia 1930–2007', Scandinavian Journal of History, 34(3), pp. 229–245. doi: 10.1080/03468750903134699.

Bendix, R. (1967) 'Tradition and modernity reconsidered', Comparative Studies in Society and History, 9(3), pp. 292–346. doi: 10.1017/S0010417500004540.

Blossing, U., Imsen, G. and Moos, L. (eds.) (2014) The Nordic education model: 'A school for all' encounters neo-liberal policy (1st ed.). Dordrecht: Springer Netherlands. doi: 10.1007/978-94-007-7125-3.

Boli, J. (1989) New citizens for a new society: the institutional origins of mass schooling in Sweden. Pergamon Press.

Brunila, K. and Edström, C. (2013) 'The famous Nordic gender equality and what's Nordic about it', Nordic Studies in Education, 33(4), pp. 300–313.

Buchardt, M., Markkola, P. and Valtonen, H. (2013) 'Introduction: education and the making of the Nordic welfare states', in Buchardt, M., Markkola, P. and Valtonen H. (eds.), Education, state and citizenship. Helsinki: University of Helsinki, pp. 7–30.

Childs, M. (1936) Sweden: the middle way. London: Faber.

Dahl, T., Askling, B., Heggen, K., Iversen Kulbrandstad, L., Lauvdal, T., Qvortrup, L., Salvanes, K.G., Skagen, K., Skrøvset, S., and Thue, F. W. (2016) Om lærerrollen. Et kunnskapsgrunnlag. Bergen: Fagbokforlaget.

'De nordiska skolmötenas silfverbröllop' (1895) Svensk Läraretidning, 27, p. 334. Delegations for the Promotion of Economic Co-operation Between the Northern Countries (1937) The Northern countries in world economy. Denmark – Finland – Iceland – Norway – Sweden. Helsinki: Otava Printing Office.

Dervin, F. (2016) 'Is the emperor naked? Experiencing the "PISA hysteria", branding and education export in Finnish academia', in Trimmer, K. (ed.), Political pressures on educational and social research. London and New York: Routledge, pp.77–93.

Desmond, S. (1918) The soul of Denmark. London: T. Fisher Unwin.

Eide, K. (1990) '30 years of educational collaboration in the OECD', International Congress 'Planning and management of educational development'. Mexico City, 26–30 March 1990. UNESCO Report Ed.90/CPA.401/DP.1/11. Paris: UNESCO Archives.

Elias, N. (1978) What is sociology? New York: Columbia University Press.

Esping-Andersen, G. (1990) The three worlds of welfare capitalism. Princeton, NJ: Princeton University Press.

Etzioni, A. (ed.) (1969) The semi-professions and their organization: teachers, nurses, social workers. New York: Free Press.

Evetts, J. (2003) 'The sociological analysis of professionalism: occupational change in the modern world',

International Sociology, 18(2), pp. 395-415. doi: 10.1177/0268580903018002005.

Evetts, J. (2013) 'Professionalism: value and ideology', Current Sociology, 61(5-6), pp. 778-796. doi: 10.1177/0011392113479316.

Giddens, A. (1991) Modernity and self-identity. Self and society in the late modern age. Cambridge: Polity Press.

Grinder-Hansen, K. (2013) Den gode, den onde og den engagerede: 1000 år med den danske lærer. Copenhagen: Muusmann forlag.

Harvey, W. J. and Reppien, C. (1915) Denmark and the Danes. A survey of Danish life, institutions and culture. London: T. Fisher Unwin.

Hemstad, R. (2016) 'Scandinavianism, Nordic co-operation, and "Nordic democracy"', in Kurunmäki, J. and Strang, J. (eds.), Rhetorics of Nordic democracy. Helsinki: SKS Finnish Literature Society, pp. 179-193. doi: 10.21435/sfh.17.

Hilson, M. (2013) The Nordic model: Scandinavia since 1945. Repr. London: Reaktion Books.

Hjort, K. (2003) Professionaliseringen i den offentlige sektor. Frederiksberg: Roskilde Universitetsforlag.

Hobsbawm, E. (1983) 'Introduction: inventing traditions', in Hobsbawm, E. and Ranger, T. (eds.), The invention of tradition. Cambridge: Cambridge University Press, pp. 1-14.

Jóhannsdóttir, G. (2008) 'Academic drift in the development of the education of Nordic primary school teachers', Den 10. nordiske Læreruddannelseskongress, Kennaraháskóli Islands, 21-24 May 2008.

Kivinen, O. and Rinne, R. (1991) 'Changing higher-education policy: three Western models', Prospects. Quarterly Review of Education, 21(3), pp. 421-429.

Knight, E. W. (1927) Among the Danes. Chapel Hill: The University of North Carolina Press.

Landahl, J. (2015) 'Det nordiska skolmötet som utbildningspolitisk arena (1870-1970)', Utbildning & Demokrati, 24(3), pp. 7-23. doi: 10.48059/uod.v24i3.1040.

Larsen, J. E. (2016) 'Academisation of teacher education: sites, knowledge and cultures and changing premises for educational knowledge in Norway and Denmark', in HoffmannOcon, A. and Horlacher, R. (eds.), Pädagogik und pädagogisches Wissen. Ambitionen in und Erwartungen an die Ausbildung von Lehrpersonen. Bad Heilbrunn: Klinkhardt, pp. 221-228.

Lundberg, U. (2005) A leap in the dark. From a large actor to a large approach: the Joint Committee of the Nordic Social Democratic Labour Movement and the crisis of the Nordic model. Stockholm: Institute for Future Studies.

Lundgren, U.P. (2013) 'PISA as a political instrument: one history behind the formulating of the PISA programme', Profesorado, 17(2), pp. 15-29.

Marklund, C. (2017) 'The Nordic model on the global market of ideas: the welfare state as Scandinavia's best brand', Geopolitics, 22(3), pp. 639-639. doi: 10.1080/14650045. 2016.1251906.

Mausethagen, S. (2015) Lærerrollen i endring? Om nye forventninger til lærerprofesjonen og lærerarbeidet. Oslo: Universitetsforlaget.

Mjøset, L. (1992) 'The Nordic model never existed, but does it have a future?', Scandinavian Studies, 64(4), pp. 652–671.

Musiał, K. (2002) Roots of the Scandinavian model: images of progress in the era of modernisation. Baden-Baden: Nomos.

Nilsson-Lindström, M. (2019) 'Utbildningsfältets omvandling och läraryrkenas professionalisering', in Brante, T., Svensson, K. and Svensson, L.G. (eds.), Ett professionellt landskap i förvandling. Lund: Studentlitteratur, pp. 127–169.

Nilsson-Lindström, M. and Beach, D. (2019) 'Utbildningsfältets professionalisering', in Brante, T., Svensson, K. and Svensson, L. G. (eds.), Det professionella landskapets framväxt. Lund: Studentlitteratur, pp. 147–208.

Nordic Council of Ministers (2009) Comparative study of Nordic teacher-training programmes. Copenhagen: Nordic Council of Ministers.

Organisation for Economic Co-operation and Development (OECD) (1973) OECD economic outlook, Volume 1973 Issue 1. Available at: https://www.oecd-ilibrary.org/content/publication/eco_outlook-v1973-1-en. (Accessed: 10 May 2021).

Organisation for Economic Co-operation and Development (OECD) (1996) OECD economic surveys: Finland 1996. Available at: https://www.oecd-ilibrary.org/content/publication/eco_surveys-fin-1996-en. (Accessed: 10 May 2021).

Organisation for Economic Co-operation and Development (OECD) (2000) Policies towards full employment. Available at: https://www.oecd-ilibrary.org/content/publication/9789264181632-en. (Accessed: 10 May 2021).

Organisation for Economic Co-operation and Development (OECD) (2002) Reviews of national policies for education: lifelong learning in Norway 2002. Available at: https://www.oecd-ilibrary.org/content/publication/9789264196421-en. (Accessed: 10 May 2021).

Organisation for Economic Co-operation and Development (OECD) (2004) Reviews of national policies for education: Denmark 2004. Available at: https://www.oecd-ilibrary.org/content/publication/9789264017948-en. (Accessed: 10 May 2021).

Organisation for Economic Co-operation and Development (OECD) (2006) Starting strong II. Early childhood education and care. Available at: https://www.oecd-ilibrary.org/content/publication/9789264035461-en. (Accessed: 10 May 2021).

Organisation for Economic Co-operation and Development (OECD) (2018) Equity in education. Available at: https://www.oecd-ilibrary.org/content/publication/9789264073234-en. (Accessed: 10 May 2021).

Organisation for Economic Co-operation and Development (OECD) (2019) Benchmarking higher education system performance. Available at: https://www.oecd-ilibrary.org/content/publication/be5514d7-en. (Accessed: 10 May 2021).

Sahlberg, P. (2015) Finnish lessons 2.0: What can the world learn from educational change in Finland? (2nd ed.). New York and London: Teachers College, Columbia University.

Schriewer, J. (2000) 'World system and interrelationship networks', in Popkewitz, T. S. (ed.), Educational knowledge: Changing relationships between the state, civil society, and the educational community. Albany: State University of New York Press, pp. 305-343.

Schulte, B. (2004) 'East is East and West is West? Chinese academia goes global', in Schriewer, J., Charle, C. and Wagner, P. (eds.), Transnational intellectual networks. Forms of academic knowledge and the search for cultural identities. Frankfurt and New York: Campus, pp. 307-329.22 Jesper Eckhardt Larsen et al.

Sejersted, F. (2013) Sosialdemokratiets tidsalder. Norge og Sverige i det 20. århundre. Oslo: Pax Forlag.

Servan-Schreiber, J.-J. (1967) Le défi américain. Paris: Denoël.

Simon, E. D. (1939) The smaller democracies. London: Victor Gollancz Ltd.

Skarpenes, O. (2007) Kunnskapens legitimering. Fag og læreplaner i videregående skole. Oslo: Abstrakt forlag.

SOU (2018:48) En lärande tillsyn. Statlig granskning som bidrar till verksamhetsutveckling i vård, skola och omsorg, Tillitsdelegationen. Stockholm: Norstedts Juridik.

Steiner-Khamsi, G. and Waldow, F. (2019) Understanding PISA's attractiveness: critical analyses in comparative policy studies. London: Bloomsbury.

Stoler, A. L. and Cooper, F. (1997) 'Between metropole and colony: rethinking a research agenda', in Cooper, F. and Stoler, A. L. (eds.), Tensions of empire. Colonial cultures in a bourgeois world. Berkeley: University of California Press, pp. 1-56.

Strang, J. (2016) 'Introduction: the Nordic model of transnational cooperation?', in Strang, J. (ed.), Nordic cooperation: a European region in transition. Oxon and New York: Routledge, pp. 1-26.

Stråth, B. (1993) 'Den nordiska modellen. Historisk bakgrund och hur talet om en nordisk modell uppstod', Nordisk Tidskrift, 1, pp. 55-61.

Telhaug, A. O. and Mediås, O. A. (2003) Grunnskolen som nasjonsbygger: Fra statspietisme til nyliberalisme. Oslo: Abstrakt forlag.

Telhaug, A. O., Mediås, O. A. and Aasen, P. (2006) 'The Nordic model in education: education as part of the political system in the last 50 years', Scandinavian Journal of Educational Research, 50(3), pp. 245-283. doi: 10.1080/00313830600743274.

Warin, J., and Adriany, V. (2017) 'Gender flexible pedagogy in early childhood education', Journal of Gender Studies, 26(4), pp. 375-386. doi: 10.1080/09589236.2015.1105738.

Westbury, I., Hopmann, S. and Riquarts, K. (eds.) (2015) Teaching as a reflective practice: the German Didaktik tradition. New York and London: Routledge.

Wiborg, S. (2009) Education and social integration: comprehensive schooling in Europe. New York: Palgrave Macmillan.

Wiborg, S. (2017) 'Teachers unions in the Nordic countries: solidarity and the politics of self-interest', in Moe, T. and Wiborg, S. (eds.), The comparative politics of education. Cambridge: Cambridge University Press, pp. 144-191. doi: 10.1017/9781316717653.006.

Zhu, Q. 祝其樂 (1923) '研究鄉村教育的途徑與方法' Yanjiu xiangcun jiaoyu de tujing yu fangfa, Jiaoyu Zazhi, 15(9), pp. 6-15.

1부

북유럽 교사의
사회적 역할, 지위, 이미지

제1장

북유럽 초등학교 교사
유기적 지식인인가, 식민국가의 대리인인가, 해방적 그룹인가 아니면 모두 다인가?

예스퍼 에크하트 라르센(Jesper Eckhardt Larsen)

도입

서구의 역사 사료를 살펴보면 1880~1920년대 초등학교 교사에 대한 해석의 초점이 분명하지 않은 채 모호하게 남아 있다. 이 급성장한 집단(초등학교 교사)은 국가의 최말단 공무원으로 구성된 대규모의 회색분자 집단이었을까? 교사는 국가 차원의 권력 투쟁에서 억압받는 집단과 소수자들을 대변하는 진보주의 자이자 전위적 투쟁가였던걸까? 그것도 아니라면 이들은 민족 정체성을 규정하기 위한 싸움에서 전통적인 문화적 가치를 전달하는 사람들이었나? 이 장에서는 새로운 세대에게 가치와 사상을 전달하는 데 있어 이들의 역할을 어떻게 규정할 것인가에 상관없이 교사는 국가의 자기 이해를 발전시키는 데 아주 중요한 역할을 담당했다는 점을 주장할 것이다.

19세기 전반기 동안, 거의 모든 서구 국가에서 마을학교 교사는 대체로 농부의 아들이었다. 가정교사를 포함한 도시 학교 교사의 성별 구성이 좀 더 다양해지게 되는데 좀 더 상위 계층 혹은 좀 더 하위 계층 출신 남녀 모두 교사가 되었다. 그러나 세기 전환기에 산업화와 급격한 도시화가 진행되면서 여

교사의 유입이 많아졌을 뿐만 아니라 농촌 혹은 소도시 출신의 초등학교 교사가 계속 지나치게 많이 모집되었는데, 이러한 상황은 점차 문제가 되었다.

미국 콜럼비아대학교 티처스칼리지의 코프만(Lotus Delta Coffman, 1875~1938)이 1911년 수행한 전국 조사(American Survey)에 따르면, 사회 전체적으로 이런 채용 양상이 공립학교교육의 열악한 상황을 초래하고 있다는 인식이 팽배했다. 교직의 여성화, 그리고 대부분의 교사가 농촌 출신이라는 점이 가장 심각한 문제로 지목되었다. 농촌 및 소도시 학교의 교사는 자기향상을 위한 자발적 노력을 거의 기울이지 않았다. 이들에게는 훈련도 필요했지만, '교사로서의 적성과 인격 함양'도 필요했다(Coffman, 1911, pp. 82ff).

그러나 사회적으로 지적되고 있는 교사 채용 '문제'는 대단히 맥락 의존적이다. 예를 들어, 노르웨이의 초등학교 교사 또한 거의 전적으로 농촌지역 출신으로 이뤄져 있었는데, 이것에 대한 평가는 위에서 언급한 미국에서의 경우와 완전히 정반대였다. 로글로는 1880~1920년의 시기를 '교사-정치인의 황금기'로 묘사하고 있다(Lauglo, 1995, p. 267). 농촌 출신 혹은 '민중계층' 출신 교사는 일종의 대항문화 운동을 형성했는데, 예를 들어, 교사의 정치적 권리, 민족주의, 노르웨이어 부흥, 반기독교 체제, 자신들의 의제에 대한 절제 운동 등에 적극적으로 자신들의 목소리를 냈다.

노르웨이인의 국가적 자기 이해를 위하여 소위 '평민교사'라는 사상은 제2차 세계대전 동안 독일 점령당국과의 문화정치적 대결에서 마지막 시련을 거쳤다. 퀴슬링(Vidkun Quisling, 1867~1945) 치하의 나치 정부가 1942년 2월 수립된 이후 모든 교사는 새로 신설된 나치당 교원노조에 의무적으로 가입해야 한다는 법이 시행되었다. 이후 수 주 동안 14,000명에 이르는 초등학교 및 중등학교 교사 중 대략 12,000명 정도의 교사가 이에 항의하는 편지를 보내고 성명서를 자기 교실에서 큰 소리로 소리내어 읽었다. 이 일은 나치청소년조직(Nazi

Youth Organization)에 맞선 교회 성직자의 항의와 함께 이루어졌다(Hagemann, 1992, p. 201). 퀴슬링은 이런 저항에 적절히 대처할 수 없었고 1942년 3월, 총리 테르보벤(Reichskommissär, Josef A. H. Terboven, 1898-1945)은 노르웨이 북부지역에서 방어진지를 구축하기 위해 1,000명의 초등학교 교사를 이송하도록 명령했다(전게서, p. 205). 노르웨이 교사가 국가의 정치 문화적 실존에 대한 공동 규정자이자 수호자로서 최종 보증을 받은 것은 분명 생존단위-이 용어에 대해서는 본 장의 마지막 부분에서 좀 더 상세히 논의하겠지만-로서 노르웨이를 방어하는 과정에서였을 것이다.

미국의 사료에 따르면 미국에서 특정 직업 집단으로서 초등학교 교사는 특별한 '해방적' 의미를 갖는다. 교사는 국가 차원에서 권력 투쟁을 벌이면서 피억압자와 소수자들을 대변해 싸우는 진보주의적 전위파 투쟁가로서 '단호하고 투쟁적인 집단'을 위한 핵심적 역할을 수행해왔다. 다른 직업군보다도 교사가 흑인을 훨씬 더 잘 대변해왔다. 이러한 점에서 교직은 흑인사회에서 소위 교육받은 지도자를 양성해내는 핵심 통로가 되어왔다(Rury, 1989, p. 10).

초등학교 교사의 국가적 중요성이 서로 달라지게 된 이 시기 역사적 환경 및 국가적 경로의 특징은 무엇인가? 정체성 정치학이 중요한 요즘 시대에 사회, 지리, 문화, 인종적 배경을 통해, 가끔은 성별을 통해, 가끔은 가정의 사회직업적 배경을 통해 정당성을 획득한 학교교사들 중에서 어떻게 최전선 지도자들이 나타나도록 이전 시대의 환경이 어떻게 이끌었는지 살펴보는 것이 유익할 것이다.

방법과 자료

이 장은 교사모집 양상(교사들의 사회문화적 배경, 출신지역(농촌, 도시), 성별 등)에 관한 양적 자료와 예비교사 교육기관이 위치한 지리적 특성에 관한 정보자료에 관한 기술 통계분석을 질적이고 역사적인 분석을 혼합해 사용하였다. 이런 혼합 방법을 통해 우선, 우리는 '도시' 출신 대 '농촌' 출신, '엘리트' 출신 대 '평민' 출신의 교사 모집에 관한 양적 자료를 평가할 수 있고 1880~1920년대 북유럽 지역에서 남녀간의 교사 모집 비율을 확인해 볼 수 있다. 이런 기술 분석을 바탕으로 우리는 국제비교의 관점에서 이런 모집이 갖는 좀 더 광범위한 문화적이고 정치적인 의미를 평가해 볼 수 있다.

이 시기 또는 직후 시기의 개별 교사양성 교육기관에 대한 통계 검토는 종종 단지 교원양성 교육과정에 임하는 학생들의 아버지 직업에 대한 상세한 정보를 전해준다. 하지만 이 자료만으로는 학생들이 농촌 출신인지, 도시 출신인지 혹은 그와 함께 출신 지역을 사회적 지위 또는 이들의 소속 계층과의 관련지어 정확하게 파악하기는 어렵다. 이와 대조적으로 1930년대 이후 교사모집 관련 통계자료와 사료들은 이런 모집 양상을 주로 사회적 지위와 사회계층에 근거해 범주화할 수 있다. 따라서 시기별로 자료와 2차 해석을 비교하기는 어렵다. 그러나 교사모집 관련 자료는 전반적인 국가적 양상을 보여주는 것일수 있다. 특별히 이 자료는 농촌 출신(여기에는 '평민' 혹은 '서민'으로 분류되는 교사가 포함) 예비교사 비중, 교직으로의 자체 모집 수준, 즉 교사가 있는 가족 출신(전문직화의 수준) 학생들의 비중, 그리고 성별 채용 비중 등과 관련되어 있다.

이 장의 구조

여기서는 이 장의 이론적 틀을 소개하고 이러한 틀에 8개국 사례를 잠정적으로 이 틀에 배치하였다(《표 1-1》 참조). 이론적 틀은 이 장의 내용들을 구조화해 보여준다. 우선 첫 번째 국가 사례로 '문화적으로 방어적인 국가' 즉, 아일랜드, 덴마크, 노르웨이의 '유기적 교사 유형'을 분석하고, 그다음으로 '문화적으로 확산적인 국가' 즉, 미국, 독일, 스웨덴에 있는 '식민화하는 교사 유형'을 분석할 것이다. 다음으로는 '문화적으로 방어적인 국가(핀란드와 아이슬란드)에 있는 식민화하는 교사'에 대해 논의할 것이다. 그 후, 국가별 사례들이 국민국가와 교사 유형 간 인과관계보다는 오히려 이 둘의 동시발생을 어떻게 보여주는지에 대해 성찰할 것이다. 마지막으로 결론 부분에서는 이런 교사 유형의 영향에 대한 좀 더 광범위한 비교학적 해석이 제시될 것이다.

교사 유형 국가 유형	식민화 유형	유기적 유형
문화적 확산형	독일 미국 스웨덴	
문화적 방어형	핀란드 아이슬란드	아일랜드 덴마크 노르웨이

<표 1-1> 교사 유형에 대한 분석 틀

목표, 질문, 개념 틀

이 책의 목표 중 하나는 북유럽 교사문화의 특수성을 검토하는 것이다. 즉, 다양한 북유럽 국가에서 종사하는 개인들의 집단에 주목함으로써 교사의 특성을 집단적으로 규정하고 기술하는 것이다. 이 장에서 나 역시 북유럽 교사문화를 아일랜드, 독일, 미국의 교사문화와 비교한다. 이를 위해서는 이런 특징들을 형성해온 역사적 동인에 대한 성찰이 필요하다. 그리고 여기에는 지역별 비교를 가능하게 하는 일종의 일관된 이론적 틀이 필요하다. 간단히 이렇게 생각해

보자. '교사문화' 혹은 국가적으로 두드러진 '교사 유형'을 비교한다고 할 때 정확히 무엇을 비교하는 건가? 둘째, 여러 사례들을 아우르는 유사점과 차이점을 설명하는 이론을 운용할 수 있는가? 이 장에서 나는 1880~1920년 사이 초기 교사교육 기관에서 교육받은 학생들의 선발 및 배치가 문화적으로 어떤 의미를 지니는지 평가하려고 한다. 따라서 이 장의 연구 질문은 다음과 같다.

i. 북유럽 예비교사는 아일랜드, 독일, 미국의 예비교사와 비교하여 사회적으로 지리적으로 어떤 특징을 보이는가?

ii. 행위자, 현대 연구자, 이후의 사료에 비추어, 이런 학생 선발 양상이 갖는 의미는 무엇인가?

iii. 교사교육 기관은 어느 지역에 위치해 있었고, 그 이유는 무엇인가?

iv. 교사교육, 학생 모집 및 교사교육 기관의 위치를 논함에 있어 '인민' 개념 혹은 이와 유사한 개념은 어떤 역할을 했는가?

v. 국가별 두드러진 교사 유형은 국가별 문화 전략을 포함해 국가의 자기 이해와 어떻게 연결되고 있는가?

아래에서 자세히 논의되겠지만, 나는 생존단위로 여겨지는 국민국가라는 틀에 교사 집단을 배치할 것이다. 교사는 적어도 국민정서라던가 애국심이 극에 달했던 시기에 주로 국가의 수호자라는 역할을 담당했다. 교사는 특별히 상대적 세속화의 시기에 국민국가에 대한 최소한의 충성심을 다음 세대에 심어줄 책임을 져왔다. 이 장에서 다루는 1880~1920년대는 이전에 없던 대중적 민족주의가 등장한 시기였고, 상대적으로 시민사회의 세속화가 진행되었던 시기였고, 상당수 사례에서 볼 수 있듯이 국가를 건설하거나 공고히 하려는 작업이 활발히 전개된 시기였다. 여기서 나는 설명적 틀을 위해 기준이 될 만한 시작점으로 간단한 이념형의 매트릭스를 보여줄 것이다.

〈표 1-1〉의 4사분면에서 볼 수 있는 문화적으로 확장적인 국민국가의 전략과 식민화하는 교사 유형 간의 연관성은 여러 역사적 사례를 통해 직관적으로 확인되는 듯하다. 여기서는 그다지 상세하게 다루지 않겠지만 카루소는 남미의 사례를 가지고 19세기 동안 교사가 중앙으로부터 언어, 사상, 가치를 식민화하는 방식으로 주변부에 전파했으며, 이전 세기 유럽 권력이 시행했던 식민지 전략과 거의 연장선상에 있었다는 것을 보여준다(Caruso, 2012). 그러나 이 매트릭스는 또한 직관적이지 않은 동시발생을 보여준다. 이후에 논의되겠지만, 핀란드와 일정 정도의 아이슬란드는 타국 지배하에서 국어를 보호하려는 측면에서 문화적으로 방어적인 전략을 보인 국가지만, 식민화하는 교사 유형도 존재한다. 우리는 단지 '단순' 지표상으로 문화적으로 방어적인 전략(즉, 1사분면)을 보이는 국가에서 유기적 교사 유형을 볼 수 있다는 것이다.

식민화하는 교사 유형과 문화적으로 확장적인 전략, 유기적 교사 유형과 문화적으로 방어적인 전략 간의 대응 관계는 나름 잘 맞아떨어지는 가설이다. 우리가 지금까지 확인한 바로 예외적인 사례가 2개 정도 있는데, 사례별로 도대체 왜 이런 일이 발생하는지 질문하고 연구되어야 한다. 따라서 〈표 1-1〉에서 제공하는 범주는 결정론적 혹은 선형적 인과성을 제안하기보다는 주로 다양한 동시발생을 보여주는 발견적 도구로 기능한다. 이런 범주는 개별적 사례에서 찾아야 하는 것을 명확히 파악할 수 있고 이로써 전반적인 비교분석에서 제3차 비교(비교의 대상이 되는 두 사물이 공통으로 갖는 성질)의 역할을 할 수 있다.

〈표 1-1〉에 제시된 두 가지 교사 유형은 주로 사회적 또는 국민국가 수준에서 담당하는 교사의 역할을 지칭한다. 식민화하는 교사 유형은 주변부와 비교하여 중심부에 친연성을 갖는다. 오스트리아를 사례로 한 괴틀리셔(Göttlicher)의 연구, 중국에서의 슐테 연구, 그리고 위에서 언급한 남미에서의 카

루소 연구 등에서 볼 수 있듯 중심부는 국민국가에 대한 충성심을 진작시키기 위해 모든 지리적 지역에 교사를 내보낸다(Caruso, 2012; Göttlicher, 2019; Schulte, 2014). 교사의 이런 노력은 단지 농촌지역만이 아니라 도시지역에서도 분명하게 나타나고, 도시지역의 경우 사회적으로 특징적인 지역 사이에서 훨씬 분명하게 나타난다. 식민화하는 교사 유형은 대체로 대규모 도심에서 교육받는데 이들의 사회문화적 배경(만약 도시 중산계층 출신이 아니라면)과의 관련성은 중심부에 있는 지배 그룹의 계몽주의적 열망의 도구가 되는 데 잠재적인 장애가 될 수밖에 없다. 예비교사가 농촌 혹은 하층계급 출신이라면 이전에 갖고 있던 가치, 습관적 행동, 집단 귀속감, 심지어 지역 사투리나 계급을 반영하는 사투리 사용을 버려야 비로소 교사가 되어간다고 할 수 있다.

유기적 교사 유형은 이와 정반대다. 이 유형의 교사는 교사라는 역할을 수행하기 이전에 갖고 있던 가치, 습관적 행동, 집단 귀속감 및 지역 사투리/계층 사투리 등을 지니고 교실 수업에 들어간다. 개념적으로 안토니오 그람시에게 영향받은 이 유형은 주로 소도시 혹은 농촌지역에서 교육받은 사람들로, 예비교사의 근본적인 사회문화적인 유산을 보존하려는 의식적 노력을 기울인다. 예비교사가 장소와 문화에 갖는 친밀감은 국민국가에 대한 문화적 충성심으로 새로운 세대를 문화화하는 데에 유익하다.

이런 적용은 비록 그람시의 저작에 영향을 받기는 했지만, 그람시 자신이 만든 범주화와의 직접적인 관련성은 없다. 그람시는 대체로 학교교사를 전통적인 지식인으로 분류하고 있다는 점에서 그렇다. 그는 지식인을 두 가지, 즉, 전통적 지식인과 유기적 지식인으로 구분할 뿐만 아니라 일하는 장소를 기준으로 농촌 유형과 도시 유형으로도 구분한다. 농촌 유형의 교사는 주로 '전통적인' 지식인에 속하는데, 여기에는 농촌 지역의 '성직자, 법률가, 공중인, 교사, 의사 등'이 포함된다(Gramsci & Hoare, 1971, p. 14). 추가로, 그람시는 소농 그룹이 자신들의 유기적 지식인을 길러낼 것이라고 믿지 않았다(p. 6). 오히려 소농 출신의 인물이 성직자와 같은 인물이 되면 위에서 언급한 식민화하는 교사 유형처럼 본래(출신 계층에 대한)의 충성심을 내던지게 된다고 보았다. 그러나 그람시는 주로 유럽 남부 지역의 맥락을 참조했다는 점, 아일랜드, 덴마크, 노르웨이에서 농부 출신의 농촌 교사는 분명히 유기적 지식인과 닮은 특질을 보여준다는 점에서 논쟁의 여지가 있다. 따라서 유럽 북부지역에서 유기적 교사 유형은 하나의 집단으로서의 농부들과 연관된 것으로 보인다. 이는 그람시가 이 용어를 사용한 것과 정반대되는 내용을 가리키는데, 유기적 지식인은 대체로 도시 노동계층 출신에 사용한 용어에서 왔기 때문이다.

여기서 농촌지역 출신이라고 반드시 유기적 교사 유형이 되는 것은 아니라는 점을 강조해야 한다. 유기적 교사 유형의 출현은 교사교육의 특성에 달려 있다. 물론 교사교육 기관이 어디에 위치했느냐가 중요한 질문거리가 될 수도 있다. 괴틀리셔는 오스트리아 농촌 학교에 대한 글에서 교사교육 기관의 일부 입학생은 농촌 출신이지만, 대도시에 소재한 교사교육 기관의 위치로 인해 교사훈련이 일종의 '계급이동'의 형태로 바뀌게 되었다고 설명했다. 예를 들어, 개별 예비교사의 사회적 계층과 문화적 습성에 있어서의 변화 말이다(Göttlicher, 2019). 농촌 지역 출신 학생들의 '문화'는 중앙집권화된 도심 교사교육을 획득하는 과정에서 무시되었다. 따라서 각각의 국가 사례는 교사교육 기관의 특성 및 지리적 위치에 대한 보다 면밀한 분석이 필요하다.

국민국가의 문화적 전략

엘리아스(Norbert Elias)에게 국민국가는 잠재적으로 적대적인 다른 국가에 둘러싸여 있는 환경 내에서 살아남아야 하는 일종의 생존 단위다. 그 결과, 국민국가는 적어도 충분한 방어능력을 확보하기 위해 스스로 조직화해야만 한다. 이 방어능력은 군인, 군사 무기에서부터 문화, 이데올로기, 사회 조직체 등에 이르기까지 가능한 한 가장 광범위한 용어로 간주되어야 한다(Elias, 1978; Reeh, 2016). 이런 관점에서 대중에 대한 교육은 다른 국가와의 다소간 공개된 투쟁에서 국가가 생존을 위해 일정한 문화 및 정치적 응집력을 확보하는 수단이 될 수 있다. 이것은 단지 전시에만 관련된 것이 아니라 국가적 자기 이해를 공고히 하는 일상적 상황과도 관련된다. 이에 대해서는 아래에서 북유럽 '평민' 이데올로기 사례를 들어 다시 설명할 것이다. 리(Reeh)는 엘리아스 및 여러 학자의 논의에 기초해 모든 국민국가는 무엇보다도 먼저 생존 단위로 간주되어야 한다고 주장하며 이번에는 이런 사실을 종교, 교육, 민족주의와 연계시킨다. '경쟁국가'에 대한 명시적 담론을 내놓기 한참 전에 이루어진 그의 분석을 보면, 종교, 문화적 민족주의, 대중교육은 국가의 생존 및 발발할 전쟁을 위해 국민을 준비시키려는 목적에 봉사해왔다고 한다(Reeh, 2016). 나는 어디에나 있는 문화적 생존 전략의 필요에 기초해 두 가지 이념형을 구분하고자 한다. 하나는 문화적으로 확장적인 전략, 그리고 다른 하나는 문화적으로 방어적인 전략이다.

문화적으로 확장적 전략을 취하는 국민국가는 영토를 지킬 수 있는 힘과 자원이 충분하다. 여기에 더하여 인접한 다른 지역을 문화적으로 지배할 수 있는 소프트파워도 가지고 있다. 20세기 대부분의 기간 동안 미국이 이런 문화적 전략을 구사하였다. 1945년 「자유사회에서의 자유교양교육, General Education in a Free Society」이라는 제목의 하버드보고서(Harvard Report)는 이를 가장 잘 보여주는 예라 할 수 있다. 이 보고서에서는 자유 개념을 나치주의나 사회주의와는 대립하는 것으로 이해하고, 새로운 세계에서의 미국의 역할을 자유의 수호자이자 서구 민주적 문화유산의 계승자로 못 박으면서 자기 이해를 강조한다. 이런 이해 속에서 자유교양교육이라는 고전적 개념(예를 들어,

자유롭고 고상하며 상위계층의 문화)을 모든 시민에게 확산하는 것이 교육과 학습의 역할이다(Buck et al.,1945).

이와 반대로, 문화적으로 방어적 전략을 취하는 국민국가는 자국의 영토와 문화적 독립성을 지키는 데 문제가 있다. 이런 국가는 자국 영토에 대한 권한의 주장을 뒷받침할 만한 든든한 힘도, 주변의 다른 국가에 문화적 가치를 확장할 소프트파워도 부족하다. 대표적인 예가 덴마크인데, 덴마크는 1813년 국가 부도 사태, 1814년 노르웨이 상실, 1848~1850년, 그리고 1864년 독일과 전쟁을 치르게 되었다. '평민 이데올로기'를 내세운 덴마크의 선구자 그룬트비히(NFS Grundtvig, 1783~1872)는 이미 1816년 유럽의 영향력에 맞설 영혼의 성벽을 세워야 한다고 주장하면서 이를 중세 초기 독일 침략에 맞서 쌓았던 성벽에 비유했다(Et åndeligt Danne-Virke). 그룬트비히는 이것이 덴마크 문화와 언어를 보호하게 해줄 것이라고 했다(Grundtvig, 2016 [1816]).

북유럽의 평민 이데올로기

북유럽 국가는 19세기 후반 이래 '평민'이란 개념이 주는 긍정적이고 정치적인 의미가 계속해서 담론적으로 지배해온 것으로 묘사되어왔다(Trägårdh, 1990). 이 말은 대체로 '국민'뿐만 아니라 '보통 사람'이란 말로 번역될 수 있다. 역사적으로 북유럽 교육모델의 등장은 독일과 미국 모델의 궤적과는 다른 고유한 정치적 동맹과 담론을 발판으로 삼는다. 이 국가들 간의 결정적인 차이는 민족주의와 평민 이데올로기가 19세기 말에서 20세기에 이르기까지 북유럽 국가의 교육개혁 과정에 어떻게 영향을 미쳤는지의 측면에서 확연히 드러난다. 독일과 스칸디나비아의 'Volk/folk'[평민] 담론에 대한 서로 다른 경로와 관련한 비교연구를 보면, '평민' 개념은 북유럽의 자유주의적이고 사회민주주의 정당 정치, 그리고 더 나아가 북유럽 교육의 자기 이해에 아주 중요한 영향을 주었다 (Lauglo, 1995; Trägårdh, 1990). 요약하면, 20세기 초에 자유주의 농부들과 개량주의 사회민주주의 노동자들은 동맹 관계를 맺었다. 따라서 북유럽의 '평민' 개념은 민주적 개량 사회주의와 결합된 자유주의로 물들게 되었으며, 계급적 타협으로 특징지어진다. 이에 따라 1920년대부터 독일에서 도구화된 민족주의적 이념과는 구분되게 되었다(전게서).

로글로는 다른 서구 국가와 비교하여 노르웨이의 교사를 지역사회의 지도자로 규정하고 평민 및 평민(출신) 교사라는 개념과 씨름하면서, 이런 개념을 특정한 북유럽 맥락에서 정치적이고 문화적인 세력으로 표출된 일종의 변종 포퓰리즘이라고 부르기로 했다.

> 부정적인 용어로서 포퓰리즘은 문화적, 경제적, 정치적 가치 및 평범한 사람들의 신념이라는 이름으로 저항운동의 형태를 띠곤 하는데, 포퓰리즘은 일종의 엘리트에 대한 대응이다. 긍정적인 용어로서 포퓰리즘은 평범한 사람들의 권한을 강화하는 직접 및 지역 민주주의를 대변한다(Lauglo, 1995: 256).

로글로의 이야기를 따르면, 평민에 소속되는 것은 사회적 독자성을 갖는 것일 뿐만 아니라 문화적 독자성을 갖는 일임이 분명하다. 포퓰리즘은 충성심의 경계를 정할 때 사회계급의 구분을 통해서가 아니라 문화적 혹은 인종적 구분을 통한다는 점에서 사회주의와 다르다. 그러나 위에서 제시한 틀에서 유기적 교사를 장려하는 국가가 총체적으로 민주주의를 강화한다거나 직접적으로 평범한 사람들의 권한을 강화하는 데 더 관심을 갖는다고 명확히 말할 수는 없다. 북유럽 국가가 좀 더 민주적이라거나 심지어 좀 더 직접적으로 민주적이라는 흔한 주장을 이들의 평민 이데올로기 때문에 문제 삼을 수도 있다. 이들의 평민 이데올로기 때문이다. 또한 국가주의가 북유럽 국가에서 아주 강하게 작동한다고 주장되기도 한다(예를 들어, Wiborg(2009) 참조).

아일랜드, 덴마크, 노르웨이: 문화적으로 방어적인 국가에서의 유기적 교사

여기서 나는 아일랜드, 덴마크, 노르웨이의 초등학교 교사가 아주 비슷한 역할을 담당했다고 주장한다. 아일랜드는 의식적인 국민국가 형성이 한창 진행되는 과정에서 협의의 근본적인 민족문화 개념을 구체화하고 또 이를 신봉하도록 기대된 초등학교 교사를 형성하는 의식적 정책을 보여주는 명확한 사례다. 이런 일은 지리적으로 어느 곳에 교사교육 기관을 위치시킬 것인가에 대한 숙고와 의도적으로 농촌 출신 예비교사를 모집하는 일에 영향을 미쳤다. 아일랜드 사례가 여기서 충분히 설명되지는 않지만, 북유럽 서쪽 국가, 즉, 노르웨이와 덴마크와 유사한 사례로 활용된다.

아일랜드: 의도적이고 정치적인 유기적 국가건설자로서의 교사 만들기

존슨(Johnson)은 지역토착어로 게일어(Gaeli)를 사용하는 아일랜드 서쪽의 게일타흐트(Gaeltacht) 지역 출신인 학교교사를 의도적으로 모집하는 일이 어떻게 20세기 전반기에 전략적 중요성을 갖게 되었는지를 아주 상세하게 묘사한다. 당시는 아일랜드 독립운동이 순조롭게 진행되고 있던 때였다. 아일랜드어는 초등교육의 기초 지식이 되었고 아일랜드어를 구사하는 사람들이 가장 많이 모여 사는 아일랜드 서부 지역은 '아일랜드 정체성을 대변하는 대명사'가 될 터였다. 존슨의 설명에 따르면, 이 지역은 교사를 국어부흥 정책을 이행할 '유기적 지식인'으로 고용한 문화 정책의 수혜자가 되었다(Johnson, 1992, p. 175).

1921년 더블린에서 다양한 교육적 관심사를 가진 대표자들이 참가하는 전국 프로그램 콘퍼런스(National Programme Conference)가 개최되었다. 콘퍼런스에서 나온 제안은 1922년 말 아일랜드 의회에서 즉각 시행되었지만, 곧 교육과정상 언어 영역을 담당할 만한 유능한 교사의 부족이 가장 큰 문제로 이야기되었다. 따라서 정부는 장래를 위해 유능한 아일랜드 교사를 확보하기 위한 방안을 강구해야만 했다. 1926년 교사양성대학을 위한 교수진을 고용하기 위해 중등교육에 대학예비교육 시스템을 갖추기로 결정하였다. 아일랜드어 구사자가 되는 것에 대한 높은 의식을 학생들에게 심어주기 위해서 더블린에 세워진 두 대학을 제외하고도 게일타흐트에도 대학들이 세워져야 한다고 주장되었다. 이곳은 '게일어권 아일랜드의 언어와 전통이 여전히 살아 있는 곳'이었다(Department of Education, 1927; Johnson, 1992, p. 178에서 재인용). 그렇게 해서 총 7개의 대학이 세워졌는데, 3개는 가톨릭계 남학교, 3개는 가톨릭계 여학교, 그리고 나머지 하나는 개신교계 남녀공학 학교였다. 존슨은 이런 현상을 유기적 지식인으로 행동하는 초등학교 교사를 활용하여 국가와 시민사회를 의도적으로 매개하려는 시도라고 보았다.

덴마크: 분단된 나라

1880년~1920년 사이에 덴마크의 지역 농촌 공동체에서는 초등학교 교사의 역할에 대한 논쟁이 광범위하게 이루어졌는데, 많은 학자들이 이들 교사 집단의 역할이 모호하다는 점을 지적해왔다. 한편으로 상업적 농부가 하나의 집단으로 점차 부상하는 것과 함께 교사교육이 발전하였는데 이런 교사교육의 발전으로 교사가 이런 농부들에 대한 유기적 지식인으로 등장하면서 국가 차원에서 정치적으로 이들을 대변하게 되었다. 다른 한편으로 이때는 사회경제적인 관점에서 교사의 지위가 하락한 시기이기도 하다.

제7장에서 쿠코와 라르센(Cucco & Larsen)은 '덴마크의 교육체제'는 국가적 자기 이해를 나타내는 것이라고 주장한다. 교육받은 도심의 학자들은 그룬트비히의 평민 이데올로기로 규정된 대항문화운동에 저항했다. 넓게 보자면, 교사는 이 교육체제의 평민 진영에 상당한 영향을 미쳤다.

19세기 중반까지 덴마크에서 교사교육은 국가가 독점하고 있었다. 이후 농부들의 친구당(Farmers' Friends Party, Bondevennerne)과 그룬트비히 옹호자들로부터의 압력의 작용이 1857년, 그리고 1867년 교사교육의 자유화로 이끌었다. 이것이 시민사회에 있는 집단들(그룬트비히 집단, 대항문화 의제를 내세운 국내전도집단, 해방적 의제를 내세운 여성 집단 등)이 자신들 만의 대안적 교사교육 기관을 설립할 수 있는 기회의 창을 열었다. 이런 기관 중 많은 수가 20세기까지 잘 유지되다가 이후 덴마크의 국가 기관으로 점점 더 통합되었다. 그룬트비히파는 국가 제도에 상당한 정도로 영향을 미쳤다. 히르미츨레프는 1920년까지 그룬트비히의 사상은 덴마크의 사립과 국립 교사훈련원 대부분에서 주류였다고 결론 내렸다(Hjermitslev, 2020). 이 사상에는 저교회파 개신교(low-church Christianity)와 전통적인 덴마크다움이라는 민족주의적 사상이 포함된다. 1918년 그룬트비히의 옐링 교사훈련원(Jelling seminary)의 희년서에 따르면, 어떤 지역의 학교위원회도 이 교사훈련원에서 교육받은 교사를 고용하기로 한 '기독교적 인간, 곧 덴마크적 인간(a Christian man, a Danish man)'을 얻을 것이라는 점에 안심할 수 있었다(Grinder-Hansen, 2013, p. 125에서 재인용)고 전했다.

교사 모집에 관한 덴마크 사료들은 1880년부터 세기가 바뀌는 시기, 즉 1900년까지 덴마크 농촌 초등학교 교사의 이미지를 모호하게 보여준다. 한편으로 교사의 사회적 지위는 일반적으로 형편없었다는 것이 분명하다. 경제적으로 그리고 농업적으로 이 교사는 하급 계층 농부와 거의 같은 수준에 놓여 있었는데, 교사는 이런 하급 농부들과 마찬가지로 부유한 상업적 농부들 손에 맡겨져 있었다. 그러나 이 시기는 많은 교사가 지역 수준에서, 그리고 국가 수준에서 사회적으로 상당히 두드러진 역할을 담당하고 있었다. 교사가 지역 공동체에서 기회를 발견하고 능력과 의지와 주도권을 가졌다면 교사 및 학교 는 지역공동체에서 구심점과 같은 중핵적 존재가 되었을 수도 있었다. 이때 기회는 야간학교 설립이라던가, 강연협회, 지역회관 설립 등이 될 수 있었는데, 협동조합운동의 발기인 중에 교사가 있는 경우도 흔히 있었다(Hansen, 1977, p. 45).

이 시기 교사에 대한 그린더한센의 기술 또한 모호하기는 마찬가지다. 그 는 평민교사를 아주 특별한 교사 유형으로 규정하고 있다(Grinder-Hansen, 2013, p. 119). 이 맥락에서 평민교사라는 개념은 유기적 지식인으로 기능하는 그람시 의 교사 개념과 동일하게 이해되어야 한다. 농사짓는 계층 출신으로 낮은 사회적 지위와 적은 임금을 받는 사회적 배경을 지닌 덴마크 마을 교사는 동급 직종 중 가장 선도적인 지위를 차지한다(제3장 참조).

세기 전환기에 교사채용시험에 합격한 여성의 수가 많았음에도 불구하고, 여교사는 1900년 이전 시골지역에서는 그 역할이 극히 제한되어 있었다. 1895년 코펜하겐 이외 지역에서 교사로 일하는 여성은 교직의 15% 정도였는데, 여기에는 유치원 교사도 포함되어 있다(Tabellariske Meddelelser vedrørede Borgerog Almueskolevæsenet udenfor Kjøbenhavn for Aaret 1895, 1899). 이들의 사회적 배경에 대한 자료가 많지는 않다. 하지만, 한 자료에는 교사채용시험에 합격하고 교사로 봉직하고 있는 720명을 조사한 내용이 담겨 있다.[1] 이 자료에 따르면, 이 중 62%

---

1 라르센의 연구(C. Larsen, 2005)에 의하면 1866~1889년 사이 초등학교 교사를 길러내기 위한 교사훈련원 교육을 통해 여교사 1,434명, 남교사 1,497명이 양성되었다. 이 통계 수치는 코펜하겐이 1895년 자료에 포함되지 않았다는 점 때문에 다른 사례와 비교하기 어렵다. 즉, 코펜하겐을 제외한 곳에서 여교사는 612명(15%)이었고, 남교사는 3,379명(85%)이었다(Tabellariske Meddelelser vedrørende Borgerog Almueskolevæsenet udenfor Kjøbenhavn for Aaret 1895, 1899). 이 텍스트에서 여교사가 720명이었다는 언급의 출처는 다음과 같다(N. Tuxen 1890 quoted in Hansen, 1977, p. 37).

가 코펜하겐의 학교에 고용되어 일하고 있으며, 24%는 지방 대도시에 그리고 14%만이 시골지역에서 교사로 일하고 있다. 이들의 절반 이상은 코펜하겐의 공무원, 상인, 수공업자의 딸들이고, 1/3은 지방 도시의 공무원 및 수공업자 딸 혹은 코펜하겐의 소규모 상인의 딸들이다. 그리고 이들 중 단 13%만이 농부 혹은 마을 단위 수공업자의 딸들이다(Hansen, 1977, pp. 36ff). 이런 현황은 농촌 지역을 위해 여성 유치원 교사를 교육하려는 정치적 구상이 마련되면서 바뀌게 된다. 1894년 이후 특별 교사훈련원 형태로 매년 25~100명의 유치원 교사가 양성되었다(Larsen, 2005). 그러나 아래에서 기술하게 되겠지만, 여자 교사는 덴마크에서 스웨덴에서와 같은 정도의 양적 중요성을 결코 얻지는 못하였다.

1859년, 그리고 1869~1896년까지의 자료를 보면 자체 모집이 높다는 것을 보여준다. 교사교육과정에 등록하는 학생의 거의 1/4은 교사 가정 출신이었다. 그러나 이 시기, 가장 눈에 띄는 집단은 상업적 농부의 자녀로 27%를 차지하는데 1897~1925년 시기에는 이 비중이 24%로 감소하게 된다. 소농 가정 출신 교사 비중도 감소하는데 1869~1896년 사이 1/4정도 되던 비중은 세기 전환기에 20%로 감소하게 되고 1920년이 되면 10%로 떨어졌다(Hansen, 1977, p. 130). 19세기에서 20세기로 바뀌고 나서 여교사 모집이 상당한 정도로 증가하였고 남성과 여성은 점차 같은 학교에서 양성되었다. 여성은 1897~1925년 시기에 교사 시험에 합격한 교사 후보자의 38%를 차지했다. 여성 모집은 범위가 좀 더 확대되었지만, 남성보다는 상대적으로 도시지역과 부르주아 계층으로 한정되었다. 이런 경향은 제2차 세계대전 이후까지 이어졌다(전게서, p. 174).

따라서 덴마크에서 1880~1920년 시기는 상당한 정도의 자체 모집 및 여성 채용의 증가와 결합된 농촌 출신 교사 모집을 특징으로 한다. 높은 수준의 자체 모집은 19세기 전반기에 이 직업이 이미 전문직으로 잘 자리하여 작동하고 있었음을 보여주는 지표라고 할 수 있다. 이후 볼 수 있겠지만, 이는 독일에서도 유사하게 나타난다. 상업적 농부들의 자제(아들)가 차지하는 비중이 컸다는 점은 교사가 '인민' 출신이었는가와 같은 연구 질문 측면에서 흥미로운 부분이다. 세기 전환기를 기해 소농 출신의 교사는 그 수가 줄어들고 당시 교사가 경제적으로 여유 있는 상업적 농부 계층에서 계속 되었음을 확인시켜준다. 1920년대까지 교사 중 절반 이상이 농촌 배경을 가진 사람들이었는데, 우리는 명확하게 지역 및 농촌 출신 교사 모집 양상을 확인한다. 제2차 세계대전 이후까지 '밭 갈다 온 사람'이 곧 교사가 되었다.

이런 교사 채용 양상과 대체로 농촌 지역에 세워진 교사교육 기관에 대한 대항문화의 지배는 상업적 농부집단에 대한 유기적 지식인으로서의 교사라는 주제가 덴마크 상황에서 옹호 가능할 수 있다는 것을 보여준다. 아일랜드와 달리 덴마크에서 이런 교사 유형은 좀 천천히, 그리고 유기적 지식인을 만드는 것에 대한 공공연한 정치적 의도를 덜 가지고 등장하였다. 그러나 그룬트비히 집단은 국가 정치적 수준에서도 이런 교사 유형을 발전시키려고 하였다고 주장될 수 있다.

노르웨이: 치하받는 평민교사

평민교사에 관한 서사는 노르웨이 사료에 훨씬 더 광범위하게 펴져 있다. 분명히 말해, 평민교사는 상당히 인상적인 것 같다. 적어도 멀리 떨어져서 보면 말이다. 슬라그스타드는 최근 연구에서 이 문제에 대해 상당히 열정을 가지고 있다(Slagstad, 1998, 2008). 하지만 이전 세대 연구자인 도카(Dokka)는 좀 냉정하게 접근하고 있다(Dokka, 1967). 19세기 당시 노르웨이인의 관점은 상당히 경멸적이었다. 당시 진보적 언론은 이런 농촌 교사훈련원에 대해 가혹한 말들을 쏟아냈다. 이 기관을 '학교교사_풍자화', '대충 교육받은 방랑자', '훈련받은 원숭이', '꼭두각시, 평범하지 않은 바보천치, 딴 나라 멍충이' '최고의 별종' 혹은

'양성소가 내친 교사 유형' 등으로 불러대면서 말이다(Dokka, 1967: 234). 현재 영국 런던에서 활발하게 활동하고 있는 노르웨이 비교학자인 로글로는 조금은 중립적인 방식으로 이들을 다루고 있는 듯하다. 하지만, 그는 노르웨이 평민 교사 문제를 다룰 때면 이들을 치하하느라 바쁜 듯하다(Lauglo, 1982; 1995). 이런 간략한 개요를 보면 사료가 국가의 문화적 자기 이해를 구성하고 강화하는 데 아주 강력하게 공헌하고, 19세기 말의 지배적인 인물들에 교사를 종종 포함하면서 대항문화운동이 노르웨이에서 매우 중요한 지위를 '차지했다'는 점을 알 수 있다

덴마크에서 시민사회 집단이 자신들만의 대안적인 교사양성기관을 설립할 수 있는 기회의 창을 열었는데 이러한 기회의 창은 대략 1890~1920년 사이 노르웨이에서도 열렸다(제2장 참조). 이에 따라 노르웨이 서부지역의 볼다 (Volda) 지역에서 1895년에 설립된 사립 교사훈련원 같은 '평민' 교사양성소가 등장하였다. 이 교사훈련원은 소위 '노르웨이 서부 교사(Vestlandslæreren, nynorsk 언어 및 문화운동을 열렬히 지지하고 변방의 '국가건설자'라고 묘사되던 사람들)'의 유명한 구심점이 되었다(Høydal, 1995). 여기에 더해, 1826년 이후 설립된 대부분의 국가 교사 훈련원은 시골지역에 자리 잡고 있었다.

노르웨이 교사 모집 양상은 이 장에서 묘사되는 모든 사례 중에서 가장 농촌 중심적인 방식으로 진행되었다. 1875~1876년 시기 노르웨이의 교사훈련원 및 교사교육 기관 학생 중 98%가 농촌 출신이었다. 부모가 교사였던 학생은 단 5% 정도였는데, 이는 자체 모집이 상당히 낮은 수준이었음을 나타낸다. 1867~1881년 사이 하마르(Hamar) 교사훈련원에는 436명의 예비교사가 공부하고 있었는데, 이 중 단 3명만이 도시 출신이라고 기록되어 있다. 1977~1882년 크리스티안산트(Kristiansand, 이전에는 홀트(Holt)) 교사훈련원에는 230명의 예비교사가 있었고, 이 중 도시 출신은 24명이었다. 사립교사교육 기

관에서도 이와 똑같은 양상이 나타났다(Dokka, 1967, p. 234; Hagemann, 1992, p. 39).

이로 인해 농촌지역, 주로 노르웨이 서부 농촌지역에서 남부, 북부, 그리고 동부로 교사가 이동하였다. 따라서 노르웨이 동부 대도시뿐만 아니라 소도시에서도 해당 지역 출신이 아닌 교사를 만나는 것은 상당히 흔한 일이었다. 일반적으로 교사는 변방 지역 혹은 더 낮은 사회계층 출신이었다. 다른 말로, 교사는 매번 자신들이 일하는 환경에 다소 낯선 이방인이었다(Dokka, 1967, p. 235).

1860년에는 여성도 시골지역에서 교사가 될 수 있었고 1869년부터는 도시에서도 여교사가 등장하기 시작하였다. 이런 경향은 다른 북유럽 국가에 비해 비교적 늦은 편이었다. 1875~1895년 시기에 시골지역 학교에서 여교사의 비중은 2%에서 21%, 큰 폭으로 증가했다. 나중에 오슬로로 이름을 바꾸게 되는 크리스티아니아(Christiania)에서는 1870~1890년 사이 여교사의 비율이 29%에서 62%로 급상승하는 방식으로 교직의 여성화가 더 두드러지게 나타났다. 이런 상황은 1912년 여교사의 노동조합 결성을 이끌었고 이것이 여교사가 남교사와 동등한 지위를 획득하고 전국적인 교육개혁, 여권 신장을 조장하는 데 중심 역할을 했다(Hagemann, 1992). 도시 상인이나 학계 종사 가정 출신 여교사의 비중은 남교사에 비해 좀 더 많았다. 이런 경향은 1948~49년까지 지속되었다. 하지만, 같은 시기 시골 출신 여교사의 채용 비중이 상당히 높아졌다(42%)(Strømnes, 2006, p. 122).

19세기 말 노르웨이 의회에서 교사가 차지하는 비중은 하나의 사회 집단으로 지나친 정도였다. 이런 과대 대표 현상은 사회현상의 결과로 해석되었다. 그람시의 분석과 마찬가지로 불(Bull)은 모든 광범위하고 대중적인 운동은 이를 이끌 지식인, 즉 체계적으로 사고하고 이런 사고의 결과를 연설 및 글로 표현해낼 수 있도록 다소 전문적으로 훈련받은 사람들이 필요하다고 주장한다. 유럽의 부르주아 자유주의에서 이런 역할을 담당한 사람들은 대체로 법조인이었다. 그런데 노르웨이에서는 교사가 이 일을 담당했다(Bull, 1967; Jordheim, 1988, p. 68에서 재인용). 슬라그스타드는 노르웨이 교사를 '대중적인 신엘리트 그룹'이라고 지칭하고는 이 그룹이 어떻게 국가적 헤게모니를 획득하게 되었는지를 설명한다. 즉, 기존 도시 엘리트가 분열되고, 이 엘리트 그룹 내의 개혁 세력이 인문 교사와 어떻게 연합하게 되었는지를 보여주고 있다(Slagstad, 2008).

　　1880~1920년대 대부분의 시기에 많은 예비교사 교사훈련원이 시골지역에 위치했다. 그러면서 대항문화적 경향이 커지고 예비교사 모집에서 시골 출신이 급증하면서 노르웨이의 유기적 교사 유형이 발전하게 되었다. 교직에 유입되는 여성 중에는 도시 출신 여성이 많았지만, 다수의 시골 출신 여성 역시 교사가 되었다. 다시 말하지만, 유기적 교사의 역할은 서서히 등장하였다는 점, 아일랜드 사례처럼 직접적인 정치 개입의 결과가 아니라는 점이 강조되어야 한다. 그럼에도 불구하고 노르웨이의 유기적 교사는 국가 차원의 정치에 상당히 중요한 영향력을 미쳤고 노르웨이의 문화적 자기 이해를 함께 규정할 만큼 성장하였다.

독일, 미국, 스웨덴: 문화적으로 확장적인 국가의 식민화하는 교사

이렇게 서로 다른 국가를 문화적으로 확장적 전략을 쓰는 국민국가라는 동일한 범주에 두는 것이 상당히 이상해 보일 수 있다. 이 세 국가 모두 군사적으로 확장적 전략을 취해왔다는 점에서는 분명 공통점을 보인다. 이 장에서 초점을 맞추고 있는 시기에 스웨덴은 여전히 지배적인 권력을 행사하고 있었는데, 노르웨이는 1905년까지 스웨덴 왕조가 다스리고 있었다. 따라서 스웨덴은 상대적으로 인구 규모가 그리 크지는 않았음에도 이론의 여지 없이 문화적으로 지배적인 지위와 자기 이해를 지니고 있었다. 독일과 미국은 20세기 시작 시점에 전 세계적인 패권 국가로 발돋움하고 있었다. 교사와 관련해 이 세 국가의 결정적인 특징은 교사가 문화적으로 지배적인 국가를 대표한다는 자신 감을 내비친다는 점이었다. 이 세 국가의 사례 모두에서 교사는 아이들, 가끔은 학부모들조차 가르치고 문화를 증진하려는 사명감을 가지고서 각 국가의 모든 영역에서 우월한 문화를 전달하는 역할을 하는 자였다.

독일: 모호한 문화적 전략을 지닌 첫 발의자

엘리아스는 문명화 과정에 대한 분석 연구에서 독일의 국가 정체성은 17세기와 18세기 동안 독일 사회에서 지배적이었던 프랑스식 귀족 문화와 방어적 부르주아의 대결에서 형성되었다고 기술한다. 이것은 프랑스 문명화에 반대하는 문화에 대한 독일의 이념이 되었다. 독일의 도시 부르주아들이 독일의 국가적 자기 이해의 중심을 형성하였는데, 독일 도시의 소위 교육받은 중산층들 사이의 수평적 관계를 특징으로 한다(Elias, 1995, pp. 7ff). 독일의 이런 자기이해는 방어적인 문화 전략을 지닌 국가 범주에 넣을 수도 있음에도 불구하고, 독일 역시 확장적인 문화 전략을 취하는 국가로서의 특징을 보인다. 여기서 결정적인 지표라면 국가의 문화적 자기 이해에서 도시 부르주아의 지배이다.

선도적인 예로서 프러시아를 포함한 독일의 주들은 18세기 동안 이미 예비교사 교육체제를 도입하였다. 1806년에 프러시아에는 11개의 주가 관장하는 교사훈련원이 있었다(Bölling, 1983). 이런 상황으로 인해 주정부가 이끄는 교사전문직화에 대한 압력은 덴마크, 노르웨이뿐만 아니라 독일의 다른 주에도 널리 퍼졌다. 이런 점에서 프러시아가 교사의 전문직화를 이끈 첫 주창자였다. 이에 독일은 미국을 포함한 주변 모든 국가에 자신이 발전시킨 사례와 그것의 영향을 널리 퍼뜨린 국가가 되었다(Albisetti, 1993, p. 260).

독일 사료를 보면, 초등학교 교직은 교육받은 중산층이라는 지배 집단으로 사회적 계층 이동을 하기 위한 징검다리, 혹은 플랫폼으로 여겨졌었다. 사료에 따르면 2세대 동안 이런 과정을 성공적으로 보여준 사례들이 많았는데, 단지 이 사례 때문만은 아니다(Bölling, 1983, p. 76). 그러나 독일 맥락에서 교사의 자녀가 교육받은 중산층의 새로운 구성원으로 받아들여지는 핵심 집단이라는 부르주아 성장 서사가 있는데, 이에 대해 쁘띠부르주아 집단이 더 많이 모집되었다고 이 중산층 집단에서 지적하는 다른 연구들의 반론 또한 만만치 않다(Bölling, 1978, p. 22). 초등학교 교사가 고등학교 교사에 지지 않으려고 정말 애쓰는 모습이 나타났다. 우선, 교사는 농촌학교에서 도시학교로 자리를 옮기려는 경향이 뚜렷했다. 개인 교사 차원에서 보다 나은 교직 환경을 찾아 나선다는 것 이상의 이유가 작동하였다. 둘째, '절반 교육(Halbbildung)'에 대한 비난은 초등학교 교사가 계속 교육을 집중적으로 찾아 나서게 하였다. 가장 큰 규모의 독일 교원노조는 다수의 도서관을 설립하고 교사를 위한 강좌를 마련하였다. 1848년에 이미, 그리고 세기 전환기에 또 한 번 교원노조는 교사교육을 교사훈련원에서 종합대학으로 옮겨줄 것을 요구하고 나섰다. 뵐링에 따르면, 이런 교원노조의 요구는 교직의 사회적 지위를 높였을 뿐만 아니라 종합대학에 널리 퍼져 있는 높은 수준의 '정신적 자유'를 (독일 예비교사훈련원을 지배하던 엄격한 상하관계 및 훈육에 비해) 추구하도록 했다. 자신들이 동경하던 과학적 훈련은 그래마스쿨 교사의 특징이었기 때문에 엄격한 상하관계 및 훈육이 초등학교 교사를 위한 집단적 자기 정체성의 모델이 되었다(Bölling, 1978, p. 18).

독일에서 교사교육이 어떻게 발전했는지에 대한 일반적인 그림을 그리기는 어렵다. 각 주별 차이가 크다는 점 때문이기도 하지만, 개별 교사훈련원 및 이들의 지리적 위치에 따른 특수성이 크다는 점 때문이기도 하다. 1872~1920년 시기 바바리안(Bavarian) 지역의 교사훈련원에서 공부하던 남학생들에 관한

1928년 연구를 보면, 거의 1/3은 부모가 교사였다. 이 시기, 농촌지역 출신 남학생들의 선발이 20%에서 10% 정도로 떨어졌다. 대신 의사, 성직자 등 전문직 혹은 주정부 공무원 부모를 둔 남학생들의 선발 비중은 10%에서 26%로 높아졌다(Bölling, 1978, p. 21). 이런 양적 추세는 19세기 독일 모든 주에서 학교교육의 모범적인 사례로 인식되었던 프러시아와 많은 측면에서 상당히 유사하다. 브란덴부르크(Brandenburg)처럼 프러시아의 소도시에 위치한 4개 교사훈련원에는 농촌 출신 16%, 교사 가정 출신 16%, 상인 및 도시 노동자 가정 출신 44%, 고위급 및 정부 관리, 기타 사무직 노동자 가정 출신 24% 정도로 나타난다 (Bölling, 1983, p. 78).[2]

독일의 일부 주에서는 19세기 초에 이미 여성이 교사교육을 받을 수 있었다. 그러나 남성만을 위한 교사훈련원이 대세였는데, 1876년 여성을 위한 교사훈련원이 5개였던데 비해 남성을 위한 교사훈련원은 111개였다(Enzelberger, 2001, p. 102). 이렇게 교직의 여성화가 늦어진 것은 교사 전문직화가 일찍 진행된 것과 관련되어 있다. 1913년에는 독일 교사 중 여성은 대략 21% 정도에 지나지 않았다(Albisetti, 1993, p. 255). 라이프치히(Leipzig)와 같은 더 큰 도시에서 높은 사회계층 출신 여교사가 남교사에 비해 좀 더 많았다. 1903년 부모가 학계 혹은 군에 복무하는 경우가 34%, 상업에 종사하는 가정 출신 학생이 37%를 차지하고 있다(Bölling, 1983, p. 80).

이런 학생 선발 상황은 1925년 교사교육원(Pädagogische Akademien)이란 것을 도입하면서 극적으로 바뀌었다. 이것은 좀 더 학문적으로 훈련시키는 교사

------

2 '노동자를 포함하는 상인 계층'의 자녀 비중은 뵐링의 직업군(Handwerker, Kaufleute, Gastwirte usw. plus Arbeiter) 두 가지 모두를 의미한다. '상급 및 하급 공무원' 및 다른 '사무직 노동자' 범주에 속하는 자녀의 비중은 이하 세 가지 범주(Untere Beamten, Mittlere Beamten, and Angestellte)를 합한 것과 같다. 이런 범주의 통합을 제시하는 이유는 뵐링이 학생선발 유형을 제시하는 데 있어 특정한 직업이라거나 시골-도시 등의 구분에 관심을 기울였다기보다는 사회적 지위 혹은 지위 집단에 더 큰 관심이 있었기 때문이었다(Bölling, 1983, pp. 76ff).

교육을 제공하는 것을 의미한다. 1929~1930년 시기 학생 모집 내용을 살펴보면 남학생의 단 6%만이 농촌 출신이었다. 성별 구분을 안 할 경우, 교사 가정 출신 학생들이 대략 21~22%를 차지했다. 고위 관료 및 일반 공무원 가정 혹은 사무직 노동자 가정 출신의 학생들은 남학생의 경우 43%, 여학생의 경우 30%로 상당히 높았다. 남학생 중 부모가 학계에 종사하는 학생의 비중이 대체로 3%에 그치는 것에 비해 여학생은 27%를 차지해 성별 차이가 가장 크게 나타나는 집단이었다. 대학화와 함께 예비교사 모집에서 사회적으로 독점적인 경향이 커지는 현상은 교사교육에 동반되는 비용이 가정에 전가되는 비중이 커졌기 때문이라고 설명될 수 있다(전게서, p. 77f).[3]

다시 강조하지만, 독일 사례를 특징짓는 높은 수준의 자체 모집은 이른 교사 전문직화의 결과라고 해석될 수 있다(Albisetti, 1993). 독일의 경우, 새로운 세기에 농촌 출신 예비교사 모집은 여전히 문제가 많다고 여겨졌다(Fischer, 1916). 그러나 이런 농촌 출신 초등학교 교사의 성향은 대항문화운동을 형성하기보다는 중등학교 교사를 모방하는 것으로 이어지게 되었다. 비교해보자면, 상대적으로 이른 대학화는 도시에서 그리고 중산층에서 예비교사를 좀 더 모집하게 하였다. 이런 양상은 식민화하는 교사 유형을 탄생시켰다.

미국의 교직: 회색 군중인가 아니면 진보적 국가의 동반자인가?

미국에서 1850년과 1900년의 자료를 살펴보면 도시에서 일하는 교사 중 농촌 출신이 가장 일반적이었다(Rury, 1989, p. 27). 1910년 연구에서 교사 중 농촌 대비 도시 출신의 비중을 좀 더 자세하게 살펴볼 수 있다. 비교가 되지 않을 정

---

3   주석 2와 마찬가지로 범주화의 문제가 등장하는데, 뵐링은 관련 자료를 분석하면서 도시-시골의 구분이 아닌 사회적 계층에 따라 구분하고 있다.

도로 많은 교사가 농촌 출신이었다. 남교사의 경우에는 70%가, 여성의 경우에는 45%가 농촌 출신이었다. 이는 1900년 자료와 비교해볼 수 있는데, 당시에는 남교사의 경우 40%, 여교사의 경우 18%만이 부모가 농업을 직업으로 가진 사람들이었다. 이는 농촌 배경을 가진 교사가 기대치보다 훨씬 많다는 것을 보여준다. 두 번째로 많은 교사 집단은 수공업자의 자제들로 남교사의 경우에는 8%, 여교사의 경우 16%를 차지한다. 다음으로는 사업가 집안의 자제들이 교사가 된 경우인데, 여교사가 15%, 남교사가 6%를 차지한다(Coffman, 1911, p. 73).

미국에서 초등학교 교직은 1840년에 이미 압도적으로 여성의 직업이 되어 있었다. 그러나 1850년에는 지역 간 차이가 큰 것을 발견할 수 있다. 대체로 도시 지역인 북동부의 경우 교사의 80%가 여성이었는데, 농촌지역이 지배적인 중서부지역은 여교사 비중이 최대 82%였다. 이것은 도심 지역에서 여교사가 지배적이었다는 이 장의 다른 사례에서 보여주는 양상과 상당히 다르다. 대체로 농촌 지역성이 강한 남부지역에서 여성은 단지 35%에 지나지 않았다(Rury, 1989, p. 17, Table 1.1). 정치가 남성에 의해 강하게 지배되던 시기(노르웨이나 덴마크에서 볼 수 있듯)에 여교사 비중이 높은 것은 초등학교 교사 집단에서 농촌 지도자를 모집하던 전통의 발전에 걸림돌이 되었다. 좀 더 일반적이고 다른 설명을 해보자면 미국의 경우 학교에 대한 지역 학교위원회의 통제가 아주 강력했는데, 이러한 점이 교사를 특히 소도시와 농촌지역에서 의존적인 지위를 갖게 하였다(Lauglo, 1995, p. 267). 그러나 교육계에 종사하는 대규모 여성 집단은 국가 수준에서 여성의 조직화 및 정치적 동원이 가능했다. 특히 이 시기 여성의 참정권 투쟁과 깊은 관련성을 맺고 있다(Urban, 1989).

이 장의 서두에서 이미 진술했듯이, 미국의 사료를 살펴보면 교직(초등학교 교직)은 미국의 일부 사회 집단에 특별한 해방적 의미를 부여해주고 있다. 여기서, 교사는 피억압자와 소수자들을 대변하는 진보적 전위투쟁가로서, 강력하면서도 투쟁적인 집단 내에서 핵심적인 역할을 담당하며 국가수준의 권력을 쟁취하고자 애썼다. 특히 남부지역에서 학교 간 인종분리차별정책의 현실과 열악한 학교 환경에 직면한 흑인 교사는 1880~1890년 시기 점점 더 조직화하였다. 1900년에는 흑인 교사단체가 남부의 모든 주에서 만들어졌다. 전미유색인학교교사협회(National Association of Teachers in Colored Schools, NATCS)가 1907년 설립되는데, 이 단체의 의제를 보면 다음 세대의 새로운 흑인 지도자 세대를 위해 더 나은 교육기회를 제공하라고 요구하고 있다.

스웨덴 교사: 국가 주도의 늦은 교사자격제도, 이른 교직의 여성화, 도시-농촌 출신의 분리

스웨덴이 덴마크나 노르웨이에 비해 학교교육 법제화와 국가 주도 교사교육이 상대적으로 늦은 데는 많은 이유가 있다. 교회의 감독하에 홈스쿨링 체제가 성직자에 의해 꽤 오랫동안 보호되어왔고 국가 차원의 학교개혁구상은 19세기 전반기 동안 재정지원을 이유로 교착상태에 빠져 있었다(Westberg, Boser & Brühwiler, 2019). 스웨덴에서 최초의 사범학교와 교사훈련원이 세워진 것은 1830년으로, 1822년 설립된 모니토리얼교육진흥협회(Sällskapet för växelundervisningens befrämjande)가 세운 기관이었다. 덴마크 사례와 비교해보자면, 모니토리얼 교육시스템의 도입[4]은 하향식의 국가 주도 과정이 아니라 시민사회의 개혁구상이었다. 이는 영국의 사례와 그리 다르지 않다(Reeh & Larsen, 2014).

하지만, 정부가 통제권을 장악하자 국가 주도의 중앙집권적 시스템이 등장했다. 의무학교교육을 확립한 1842년 스웨덴 학교법이 성안된 이후 평민

---

4 교실 수업에 관한 '모니터리얼' 시스템 혹은 '랭카스터' 시스템은 학생들이 서로 가르치고 배우도록 구조화된 교수학습체제를 일컫는다. 덴마크에서 1814년 도입되었고 이후 북유럽의 다른 국가들에서 받아들였으며, 이후 영국으로 수출되었다(Caruso, 2010; Reeh and Larsen, 2014).

학교를 위한 초등교사를 양성하기 위해 13개의 교사훈련원이 스웨덴의 대도시에 들어섰다. 이런 도시들은 전부 교구도시였는데, 룬드(Lund), 괴테보르그(Göteborg), 웁살라(Uppsala), 스톡홀름(Stockholm), 칼마르(Kalmarr) 등이었다(Dahn, 1936). 평민교사훈련원(folkskoleseminarier)에서 1890년 예비교사 중 교사 자녀의 비중은 대략 10% 내외였는데, 세기가 전환되는 시점에 이르러 웁살라(Uppsala) 및 괴테보르그(Göteborg) 등의 도시에서 이 비중은 20~25% 정도로 높아졌다(Dahn, 1936, pp. 204f). 따라서 스웨덴에서 국립 교사훈련원에서의 자격제도가 상대적으로 늦었고 교사 자녀의 교사교육 학생 모집 비중도 높지 않았다.

이런 그림에 하나를 추가하자면, 스웨덴 시골지역에서 학교교육을 진작시키기 위한 국가 차원의 개혁구상이다. 1853년 법에 따라 소위 '소규모학교(småskolor)'에서도 여교사를 받아들이기 시작했다. 이것은 비록 국가의 구상이기는 했지만, 소규모학교는 초등학교(folkskolor)보다 실질적으로는 지역사회에서 조직하고 운영되었다. 1860~70년 시기, 소규모학교 교사를 위한 교육기관으로서 수많은 교사훈련원이 대도시 및 소도시에 문을 열었다. 거의 100여 개에 이르는 이런 교사훈련원은 대부분 한 곳에 정주한 형태였지만, 일부 교사훈련원은 이곳저곳을 이동하는 형태로 기껏해야 몇 주 정도의 강의만 제공할 수 있었다. 대도시와 주요 도심 등 중앙에 위치한 교사훈련원은 좀 더 체계적인 강의계획 준비와 주기적인 점검(장학)을 받았다(Florin, 1987, pp. 121f). 평민학교를 위한 교사훈련원만큼은 아니지만, 국가는 1870년 이 분야에 대한 통제를 강화하고 좀 더 중앙에 자리한 소규모학교 교사훈련원을 이안스팅스 교사훈련원(landstings seminarier)으로 개혁하였다.

따라서 자격증을 수여하는 교육이란 측면에서 교직의 전문직화는 독일, 덴마크, 노르웨이의 사례와 비교하여 스웨덴에서는 상대적으로 늦게 발전하였다. 무엇보다, 교사교육은 상당히 중앙집권화된 노력으로 확립되었다.

1850~60년대 동안 지방 농촌학교에서 가르칠 많은 소규모학교 교사에 대한 긴급한 수요는 소규모학교에 대한 좀 더 분권화된 체제를 통해 채워지고 있었는데도 말이다.

20세기 초부터 스웨덴의 교사교육 기관은 상대적으로 높은 수준의 학문적 훈련을 받고 종합대학에 소속된 교사교육자들의 지배를 받았다. 홀멘과 린가르프(Holmén & Ringarp, 제6장 참조)는 교사교육자들이 이 시기부터 계속 학문적 수준이 아주 높았다는 점을 발견한다. 도대체 왜 스웨덴 교사훈련원에서 박사학위를 가진 교사교육자들의 비중이 이렇게 높아지게 되었는지 생각해보면 이런 교사훈련원이 대도시에 위치해 그렇다는 게 일반적인 설명이다. 따라서 이 교사훈련원은 그래마스쿨이나 종합대학에 있는 비슷한 경력을 지닌 교사(교사교육자)를 모집하는 것이 좀 더 쉬웠다. 그렇기에 초등학교 교사 사이에서조차 학문적으로 훈련받은 교사를 모방하는 점에서 독일의 영향을 확인할 수 있다.

다른 북유럽 국가에서는 발견되지 않는 스웨덴 사례의 특별한 특징은 소규모학교 교사가 거의 여성이라는 점이다. 그리고 새로운 이안스팅스 교사훈련원은 오로지 여성만을 위한 학교가 될 것이라는 정치적 결정도 있었다. 소규모학교는 1910년 7,600명의 여교사를 채용했는데, 그에 비해 남교사는 거의 없었다(Florin, 1987, p. 41).

더 높은 지위의 평민학교 교사훈련원에 입학하는 학생들은 주로 농촌의 하층계급 출신 여성 쪽에서 빠르게 늘어났다는 점이 발견된다. 1907년 평민학교 교사훈련원의 여학생 중 25%가 칼마르와 스카라 등 농촌지역 출신이었는데, 우메아(Umea) 출신은 17%, 스톡홀름 출신은 겨우 1% 정도였다(Dahn, 1936, p. 203). 단(Dahn)이 전국적으로 조사한 1922~1926년 자료에 의하면 이 시기 교사훈련원 학생의 60%는 남성이었고, 여성은 40% 정도였다. 남학생 중 농촌 출신은 30%가 안 되었고 여학생 중 부모가 농사를 짓는 사람들의 비중은 20%

이하였다. 공무원이나 전문직 종사자의 자녀인 학생 비중은 이와 상당히 상반된 경향을 보였는데, 여학생의 28%, 남학생의 20%를 차지했다.

이런 교사교육의 발전과정에 더해 스웨덴 학교 교사의 여성화는 2가지 흐름에서 발생한 것으로 보일 수 있다. 첫 번째 흐름은 농촌지역 하층계급 출신이라는 것이고 다른 흐름은 도시지역 출신이라는 것이다. 상대적으로 이른 교직의 여성화는 여러 면에서 미국의 사례와 닮았다. 이런 교사 모집 양상에도 불구하고 스웨덴에서 교직은 사회적으로 존중받는 직업이었다. 여교사는 단지 '사회의 꼭두각시'가 아니라 플로린의 글에서 보듯 '문명화 과정의 선구자'였다. 특별히 인구가 많지 않은 시골지역이나 작은 마을에서 스웨덴의 공교육을 확립해 나간 사람들은 여성이었다(Florin, 1987, p. 14). 스웨덴 북부지역의 북 배스터보텐(Västerbotten)에 위치한 후뤼그룬트(Furuögrund) 제재소 마을의 소규모학교 교사였던 빅스트룀(Ester Vikström, b.1882)에 대한 생애사를 보면, 이 마을 노동계층을 위한 대변자의 모습보다는 상위 계층으로 사회적 계층 이동을 갈망하는 한 교사의 모습을 볼 수 있다. 그녀의 사회생활은 지역공동체의 중심적 특징이라 할 수 있다. 이런 사회 환경에서 이 교사는 성직자, 의사, 감사, 두 명의 선장 가족과 같이 높은 사회적 지위의 가족들과 대체로 관계를 맺는다. 그러나 아주 가까운 친구와 자기 남편이 될 사람은 노동자 가정 출신이었다.(Marklund, 2017, p. 406).

북유럽 국가 간의 비교는 다양한 교사문화에 대해 많은 질문거리를 던지게 한다. 이 책의 다른 장에서 차이점에 대해 좀 더 자세하게 논의할 것이다. 예를 들어, 제2장에서는 스웨덴 교사문화가 서부 북유럽 국가보다 좀 더 정적이고 좀 더 세속적이라고 기술한다. 위에서 개괄한 것처럼 스웨덴에서 주요 도시에 자리한 대부분의 교사훈련원의 학생선발내용, 상대적으로 늦은 교사 전문직화, 아마도 이르다고 할 만한 교사의 여성화는 덴마크와 노르웨이에서 공히 관찰될 수 있는 대항문화적 농촌운동의 지도자적 역할로서 중심적 역할을 해온 교사의 모습을 보여주지 않는다는 점이다. 게다가, 여성교사교육의 속도와 조직에 큰 차이가 있다. 덴마크에서 교사교육은 1850년대 초반부터 1894년 국가 법률이 생기기까지 민간 차원에서 진행되었고 다소 엘리트주의적인 특성을 보였다. 한편 스웨덴에서 1842년부터 이미 여성을 교직에 유입한 것은 '국가의 공적 관심사이자 입법권의 문제'였으며 덴마크보다 '더 광범위한 사회집단'을 겨냥한 것이었다(Hilden, 1993: 49). 좀 더 확장적인 국가의 문화적 자기 이해를 고려할 때, 스웨덴 국민국가는, 1864년 프러시아에 영토의 1/3을 빼앗기는 덴마크나 자국 통치권을 1905년에서야 완전히 획득하게 되는 노르웨이의 상황보다는 문제라고 할 만한 것이 적었다.

핀란드와 아이슬란드:

소규모이면서 문화적으로 방어적인 국가의 식민화하는 교사

핀란드는 문화적으로 방어적인 국가이자 식민화하는 교사 유형을 보인다는 점에서 다른 북유럽 국가와 다르다. 여기에 아이슬란드도 포함시켜 볼 수 있을 것이다(표 1.1 참조). 핀란드 사례는 아래에서 묘사하듯 이 두 특징이 아주 명확하게 나타나는 사례다. 이에 비해 아이슬란드에서는 그 특징이 명료하다기보다는 약간 모호한데, 19세기 대부분 평신도 교사라는 실생활에 기반한 전통과 교사가 주로 농촌지역 출신이었다는 점 때문이다. 그러나 20세기 도시화가 진전되면서 레이캬비크(Reykjavík, 역자 주: 아이슬란드의 수도)는 오랫동안 아이슬란드 교사교육의 지배적인 중심지이자 유일한 장소가 되었다.

핀란드: 교직의 '도시 연관성'

이 책에는 여기저기서 핀란드 교사교육의 발전을 상세하게 설명하고 있다(제5~7장 참조). 핀란드 사례에 대한 간략한 개괄은 국가의 문화적 지배가 스웨덴에서 핀란드로 서서히 넘어갔음에도 도시 엘리트가 문화적 헤게모니를 유지했다는 점에 집중한다. 방어적인 국가의 자기 이해와 식민화하는 교사 유형의 결합은 위협받는 핀란드 국민국가의 19세기 후반 핀란드의 문화적 각성이 국내 도시 엘리트가 아니라 국외 엘리트에 대한 대항이었다는 사실로 설명된다. 핀란드인 대다수와 스웨덴어를 구사하는 소수 엘리트 사이의 문화적이고 언어적인 차이는 이 시기 핀란드 국민의 생존과는 그다지 직접적으로 연결되지 않는다. 따라서 핀란드의 자기 이해를 규정하는 데 대한 도시 엘리트의 우세는 노르웨이나 덴마크에 비해 그다지 도전적이지 않았다. 핀란드는 이미 러시아의 지배하에서도 초기부터 학교교육 단계에서 핀란드 언어와 문화를 최고 위치에서 유지하려는 노력을 기울였다(Iisalo, 1979).

그러나 핀란드의 도시와 시골 간에 존재하는 중심적이고 지배적인 긴장(Rinne, 1988: 106)은 '평범한' 농촌 출신 교사가 평민의 자녀를 가르치는 것에 대한 노르웨이 및 덴마크에서의 논의와 유사한 것으로 보일 수 있다. 〈교사 The Teacher〉라는 핀란드 저널의 교사교육 프로그램 입학 및 기간에 대한 기사는 1913년 즈음 '평민' 출신 예비교사를 모집하려는 열망을 언급한다. 초등학교에 근거를 둔 대학 입학은 교사 대다수가 평민이고 농촌 출신이며 따라서 자기들이 가르치는 아이들의 배경을 더 잘 이해할 수 있도록 할 것이라는 점을 보장한다(Jauhiainen, Kivirauma & Rinne, 1998).

핀란드는 20세기가 시작하던 시기에도 인구의 90% 정도가 시골 지역에 살고 있을 만큼 도시화가 늦게 진행되었다. 그럼에도 불구하고 도시 엘리트는 핀란드의 문화적, 교육적 자기 이해 규정에 대해 지배력을 행사하고 있었다.

시골지역의 평민교사는 사회적 지위가 상당히 낮아서 세기 전환기가 되어서도 이들에게는 투표권조차 없었다. 흥미롭게 도시의 교사에게는 투표권이 있었다. 그럼에도 불구하고 시골 교사는 농촌 공동체에서 '보기 드문 문명화'를 대변하는 사람들로 인식되었다(Rinne, 1988, p. 124). 교직과 도시의 결합은 교원노조의 노력이 뒷받침되었다. 교육 분야 개혁구상은 도시 중심지에서 시골 변방으로 퍼져나가는 경향이었지만, 시골 지역에서는 서서히 채택되고 진행되었다(Rinne, 1988).

1880~1920년 동안 핀란드는 러시아와 내전으로 인해 점차 큰 압력을 받게 되었다. 따라서 핀란드 사례는 〈표 1-1〉에서 범주화되어 있듯 문화적으로 방어적인 국가로 분류된다. 그러나 교육 분야는 핀란드 민족주의운동인 펜노만(Fennoman)이 마련한 문화적 의제를 가진 도시 엘리트의 집권으로 특징지어졌다. 그 결과, 교사는 문명화 역할을 담당하게 되고 상대적으로 높은 지위를 가진 위에서 소개된 내용과 마찬가지로 식민화하는 교사 유형으로 자리 잡게 되었다.

아이슬란드: 독학의 평신도 교사에서 중앙집권적으로 교육받은 전문가로

아이슬란드에서는 희박한 인구 때문에 18~19세기에 걸쳐 이동식 학교교육이 대세를 이뤘고 20세기 중반에 이르기까지 이어졌다. 1901년 인구조사를 살펴보면 인구는 80,000명인데, 이 중 6,600명이 레이카비크에 살고 일부 다른 도시에 각각 1,000명 정도의 거주민이 있었다. 학교는 아이슬란드의 중심부인지 변방 지역인지에 따라 등록률이 제각기 달랐는데, 1903~4년 도시에서는 90%, 중심지에서 가장 먼 시골의 경우 20% 정도였다(Garðarsdóttir, 2013, p. 143). 의무교육을 규정한 1907년의 법은 단기간에 많은 것을 바꾸지는 못하였다. 하지만, 아동에 대한 기대된 교육 수준을 높였고, 이로 인해 도시와 시골 모두에서 서서히 교육제도의 전환이 일어났다.

교사교육은 아주 늦게 시작되었다. 교사 양성을 위한 단기과정은 1892년 하프나르휘르두르(Hafnarfjördur)라는 읍내에 위치한 플렌스보르크(Flensborg) 중등학교와 연계해 제공되었고, 1896년에 단기과정이 1년 과정으로 연장되었다. 교사양성대학을 설립하자는 법안이 1907년 학교법과 연계되어 의회에서 통과되었다. 이로써 1908년 아이슬란드 교사양성대학(Icelandic Teacher Training College)이 레이카비크에 설립되어 남녀 모두에게 개방된 3년 교사훈련 과정이 제공되었다. 1900년 전후로 아이슬란드 이외의 다른 국가에서 교육받은 교사를 발견하게 되는데 이들은 대체로 코펜하겐에서 교사교육을 받았다(Garðarsdóttir, 2013, p. 149).

1900년 이전 시기 어떤 사람들이 교사로 선발되었는지를 볼 수 있는 자료는 없다. 1903~4년 인구조사에서 약간의 정보를 얻을 수 있는데, 학교에서 가르치는 교사의 35%는 '집에서 공부한' 혹은 '독학한' 사람들이었고, 24%의 교사는 일종의 직업교육을 받았다(Garðarsdóttir, 2013). 1909~10년 조사를 보면 16명의 남교사와 20명의 여교사가 레이카비크에서 교사로 등록했다. 여교사의 절반은 고위층 가정 출신이고 남교사의 2/3은 농촌 출신이다. 다른 북유럽 국가에서도 발견되는 고위층 가정 배경을 가진 여교사가 레이카비크에서도 반복적으로 등장한다(Garðarsdóttir, 2019, p. 210, Table 2; Garðarsdóttir & Guttormsson, 2014, fn. 10). 1909~10년에 시골 학교의 교사는 대개 남성이었고(85%), 주로 농촌 출신(72%)이었다. 아버지의 직업이 분명하지 않은 사례들도 적지 않았다(15%). 시골 학교의 교사 중 정말 얼마 안 되는 사람들만이 부모가 교사인 집안 출신이었다(4% 미만).

1930년 즈음, 레이카비크의 교사 숫자는 3배가 더 많아져 거의 100명이었다. 이 중 남성은 56명, 여성은 44명이었다(Garðarsdóttir, 2019, p. 210, Table 2). 여교사 중 많은 수(39%)가 농촌 출신 배경을 갖고 있다. 그다음으로 많은 배경은 학계 혹은 공무원 집안 배경을 가진 여교사이다(25%). 이는 부모가 교사인 집안의 여교사(16%)보다 약간 높은 수치다. 레이카비크에서 근무하는 남교사 중 75%가 농촌 출신이다. 교사 집안 출신은 7%, 수공업자 집안 출신 또한 7% 정도다. 따라서 농촌을 떠나 레이카비크로 이주해 온 교사의 수가 상당하다. 1930년대까지 수도 이외의 지역을 보면, 교사의 수는 785명까지 많아지는데, 남교사 72%, 여교사 28% 정도의 비중을 보인다. 남교사의 78%는 농촌 출신이고, 여교사의 73%도 농촌지역에서 온 사람들이다(Garðarsdóttir, 2019, p. 210, Table 2).

이 숫자들을 보면 농촌지역 출신 교사가 계속해 높은 분포를 보이고 있는데 1909~10년에서 1930~31년 사이에 상당히 증가하였다. 1930년대, 아이슬란드의 농촌 출신 교사의 비중은 노르웨이나 덴마크보다 더 높았다. 그러나 이런 자료는 일반 인구의 직업 인구 통계와 관련하여 가중치를 부여하지 않는다.

아이슬란드 사례는 도시의 엘리트 고등교육기관, 즉, 종합대학과 대항적 교사교육 기관 사이의 문화적 분리가 있었는지를 살펴볼 만한 근거를 제공하지는 않는다. 아마도 의무교육과 교사교육이 확립된 시기가 늦은 것에 기인하는 것일 수도 있다. 20세기 초에 마침내 의무교육과 교사교육이 생겨나고 레이카비크는 자연스럽게 교사교육(1908)과 함께 1911년 설립된 아이슬란드대학교(University of Iceland) 내 교육학 연구의 중심지가 되었다. 이후 사회복지국가로 발달해가면서 이전의 교사양성대학(Teacher Training College)은 한층 더 학술적 지향으로 바뀌었고 1971년 학부대학으로 전환되었다. 따라서 우리는 아이슬란드 사례에서 교사교육과 종합대학의 초기 통합을 진전시킨 핀란드 사례와 유사한 것을 발견할 수 있다.

아이슬란드는 덴마크에 의존하던 시기가 길어지면서 문화적으로 방어적인 국가의 모습을 띠게 되었다(《표 1-1》 참조). 예를 들어, 국가 언어의 발전을 가장 중요한 우선순위로 삼은 것이다. 여전히 덴마크와의 관련성은 문화적으로 중요하게 남아 있고 위에서 기술한 바와같이 많은 교사가 코펜하겐에서 교사 교육을 받았다. 아이슬란드는 1944년까지 완전한 독립국가가 되지 못했음에도 불구하고 아이슬란드의 학교법은 상당히 자율적이었다. 앞서 농촌 출신 교사 모집 양상에서 볼 수 있듯 초등학교 교사는 아이슬란드 농촌 공동체에서 이방인이 아니었다. 그러나 1908년 이후 모든 교사는 레이카비크에서 혹은 국외에서 교사교육을 받았고 식민화하는 교사 유형을 띠게 되었다.

논의: 동시발생 및 원인

서문에서 기술하고 있듯 〈표 1-1〉에서 보여준 분석 틀은 국가 유형과 교사 유형 사이에 직접적인 인과관계가 없음을 나타내지만 이 틀을 통해 우리는 이 두 가지가 동시에 발생했음을 살펴볼 수 있다. 따라서 문화적으로 확장적인 국가에서 식민화하는 교사 유형(확장적 ⟺ 식민화하려는)이 나타나고 문화적으로 방어적인 국가에서 유기적인 교사 유형(방어적 ⟺ 유기적)이 나타난다는 섣부른 결론을 피할 수 있게 된다. 두 개의 예외적인 사례인 핀란드와 아이슬란드 때문에 바로 위의 가설은 의문시되어야 했다. 따라서 이 사례에 대한 간략한 논의에서 일부 대안적인 설명이 탐구되는 것이 필요하다.

이 두 예외 사례는 식민화하는 교사 유형이 문화적으로 확장적인 전략과 함께 일어날 뿐만 아니라 핀란드, 그리고 덜 강한 아이슬란드의 경우, 문화적으로 방어적인 전략과 식민화하는 교사 유형이 동시 발생한다는 것을 보여준다.

이 사례에 대한 대안적 설명은 국가의 문화적 자기 이해에서 도시 부르주아의 지배력과 관계있다. 이것으로 핀란드 사례를 설명할 수 있고, 초기 국가적 각성(1800)과 후기 통일(1871년 이후) 사이 독일 사례에서 발견하게 되는 모호함도 설명할 수 있다.

핀란드의 식민화하는 교사 유형과 문화적으로 방어적인 국가의 자기 이해의 결합은 처음에는 스웨덴, 이어 러시아 식민 통치하의 국민국가에서 19세기 말 문화적 각성이 국외 엘리트에 대한 대항이었을 뿐, 국내 도시 엘리트에 대한 대항은 아니었다는 사실로 설명된다. 펜노만(Fennoman) 운동은 스웨덴이나 러시아의 국외 지배에 부응하지 않았다. 이 시기에 핀란드인 대다수와 스웨덴어를 구사하는 소수 엘리트 사이의 문화적, 언어적 차이는 핀란드 국민의 생존과 직접 관련되지 않았다. 한편, 러시아 지배하에 이미 교육영역은 낮은 단계에서부터 최상위 학교급에 이르기까지 핀란드 언어와 문화의 최고 지위 확보를 위한 노력으로 점철되었다. 따라서 핀란드의 자기 이해를 규정하는 데 있어 도시 엘리트의 지배력은 문화적으로 방어적인 전략을 취했던 북유럽의 다른 두 국가(덴마크, 노르웨이)에 비해 덜 도전적이었다. 노르웨이에서 덴마크 언어와 문화가 도시 집단(Dannomane)의 지지를 계속해 받았고 이런 현상은 대항문화운동의 반도시적 정서를 강화했다. 덴마크에서는 1864년 프러시아와의 전쟁에서 패하고 독일어권 영토를 상실한 이후 국민국가는 민족적 노선에 따라 스스로를 재정의하고, 이렇게 새로운 국가의 자기 이해는 농촌에서 기원한 그룬트비히 대항문화운동과 반독일적 정서에 의해 점차 규정되게 되었다.

독일 사례의 모호함은 교사의 유형이 아니라 국가의 문화적 전략에 있었다. 앞서 언급한 바와 같이 독일의 국가 정체성은 프랑스 문명화에 맞서 독일 문화를 설정하는 방어적 부르주아의 대결로 형성되었다. 그러나 이런 대응은 19세기 말 덴마크에서 일어난 것처럼 농촌의 국가문화로 전환되지는 않았다. 대신, 독일의 도시 부르주아들이 독일 도시의 교육받은 중산층들 간 수평적 관계를 특징으로 하는 국가의 자기 이해의 중심을 형성했다. 그러나 이렇게 원래 방어적인 자기 이해에도 불구하고 독일은 확장적인 문화 전략을 특질로 보여주었는데 1871년 독일 통일 이후에만 그랬던 것은 아니다. 따라서 독일 사레는 교육영역에 대한 도시의 지배력과 결합된 문화적 방어성이라는 특징을 가진 핀란드 사례와 다르지 않다.

하지만, 도시의 지배력이 식민화하는 교사 유형을 결정하는 핵심적 요인이라고 한다면, 식민화하는 교사 유형이라 분류되는 다른 사례들은 어떠한가? 스웨덴, 아이슬란드, 미국은 도심 엘리트와 농촌의 이해관계자들 사이의 타협 방식이 달랐다. 스웨덴과 아이슬란드는 특정한 계급적 타협과 나아가 지리적 타협을 함축하는 북유럽 평민 이데올로기의 긍정적인 의미를 공유한다. 남북전쟁 이후 미국에서는 분명히 도시 엘리트와 농촌 이해관계자들 사이에 지리적 타협이 이뤄졌다. 이들 국가의 한 가지 공통점이 있다면 자기들의 이해관계를 반영해 예비교사 교육기관을 설립할 만한 대항문화운동이 존재하지 않았다는 점이다. 따라서 이들 국가의 교육영역에서는 노르웨이와 덴마크에서처럼 문화적 분열이 있지 않았다.

유기적 교사 유형의 등장을 설명할 수 있는 또 다른 지표는 자기들만의 교사교육 기관을 세울 수 있을 정도로 충분히 강하고 또 항구적인 농촌 대항문화운동이 있는지다. 덴마크 및 노르웨이의 대항문화운동은 상당히 강해서, 시민사회 행위자는 예비교사 교육기관을 설립할 수 있었다. 그렇다고 이것이 필수적인 선결조건은 아니다. 이 장에서 개관되지 않은 대표적인 사례로 스위스의 경우를 보면, 또 다른 유기적 교사 유형이 나타난다. 스위스에서는 강하지도, 그렇다고 조직화된 대항문화운동도 없이 유기적 교사 집단이 등장했다(Bascio, 2018). 아일랜드의 상대적으로 늦은 독립으로 그런 교사 유형을 대항문화운동을 통해서라기보다는 국가 차원의 하향식 정책에 의한 정치적 합의에 의해 만들었다.

따라서 국가적 문화전략, 도시 부르주아의 지배력, 계급 타협 이데올로기, 대항문화운동이라는 변수들은 아주 깔끔하고 세련된 방식의 인과적 추론으로 이끌지는 않는다. 오히려 유기적 교사 유형과 식민화하는 교사 유형의 등장은 아주 다양한 경로로 발생되었다고 볼 수 있다.

결론

19세기에서 20세기 초의 교사는 특정한 사회적 적응성을 특징으로 하는 비동질적 집단이었다. 때때로 이들은 교육받은 중산층 대열에 오르겠다는 야망을 가지고 사회적 계층 이동을 실현하곤 한다. 다른 사례를 보면, 교사는 반엘리트주의적 감수성을 강하게 내비치며 당시 덴마크 농부들처럼 새롭게 부상하는 사회적 강경 세력 중 선도적인 그룹으로 '인민'을 위한 옹호자, 지지자, 대변인 역할을 했다. 혹은 국가 차원의 권력 혹은 지위를 획득하겠다는 목표를 세우고 해방적 의제를 전달하는 역할을 하기도 했다. 특히 북유럽 국가의 여교사는 국가 차원에서의 여성 권리를 증진하였다.

　　노르웨이나 덴마크에서 볼 수 있듯 평민교사의 등장은 교사교육을 위해 설립된 특별한, 대체로 농촌지역에 세워진 기관과 함께 세분화된 제도적 환경 위에서 생겨났다. 이런 기관은 점차 전국적으로 지배적인 지위를 얻게 되면서 대지에서 부상한 유기적 지식인으로서 교사 행위주체성을 통해 시민사회의 대항문화를 전달하는 기능을 했다. 이론의 여지 없이, 식민화하는 교사 유형은 근대적이고 해방적인 권력만큼 스웨덴의 국가적 자기 이해에 동등하게 중요하다. 아이슬란드, 그리고 특별히 핀란드는 보다 문화적으로 더 방어적인 국민국가로서 식민화하는 교사 유형의 특성을 보인다. 이들은 대체로 국가 차원에서 논쟁의 여지가 없다.

　　교사의 삶은 흔히 육체노동자 가정 출신이란 배경을 가지고 지적 노동을 하는 작업 관행으로 인해 사회적으로 분리되어 있었다. 이런 교사의 대부분은 실용적인 가정에서 성장하고 그 집안 최초의 지식인이었다. 아마도 이것이 당시 미국 진보주의와 덴마크에서 그룬트비히가 '죽은 배움'이라고 비판한 데 서 발견된 '실용주의'의 뿌리가 아닌가 싶다. 따라서 특별히 유기적 교사 유형 의 위기는 이런 잠재적인 반지성주의가 교직에 대해 알려진 특성이 되는 것이 다. 이런 경향은 적어도 부분적으로는 덴마크의 교사교육이 종합대학 내 학문 체계로 들어가는 것에 강하게 반대한 상황을 잘 설명해준다(Larsen, 2016).

그렇다면 '유기적' 교사 유형과 '식민화하는' 교사 유형을 구분하는 것의 의미는 무엇인가? 이 장의 제목에서 볼 수 있듯이 이 두 교사 유형은 국가적 동원을 위한 아주 중요한 도구, 즉 엘리아스가 말한 국민국가를 위해 문화적 이고 정치적인 생존 역량을 쌓도록 하는 수단으로 보일 수 있다. 이 두 가지 교 사 유형으로 중앙은 교사를 국가의 모든 지리적 장소에 보내 충성심을 증진 하도록 했다. 이 둘의 가장 중요한 차이라면 식민화하는 교사 유형의 경우 중 앙의 자체 문화가 문명화하는 노력의 가치를 규정한다는 점이다. 반면, 유기적 교사 유형이 지배적인 경우라면 집권 엘리트는 국가 차원의 사회 통합적인 가 치를 증진하기 위해 주변적인, 어쩌면 전근대적인 문화와 동맹을 맺을 것이다.

엘리아스의 용어를 사용해 우리가 국민국가를 하나의 생존 단위로 생각 한다면 이런 상황은 좀 더 일반적으로 초등학교 교사의 진짜 역할에 대한 여 러 질문을 제기하게 한다. 이는 마치 국가적 동원이라는 목표는 똑같은 것처 럼 보이지만, 그 의미는 다를 수 있다. 유기적 교사 유형의 행위 주체성을 통해 국가의 자기 이해에 근본적인 평민 문화를 동원하는 것은 실제로 '철저한' 기 독교인 만들기를 가져온 종교개혁과 같은 것으로 보이게 한다(제2장 참조). 노르 웨이에서 도시 엘리트와 민중 신엘리트(예를 들어, 평민교사) 사이의 동맹은 교사 집단에게 국가에 대한 무조건적 충성을 요구하였다. 북유럽 사례들은 모두 높은 수준의 사회적 신뢰와 모든 국가 기구에 대한 신뢰를 보여준다(Wollebæk et al., 2012). 시민사회를 매개하는 교사는 국가의 사절이지만, 평민교사로서 동등한 위치에서 사람들을 만나고 온전히 식민화하는 교사 유형에서는 거의 볼 수 없는 국가주의와 국가 충성심을 아마도 유지할 수 있었을 것이다.

그러나 이와 정반대의 견해도 제기될 수 있다. 교사가 어떤 유형인지에 상관없이 어떤 이데올로기가 전파되어야 하는가를 규정하는 데 있어 '단순한 사회적 허수아비'인 것은 아니다(Florin, 1987). 교사가 집단적으로 공유하는 자기 이해와 학생 및 학부모에게 실제 전파하는 것 사이에는 긴밀한 연관성이 존재하기 마련이다. 이것은 교직이 어떻게 고군분투하면서도 자기주장이 강한 집단의 차세대 지도자들을 위한 기회가 되어왔는지와 관계있다. 따라서 우리가 19세기 말에서 목격한 것은 엘리트 교육과 직업의 궤적을 추구할 만한 권한도, 수단도 부족한 고군분투하는 집단을 동원한 것이라고 주장될 수도 있다. 야심 찬 여성, 미국의 흑인, 덴마크 농부들은 처음에는 교사가 되어 학교에 돌아가야 했거나 혹 그런 경향을 보였고 다음 단계에서 국가 차원의 동등한 기회, 권한, 사회적 지위, 그리고 권리를 위한 적극적인 투쟁의 장으로 자신들의 직업을 활용하였다.

[참고문헌]

Albisetti, J. C. (1993) 'The feminization of teaching in the nineteenth century: A comparative perspective', History of Education, 22(3), pp. 253-263.

Bascio, T. (2018) 'Metaphors of naturalness in the context of Swiss teacher education 1975-1985,' International Standing Committee for the History of Education, ISCHE 40, Berlin, 29 August to 1 September 2018.

Bölling, R. (1978) Volksschullehrer und Politik. Die Deutsche Lehrerverein 1918-1933, vol. 32. Göttingen: Vandenhoeck & Ruprecht.

Bölling, R. (1983) Sozialgeschichte der deutschen Lehrer. Ein Überblick von 1800 bis zur Gegenwart. Göttingen: Vandenhoeck & Ruprecht.

Buck, P. H., Finley, J. H., Demos, R., Hoadley, L., Hollinshead, B.S., Jordan, W. K., Richards, I. A., Rulon, P. J., Schlesinger, A. M., Ulich, R., Wald, G. and Wright, B. F. (1945) General education in a free society. Report of the Harvard Committee. Cambridge, MA: Harvard University Press.

Caruso, M. (2010) Geist oder Mechanik. Unterrichtsordnungen als kulturelle Konstruktionen in Preussen, Dänemark (Schleswig-Holstein) und Spanien 1800-1870, vol. 19. Frankfurt am Main: Peter Lang.

Caruso, M. (2012) 'Politics and educational historiography: Criticizing "civilization" and shaping educational politics in Latin America', in Larsen, J.E. (ed.), Knowledge, politics and the history of education. Berlin: Litt-Verlag, pp. 151-175.

Coffman, L. D. (1911) The social composition of the teaching population. New York: Columbia University.

Dahn, P. (1936) Studier rörande den studerande ungdomens geografiska och sociala härkomst. Lund: C.W.K. Gleerup.

Dokka, H.-J. (1967) Fra allmueskole til folkeskole. Studier i den norske folkeskoles historie i det 19. århundrede. Bergen: Universitetsforlaget.

Elias, N. (1978) What is sociology? Mennell, S. and Morrissey, G. (trans.). London: Hutchinson of London.

Elias, N. (1995) Über den Prozess der Zivilisation. Soziogenetische und psychogenetische Untersuchungen, vol. 1. Frankfurt am Main: Suhrkamp Taschenbuch Verlag.

Enzelberger, S. (2001) Sozialgeschichte des Lehrerberufs. Gesellschaftliche Stellung und Professionalisierung von Lehrerinnen und Lehrern von den Anfängen bis zur Gegenwart. Weinheim and München: Juventa Verlag.

Fischer, R. (1916) Beiträge zu einer Statistik der deutschen Lehrerschaft. Ergebnisse der von der Statistischen Zentralstelle des Deutschen Lehrervereins am 1. April 1913 veranstalteten Erhebung. Leipzig: Schriften der Statistischen Zentralstelle des Deutschen Lehrervereins. H.4.

Florin, C. (1987) Kampen om Katedern. Feminiserings- och professionaliseringsprocessen inom den svenska folkskolans lärarkår 1860-1906. Umeå: Umeå universitet.

Garðarsdóttir, Ó. (2013) 'Teaching on the eve of public schooling: Demographic and social features of Icelandic schoolteachers in the beginning of the 20th century', in Buchardt, M., Markkola, P. and Valtonen, H. (eds.), Education, state and citizenship. Helsinki: Nordic Centre of Excellence Nordwell, pp. 138–159.

Garðarsdóttir, Ó. (febrúar, 2019) 'Kennslukonur í Barnaskóla Reykjavíkur í upphafi 20. aldar', in Jónsson, G. (ed.), Nýtt Helgakver. Rit til heiðurs Helga Skúla Kjartanssyni sjötugum 1. Reykjavík: Sögufélag, pp. 201–220.

Garðarsdóttir, Ó. and Guttormsson, L. (2014) 'Changes in schooling arrangements and in the demographic and social profile of teachers in Iceland, 1930–1960', Nordic Journal of Educational History, 1(1), 7–20. doi: 10.36368/njedh.v1i1.31.

Göttlicher, W. G. (2019) Die österreichische Landschulreform von den 1920er- bis zu den 1960erJahren. Untersuchung einer vergangenen Schulreformdebatte. Vienna: Universität Wien.

Gramsci, A. and Hoare, Q. (1971) Selections from the prison notebooks. London: Lawrence and Wishart.

Grinder-Hansen, K. (2013) Den gode, den onde og den engagerede. 1000 år med den danske lærer. Copenhagen: Mussmann' forlag.

Grundtvig, N. F. S. (2016 [1816]) 'Danne-Virke', in Grundtvigs Værker. Aarhus: Aarhus University Press.

Hagemann, G. (1992) Skolefolk: lærernes historie i Norge. Oslo: Ad notam Gyldendal.

Hansen, V. H. (1977) Lærernes sociale rekruttering 1869–1925. En undersøgelse af fire statsseminariers dimittender 1869–96 samt en oversigt over det samlede antal dimittender 1897–1925. Copenhagen: Københavns Universitet.

Hilden, A. (1993) 'Lærerindeuddannelse 1800–1950', in Skovgaard-Petersen, V. (ed.), Dansk læreruddannelse 1791–1991, vol. 3. Odense: Syddansk Universitetsforlag, pp. 19–303.

Hjermitslev, H. H. (2020) 'Grundtvigske seminarier 1840–1920', Uddannelseshistorie, 54, pp. 63–96.

Høydal, R. (1995) Periferiens nasjonsbyggjarar. Vestlandslæraren og Volda lærarskule 1895–1920, vol. 39. Oslo: Noregs forskingsråd.

Iisalo, T. (1979) The science of education in Finland, 1828–1918. Helsinki: Societas Scientiarum Fennica.

Jauhiainen, A., Kivirauma, J. and Rinne, R. (1998) 'Status and prestige through faith in education: The successful struggle of Finnish primary schoolteachers for universal university training', Journal of Education for Teaching, 24(3), pp. 261–272.

Johnson, N. C. (1992) 'Nation-building, language and education: The geography of teacher recruitment in Ireland, 1925–55', Political Geography, 11(2), pp. 170–189.

Jordheim, K. (1988). 'Læreren i norsk samfunns- og kulturliv. En oversikt for det 20. århundred', in Rinne, R. and Iisalo, T. (eds.), Läraren i 1900-tallets kultur och samhälle. Åbo: Turin yliopisto, pp. 67–93.

Larsen, C. (2005) 'Dimmittender 1793–2002', in Skovgaard-Petersen, V. (ed.), Dansk læreruddannelse 1791–1991, vol. 1. Odense: Syddansk Universitetsforlag, pp. 422–427.

Larsen, J. E. (2016) 'Academisation of teacher education: Sites, knowledge cultures and changing premises for educational knowledge in Norway and Denmark', in Hoffmann Ocon, A. and Horlacher, R. (eds.), Pädagogik und pädagogisches Wissen: Ambitionen und Erwartungen an die Ausbildung von Lehrpersonen. Pedagogy and Educational Knowledge: Ambitions and Imaginations in Teacher Education. Bad Heilbrun: Verlag Julius Klinkhardt, pp. 211–228.

Lauglo, J. (1982) 'Rural primary schoolteachers as potential community leaders? Contrasting historical cases in Western countries', Comparative Education, 18(3), pp. 233–255.

Lauglo, J. (1995) 'Populism and education in Norway', Comparative Education Review, 39(3), pp. 255–279.

Marklund, E. (2017) 'Ett år med Ester: En mikrohistorisk undersökning av det sociala nätverket och känslolivet hos en småskollärare vid sekelskiftet 1900', Historisk Tidskrift (S), 137(3), pp. 379–410.

Perkins, L. M. (1989) 'The history of blacks in teaching: Growth and decline within the profession', in Warren, D. (ed.), American teachers: Histories of a profession at work. New York: Macmillan Publishing Company, pp. 344–369.

Reeh, N. (2016) Secularization revisited-teaching of religion and the state of Denmark: 1721–2006, vol. 5. Switzerland: Springer International.

Reeh, N. and Larsen, J. E. (2014) 'From competing technologies of mass schooling to the spiritual enlightenment of the nation: The reception of the monitorial system of education in Denmark 1814–1849', in Caruso, M. (ed.), Classroom struggle: Organizing elementary school teaching in the 19th century. Frankfurt am Main: Peter Lang.

Rinne, R. (1988) 'The formation and professionalization of the popular teachers in Finland in the 20th century', in Iisalo, T. and Rinne, R. (eds.), Lärarren i 1900-tallets kultur og samhälle. Nordisk utbildningshistorisk forskarträff i Åbe den 18-19 augusti 1987. Turun/Åbo, pp. 106–148.

Rury, J. L. (1989) 'Who became teachers? The social characteristics of teachers in American history', in Warren, D. (ed.), American teachers: Histories of a profession at work. New York, London: Macmillan, pp. 9–48.

Schulte, B. (2014) 'Grenzen im Inneren: Die pädagogische Missionen chinesischer

Rückkehrer im Hinterland zu Beginn des 20. Jahrhunderts', in Caruso, M., Koinzer, T., Mayer, C. and Priem, K. (eds.), Zirkulation und Transformation. Pädagogische Grenzüberschreitungen in historischer Perspektive. Wien, Köln, Weimar: Böhlau, pp. 211–230.

Slagstad, R. (1998) De nasjonale strateger. Oslo: Pax.

Slagstad, R. (2008) 'Profesjoner og kunnskapsregimer', in Molander, A. and Terum, L. I. (eds.), Profesjonsstudier. Oslo: Universitetsforlaget, pp. 54–70.

Strømnes, Å.L. (2006) Folkeskulelærarar i Fattig-Noreg. Ein studie frå første halvdel av det tjuande hundreåret. Trondheim: Tapir Akademisk Forlag. Tabellariske Meddelelser vedrørende Borger- og Almueskolevæsenet udenfor Kjøbenhavn for Aaret 1895. (1899) Copenhagen: Ministeriet for Kirke- og Undervisningsvæsenet.

Trägårdh, L. (1990) 'Varieties of völkish ideologies. Sweden and Germany 1848–1933', in Stråht, B. (ed.), Language and the construction of class identities. The struggle for discursive power in social organisation: Scandinavia and Germany after 1800, Report from the DISCO II Conference, Gothenberg: Göteborg University.

Urban, W. J. (1989) 'Teacher activism', in Warren, D. (ed.), American teachers. Histories of a profession at work. New York: Macmillan Publishing Company, pp. 190–209.

Westberg, J., Boser, L. and Brühwiler, I. (2019) School acts and the rise of mass schooling: Education policy in the long nineteenth century. Switzerland: Palgrave Macmillan.

Wiborg, S. (2009) Education and social integration: Comprehensive schooling in Europe. New York: Palgrave Macmillan.

Wollebæk, D., Enjolras, B., Steen-Johnsen, K. and Ødegård, G. (2012) 'After Utøya: How a high-trust society reacts to terror–trust and civic engagement in the aftermath of July 22', PS: Political Science and Politics, pp. 32–37. doi: 10.1017/S1049096511001806.

제2장

교회 설교와 학교 수업 :
북유럽 교사문화의 종교적 기원

프레드릭 튜(Fredrik W. Thue)

북유럽 국가 간에 분명하면서도 역사적으로 광범위하게 영향을 미치고 있는 공통점 중 하나는 루터교 유산이다. 종교개혁으로 국가와 교회의 통합이 이 뤄지게 되는데, 이 과정이 덴마크-노르웨이 왕국에서는 상당히 빠른 속도로, 스웨덴에서는 상대적으로 천천히 일어났다. 스웨덴에서는 교회가 아주 높은 수준의 자율성을 지니고 있었기 때문이었다(Thorkildsen, 1997).

루터교가 국가 및 교회와 통합되면서 초등수준의 의무교육이 일찌감치 부상하게 되었다. 덴마크와 노르웨이 지역에서는 1739년 왕실 칙령으로 초등 의무교육이 도입되어 원칙적으로 해당 지역 모든 아동이 교육받을 수 있었다. 이런 점에서 초등의무교육은 일종의 절대왕정 국가의 프로젝트로 견인되었 다. 그러나 교육과정은 처음부터 성격상 완전히 종교적인 색채를 띠고 있었다. 초등교육의 목표는 학생들이 교회에서 의무적으로 견진성사를 받을 수 있도 록 준비시키는 것이었다. 이때 학생들의 지식뿐만 아니라 교사의 가르침은 성 직자의 엄밀한 감시 감독을 받았다.

이 장에서 나는 북유럽 초등학교 교사가 성직자에 종속된 하급자 신분으 로 출발해 목사가 갖는 직업 정체성과 아주 긴밀히 상호작용하면서 교사라는 직업 정체성을 형성하였음을 주장할 것이다. 초등학교 교사가 교회 성직자의 지배로부터 자신들을 해방시키고 19세기 말엽 자성적 직업 집단으로 성장하는 과정은 성직이 공무원 지위에서 일종의 특별한 전문직으로 탈바꿈해나가는 것과 대응을 이루는 것으로 설명될 수 있다. 여기서 핵심 주장은 루터교 목사의 역할에서 초등학교 교사의 역할로 이어지는 역사적이고 구조적인 연속성이 있다는 점과, 다소 간접적인 방식이지만, 이런 연속성은 오늘날 북유럽 교사문화에서도 찾아볼 수 있다는 점이다.

북유럽 교육사는 학교에 대한 교회의 통제가 뒤로 밀려나고 교육과정 속에서 시민적, 국가적 요소가 새롭게 포함됨에 따라 초등의무교육이 어떻게 점진적으로 국유화되고 민주화되고 세속화되었는지에 대한 거대서사로서 흔히 논의되어왔다. 이런 패러다임에 의하면, 교사는 성직자의 지배로부터 해방되는 일환으로 자성적 직업 집단으로 성장한 것이다.

어떤 면에서는 이런 서사가 지닌 정당성에 대해서는 논쟁거리가 없어 보인다. 초등학교 교육, 초등학교 교육과정, 초등학교 교사에 대한 성직자의 영향력 감소를 의미하는 세속화는 아주 잘 정립된 사실로 19세기 후반부터 제2차 세계대전 이후 시기에 진행된 일련의 국가 교육법과 교육과정, 교사훈련 개혁으로 입증될 수 있다. 그러나 세속화에 대한 이런 단선적 경향이 우리가 교사의 직업적 실천, 자아개념, 이데올로기 등에 주의를 기울여보면 그리 분명하지는 않다. 나는 우선적으로 이런 차원에서 '북유럽 교육모델'의 항구적인 종교적 원천을 탐색할 것이다. 따라서 이 장에서 나의 중요한 질문은 다음과 같이 제기될 수 있다. 종교적, 혹은 '사제적' 차원이 교직의 실천, 이념, 자기 개념화를 통해 북유럽 초등교육에 어느 정도로, 그리고 어떤 방식으로 지속적으로 주입되어 왔는가?

이 장은 주로 덴마크-노르웨이 왕국과 이후 이어진 덴마크와 노르웨이 두 국가에 초점을 맞추고자 한다. 이 두 국가의 초등교육 역사는 놀랄 만큼 유사하면서도 동시에 상당히 흥미로운 점에서 미묘한 차이가 있다. 스웨덴은 관련되지만, 부분적으로 다른 국가들과 대비되는 사례로서 약간은 피상적으로 다뤄질 것이다.

가르침으로서의 설교: 루터교 성직자 권력의 다의성

나는 미셸 푸코의 〈안전, 영토, 인구, Security, Territory, Population〉(Foucault, 2007)에 대한 1977~1978년 강의록에 담긴 성직자 권력과 근대 통치성의 계보학에 대한 성찰을 끌어들여 이 장의 분석을 위한 발견적 틀로 사용할 것이다. 이 책에서 푸코는 유럽 지역의 역사적 기록에 나타나는 보편적 문제에 접근하기 위한 새로운 접근방법을 제시하고 있다. 즉, 중세시대부터 근대시대에 이르기까지 나타나는 지역성 및 정치학 간의 상호작용 말이다. 푸코는 교회와 국가 사이의 변화하는 관계를 연구하는 대신, 성직(聖職, pastorate)과 정부 사이의 상호 영향에 초점을 맞추었다. 성직은 사람들을 통치하는 아주 독특한 방법으로 법 혹은 계약에 기반해 정치적 권력을 행사하는 고전적인 개념과는 크게 다르다. 푸코는 목자와 양떼라는 고대 종교적 이미지에서 성직의 기원을 찾고는 고대 이전 시기부터 근대 초기까지 이런 중심사상이 어떤 변이를 거쳤는지를 추적하였다. 성직이 보여주는 권력 형태와 정치적 권력 형태는 종교개혁과 반종교개혁 이후 점차 상호 교차하게 되었고 이로 인해 새로운 형태의 '통치성'이 등장하게 되었다는 것이 바로 푸코의 핵심 주장이다.

푸코가 교회-국가에서 성직-정부로 관점을 바꾼 것이 내가 이 장에서 보여주려는 관점의 변화에 큰 영향을 미쳤다. 즉, 나는 애초 북유럽 초등교육의 세속화를 제도화된 교회의 통제가 느슨해졌다는 측면에서 접근하려던 것에서 이것이 그다지 분명하지 않아 교직의 종교적 차원을 연구하려고 바꾼 것이다.

성직과 근대 통치성에 대한 푸코의 성찰은 적어도 세 가지 이유로 내 분석에 잘 들어맞는다. 첫째, 푸코(2007: 180)도 언급한 것처럼 성직자의 권력이 가르침과 아주 밀접하게 관련되어 있다는 것은 청교도에서 특히 두드러진다. 푸코의 성직자 권력 개념은 구교의 모습과 모습이 아주 특별히 관련되어 있음을 밝히는 방식으로 고해 혹은 참회에 집중하는 경향이 있지만(전게서, pp. 171, 182f), 청교도는 성직자를 무엇보다도 성경 말씀의 설교자이자 바른 교리를 가르치는 교사로 규정하고 있다. 이런 규정하에 성직자와 신도의 역할이 어떤 의미에서는 서로 뒤바뀐다. 즉, 푸코의 성직자는 조심스럽게 고해성사하는 사람이 밝히는 은밀한 진실에 주의를 기울이지만, 청교도의 목사는 교구 신도들이 개인 차원에서든 집단 차원에서든 반드시 그리고 귀 기울여 들어야만 하는 진실 발설자가 된다(Tilli, 2019, p. 115). 성직자와 교사, '설교하기(preaching)'와 '가르치기(teaching)' 사이의 이런 친연성은 북유럽 학교 전통과 교사문화의 기본적인 전제 조건이다.

둘째, 새로운 통치성으로서의 성직자 권력과 정치적 권력이 어떻게 통합되는지에 대한 푸코의 분석은 북유럽 국가의 초등교육 부상과 발전과정에서 영적인 문제와 세속적인 문제가 어떻게 상호작용하는지를 이해하는 데 핵심적인 부분이다. 목회 및 정치의 합리적 견해와 실천의 이런 뒤엉킴은 초등교육이 등장하고 발전해온 맥락에 있어 매우 중요한 부분이었다.

셋째, 초등 단계의 의무적인 가르침은 푸코가 규정한 목회 권력 즉, 개인과 집단(혹은 학급)을 돌보는 유익한 권력이라는 일부 다의적인 측면에 대한 놀라운 설명을 제공한다. 이런 권력은 적어도 '영적 안내' 혹은 '행실에 대한 인도'로 묘사될 수 있다(전게서, p. 126ff.; Foucault, 1982). 이것은 학생들을 자기성찰적이고 자기규율적인 주체로 탈바꿈시키는 한편 동시에 학생들을 엄격한 통제와 훈육에 복종하게 하는 권력의 형태이다. 가르침의 수단과 목적은 근본적으로 변화해왔지만, 교사의 과업이 갖는 이런 이중적 특성은 아직도 우리 주변에 남아 있다.

이런 다의성은 특히 심오하고, 루터교 전통 내에서 고유한 형태를 띤다. 한편으로는 '두 왕국과 세 영역'에 나타나는 루터의 교리[1]'는 종속된 자들이 모든 권력자에게 복종하고 신이 부여한 사회질서에서 자신의 처지를 무조건 받아들여야 한다는 것을 정당화하기 위해 활용되었다. 다른 한편으로 믿음만으로 의롭게 된다는 칭의, 그리고 만인 사제직론을 담고 있는 '오직 성서로만(Sola Scriptura)'이라는 루터교 원리는 신 앞에서 모든 신앙인의 평등, 거룩한 계시의 즉각적이고 인간적인 특징, 하나님 말씀을 전달해야 하는 모든 신앙인의 자유와 책임을 강조했다. 핀란드 종교 역사학자인 하인나매키(Elisa Heinämäki, 2017)가 주장하고 있듯, 이런 다의성이 개인을 철저하게 훈육하고 통제할 뿐만 아니라 억누를 수 없는 내적 양심을 지닌 책임감 있고 자기성찰적인 주체로 키워낼 강력한 힘을 루터교에 제공해왔다. 루터교 전통의 이런 이중적 특징은 북유럽 초등교육의 역사에서 현저히 눈에 띈다.

루터교 정통파, 국가 경건파, 의무 학교교육의 등장

루터 사상과 국가 초기 의무교육의 도입 사이의 역사적 상관관계는 광범위하

1　(역자주) 루터는 오스만제국의 유럽 침략이 점증하던 시기 이슬람 침략에 대한 걱정을 담은 글을 발표해왔다. 이런 상황에서 루터가 제시한 교리의 내용 중 하나로 2왕국은 기독교와 이슬람교를 의미하며, 이슬람교가 기독교인의 삶을 해친다는 것을 삶의 3가지 영역('교회적 영역', '정치적 영역', '가정적 영역'). 이 세 가지 영역은 성도의 삶의 전체를 아우르는 것을 의미한다.

게 인정되고 있다. 루터의 종교개혁은 '본질적으로 교육 운동'으로 특징지어져 왔다(Witte, 2002, p. 258). 종교개혁은 대학에서 시작해 초등학교 아동을 가르치는 아래로 이어지는 일련의 교육개혁을 이끌었다. 교육을 율법과 복음의 보전 및 전파를 위한 필수적인 수단으로 보는 한편, 루터는 행정관이 학교를 세우고 운영하는데 책임을 져야 한다고 주장하였다. 두 왕국 교리에 기초한 이런 원리는 가톨릭 교육 문화의 격변을 표상하는 것이었다(전게서, p. 265ff).

실제 국가와 교회, 그리고 지주와 지역사회를 참여시키려는 꽤 장기적인 과정이 이루어지면서 덴마크-노르웨이 왕국에서 초등의무교육의 등장은 관례적으로 1739년으로 거슬러 올라간다. 이때는 농촌 평민학교가 법제화되었다.[2] 이는 3년 전 칙령의 직접적인 결과였는데, 통치령의 모든 신민이 성인이 되기 위한 일종의 의무적인 통과의례로 확립되었다. 학교의 임무는 성직자가 제단 앞에서 치르는 시험에 통과하는 데 필요한 종교 지식을 아이들에게 주입하는 것이었다. 따라서 교육과정은 전적으로 교리문답으로 이루어졌고 이를 위해 초보적인 수준의 읽기 능력이 필요했다(Telhaug & Mediås, 2003, pp. 39ff).

보통 사람을 위한 학교는 인민에 대한 교회의 종교 교육의 직접적인 연장선이었고 당연하게 '교회의 파생물'이라고 불리게 되었다. 의무적인 견진성사와 그로 인한 학교교육은 국가가 도입한 제도로 학교와 교사를 통제하는 성직자는 이런 학교체제에서 그 수가 가장 컸고, 또 가장 많은 교육을 받은 공무원집단이 되었다. 따라서 대중초등교육을 향한 종교적 동인과 국가 차원의

---

2 코스가르드(Ove Korsgaard, 2003, p. 197)의 연구에 따르면, 노르웨이 역사학이 의무적인 평민학교의 뿌리를 1739년 덴마크-노르웨이 학교법에서 찾으려고 하는 것과 달리 덴마크 교육사가들은 신교육법(New School Act)이 도입된 1814년을 그 기원으로 삼고 있다. 이 두 국가의 역사적 설명이 왜 다른지 생각해보면, 덴마크에서 체계교육적 상황을 좀 더 느렸다는 데에 그 원인이 있다. 1739년 학교법은 덴마크에서보다 노르웨이에서 교육적 상황을 좀 더 급진적으로 변화시켰다. 그러나 코스가르드와 마찬가지로 나는 여기서 노르웨이의 입장, 즉, 1739년을 두 국가에서 모두 의무적인 초등학교교육의 기원으로 삼고자 한다.

동인을 구분하는 것은 아주 어렵다. 대중초등교육을 향한 동기는 아주 복잡한데, 이런 동기에 대한 해석 또한 아주 다양하다. 많은 학자들이 왕이 통치받는 신민의 구원을 살펴야 할 의무를 진다는 루터교의 원칙, 특히 좀 더 심오하면서도 좀 더 개인적으로 획득한 신앙에 대한 경건파의 요구를 강조하는 학자들이 많은 반면, 또 다른 일부는 최대의 적인 스웨덴에 맞서 입지를 강화하기 위해 군인의 수준을 높이고 이들의 사기를 높이려는 덴마크 국가 차원의 필요와 같은 좀 더 세속적인 문제에 집중한다(Reeh, 2011; Appel & Fink-Jensen, 2013, pp. 393-396).

그러나 왕과 관료가 종교를 단지 순응적인 사람을 만들기 위한 아주 쓸만한 도구 정도로 보아왔다고 믿을 만한 이유는 없다. 오히려 종교는 바로 왕국의 토대로서 이해되었고, 따라서 공식적인 복음주의 루터교의 신앙 고백에 대한 올바르고 상세한 해석을 배워 익히는 것은 '시민' 교육의 적절한 형태였다(전게서, p. 87ff). 종교 교육이 지니는 최고의 중요성이 루터교의 용어에 반영되었다. 루터의 세 영역에 대한 교리에서 성직자는 (학식이 있는 계급이자 가르치는 계급 모두를 의미하는) 가르치는 계층을 담당했고, 1770년 이래, 성직자를 종교와 과학 지식 모두에 대한 대중적 전파자로 보는 합리주의 이상을 반영하면서 평민교사라는 호칭이 독일과 스칸디나비아 모두에서 성직자와 동의어로 사용되었다(Siegert, 1999, p. 62).

의무교육의 등장과 교직 (Lehrstand) 즉, 교사라는 새롭고 보조적인 계층이 등장하였다. 덴마크에서 가르침은 흔히 교구의 교회지기에게 맡겨진 일이었다. 덴마크의 중심부에서 간혹 이런 일을 하는 사람들은 목사직의 공석을 목 빠지게 기다리는 신학생이나 목사 후보생들이었다. 그러나 왕국의 다른 지역, 특히 노르웨이에서 교사는 대체로 농촌사회의 낮은 계층에서 모집되었다. 당시 이런 지역에서는 교사가 농장과 농장 혹은 작은 촌락과 촌락을 이동하며 가르치는 이동식 학교가 대부분이었다. 덴마크 중앙의 좀 더 교육받은 교사 뿐만 아니라 이 볼품없는 교사 모두가 말 그대로 성직자를 보조하는 조력자들이었다(Telhaug & Mediås, 2003, pp. 36-52; Appel & Fink-Jensen, 2013, pp. 295-329).

스웨덴에서 초등교육은 조금 다른 방식으로 조직되었다. 1686년의 교회법(Church Act)은 가정의 모든 아버지가 자녀에게 교회의 가장 기초적인 문서, 예를 들어 교리문답서, 성경주석, 찬송가 등을 읽을 수 있게 가르치도록 요구했다. 교구의 목사는 일 년에 한 번은 각 가정을 방문해 교구민의 읽기 능력과 성경 지식, 소위 가정 교리문답(husförhör) 수준을 확인해야 했다. 학교교육 체계가 점차 발전해 나아가는 한편, 보편적 초등학교 체제는 1842년이 되어서야 도입되었다(Westberg, 2019). 따라서 스웨덴 성직자는 문자 그대로 평민 교사로 남아 있었고, 이들의 권위와 권력은 자신의 교구에 있는 모든 가정에 파고들었다.

스웨덴 교육체제는 루터교 정통파 시대에 만들어졌고 스웨덴 교회와 국가가 대항한 후기 경건파의 영향을 상대적으로 덜 받은 채 있었다. 다른 한편, 덴마크-노르웨이의 평민학교는 정통파와 외부로부터 유입된 신규 경건파 사이의 긴장으로 점철되었다. 정통파와 경건파 사이의 분열은 교육적으로 아주 중요했다. 이는 모든 신민이 종교에 대해 무엇을 배워야 하는지, 특히 이러한 지식이 어떻게 습득되는가에 영향을 미쳤고 신민의 영적이고 세속적인 삶 모두에 대해 영향을 미쳤다.

루터교 정통파는 종교개혁 이후 거의 2세기 동안 덴마크와 스웨덴 왕조의 지배적인 신학이자 세계관으로 남아 있었는데, 이는 쉴링(Heinz Schilling)이 교파화(confessionalisation)라고 부른 표현 그대로였다. 이 말은 교회와 국가가 해당 공국을 통해 기독교 신앙에 대한 권위적인 해석에 대한 종교적 복종을 얻어내게 하는 체계적인 노력을 의미한다(Schilling, 1988). 설교와는 아주 다른 이런 고백을 위한 핵심 수단은 바로 교리문답이었다. 이는 루터의 고백에서 핵심적인 내용을 주로 아이들을 포함한 평민이 이해할 수 있는 형태로 설명하고 있는 권위적인 문구를 꼼꼼하게 되풀이해 가르치는 것이었다(Appel & Fink-Jensen, 2013, pp. 89ff).

정통파의 종교 교육은 본래 아주 엄격한 훈육이었다. 구원의 기쁨을 이야기하는 복음이라던가 신의 은혜 같은 것보다는 신의 율법을 강조하면서 복종과 순응의 의무에 주목하였다. 하지만, 신의 율법에 복종하는 것만으로는 충분하지 않았다. 오로지 신앙에 의한 '칭의(稱義)'라는 루터교의 교리는 신민(神民)이 신의 말씀을 내면화해야만 한다는 의미를 내포한 것으로 이것은 성경 자구의 진리와 자아의 진리를 일치시키기 위한 종합적인 영혼 순례를 요구하였다. 이런 영혼 순례는 외부에서 관찰할 수 없었기 때문에 주체는 다른 사람들에게 영향을 받지 않는 내면의 양심에 맡겨졌다(Tilli, 2019, pp. 123ff). 루터의 종교개혁은 깊고 주체적인 기독교적 신심의 획득을 요청하였고, 따라서 '철저한 기독교화'로 특징지어졌다(Korsgaard, 2004, p. 64).

외부의 통제와 훈육, 그리고 종교적 진리의 내적 획득 사이에 발생하는 루터교의 이런 내적 긴장이 경건파의 원인이 되었는데, 경건파는 루터교가 종교개혁 정신과의 접점을 잃어버려 소생되어야 한다는 전제를 공유한 다양한 흐름을 집합적으로 표현한 용어이다. 진정한 기독교 신앙은 정신과 영혼에 가닿아야 하는 것으로 회개를 되뇌어 믿는 사람을 경건한 삶으로 회심시킬 수 있어야 했다. 따라서 경건파는 신앙의 주관적인 차원을 강조하였다. 이는 신실한 삶 속에서 그대로 드러날 것이다. 따라서 교회는 승인된 신학적 교리를 관리하는 성직자의 위계 조직이 아니라 진정한 신앙인의 살아 있는 공동체여야 했다(Gierl, 2014).

1739년 법제화된 덴마크-노르웨이 평민학교의 교육과정 및 교수법에는 루터교 정통파와 경건파의 두 특징이 혼합되어 녹아들어 있다. 이는 특히 노르웨이의 학교 및 교회 생활에서 특히 강력한 것으로 입증된 조합이었다. 교리문답은 엄청난 양의 종교적 질문에 권위적인 답변을 무작정 암기하는 방식으로 배운다는 것을 의미하는 것으로 초등학교 교육에서 아주 지배적인 수업 형태가 되었다. 폰토피단(Erik Pontoppidan) 주교가 759개의 질문과 답변으로 구성된 루터의 소교리문답 〈신성을 향한 진리, Truth unto Godliness〉(1737)에 대해 풀어놓은 설명이 왕의 명령으로 작성되어 세대를 이어 초등학교 교육과정의 핵심으로 자리 잡게 되었다. 1794년 덴마크에서 이 교육과정은 좀 더 합리적인 설명에 의해 1794년 다른 것이 대체되었다. 그러나 노르웨이에서 이 교육과정은 거의 150년 동안 종교교육의 핵심적인 지위를 유지했다(Telhaug & Mediås, 2003, pp. 43, 66).

독일 경건파의 가장 중요한 주석서인 필립 제이콥 스펜서(Philipp Jacob Spener)의 〈기독교 교리에 관한 간단한 설명, Einfältige Erklärung der christlichen Lehre〉(1677)과 비교해 승인된 덴마크 교리문답서는 만인제사장직을 폄훼할 뿐만 아니라 경건한 실천을 통해 이 세상을 더 낫게 할 수 있다는 희망을 깎아내렸다. 덴마크 교회 역사학자인 라르센(Kurt E. Larsen, 2019)은 폰토피단의 중요한 메시지가 국가-교회라는 틀 속에서 참회와 종교적 내적 지향성이었다고 결론 내린다. 따라서 덴마크-노르웨이의 초등교육은 인간 본성, 사회구조, 성직자의 역할 등에 대한 독특한 이해를 담고 있는 정통 루터파 유산의 영향을 오래도록 받은 채 남아 있었다. 따라서 경건파의 주체화 그리고 잠재적인 활동가는 억제될 수밖에 없었다.

그럼에도 불구하고 경건파는 전통적 정통파, 절대주의적 질서와 18세기 후반에 등장한 계몽주의, 자유주의 그리고 궁극적으로는 민주화라는 새롭고 역동적인 세계 사이를 매개하는 연결고리라고 할 수 있다. 교육사가인 마르쿠젠(Ingrid Markussen)은 1814년 7년 의무교육을 규정한 학교법으로 이어지는 1780~1790년 시기의 교육개혁에 대한 덴마크 논의를 좀 더 광범위한 국가 재정 프로그램의 일환으로 분석한다. 즉, 이것은 사람들의 성실성을 촉진하고 견인해냄으로써 사회의 생산적인 에너지를 증진하기 위한 것이었다(Markussen, 1995, p. 62). 그녀는 왕이 자기 신민의 "큰 기쁨(Glückseligkeit)"을 돌볼 의무를 지닌 다는 경건주의자들의 원칙을 특히 강조하면서 경건파와 관방학 간의 밀접한 관계를 짚었다. 큰 기쁨이라는 말은 세상에서의 행복과 영적 구원 모두를 포괄하는 개념이다(전게서, p. 78f). 마르쿠젠은 푸코를 언급하지 않은 채 성직자의 권력과 생명 정치에 관한 푸코의 성찰과 놀랍도록 유사한 방식으로 종교 사상 과 정부 사상 간의 상호작용을 분석한다. 이 중에 18세기 관방학과 경찰 과학 은 최고의 예들이다(Foucault, 2007, p. 318ff). 관방학은 국가 자원을 최대화하고 개 별 신민 및 통치 인구 전체를 규제하고 안내하는 방식으로 질서를 유지하는 데 목적을 둔 통치 원리였다. 종교교육 및 직업교육은 국가의 인적자원을 강도 높게 '단속'하는 데 하나의 중요한 형태였다. 이런 관점은 19세기의 자유 개량주의, 좀 더 나아가 복지국가에 이르기까지 먼 미래를 내다보는 측면이 있다는 느낌이 있다.

북유럽 교사문화의 등장: 가르치는 성직자에서 성직자적 교사로

'우리 시대는 학교교사가 목사보다 더 많아지는 시기로 나아가고 있다. 어 떤 의미에서는 우리 모두 학교 교사다.' 노르웨이 작가이자 언론인인 빈예 (Aasmund O. Vinje)는 1868년 자신의 생각을 이렇게 적어 내려갔다(Slagstad, 1998, p. 106에서 재인용). 이 시기에는 공직이 없는 소농, 중산층, 학자들 간의 자신 있는 연대에 의해 점차 의해 도전받으면서 노르웨이의 학자적-관료적 엘리트의 정치·문화적 패권이 서서히 시들어갔다. 자발적인 결사체, 민중운동, 점증하는 사회문화적 계층 이동, 최종적으로 조직된 정치 결사체(정당) 등으로 이루어진 시민사회의 등장은 교사를 소위 자성적 직업집단으로 성장시킴과 동시에 일어났고 밀접하게 관련되었다(Seip, 1981, pp. 44ff). 스칸디나비아 각 국가별로 이런 과정이 일어나는 시기와 속도가 약간씩 달랐지만, 이 국가 모두 교육의 의미를 변화시키고 교육의 중요성을 드높인 시민혁명'(Siegrist, 1990, p.186)을 겪었다. 이런 혁명의 중요한 차원 및 촉매는 종교적 삶의 변혁이었다. 성직자의 역할뿐만 아니라 교사의 역할은 이 두 역할 사이에 한때 깊이 각인된 사회문화적 분리를 줄이는 방식으로 재개념화되었다.

1814년 제정된 덴마크학교법(Danish School of Act)이 자의식을 가진 국가 차원의 교직을 부상시키는 중요한 토대를 마련하였다. 노르웨이에서 1860년에 이루어진 초등학교 개혁으로 교육과정에 민족 그리고 시민 교과를 도입하였고 많은 농촌지역의 이동식 학교교육을 상설 학교로 대체하였는데, 덴마크의 사례와 유사한 결과를 가져왔다. 1837년 노르웨이의 농촌지역에서 초등학교 교육을 담당하는 교사는 대략 2,000명 정도였고 승인된 교사시험에 합격한 사람은 이 교사 중 단 2% 남짓이었다. 1861년 교사 수는 2,800명으로 늘어났고 이 중 1/4 정도가 공식적인 교사교육을 받은 교사였다. 1890년에 농촌 초등학교 교사는 4,000명에 육박하고 거의 모든 교사(97%)가 교사교육을 받았다(Hagemann, 1992, p. 37). 19세기 후반 동안 교사는 소농들이 모여 사는 작은 농촌사회의 낮은 지위에서 높은 지위로 올라섰고, '농촌지역 사회문화의 중심이 교회 건물과 목사관에서 학교 건물 및 교사의 가정으로 이동하였다'(Slagstad, 1998, p. 106).

'유기적 지식인'으로 행동하는 교사의 자성적 문화의 부상은 19세기 후반 덴마크, 노르웨이, 스웨덴의 지역공동체, 더 나아가 점차 국가 정치 지형에서 흔한 일이었다. 19세기 말 이후로 덴마크왕국 내에서 조직화된 초등학교와 교사양성기관은 점차 북쪽으로 확산되었다. 즉, 처음에는 독일어를 사용하는 슐레스비히와 홀스타인(Schleswig & Holstein)에서 시작해, 덴마크의 중심지로, 그리고 이후에는 지세가 갈라지고 인구가 아주 적은 노르웨이까지 확산되었다. 따라서 1800년대 초까지 덴마크는 노르웨이보다 더 높은 수준에서 시작하였다. 즉, 덴마크는 훨씬 비중이 높은 상설 학교교육, 다소 높은 사회문화적 지위를 가진 높은 교사, 그리고 1791년에 설립된 코펜하겐의 블라가르트(Blaagaard) 같은 몇몇 엄격한 교사훈련원 등을 특징으로 한다. 덴마크 교사교육은 두 가지 방식으로 조직되었다. 하나는 블라가르트 유형과 같은 소수의 교사훈련원과 다수의 소위 목사관 교사훈련원이 있다. 목사관 교사훈련원은 교회 목사가 이끄는데 단기간의 좀 더 실용적인 강좌를 제공하고 농촌 공동체 출신의 교사를 훈련하는 데 목적을 두었다(Larsen, Nørr & Sonne, 2013, pp. 91-107). 덴마크와 노르웨이 모두 교사훈련원은 '모든 것이 구비된 기관'으로 기숙하는 학생들은 지속적인 관리, 감독 및 감시를 받았다. 이들을 감독하는 이들은 언제나 신학자들이었다(Dahl, 1959, pp. 14ff). 교사를 열망하는 사람들에 대한 기독교적 양육은 최소한 지식과 기술을 가르치는 것만큼이나 아주 중요하게 여겨졌다.

과거 사회에서 성직자는 중앙집권적인 국가와 엘리트주의 학술 문화를 가진 지역사회에서 유일하게 대표자 지위에 있었다. 성직자는 국가기구의 최전선에 서서는 중앙과 변방 사이를 연결하는 아주 중요한 임무를 수행했다. 즉, 절대국가의 이데올로기와 관료적 정당성과 이 국가에 속한 신민의 생과 사를 연결하는 임무였다(Gustafsson, 2000). 자유민주주의로 이행하는 사회에서 이런 중간자적 역할은 점차 지위가 올라가고 있던 교사에게 부분적으로 이양되었다. 이 교사는 다양한 종류의 지역조직, 사회운동 및 프로젝트에서 지도력을 발휘하였다.

학교교육 및 교사훈련 체계의 자유화는 근대 덴마크의 초등교육과 고유한 교사문화를 형성하는 데 아주 중요했다. 1739년 이래 평민은 자녀를 학교에 의무적으로 보내야 했다. 한편 도시의 엘리트층은 자녀를 대체로 사립학교에 보내거나 가정에서 가르쳤다. 1855년 학교자유법(School Freedom Act)이 덴마크 사회에서 좀 더 광범위한 자유화를 실현하였는데, 학부모가 자녀에게 초등교육을 직접 제공할 수 있도록 했다. 이렇게 사적으로 가르치는 학생의 진척 상황은 일 년에 두 차례 지역 학교의 검토를 받았다. 그러나 그 결과는 홈스쿨링의 대폭 확대가 아니라 새롭고 아주 독특한 덴마크 교육제도, 소위 자유학교라고 불리는 기관의 등장이었다. 이 체제는 1857년 공립 및 사립 교사훈련원이라는 이원 체제로 보완되었다. 이후 수십 년에 걸쳐 새로운 자유학교 및 교사훈련원이 덴마크 전역에 아주 다양한 방식으로 들어섰다(Gjerløff & Jacobsen, 2014, p. 137; Hjermitslev, 2020).

이렇게 덴마크의 학교교육 및 교사훈련의 폭발적인 자유화 및 다원화, 그리고 1870년 이후 점점 커지는 노르웨이의 국가민주주의운동의 문화적 영향 및 정치적 영향력이 점차 두 국가에서 교직에 대한 성직자의 엄격한 통제를 약화시켰다. 그 사이 국가 주도 학교체제가 열리게 되고 종교문화운동은 새로운 차원으로 나아가게 되었다. 덴마크와 노르웨이의 교사훈련원에 있는 소농 및 하층 출신의 젊은 남성들은 성직자 및 신학자의 사회적이고 종교적인 엄한 통제를 받고 있었다. 이 기관은 대안적인 지식인 문화를 만들어내는 온상이 되었는데, 이것은 인민의 문화, 인민을 위한 문화라고 주장하고, 자칭 배타적인 엘리트의 대학 문화와 대비되는 것으로 자신을 규정하였다(Hagemann, 1992, pp. 112ff; J.E. Larsen, 2019).

이런 변화는 문화종교인 삶에서의 보다 보편적 변화를 반영하였고, 또한 성직자의 역할과 지위를 변화시켰다. 중요한 점은 이로 인해 민족적이고 종교적인 각성이 대중적 형태의 교회와 학교에 통합되었다는 것이고, 성직자의 권위와 교육적 권위의 토대가 바뀌게 되었다는 것이다. '평민교회'와 '평민학교'라는 새로운 비전이 과거의 국가교회 및 평민학교에 대항해 생겨났다. 푸코의 연구에 기대, 우리는 이 과정을 사회 전반에 걸쳐 성직자의 권력과 권위의 형태를 민주화하고 분산해나가는 것으로 개념화할 수 있다. 따라서 근대적인 초등학교 및 이에 따른 교직의 등장을 이해하기 위해, 우리는 반드시 교회와 성직자 간의 유사한 변화에 관심을 기울여야 한다.

국가교회, 평신도 부흥운동, 성직의 변화

19세기 초중반에 덴마크와 노르웨이에서는 평신도들이 주도한 다양한 종교각성운동이 등장했다. 사회문화적 엘리트로서의 성직자를 비판하면서 이런 평신도 각성운동은 대체로 복음주의 루터교의 신앙에 충성했다. 사실은 성직자 사이에서 점차 커지는 합리주의적 불신에 맞서 전통 루터교를 옹호하고자 애썼다. 사회문화적 권한 강화, 종교적 주체화, 엄격한 신학적 보수주의라는 독특한 조합은 이런 평신도 신앙 운동이 근대적이고 민주적인 북유럽 사회를 형성하는 데에 상당히 복잡하면서도 모호한 역할을 하게 했다(Thorkildsen, 1997).

덴마크와 노르웨이 입법가들은 1840년 무렵 평신도들의 종교 집회 금지 규정을 없애고 최소한의 종교적 자유를 보장하는 법을 제정했다. 이로써 교회는 종교적 신앙을 훈육하는 전통적인 역량을 대거 상실하게 되었다(Oftestad, 1998, pp. 85ff). 성직자는 자기 사무에 있어 권한을 이전과 동일한 정도로 발휘할 수 없었고, 순전히 신앙적이고 교육적인 수단만을 쓰는 범위 내에서만 자기 권한을 써야만 했다(Gilje, 2014, pp. 415ff). 이런 점에서 성직자는 공무직에서 근대적 직업으로 변화되었다(Scott, 1978). 그러나 성직자는 특별한 종류의 전문가들이었다. 이들은 교육 전문가였고 성직 전문가였다. 이들의 권력과 권한은 교구민의 민감성에 가닿고 또, 이들을 종교적이고 존재론적 의미를 추구하도록 이끄는 능력에 달려 있었다.

1850년대~1860년대의 덴마크와 노르웨이에서 성직자 권력이 처한 새로운 조건에 대한 놀랄 만한 표현이 발흥하였다. 즉, 내지선교(Inner Mission)라는 표현인데, 이는 죄악과 불신이 만연한 이 세상에 기독교 복음을 전파하는 새로운 방법을 찾으려는 노력이었다. 경건파는 사회적 활동이 부흥운동으로서 공인된 교회 내(within)에 자리하였지만, 공인된 교회를 따르지 않았고, 교회 내에서 좀 더 신도 지향적 자아개념을 추동했다(Oftestad, 1998, pp. 125ff). 특별히 노르웨이에서는 내지선교가 루터교 정통파와 부흥주의적 경건파를 종합하여 성직자와 평신도 사이의 새로운 연대를 수립하도록 이끌었다. 이에 따라 저교회파 '기독교 회합과 모임'은 공인된 교회에 통합되었다(Molland, 1972, p.116). 노르웨이의 성직자는 점차로 소농 사회와 평신도 부흥운동 출신에서 모집되었다. 그리고 이렇게 훈련받은 사람들은 졸업 후 흔히 '유기적 지식인'으로 다시 돌아갔다(Gilje, 2014, p. 423).

국가교회와 저교회파 부흥주의의 협력은 19세기 후반 노르웨이의 좀 더 보편적인 사회계층 이동과 국가/사회 통합을 나타낸다. 그러나 이런 통합이 교회를 보다 포용적인 형태로 만들지는 않았다. 오히려 그 반대였는데, 루터교 정통파와 부흥주의는 교회가 진정한 신앙인의 공동체가 되어야 하지만, 불신자들과 '일요일만 교회에 가는 날라리 신자'에게 은혜를 베푸는 대중 공적 기관이 되어서는 안 된다는 명제를 공유하였다. 따라서 노르웨이에서 성직자와 헌신적인 평신도 간의 연대는 광범위하고 포용적인 '평민교회'의 토대를 형성할 수 없었다(Thorkildsen, 1997, p. 154).

그러나 덴마크의 종교적 삶은 다른 종류의 각성운동에 강하게 영향을 받았다. 물론 경건파가 주도한 부흥운동의 영향을 받기는 했다. 그러나 이런 각성운동은 학문적인 신학과 내지선교와는 거리가 있었다. 이는 그룬트비히 주의라고 불리는데, 신학과 철학에 조예가 깊고 역사가였던 그룬트비히(Nikolai Frederik Severin Grundtvig, 1783–1872)가 만든 것으로 신학 및 민족 사상이 색다르게 혼합된 것이었다. 이 사상은 점차 덴마크의 종교적 삶을 형성하는 데 있어 세 번째 중요한 무게중심을 구성하였다. 그룬트비히는 세속문화에 대한 절제, 즉 경건파에 대항하여 이 세상에서 생을 간절히 희구하고 자신의 잠재력을 실현하기 위해 애쓰는 사람들만이 신의 가호와 내세의 영원한 생에 대한 약속을 받을 수 있다고 주장하였다. 그룬트비히는 세속적인 것과 영적인 것 사이의 적대적 대립을 거부하면서 이 둘을 상호 의존적이며 서로 맞물려 있는 것이라고 여겼다(Koch, 1954, p. 250).

다른 한편, 그룬트비히는 학문적 신학에 반기를 들고 하나님의 말씀은 성경이 아니라 신도들의 살아있는 신앙의 직업 그 자체에서 나타난다고 주장했다(전게서, p. 242). 따라서 그는 세속적 기관으로서 교회와 진정한 그리스도의 교회를 명확하게 구분했다. 후자는 '손님'으로서 교회에 자리하고 있을지도 모르지만, 실제 인간의 기관이 아니라 사도들의 시대 이후 영원히 존재하는 기관이다(전게서, p. 240). 이런 독특한 교회론은 신도와 좀 더 포괄적으로 성스러운 힘을 가진 평민에게 스며들면서 종교생활의 민주화와 민족주의화를 스스로 발견하게 하는 상당히 강력한 힘을 발휘하였다. 경건파의 각성 운동과는 달리 그룬트비히 사상은 포용적이면서 민족주의적인 '평민교회'의 초석을 놓게 되었다.

평민교회와 평민학교: 덴마크 vs. 노르웨이

그룬트비히는 덴마크 학교가 종교교육을 버려야 한다고 주장했다. 그 이유는 기독교 교육이 살아있는 신앙을 온전히 전달할 수 없기 때문이었다(Grundtvig, 1836). 1850년대까지, 전통적인 교리문답법에 대한 이런 비판이 널리 퍼져 있었다. 그러나 그룬트비히주의는 학교를 세속화하기보다는 종교성을 지닌 다른 측면의 교육을 주입하였고, '살아있는 말씀의 교훈'을 전파하였다. 생생하면서도 영감을 불러일으키는 스토리텔링이 선호되는 교수법으로 자리 잡게 되었는데, 민족의 전설, 민담, 역사 등의 이야기를 특별히 강조하였다(Gjerløff and Jacobsen, 2014, pp. 99-115).

교훈적이면서 민족적이고 또한 종교적인 서사의 교육은 덴마크와 노르웨이 두 나라 모두의 초등학교 교육과정, 교과서 및 교사의 문화에 스며들었다. 애국가 및 민요를 집단적으로 부르는 것은 초등학교, 평민고등학교, 교사훈련원에서뿐만 아니라 대중집회, 각종 협회, 각종 시위에서 빠질 수 없는 일이 되었다. 특히 덴마크에서 이런 경향은 더욱 컸다. 이런 방식으로 그룬트비히주의는 대중적 부흥주의라는 독특한 브랜드를 통해 덴마크 초등학교 교사의 힘을 키워줬다. 그룬트비히주의는 신학적이고 문화적인 면에서 경건파와는 의견이 아주 다름에도 불구하고 일부 중요한 사회 심리적 기능을 공유한다(Reeh, 2012, p. 351). 실제로, 그룬트비히 사상을 따르는 교사는 아이들이 민족적이고 문화적인 자기 인식을 깨닫도록 각성시키는 일종의 사절로 자신들을 보았다(Korsgaard, 2004, p. 223).

덴마크에서처럼 노르웨이에서도 평신도 부흥운동 및 다른 대중운동과 함께 시민사회가 부상하면서 교회와 학교의 비슷한 변화가 나타났다. 그룬트비히주의가 노르웨이 교회 내에서는 주변적인 위치였지만, 특히 평민고등학교와 일부 교사훈련원을 통해 초등학교와 초등학교 교사에 일정한 영향력을 행사했다. 그러나 이런 영향은 정통 루터교와 경건파를 따르는 교사, 학부모, 성직자의 강한 저항에 부딪혔는데, 이들은 인간의 죄악과 이 세상의 유혹을 벗어나는 의무에 대한 루터교 교리를 고수하는 사람들이었다(Korsgaard, 2003). 그러나 이런 저항은 자유주의적이고 민중주의적 정당인 벤스터(Venstre)가 1884년 정권을 잡은 이후 정치적으로 추진된 교육개혁으로 점차 수그러들었다. 변화의 또 다른 요인은 문화적이고 언어적 '노르웨이다움(Norwegian-ness)'을 위한 사회운동이었다. 이 운동이 1890년대에 기독교화되고 노르웨이어가 대안적인 성찬의식 및 찬송의 언어로 받아들여진 이후 상당히 신실한 종교 교사가 이 운동에 참여하였다(Tvinnereim, 1973).

1889년 정부는 7년간의 평민종합학교를 법제화했다. 이 평민종합학교의 처음 5년간은 모든 학생에게 공통적이었다. 노르웨이의 통합적이고 종합적인 국가 학교체제에서 덴마크의 자유학교와 견줄 만한 것은 없지만, 1890년 교사교육에 대한 새로운 법은 공립 교사훈련원의 보완으로 사립 교사훈련원을 승인하였다. 이런 법 개정은 부흥운동에 참여한 사람들에게 자신들만의 교사훈련원을 조직하도록 고무하였다. 부흥주의 지도자들은 기독교 교사를 가르쳐 평민학교교육을 진흥하게 함으로써 신을 부정하는 시대의 거대한 세속적 영향에도 불구하고 기독교성으로 노르웨이 사람들을 구하려고 하였다(Eritsland, 2020). 이런 사립 교사훈련원은 대부분 일종의 경건파가 주도한 부흥운동에 속하였는데, 이후 30~40년간 노르웨이 교사교육에서 당시 거의 절반을 이룰 정도로 상당한 비중을 차지하였다(Tveiten, 1994, p. 162).

1912년 노르웨이 내지선교의 강력한 지도자였던 할레스비(Ole Hallesby)는 일련의 글을 발표해 선교 사업의 초점을 교회와 예배당에서 학교로 이동할 것을 호소하였다. 그는 대체로 나이 든 여성 성가대에 설교하는 대신 학생, 특별히 미래의 제도와 사회를 만들어갈 차세대 엘리트 직업인에게 손 내미는 것을 지지하였다(Hallesby, 1912). 학교를 가정 선교의 주요한 장으로 선회하게 한 것은 평민학교와 기독교성 사이의 관례를 새롭게 이해하도록 해준다. 즉, 세속적 기관으로 평민교회를 보는 그룬트비히의 개념을 연상시키고 그 속에서 살아가는 사람들의 기독교 정신으로 평민교회는 더 왕성해질 수 있다.

덴마크에서 평민학교와 평민교회는 협력하여 발전하게 된다. 1903년 두 개의 법이 통과되었는데, 이로써 평민보통학교를 향한 첫걸음을 내디뎠고 교구의 교회위원회를 도입하였다. 노르웨이에서 평민학교법(Folk School Act)은 교구의 교회위원회가 도입되기 30년 전에 이미 있었다. 즉, 노르웨이에서 교회위원회를 둘러싼 갈등의 정도는 훨씬 더 컸다는 의미다. 교회에서 교리를 둘러싼 갈등이 계속 반복해 일어나면서 1907년 정통파와 경건파의 연합세력이 주도한 독립적 '신도 모임(Congregation Faculty)'의 설립으로 이어지게 되는데, 그동안 국가교육과정에서 구체화된 정치적인 조정과 타협을 통해 평민학교가 만들어졌다. 모든 시민에게는 아동기 형성된 경험이 중요한데, 학교는 교회가 하지 않았던 것을 하게 되었다. 즉, 학교는 광범위하게 공유된 사회문화적 가치에 토대한 통합적 제도이자 동시에 다양한 가치의 경쟁, 논란, 타협의 장이었다. 이런 맥락에서 교사는 어린 영혼의 목자이자 사회적으로 구성된 가치를 전파하는 자로서 성직자를 대체하는 존재였다.

스웨덴: 더 정적이면서 세속적인 교사문화

스웨덴 초등학교 교사는 19세기 말에 걸쳐 자성적이고 사회문화적 지위 속에서 성장하였다. 그리고 자신이 속한 단체를 통해, 그리고 지역사회의 지도자라는 입지를 통해 활동가로서의 정치적 입장을 가졌다(Florin, 1987, pp. 89-91). 그러나 이런 직업적 발달은 여러 중요한 면에서 덴마크와 노르웨이의 상황과는 다른 역사적 환경 속에서 이루어졌다. 덴마크가 학교법을 자유화하기 13년 전인 1842년에 스웨덴은 성직자의 통제 아래 있던 가정교육을 초등의무교육으로 바꾸면서 정반대 방향으로 이동하였다. 그러나 이 법은 급진적으로 새로운 것을 도입한 것이 아니라 오히려 점차 커지는 흐름을 따른 것이었다. 스웨덴 교구의 절반 가까이에 이미 상설 학교 혹은 이동식 학교가 있었다. 질적으로 새로운 것이라고 하면, 국가가 교회의 교육적 전통에 따라 특별한 제도를 세우면서 교육에 대한 좀 더 견고한 통제권을 갖게 되었다는 점이었다(Florin, 2010, p. 2). 여전히 스웨덴의 평민학교는 이후 수십 년 동안 교회와 긴밀하게 연결되어 있었다. 노르웨이 및 덴마크와 아주 비슷하게 교구 목사는 (1909년까지) 지역학교위원회의 수장이었다. 교사훈련원은 성직자의 관리감독과 통제하에 기독교적 경건함을 배우는 곳이었다.

그러나 스웨덴은 주변 다른 국가보다 좀 더 통일된, 중앙집권적인 교사교육체제를 설립했다. 1842년 학교법은 스톡홀름과 국가가 재정을 부담하고 각 성당이 관리하는 대성당이 있는 도시에 교사훈련원을 세울 것을 기획하였다 (전게서, p. 4). 이를 통해 국가와 교회는 초등교육의 형성에 서로 의기투합하였고, 거의 1세기 전 덴마크와 노르웨이에서 있었던 상황과 아주 유사하였다.

스웨덴 종교 생활의 민주화는 주변 스칸디나비아 국가들의 경험과 상당히 다른 경로를 거쳐왔다. 이미 언급한 바처럼 17~18세기 스웨덴 교회는 덴마크-노르웨이 교회가 누렸던 자율성에 비해 훨씬 높은 자율성을 갖고 있었다. 스웨덴 교회는 대주교 및 총무원을 최고권력자로 두면서 '북유럽의 성공회 (Anglican Church of the North)'라고 간주되었다. 이런 시작 단계의 차이는 스칸디나비아 반도 내 다른 국가의 교회들에 비해 19세기 스웨덴에서 빠르게 확산했던 대중 각성 운동에 교회가 덜 경도되지 않도록 유지해주었다. 결과적으로 제도적 교회와 함께 비공식적 교회, 혹은 나름 자율적인 교회가 자라날 수 있었고 덴마크 교회 및 노르웨이 교회와 비교해볼 때 독특함을 가질 수 있도록 해주었다(Thorkildsen, 1997, pp. 141, 153; Claesson, 2004, pp. 62–101).

스웨덴에의 시민혁명은 상대적으로 늦었다. 대체로 스웨덴의 빠른 산업혁명과 동시에 시민혁명이 일어났다. 덴마크와 노르웨이에서는 대중 종교 및 문화운동이 노동운동보다 수십 년 앞서 일어났었다. 즉, 이 두 국가에서는 진보적인 단체들, 조직화 정당 간 경쟁, 고등평민학교, 민중운동이 계급 투쟁 및 사회주의가 정치문화적 상황을 변혁시켜나가기 전에 등장했다. 이런 현상은 1880년대 종교적 이상주의 및 민족주의적 이념에서부터 과학적 합리주의 및 실증주의에 이르기까지 전반적으로 북유럽 지식인 및 문인들의 삶에 큰 전환을 가져오게 했다. 이와 대조적으로 스웨덴에서는 자유주의, 사회주의, 과학적 합리주의 등이 고등평민학교 운동 및 다른 민중운동과 함께 동시에 발생했다(Claesson, 2004, pp. 62-101).

스웨덴 교사들은 이런 복합적인 역사적 환경의 영향으로 인해 덴마크나 노르웨이 교사들에 비해 학교에 세속적인 프로그램을 더 쉽게 받아들였고, 더불어 성직자의 지배적인 경향을 극복하기 위해 국가에 기대려는 경향이 더 두드러졌다. 덴마크 및 노르웨이 교사들은 자유주의 계열 정당들에 대한 선호가 더 높아진 반면, 스웨덴 초등학교 교사들은 노동당과 자유주의 정당에 다소 동등한 비중으로 참여했다. 이들은 학교 발전에 과학적 접근을 취하려는 경향이 더 강했고 자신들의 직업적 지위와 교수학습의 질을 증진하기 위해 교사훈련에 과학적 토대를 더 제공해주도록 요구했다(Florin, 1987). 따라서 스웨덴 평민학교 교사들은 독일 교사들과 좀 더 유사한 특성을 보여주었다. 즉, 스웨덴 평민학교 교사들은 대부분 성직자 지배에 반대했고, 국가중심적이었으며, 정치적으로 좌파 편에 기운 상태였다. 그리고 자신들의 직업적 훈련과 학문적 전문성 사이의 격차를 줄이는 방식으로 교사로서의 직업적 지위를 높이려고 애썼다(전게서, p. 79; Bölling, 1983).

결론: 루터교, 교사문화, 북유럽 교육모델

1990년대 이래 역사학자 및 사회과학자들은 북유럽 복지국가들의 종교적 기원에 대한 관심을 점점 키워왔다. 연구자들은 흔히 덴마크와 스웨덴의 초기 근대적이고 전제적인 정통 왕국과 전후 세속적이고 국가중심적인 북유럽 복지국가체제 사이에 그 나름의 연속성이 있다고 지적해왔다. 이때 특별히 강조되는 점은 루터파 교회들이 국가에 복종해왔다는 점인데, 이로써 국가의 힘이 점점 강해지고, 영적 권위를 보장했다. 이로써 근대적인 '돌봄 국가'라는 토양이 마련되었다(e.g. Knudsen, 2000).

이상의 관점에 따라 루터교의 유산이 북유럽 국가들에서 초등학교 교육을 어떻게 조건지어왔는지에 관해 생각해본다면, 이들 국가의 초등학교 교육이 공식적으로 승인된 가치를 전체 국민에게 어떻게 확산할 수 있게 되었는지의 문제로 관심이 모인다. 북유럽 국가들은 계층, 지역, 정치적 성향과 상관없이 민족 및 종교적 다양성을 인정해야 하고, 이런 조건 속에서 국민 모두에게 가치를 공유해야 한다는 생각을 아주 강하게 견지해왔다. 국가 차원의 공립 종합학교시스템은 이런 사회문화적 통합을 위한 핵심적 도구로 다시 한번 강조되고 있다. 덴마크의 전 교육부장관의 연설에서 평민학교의 목표는 '공통된 가치에 대한 신념을 사회적으로 공언하는 것'이라는 구절로 규정된다(Heinesen, 1972, p. 188). 교사들 또한 공통 교육과정을 규정하기 위한 국가 단위 정치기관의 권위를 널리 수용해왔다. 이를 약간 도식화해보면, 이런 현상은 루터교의 유산이라고 할 수 있는 신앙고백적 국가의 모습이 아닌가 싶다. 이때, 왕의 첫 종교적 의무는 전 국민에게 하나의 통일된 신앙을 가르치는 것이었다.

그러나 1700년대 루터교 정통파-경건파가 지배하던 국가와 근현대 북유럽 학교체제 사이에 어떤 친연성이 있다고 하더라도 이렇게 직접적인 역사적 연속성을 주장하는 것은 너무도 단순한 것일 수 있다. 이 장에서 기술된 나름 복잡한 역사의 궤적은 이런 문제의식을 잘 드러내 보여준다. 1600년대 말 덴마크 왕조는 유럽에서도 가장 전제적인 성격을 보였던 국가였고 당시 교회는 국가에 거의 통합되어 있었다. 이런 덴마크가 이후 스칸디나비아 지역 중에서도 가장 자유주의적이고 자율적인 교사문화를 발전시켜왔다. 한편, 스웨덴은 상대적으로 느즈막이 루터교로 개종해온 국가로 교회와 지역사회는 모두 국가에 맞서 상당히 높은 수준의 자율성을 유지해왔다. 이런 상황에서 스웨덴의 교육체제와 교사문화는 북유럽 국가들 중에서 가장 중앙집권적이고 국가주도적인 방식으로 변해왔다. 이런 역설은 중간의 시민혁명, 즉, 19세기 북유럽 사회에서 전개되었던 상호 연관된 종교, 문화, 사회, 정치적 변혁이 얼마나 중요했는지를 보여준다.

이 장에서 기술된 교사문화는 북유럽 학교체제 내에 종교가 지속적으로 영향을 끼치는 통로 역할을 해왔다. 안셀과 린드발(Ansell & Lindvall, 2013, p. 516)에 의하면 스웨덴 및 덴마크에서 초등교육의 세속화는 1930년이 되어서야 완성된 상당히 지루한 과정을 거쳐왔다. 이 두 국가에 있어 세속화가 의미하는 바는 교육체제에 대한 제도적 통제를 교구 및 종교에서 세속적 권력기구로 옮기는 것을 의미한다(전게서, p. 507). 이 장은 보여준 제도화된 성직자 통제에서 교사의 직업적 정체성으로 초점이 이동한 것을 보여주었는데, 세속화가 훨씬 더 오래 걸린 과정이었고 그 과정은 결코 직선적이지 않았음을 보여준다.

여기서 등장하는 아주 복잡한 문제가 하나 있는데, 근대 교육이론 및 실천에 끼친 종교의 잠재적 영향에 관한 것이다. 바아더(Sophia Baader, 2005)는 초기 독일 개혁 페다고지에서 종교적 영향력을 강조해왔다. 덴마크 및 노르웨이 연구자들 또한 개혁 페다고지가 그룬트비히의 교육운동에 여전히 이어지고 있음을 지적해왔다. 살아있는 말을 가르치고 "삶을 위한 학교"라는 수사적 표현을 구식의 학교교육에서 이뤄지는 수동적인 교화와 죽은 지식의 재생산과 함께 쓰는 것이 나중에 '진보주의적' '아동중심적' 교육을 요구하고 북유럽 교육가들 사이에서 근대의 개혁 페다고지를 지향하면서 특별한 의구심을 갖게할 수도 있다(Jarning, 2009, p. 479f; Gjerløff & Jacobsen, 2014, p. 281).

이렇게 설명하고 보면 좀 더 일반적인 추정이 가능하다. 북유럽 초등교육에 관한 루터교의 지속적 영향은 국가의 보이는 지배적 역할에 있어서 분명했다. 국가는 위로부터 종합적이고 통일된 학교체제를 만들어 보급하고 거의 모든 아동에게 공통의 가치 및 기술, 지식을 전수했다. 뿐만 아니라 루터교는 북유럽 초등학교 교사들에게 아주 분명하게 나타나는 성직자적 자아상을 만들고 또 그렇게 실천하는 데 영향을 끼쳤다. 이들은 자신을 '전인으로서 아동'의 돌봄을 책임지는 사람이자 이들의 자아를 발달시키도록 하는 중개자로 인식했는데, 이는 좀 더 학문적인 성향을 지닌 고등학교 교사들과는 아주 상반된 정체성이었다.

위로부터 실행된 단 하나의 교육체제와 아래로부터의 개별적이고 아동중심적인 페다고지의 결합은 루터교 내부에 암묵적으로 자리하고 있는 유순한 복종과 주체성 및 개인주의 발현 둘 사이의 애매모호함과 관련된 것이다. 따라서 성직자의 권력 도구이자 통치성을 위한 수단으로서 기능해온 초등학교는 학생을 푸코주의자의 이중적 개념으로 주체화해왔다. 한편으로는 학생들을 훈육하고 사회화해 일련의 공통 가치를 체화하도록 하는가 하면, 다른 한편으로 개별 주체성을 발휘하도록 했다. 세속화된 북유럽 국가에서 이 둘 간의 긴장은 초등교육체제에서 유지되어왔는데, 초등학교는 야심 찬 평등주의 및 통일된 목표를 주체적인 자기표현 및 개별적으로 적용된 교육을 아동의 권리라고 강조하는 개혁 페다고지의 신념와 결합되어왔다. 그러나 이런 과정에서 루터교의 죄에 대한 의식은 자기 발전을 위한 아동의 자연적인 성향을 긍정적으로 신뢰하는 것으로 대체되었다. 북유럽 복지국가로 발달하게 된 것은 바로 위로부터 전달된 단일 신앙과 아래로부터 실천된 주체적인 자유 간의 태생적 긴장의 '세속화된' 형태이다.

좀 더 이른 시기, 루터교 목사와 마찬가지로 북유럽 교사들은 각 아동의 주체성을 찾아주리라 기대되었다. 이와 동시에 사회의 규범적 토대를 실천하고 또 그렇게 실천할 수 있게 훈육하도록 요청받았다. 북유럽 교사문화는 19세기 시민혁명 가운데 탄생하여 이런 변증법적 종합을 만들어내는 데 중요한 역할을 했다.

[참고문헌]

Ansell, B. and Lindvall, J. (2013) 'The political origins of primary education systems: ideology, institutions, and interdenominational conflict in an era of nation-building', American Political Science Review 107(3), pp. 505-522. doi: 10.1017/S0003055413000257.

Appel, C. and Fink-Jensen, M. (2013) Da læreren holdt skole: Tiden før 1780, Dansk skolehistorie, vol. 1. Aarhus: Aarhus Universitetsforlag.

Baader, M. S. (2005) Erziehung als Erlösung: Transformationen des Religiösen in der Reformpädagogik. Weinheim and München: Beltz Juventa.

Bölling, R. (1983) Sozialgeschichte der deutschen Lehrer. Ein Überblick von 1800 bis zur Gegenwart. Göttingen: Vandenhoeck & Ruprecht.

Claesson, Urban (2004) Folkhemmets kyrka. Harald Hallén och folkkyrkans genombrott. En studie av socialdemokrati, kyrka och nationsbygge med särskild hänsyn till perioden 1905-1933, PhD dissertation. Uppsala: Uppsala University.

Dahl, H. (1959) Norsk lærerutdanning fra 1814 til i dag. Oslo: Universitetsforlaget. Eritsland, A. G. (2020) Med skolen som misjonsmark. Den norske vekkingsrørslas satsing på lærarutdanning 1890-1946, PhD dissertation. Oslo: University of Oslo.

Florin, C. (1987) Kampen om katedern. Feminiserings- och professionaliseringsprocessen inom den svenska folkskolans lärarkår 1860-1906. Stockholm: Almqvist & Wiksell International.

Florin, C. (2010) Från folkskola till grundskola 1842-1962. Available at: http://www.lararnashistoria.se/ (Accessed: 1 July 2020).

Foucault, M. (1982) 'The subject and power', Critical Inquiry 8(4), pp. 777-795.

Foucault, M. (2007) Security. Territory. Population. Lectures at the Collège de France, 1977-78. Basingstoke: Palgrave MacMillan.

Gierl, M. (2014) 'Pietism, enlightenment, and modernity', in Shantz, D. H. (ed.), A companion to German Pietism, 1660-1800. Leiden: Brill, pp. 348-392.

Gilje, N. (2014) 'Prestene', in Slagstad, R. and Messel, J. (eds.), Profesjonshistorier. Oslo: Pax forlag, pp. 412-449.

Gjerløff, A. K. and Jacobsen, A. F. (2014) Da skolen blev sat i system: 1850-1920, Dansk skolehistorie, vol. 3. Aarhus: Aarhus Universitetsforlag.

Grundtvig, N. F. S. (1836) 'Er Troen virkelig en Skole-Sag?', in Nik. Fred. Sev. Grundtvigs utvalgte Skrifter 1. Copenhagen: Gyldendalske Boghandel, pp. 107-111.

Gustafsson, H. (2000) 'Præsten som velfærdsforvalter i tidligt moderne tid', in Knudsen, T. (ed.), Den nordiske protestantisme og velfærdsstaten. Aarhus: Aarhus Universitetsforlag.

Hagemann, G. (1992) Skolefolk. Lærernes historie i Norge. Oslo: Ad Notam Gyldendal.

Hallesby, O. (1912) 'Indremisjonen og den nye tid', For Fattig og Rik, nr. 20–25.

Heinämäki, E. (2017) 'Reexamining Foucault on confession and obedience: Peter Schaefer's Radical Pietism as counter-conduct', Critical Research on Religion 5(2), pp. 133–150. doi: 10.1177/2050303217707246.

Heinesen, K. (1972) Min krønike 1932–1979. Erindringer. Copenhagen: Gyldendal.

Hjermitslev, H. H. (2020) 'Grundtvigske seminarer 1840–1920', Uddannelseshistorie 54, pp. 63–96.

Jarning, H. (2009) 'Reform pedagogy as a national innovation system: early twentiethcentury educational entrepreneurs in Norway', Paedagogica Historica 45(4–5), pp. 469–484.

Knudsen, T., ed (2000) Den nordiske protestantisme og velfærdsstaten. Aarhus: Aarhus Universitetsforlag.

Koch, H. (1954) Den danske kirkes historie, vol. VI: Tiden 1800–1848. Copenhagen: Gyldendalske Boghandel/Nordisk Forlag.66 Fredrik W. Thue

Korsgaard, O. (2003) 'Den store krigsdans om kirke og folk', in Slagstad, R., Korsgaard, O. and Løvlie, L. (eds.), Dannelsens forvandlinger. Oslo: Pax forlag, pp. 53–71.

Korsgaard, O. (2004) Kampen om folket: Et dannelsesperspektiv på dansk historie gennem 500 år. Copenhagen: Gyldendal.

Larsen, C., Nørr, E. and Sonne, P. (2013) Da skolen tog form: 1780–1850, Dansk skolehistorie, vol. 2. Aarhus: Aarhus Universitetsforlag.

Larsen, J. E. (2019) 'Skolelærernes historiske u-samtidigheder – lærerne som bondestandens organiske intellektuelle i mødet med uddannelseseksplosionen. Danmark og Norge i nordisk og europæisk perspektiv', Uddannelseshistorie 53, pp. 45–71.

Larsen, K. E. (2019) 'Ikke utopi, men statskirke-inderlighed', Lecture at the conference 'Det fromme subjekt – de helliges samfund – den gudgivne autoritet', Lumen, Aarhus 28–29 May 2019.

Markussen, I. (1995) 'Til Skaberens Ære, Statens Tjeneste og vor egen Nytte.' Pietistiske og kameralistiske idéer bag fremvæksten af en offentlig skole i landdistrikterne i 1700-tallet. Odense: Odense Universitetsforlag.

Molland, E. (1972) Fra Hans Nielsen Hauge til Eivind Breggrav. Hovedlinjer I Norges kirkehistorie i det 19. og 20. århundre. Oslo: Gyldendal.

Oftestad, B. T. (1998) Den norske statsreligionen. Fra øvrighetskirke til demokratisk statskirke. Kristiansand: Høyskoleforlaget.

Reeh, N. (2011) 'Konfirmation og rytterskoler i Danmark – i lyset af den enevældige stats overlevelseskamp i første halvdel af det 18. århundrede', Uddannelseshistorie 45, pp. 13–28.

Reeh, T. (2012) Kristendom, historie, demokrati: Hal Koch 1932–1945. Copenhagen: Museum Tusculanums forlag.

Schilling, H. (1988) 'Die Konfessionalisierung im Reich. Religiöser und gesellschaftlicher Wandel in Deutschland zwischen 1555 und 1620', Historische Zeitschrift 246, pp. 1–45.

Scott, D. M. (1978) From office to profession: the New England Ministry, 1750–1850. Philadelphia: University of Pennsylvania Press.

Seip, J. A. (1981) Utsikt over Norges historie, bind 2: Tidsrommet ca. 1850-1884. Oslo: Gyldendal Norsk Forlag.

Siegert, R. (1999) 'Die «Volkslehrer»: Zur Trägerschicht aufklärerischer Privatinitiative und ihren Medien', Jahrbuch für Kommunikationsgeschichte 1. Stuttgart: Franz Steiner Verlag, pp. 62-86.

Siegrist, H. (1990) 'Professionalization as a process: patterns, progression and discontinuity', in Burrage, M. and Torstendahl, R. (eds.), Professions in theory and history. London: Sage, pp.177-201.

Slagstad, R. (1998) De nasjonale strateger. Oslo: Pax forlag.

Telhaug, A. O. and Mediås, O. A. (2003) Grunnskolen som nasjonsbygger. Fra statspietisme til nyliberalisme. Oslo: Abstrakt forlag.

Telhaug, A. O., Mediås, O. A. and Aasen, P. (2006) 'The Nordic model in education: education as part of the political system in the last 50 years', Scandinavian Journal of Educational Research 50(3), pp. 245-283.

Thorkildsen, D. (1997) 'Religious identity and Nordic identity', in Sørensen, Ø. and Stråth, B. (eds.), The cultural construction of Norden. Oslo: Scandinavian University Press, pp. 138-160.

Tilli, J. (2019) 'Preaching a master's discourse. A Foucauldian interpretation of Lutheran pastoral power', Critical Research on Religion 7(2), pp. 113-129.

Tveiten, Asbjørn (1994) Private lærarskular 1890-1940 med fokus på dei kristelege lærarskulane Notodden, Volda, Oslo og Nidaros. Bergen: Norsk lærarakademi.

Tvinnereim, J. (1973) 'Då landsmålet vart kristna', Syn og segn 79(10), pp. 604-607.

Westberg, J. (2019) 'Basic schools in each and every parish: the School Act of 1842 and the rise of mass schooling in Sweden,' in Westberg, J., Boser, I. and Brühwiler, I. (eds.), School acts and the rise of mass schooling: education policy in the long nineteenth century. Cham: Palgrave Macmillan, pp. 195-222.

Witte, J. (2002) Law and protestantism. The legal teachings of the Lutheran reformation. Cambridge: Cambridge University Press.

제3장

소농 중의 소농:
19세기 농부로서의 스칸디나비아 교사의 역할

크리스티안 라르센(Christian Larsen)

도입

19세기 동안 스칸디나비아 지역(덴마크, 스웨덴, 노르웨이)의 교육개혁은 학교와 교사를 위한 통일된 재정적 토대를 마련하였다. 이 지역에서 교사는 효과적으로 농촌의 다른 농부들과 마찬가지로 농부가 되었다. 이것은 농촌지역 교사를 지역사회에 의지하게 했고 19세기 내내 교사의 생활 여건에 깊숙이 영향을 미쳤다. 유럽의 다른 국가 교사와같이(Maynes, 1979; Granier & Marquis, 1982; Day, 1983; Brühweiler, 2012; Young, 2016), 스칸디나비아 국가들의 교사는 봉급의 일환으로 일정한 땅을 지급받았다. 현물 지급이나 금전 배상 방식도 함께 이루어졌다. 이런 혼합형의 보수 지급 방식은 자연 경제적 특징을 지닌 사회에서 폭넓게 활용되는데, 현금 지급이 자주 이루어지지는 않았다. 학교운영위원회가 학교교육의 재정적 기반을 지역 여건 및 경제 상황에 적절히 맞추도록 하면서 학교교육에 대한 현금 지출 역시 줄였다(Westberg, 2015, p. 30). 스웨덴 교사는 1842년 자신들의 봉급 중 68%를 물품으로 받았고(Westberg, 2018, p. 24), 덴마크는 봉급의 53%를 물품으로 받았다(DNA, Danske Kancelli, 1. Departement, 1789~1857). 그러나

1870년 노르웨이에서 교사의 봉급 중 물품이 차지하는 비중은 22% 정도였다 (Departementet for Kirkeog Undervisningsvæsenet, 1877, p. VI).

1821년 덴마크 교사인 옌센(Niels Jensen, 1792-1833)은 왕립덴마크농촌진흥협회(Royal Danish Society for the Improvement of Agriculture)로부터 두 개의 상을 받았는데, 그 이유는 농촌지역에서 교수법 선구자였다는 점과 학교 경작지를 모범적인 농장으로 가꾸었다는 것이었다(DNA, Erhvervsarkivet, Arkivskabte Hjælpemidler, 1770-1968). 옌센은 18세기 민중교사(Volkslehrer)의 전형적인 예라고 할 수 있다(Siegert, 1999, p. 62; Schreiber, 2015, p. 168). 혹은 19세기 프랑스 교사를 가리키던 말로, '이상적이면서 검소한 남자로 보다 교육받고 보다 개명한, 그리고 보다 진취적인 인물이자 다음 세대에게 농업을 사랑하도록 가르친 살아있는 모범'이었다(Day, 1983, p. 45). 교사는 교육사에서 중요한 역할을 담당해왔다. 그러나 학술연구는 일반적으로 이들이 학교교육에 기여한 것에 초점을 맞추는 경향이 있는데, 교사는 대체로 단 하나의 일, 즉, 교실 안에서 가르치는 직업인이라는 이해를 반영하고 있다(Westberg, 2019). 이번 장에서 나는 소위 '민중교사'로 교실 밖 교사의 역할을 분석하고자 한다. 민중교사는 일반 대중의 견해와 조건에 영향을 위해 공공선을 추구하는 지식을 전달하는 교육받은 사람으로 여겼다(Siegert, 1999, p. 62). 이 장은 19세기의 장기간 동안 농부이자 농촌지역의 역할 모델로서 농촌지역 교사에게 부여된 사회적 역할을 검토하면서 교사의 직업적 사회적 역할에 초점을 둠으로써 스칸디나비아 국가 교사의 사회문화사를 이해하도록 도우려 하였다. 또는 그렇게 함에 있어서 이 장은 입법가 및 개혁가들이 부여하고 농촌 교사 또한 대체로 수용했던 다중적 업무에 관해 설명할 것이다. 즉, 이 장은 교사에 관한 문화사에 초점을 둔 것으로 이들이 공유했던 가치, 공통적 사상, 역할이 어떠했는지, 교육가이자 모범을 보이는 사회적 모범으로서 지역사회에서 자신들의 역할을 어떻게 수행했는지를 살펴볼 것이다.

핀란드 연구자인 안틸다와 바내넨(Anttila & Väänänen, 2013, p.185)의 말처럼 이 농촌지역 교사는 국가적 경향을 따르고 민중의 교사로서 일하는 '세계시민적' 교사였는가? 그렇지 않다면, 전통적인 방식으로 밭을 경작했을 뿐 지식의 전달에는 그다지 관여하지 않았던 단지 '촌사람들'일 뿐이었는가? 사회적 모범을 보이는 방식으로 행동했던 많은 교사는 교사훈련원(lærerseminarium)에서 교육받았는데, 이런 교사훈련원은 18세기 말에서 19세기 초에 등장했다. 따라서 이 장의 내용은 교사의 초기 전문직화와 이런 교사훈련원에서 설명한 교사 모집 양상의 역사를 보여준다.

이 장은 라르손, 놀린, 뢴룬트(Larsson, Norlin & Rönnlund) 등 3명의 스웨덴 연구자가 학교 경작지의 역사에 관해 수행한 연구에서 가정한 공간의 개념화에 따라 구성되었다. 이 연구는 르페브르(Henri Lefebvre)의 사회적 공간 창출이라는 선구적 연구에 영향을 받은 것으로, 이 이론에 따르면 공간은 물리적인 차원, 계획적 차원, 사회적 차원이 통합된 것으로 이해된다(Larsson, Norlin and Rönnlund, 2017, pp. 13-17). 동일한 방식으로 배당된 농장을 나눌 수 있고, 특히 학교터라는 공간은 이 세 가지 공간적 차원으로 구분할 수 있다. 나는 우선 이상적 농부로서의 교사에 대한 계몽운동의 교육 사상을 분석함으로써 공간에 대한 계획적 차원 혹은 표상적 차원을 다룰 것이다. 그리고 교사가, 예를 들어, 새로운 농기구(쟁기)나 곡물을 도입할 때 어떻게 이런 계획적 차원(학교라는 공간)이 사회적 차원(표상적 공간)으로 변화되어야 했는지를 살펴볼 것이다. 공간의 사회적 차원은 물리적 차원, 즉, 공간 그 자체에 의존한다. 땅이 형편없거나 학교에서 멀리 떨어져 있다면, 이것은 사회적 차원에 영향을 미칠 수 있다. 이런 방식으로 학교 경작지는 세 가지 영역 모두가 통합된 공간이 되었다. 나는 유사한 조건을 공유하고 있는 덴마크, 노르웨이, 스웨덴 3개국에 초점을 둘 것이지만, 특별히 덴마크에 초점을 두고 다룰 것이다. 사회적 모범이 되는 농사짓는 교사는 노르웨이나 스웨덴에서보다 덴마크에서 더 자주 이야기되었다.

이 장은 다중자료방법을 활용한다(Myrdal, 2012). 스칸디나비아 사료는 농부로서의 교사라거나 학교 경작지에 관한 구체적인 사료 혹은 사료 묶음을 포함하지 않고 있기 때문에 이 장은 광범위한 자료에 근거해 구성하였다. 특별히 덴마크 사례를 재구성하는 데 다양한 자료들을 동원하였는데, 교육부의 사료, 최근 교수법 논쟁이나 통계자료, 왕립농학회 사료 등이 그것이다.

공간의 계획된 차원

19세기 내내 스칸디나비아 국가의 농촌지역 교사는 농부였다. 그럼에도 불구하고 계획적 차원, 즉 교육과 농사가 이뤄지는 것으로서의 학교 경작지는 상당히 달랐다. 이것은 3개국의 학교법이 서로 다른 시기에 등장했기 때문이다.

18세기 덴마크에서 농장 대부분은 개인 영주들이 소유하고 있었다. 이 영주들 중 나름 선도적인 영주들이 새롭고 잘 교육받은 농촌 지역사회를 만들어보겠다는 야심을 내걸고 영지 내에 학교를 설립하려는 새로운 계획과 함께 이를 위한 기준이 어떠해야 하는지 제시했다. 이 영주들은 독일의 관방학(Cameralism)[1]에 영향받은 바가 컸는데, 이것은 국가의 핵심 직업으로 농업을 최우선시하고 노동의 경제적이고 도덕적인 가치를 강조했다. 소농들은 새 농기구, 새로운 곡물, 경작법을 도입하여 이로써 농작물 생산량을 증대하고 소득을 향상하도록 동기부여되었다. 그러나 소농들이 이렇게 새로운 역할을 성취하려면, 더 나은 학교교육과 계몽의식이 제공되어야 했다. 이것이 농부들

---

1 (역자 주) 16세기 중엽부터 18세기 말까지 약 200여 년에 걸친 절대주의 국가 시대에 독일 및 오스트리아에서 생겨난 행정학문의 갈래. 관방 관리에게 국가 통치에 필요한 행정적 기술 및 지식을 보급한다는 목적을 지닌 학문으로 군주의 권력을 강화, 대외적 경쟁력을 확보할 필요성으로 발전하게 되었다.

을 자유롭게 하고 소위 국가의 시민으로 만들었다. 따라서 계몽주의 교육 사항과 농업개혁은 서로 밀접하게 관련되었다(Larsen, Nørr & Sonne, 2013, pp. 69-79; Markussen, 2017, pp. 126-128). 농촌 지역사회에서 학교가 이런 새로운 역할을 완수하기 위해 소위 새로운 교사가 필요하였는데, 이들은 개혁에 꼭 필요한 교과목을 가르칠 수 있어야 했다.

이때 이 교과목들은 소농 및 이들의 자녀에게 직접적인 효용성이 있어야 했다(Larsen, 1914, p. 10). 이러한 분류 속 새로운 교사는 신농업과학(왕립학회, 교수진, 영주들)과 새로운 시대의 소농 간에 다리를 놓는 자가 되어야 한다. 소위 '민중교사'로서 교사는 전통적인 소농들을 변혁시켜 근대적이고 자본을 창출하는 기업가적 농부로 탈바꿈시켜야 했다(Henningsen, 2006, pp. 118-119, 220-221). 따라서 서구에서 18세기부터 19세기 초 교사의 역할은 과학의 대중화라는 계몽주의 이상의 일환으로 학생뿐만 아니라 학부모를 가르치는 것이었는데, 미국 역사학자인 해드릭(Daniel R. Headrick)은 "최대 다수의 사람들이 정보를 이용할 수 있도록 하는 것"을 과학의 대중화라고 칭하였다(Headrick, 2000, p. 15). 코펜하겐의 한 독일 교회의 레세비츠(F.G. Resewitz) 목사는 농업과 원예의 과학화는 당시 소농들의 기존 농법을 대체하기 위해 농업과 원예의 과학화가 반드시 이루어져야만 한다고 썼다. 가르침과 실제적 활동을 통해 아동에게 새롭고, '근대적인' 농법을 보여주었다. 그래서 '아동이 오래된 날림식 농법과 새로운 방법 중 어느 것이 더 많은 소출을 가져다줄 것인지 자기 눈으로 직접 확인할 것이다'(Resewitz, 1773, p. 61). 정부 또한 왕실 산림담당관이었던 플레이셔(Esaias Fleischer)가 쓴 '농업 문답서(Agricultural Catechism)'를 교사에게 홍보했다. 이 책에서 플레이셔는 정원이 농촌사람들을 교육하는 교육적 기능을 한다고 진술하였다. 아주 잘 관리된 정원은 '농부와 그 아내가 부지런하다는 것을 보여주는 표식'인 반면, 잡풀이 뒤엉켜 높게 자란 정원은 '게으른 사람들'이라고 보여주는 표식이었다(Fleischer, 1780, p. 195).

1814년 농촌학교법(Rural School Act) 하에서 덴마크 교구위원회는 곡물, 현금, 주택, 연료 등 다양한 형태로 봉급을 지원하는 것에 더해 교사에게 암소 2마리, 양 6마리를 충분히 키울 수 있을 만한 토지의 제공을 보장하였다. 이를 통해 교구위원회의 재정 지출을 덜어주려고 하였다. 덴마크의 목사, 법원 직원 및 판사들 또한 이와 유사한 형태의 사례를 제공받았다. 여기에다 교사는 소위 농업 '전시관'용 공간 또한 불하받았다. 1814년 법에서는 농업과학에 대한 언급이 전혀 없었지만, 농업은 교사양성기관이 줄어들게 되는 1824년까지 교사훈련 프로그램에서 필수 교과로 자리매김해 있었다(Larsen, 1914, pp. 87, 164, 347, 412, 428-431; Larsen, 2005, pp. 133-139). 그 이후, 농업이 교사교육 프로그램에서 필수 교과는 아니었지만, 덴마크 교사교육 기관의 예비교사 대부분이 농촌지역에서 교사로 모집되었다. 흥미롭게도 1818년 교사훈련법에서는 농부 및 교사의 아들들에게 우선권을 주었다(Larsen, 1914, p. 591; Larsen, 2005, p. 143). 따라서 19세기 농촌학교의 교사는 대체로 농촌사회와 아주 긴밀하게 연결되어 있었다.

스웨덴에서는 19세기 초 교사에게 할당된 농장의 수와 면적이 늘었고 1842년 스웨덴 초등학교법이 제정된 이후 그 수는 더 많아졌다(Westberg, 2015, p. 26). 덴마크의 경우 농사짓는 교사가 농업개혁과 관련되었다. 이와는 달리 스웨덴 초등학교법은 민중교육을 좀 더 확장하고 싶은 자유주의자들의 바램 속에서 생겨났는데, 이들의 관점에 따르면 초등학교체제는 덕스러운 시민을 길러내는 장치였다. 그러나 이 법은 사회 정치적 맥락에서 이해되어야 한다. 대중교육은 토지가 없는 농민, 임대 농부와 무단 거주자 등 점점 늘어나는 하층계급을 통제하고 훈육하기 위한 방법으로 여겨졌다(Westberg, 2019, pp. 198-201). 이 법은 스웨덴 교구가 학교구를 조직하고 각 학교구에는 최소 학교 하나씩은 설립하도록 규정하고 있다. 교사는 곡물과 현금 형태의 사례에 더해 주택, 연료,

그리고 소를 기르는 데 필요한 목초를 제공받게 되어 있다. 이 법에 따르면, 학교구는 교사가 교사 봉급을 보충하도록 땅을 활용하도록 했고 덴마크에서와 마찬가지로 삼림 및 원예 기술을 학교 학생들에게 부가적으로 가르치도록 권장하였다. 교사는 스스로 농부가 되는 것을 넘어 일정 정도는 농촌지역에서 모범적인 농부의 전형을 보여주는 역할로 투영되었다(Westberg, 2015, p. 27).

노르웨이의 농촌지역 교사에게 1827년 학교법(School of Act)은 각 교구별로 한 개의 상설 학교를 설립할 것을 약속했다. 이로써 교사가 돌아다니며 가르치는 당시의 교육체제를 보완하도록 하였다. 교회 성가를 부르는 사람과 (돌아다니며 가르치는) 교사는 오래된 교회 서기의 농장을 가졌고 또 다른 교사는 지역 여건에 따라 이들의 월급이 고정되었다(Lov, 1827, pp.2-4). 이동식 학교교육에도 불구하고 많은 학생들이 여전히 글을 읽고 쓰지 못했고 그래서 교육 시스템을 강화해야 하고 보통교육기관을 세워야 한다는 진취적 소망이 있었다. 좀 더 보수적인 학습을 지지하는 사람들에게 학교개혁은 사회적 소요를 미리 막고 파당적 집회의 성장을 미리 도려내는 도구로 보였다(Mydland, 2011). 당시 유명한 교육자였던 니센(Hartvig Nissen)이 제안한 개혁법안에 부응해, 정부는 모든 학교가 반드시 교사 월급을 인상하여 교사의 여건을 개선하고 이를 통해 공립 초등학교 교육의 발전을 도모할 수 있도록 토지 한 뙈기라도 가져야 한다고 제안하였다(Kongeriget, 1859~1860, proposition 10, p. 3). 1860년 학교법(School Act)은 각 교구는 최소한 가족이 함께 살 수 있는 주택을 교사에게 제공하되, 이 주택에는 두 마리의 암소가 풀을 뜯을 수 있고 정원을 만들 수 있을 정도로 넓은 땅을 갖추도록 규정하였다(Mejlænder, 1885, p. 830, p. 833; Norsk, 1889, pp. 136-137). 그러나 노르웨이 교사를 위한 농업교육과 같은 언급은 어디에도 없었다. 노르웨이에서 농업은 덴마크만큼이나 중요한 것이 아니었거나 적어도 스웨덴이나 덴마크에서만큼 교육학적 의미를 갖지는 않았다고 볼 수 있다.

따라서 스칸디나비아의 모든 국가에서 학교 경작지는 많은 교사의 수입에서 상당한 부분을 차지하였다. 이 중 두 국가에서 학교 경작지는 농업교육의 역할을 담당하였는데, 특히 덴마크에서 교사는 이 학교 경작지를 모범적인 농장으로 운영하도록 고무되었다. 그러나 사실 이러한 생각을 이행하는 것은 그 학교 경작지가 얼마나 물리적으로 괜찮은 곳인지에 달려 있었다.

두 마리 소와 양 여섯 마리를 키울 만한 땅

농부이자 역할 모델로서의 교사에 대한 개념이 매일의 일상적인 실천에서 점차 변화됨에 따라 계획된 차원의 목표를 달성하게 할 수도 있고 그렇지 않을 수도 있는 학교 경작지의 규모가 중요하였다(Westberg, 2015, p. 29; Larsen, 2018, p. 15). 여기에 더해 학교 경작지의 위치 역시 중요하였다.

덴마크의 법규에 따르면, 모든 교사에게는 마을 전답의 일부에 권리가 있고, 소 2마리와 양 6마리에게 풀을 먹일 땅을 가능한 한 학교 가까운 곳에 필요한 만큼 교사에게 제공해야 한다고 규정하였다(Larsen, 1914, p. 430). 학교 경작지는 주로 학교 건물에 인접해 있거나 아주 가까운 곳에 있었다. 그러나 할당받는 부지에 대한 협상이 마을마다 달랐기 때문에 그 위치 또한 달랐다(Larsen, 2018, pp. 15-18). 학교 경작지가 마을 벌판의 변두리에 위치한다면, 흔히 멀리 있는 땅의 경우 최소한으로 경작되기 때문에 경작할 땅으로 개간하기 위해서는 더 많은 노력이 필요하였다(Porsmose, 2008, p. 133).

정부는 학교위원회에 구체적인 토지 크기를 정해주지 않았는데, 토질이 지역마다 달랐기 때문에 지역 사정에 따라 결정되도록 했다(Skibsted, 1866, p. 143). 정해진 구체적인 땅의 크기는 없었지만, 지역 학교위원회들 사이에서 대체로 학교 경작지는 중간 정도 토질을 가진 6에이커 정도의 땅이어야 한다는 보편적 인식이 있었다(Schwartzkopf, 1859, pp. 208-210). 덴마크에서 가장 작은 학교 경작지는 질랜드(Zealand)와 후넨(Funen)지역과 주트랜드(Jutland) 동부지역의 섬들에서 발견되는데 이곳의 땅은 상당히 좋은 토질을 갖추고 있었다. 아주 큰 학교 경작지는 주로 주트랜드의 북부와 서부 지역에서 발견되는데, 관목이 모래밭이 그득한 곳 여기저기에 자리 잡고 있었다(DNA, Danske Kancelli, 1. Departement, 1789-1857). 이 사례에서 학교 경작지는 지역 농부들의 땅에 필적하면서 교사를 여러 소농 중 하나의 소농으로 만들었다.

덴마크에 비해, 스웨덴 학교 경작지는 아주 작았다. 1842년 학교법은 할당된 농장에 대한 정확한 규정을 포함하지 않았지만, 학교는 교구위원 근처에 있어야 하고 지역 사정에 따라 가능하다면 한 뙈기의 땅은 가져야 한다고 못 박았다(Westberg, 2014, p. 174). 중앙 스웨덴의 선즈발(Sundsvall) 지역에서 학교 경작지의 평균 크기는 4.6에이커(2.3헥타르)로 농부의 농가에 비해 눈에 띄게 작았고, 소농의 땅뙈기 혹은 교구 서기에게 할당된 농장 규모 정도였다(Westberg, 2015, pp. 27-28). 그러나 스웨덴 역사학자 베스트버그(Johannes Westberg)가 기록하고 있듯, 학교 경작지는 주 수입원이 아니었다(2015, p. 28). 덴마크에서처럼 학교에 할당된 농장의 위치, 특징, 토질은 상당히 달랐는데, 학교 건물에 가까운 농지 혹은 저지대 목초지에서부터 학교에서 어느 정도 거리가 있는 농지 혹은 자갈밭이라거나 습지 방목지에 이르기까지 다양하였다(전게서, pp. 29-30). 선즈발에서 학교에 할당된 농장은 교구 목사를 먹여 살리기 위해 활용된 부지 즉, 교구 부속 땅을 사용하도록 하거나 혹은 학교구에서 구입 또는 기증된 것이었다(전게서, p. 28).

노르웨이에서 교구는 교사 및 그 가족들에게 거주할 주택과 농사지을 땅을 제공할 책임이 있었다. 스칸디나비아의 다른 국가에서처럼 이 농장의 크기나 위치를 정하는 나름의 규정이 따로 있지는 않았지만, 이 땅은 적어도

소 두 마리를 키우고 정원을 가꾸기에 충분한 정도로 넓어야 했다(Mejlænder, 1885, p. 830, p. 833; Norsk, 1889, pp. 136–137). 1860년 학교법의 규정을 충족하기 위하여 노르웨이 교회들은 1861~1875년 동안 초등학교교육을 위해 530만 달러(Speciedaler, 당시 노르웨이 금액 단위)를 지출했다. 이 금액의 2.5%는 학교 농지를 사는 데 지불했고, 18%는 학교 건물을 짓거나 월세를 내고 건물을 유지 관리하는 데 쓰였다(Departementet for Kirke- og Undervisningsvæsenet, 1877, Table II). 그러나 1875년이 될 때까지 10명 중 3명 정도의 교사만이 규정된 크기의 땅을 불하받았다. 나머지 교사는 아주 작은 크기의 땅을 받거나 아예 아무런 땅도 받지 못했다(Departementet for Kirke-og Undervisningsvæsenet, 1877, pp. 4–5). 학교 땅의 크기는 다양했는데 대략 1.8~2.7 에이커 정도였다. 20세기 초에 이르도록 이런 상황은 크게 달라지지 않았는데 절반 정도의 교사는 아무런 땅도 받지 못했다(Kirke-og Undervisningsdepartementet, 1904, pp. 6-7).

실제, 이 세 국가의 다양한 지역에 있는 학교 땅의 물리적 조건은 아주 다양하였고 이것이 정부가 교사를 대상으로 비전을 실행하는 데 있어 본질적으로 다른 토대를 제공하였다.

모범적인 농부로서의 교사

정부가 내놓은 '부지런한 교사'라는 비전은 교사 자신들이 사회적 실천으로 바뀌어야 했다. 교사는 계획적 차원의 내용을 사회적 노력으로 바꾸고, 특히 교사양성기관에서 이런 필수적인 기술을 습득하지 않았다면 이것들을 습득할 책임이 있었다. 원예 및 관련 분야에서 교육을 향한 박애주의적 열정은 반드시 모든 교사와 공유된 것은 아니었다. 교사 중 일부는 자신들이 짊어진 의무를 일종의 '자원활동'의 연장선상이라고 보았고 이것이 이들에게 훨씬 많은 일거리를 주었다(Kohlstedt, 2008, p. 81). 1828년 덴마크의 한 지역 관리는 '정원관리법을 배운 새로운 교회 성직자와 교사는 알아서 그 일을 해야 하는데, 그러지 않는다'며 불만을 토로하였다(Brinck-Seidelin, 1828, p. 260).

할당된 농지를 경작하는 일은 품이 많이 드는 일이었다. 여기에는 동물을 돌보는 일, 봄에 밭을 갈고 씨뿌리는 일, 그리고 비료 주는 일, 가을에는 농작물을 수확하는 일, 연중 계절에 따라 정원을 가꾸고 돌보는 일, 그리고 학교 건물 외관을 유지, 관리하는 일 등이 관련된다(Westberg, 2015, p. 39). 교사는 혼자서 땅을 갈아야만 했다. 학교가 위치한 학교구 주민이 땅 가는 일을 도와줄 수 있도록 해달라는 덴마크 교사의 요청은 정부에 의해 받아들여지지 않았는데, 정부는 이렇게 되면 납세자로서 주민에게 더 큰 부담을 주는 것이고 급기야는 학교에 대한 반감을 불러오지 않을까 염려했기 때문이다(Larsen, 1914, pp. 402-404, 12). 그러나 교사의 수업 의무를 제한한 것이 땅을 경작하는 데 도움이 되었다. 1857년 덴마크 아이들은 한 해 대략 220~259일 동안 학교에 다녔다(Det Statistiske Bureau, 1859, p. 91). 스웨덴의 경우에는 1842년 기준 60일 동안만 학교에 갔다(Westberg, 2015, p. 38). 노르웨이에서는 한 해에 54~72일 동안 학교에 다녔다(Lov, 1860, §6). 한 해 동안 다녀야 할 등교 일수를 고려해보면, 교사가 생계 수단을 다양화할 수 있었고 이런저런 일 가운데 특히 학교 경작지 및 정원을 돌본다거나 교사에게 부여된 여타 일들, 즉, 교회에서 노래 부르기, 오르간 연주하기, 교회의 각종 기록을 유지, 관리하기, 공식적인 문서 정리, 보관하기, 학교위원회 및 교구위원회의 잡무 처리하기 등을 수행할 수 있는 시간과 여건을 마련해주었다(Grinder Hansen, 2013, p. 119).

가족들은 농사일과 정원 가꾸는 일을 도왔다. 정원 일 중 일부는 아내의 몫으로 할당되기도 했고 자녀 중 큰아이들은 동물 기르는 일을 도맡기도 했다. 많은 교사의 경우 가정 안팎의 일을 도울 수 있는 하인을 고용하는 것이 역시 필요했다. 1850년 덴마크의 인구조사에 따르면 거의 대부분의 교사가 하녀를 두었고 일부는 남자 하인도 두었다(DNA, Danmarks Statistik: Folketællingen, 1850). 물론 스웨덴에서도 이런 사례들이 있었다(Westberg, 2015, p. 39). 따라서 아주 전형적인 교사의 가정은 교사 자신, 아내, 아이들, 그리고 하녀로 구성되어 있었고, 가정의 모든 구성원은 학교 정원 혹은 학교 농지에서 곡물을 수확하는데 필요한 노동 공동체의 일부였다.

덴마크 교사는 자기 가족에게 기본 필수품을 제공하고 동물들을 먹이기에 농지에서 가장 적절한 곡물을 찾아 기를 수 있었다. 곡물을 선정할 때 교사는 아마도 대다수 농부들을 따랐을 것이다. 예를 들어, 귀리, 보리, 호밀(이런 순서로) 등 덴마크에서 경작된 가장 흔한 곡물 품종들이었다(Bjørn, 1988, p. 40). 완두콩, 살갈퀴, 검은콩과 같은 콩류는 덴마크에서 19세기 초부터 길러졌으며 클로버 경작 역시 감자, 유채씨, 아마 등과 함께 보다 널리 퍼지게 되었다. 이런 일은 부분적으로는 왕립덴마크농촌진흥협회가 이런 새로운 곡물을 경작하도록 많이 부추긴 탓도 있었는데, 이들은 농부들에게 농지의 질을 향상시킨다거나 흉작을 대비해 감자를 기르도록 하였다. 만약 곡물 소출이 좋지 않게 되면 감자를 먹으면 되기 때문이었다. 따라서 1700년 중반~1800년 말까지 덴마크 목사, 교사 및 영주들은 소작농들이 감자를 길러내도록 독려했다. 하지만, 곡물이 나름 안전한 선택지라고 느끼는 상황에서 이런 낯설고 검증되지 않은 작물의 채택은 소작농의 반대에 부딪혔다(Ax, 2008, pp. 55–56, 64–65). 스웨덴과 노르웨이에서도 성직자는 감자 경작을 진작시키려고 애썼다. 노르웨이에서 이런 성직자는 '감자 목사'라는 별칭을 얻었다(Brandt, 1973; Bodensten, 2020). 독일에서도 이와 동일한 일이 벌어졌다(Siegert, 1999, p. 68). 덴마크 농촌의 많은 교사는 감자와 양배추 농사를 지었다. 1837년 한 보고서에 따르면, 작은 농촌의 학교에서 근무하는 한 교사가 수년간 담배를 길렀고, 연간 150~250kg의 연초를 생산하였다. 이웃한 농부들에게 이를 팔아서 자기 수입을 보충했다. 그는 그 교구에서 감자, 건초, 홉밀을 경작한 최초의 인물이었다(Dalgas, 1992, p. 254).

땅을 개간하고 농사를 짓는 데는 농기구, 특히 쟁기가 필요했다. 바퀴 달린 쟁기는 1100년 이래 덴마크에서 가장 널리 사용된 농기구였다. 쟁기는 나무로 된 몸체와 쟁기날로 구성되는데, 이것은 동네 대장간의 도움으로 만들어질 수 있었기 때문이다. 다른 한편으로 왕립학회는 소위 영국식 외바퀴 쟁기라는 좀 더 짧고 단출한 도구를 사용하도록 하였다. 이 작은 도구가 좀 더 효율적이고 내구성이 좋기는 했지만, 상당히 비쌌다. 왜냐하면 쟁기 전체가 철로 되어 있기 때문이었다. 1818년부터 왕립학회는 증진하고 싶은 물건에 대한 재정을 지원하였는데, 여기에는 좀 더 경작하기 좋은 농기구들도 포함되어 있었다(Degn, 1968, p. 230). 그리고 18명의 교사는 바로 이 외바퀴쟁기의 사용을 선전한 것으로 상을 받게 되었다.

덴마크에서 개혁가들 또한 정원관리 선구자로서 교사의 역할을 크게 강조하였는데, 이것이 왜 정원관리가 교사교육 및 개혁친화적인 계층이 다니는 학교에 포함되었는지를 이해할 수 있게 하는 대목이다. 왕립학회는 원예를 증진한 교사에게 상을 주었다(Degn, 1968, pp. 213, 244). 그러나 정원은 어느 정도 변화가능성이 있는 것으로 주인이 바뀌거나 원예에 대한 관심도가 어떤가에 따라 영향을 받는 것이었다. 더욱이 땅을 개간하는 데 소요되는 시간이 어느 정도인가에 따라서도 영향을 받았다(Jørgensen, 1986, p. 50). 학교 정원에 있어, 정원이 잘되고 못되고는 오로지 교사의 지식, 능력, 관심 정도, 그리고 교사가 기울일 수 있는 시간에 달려 있었는데 이는 특히 경작이 가능한 상태고 아이들이 교사 말을 잘 듣는다는 조건하에서 더욱 그러했다.

도대체 덴마크 교사는 어떤 사회적 활동에 참여했는가? 이들은 개혁가들의 기대에 합당한 생활을 했는가? 이들은 농촌개혁의 복음을 설교하고 소작농 자녀를 가르치는 데 참여하고 이로써 루터교의 성직자 전통을 이어가면서 공동체의 정신적이고 세속적인 목사가 되었는가?(본서 제2장 참조). 여러 곳에서 과실수를 기르는 데 큰 관심을 기울였다. 정부는 이 과실수 경작에 큰 관심을 기울였고 일부 교사는 학교 정원에 과실수 영역을 별도로 만들기도 하였다. 그리고 몇몇 지역에서는 소위 '나무학교'라든지, 묘목소가 있었는데, 교사는 이곳에서 나무와 관목들을 길러냈다. 이로써 농부들은 공짜로 이 나무를 얻을 수 있었다. 수 세기 동안 소농들의 텃밭에는 홉밀이 늘 있었다. 그래서 방부제로 수제 맥주에 집어넣거나 향을 돋우는 것으로 쓰였다(Skougaard, Hansen & Rasmussen, 1984, pp. 29-31). 일부 교사는 자기 집에서 꼭 필요한 당분으로 벌꿀을 생산해냈고, 사용할 만큼만 남기고 시장에 내다 팔았다(전게서, pp. 19-20, 31). 일부 교사훈련원은 양봉 수업을 제공했는데, 1811년 꿀벌과 벌집들이 정부의 지원으로 각 훈련원에 제공되었다. 그러나 양봉은 1810~1820년 동안 경제 위기를 거치면서 각 교사훈련원에서 사라졌다(Larsen, 1893, pp. 224-228).

앞서 언급한 것처럼 덴마크 교사는 교회 목사와 마찬가지로 소농들의 일상적인 농사일에 국가적 농지개혁의 요소들을 전수하면서 신생의 농업과학과 전통적 농법 사이를 연결하려고 하였다(Henningsen, 2006, p. 435). 왕립학회는 지방에서 선구자가 된 부지런한 농부들과 관리들에게 상을 주었다. 이 상으로 인해 다른 농부들이 고무되기를 바랐고 왕립학회는 수상자 명단을 보내 교회 목사가 교회 예배 시간에 수상자를 호명하도록 하였다(Degn, 1968, pp. 192-201). 1770~1832년 동안 아마도 가장 많은 사람이 수상을 하였는데, 255명의 학교장 및 학교 교사에게 총 313차례의 상이 수여되었다. 일부 사람들은 중복해서 수상하였다(전게서, p. 227). 총수상자 중 교사의 수상 비중은 단지 4%밖에 안 되었지만, 성직자와 마찬가지로 이들의 중요성은 수상자 수가 보여주는 것보다는 훨씬 크다. 이 개인은 흔히 동기를 부여하는 사람, 새로운 일에 착수하는 사람, 그리고 모범적인 역할자로 활동하였다(전게서, p. 228).

　수상자 중에는 공식 교사교육을 받지 않은 나이 든 교사와 교사훈련원에서 교육받은 신임 교사도 있었다. 신임 교사는 기존 나이 든 교사가 죽거나 혹은 퇴임했을 경우에 이들을 대체해 들어올 수 있었다. 따라서 교사훈련원 교육체제가 도입된 이후 모든 학교에 교육받은 교사가 배치될 때까지는 최소 수십 년의 시간이 소요되었다(Larsen, Nørr & Sonne, 2013, p. 306). 결과적으로 수상자 10명 중 7명 정도는 나이 든 교사에게 돌아갔는데 이들은 교사교육을 받지는 않았지만, 나름 학교가 자리한 지역에서 대단한 노력을 기울였다. 예를 들어 닐센(Jens Nielsen, 1761–1848)과 같은 교사가 있다. 닐센 선생은 1840년대 퇴직하기까지 대략 40여 년 동안 작은 마을에서 학교 교사로 일했다. 그의 나이는 대략 70대 후반이었다. 그를 이어 그의 양아들이 교사가 되어 일했다. 그는 1798년 학교 정원에 식물을 심고 가꾼 것과 과실수를 대거 심은 공로로 상을 받았다. 그리고 1799년과 1804년 아이들에게 쓰기와 수 계산을 가르쳤다는 공로로 다시 상을 받았다. 1806년 그는 마지막으로 상을 한 번 더 받는데, 하절기 소축사 먹이 주기가 공로의 이유였다(DNA, Erhvervsarkivet, Arkivskabte Hjælpemidler, 1770~1968). 학교 교사로 상을 받은 대부분의 사람들은 1780년과 1790년대 교육 분야에 속해 있는데, (106건의 수상 내역을 조사해보면) 농사 분야로 상을 받으려면 논쟁과 개혁하려고 노력하고, 또 뛰어나야 했다. 원예 분야도 아주 잘 알려진 분야였는데, 총 교사 수상자 중 57건이 여기에 해당한다. 그리고 양봉으로 상을 받은 교사도 25건이나 된다.

　상을 주는 일은 1830년대 덴마크에서 점점 줄어들기 시작한다. 하지만, 일부 교사는 19세기 말까지 계속 상을 받게 된다. 이런 수상의 감소 현상은 특히 상을 주는 것이 일반적으로 줄어들었고 다른 유형의 전문가들이 근대적 농업과학 분야에서 등장했기 때문이었다. 1840년대에서 1850년대, 왕립학회는 농지 소유주들과 큰 땅을 경작하는 농부들에게 지역협회를 조직하라고 장려하게 되는데, 이 지역협회는 농부들이 모여 농사일에 대해 이야기할 수 있는 곳이었다. 게다가 농업과학 분야의 직업이 1837년 설립된 농업학교, 1858년 설립된 농업대학교와 함께 등장하였다(Bjørn, 1988, pp. 166-170, 175-179). 교사와 교회 목사는 더 이상 농촌지역의 농업 지도자로 인식되지 않았다. 교사의 역할이란 게 점점 작아지게 되지만, '민중의 교사'라는 정체성은 야간학교에서 가르치기, 동네 목장에서 회계일 담당하기, 교구위원회 위원으로 활동하기, 전국교사협회 및 전국정치협회에서 활동하기 등 교구 거주민의 이익을 위한 여타 활동에 적극 개입하는 것으로 이어졌다(Grinder-Hansen, 2013, pp. 125–126).

결론

1846년, 덴마크의 한 출판사는 학교경작지를 '농촌 학교교사를 위한 정말 환상적인 휴양지'라고 썼다. 학교 경작지는 즐겁고, 수익성이 있고 임대할 수 있는 일에 대한 교사의 관심을 유지할 수 있다(Hanssen and Jørgensen, 1846, pp. VIII–IX). 그러나 19세기 후반기 동안 덴마크 및 스웨덴에서 교사에게 농장을 할당하는 일은 점점 덜 중요해졌고 실제 지급되는 일은 축소되었다(Westberg, 2015, p. 42).

1899년 덴마크 학교법에 따라 교사에게 물품으로 봉급을 지급하던 방식은 현금 지급으로 바뀌었다. 그리고 교구위원회와 교사 간의 합의에 따라 학교 경작지를 팔 수 있었다(Lov, 1899, §26). 이후 10여 년 동안, 학교 경작지의 55%가 팔렸고, 대략 30% 정도의 경작지는 임대되었다. 1910년, 교사의 단 25%만이 학교 경작지를 관리하고 있었다(Benthin & Poulsen, 1911, p. 485). 스웨덴에서도 현금경제가 확대되면서 상황은 크게 다르지 않게 전개되었는데, 종교, 군사 및 기타 사회적 농장에 할당된 역할이 축소되었다. 게다가 교사가 감당해야 할 의무의 증가 및 학교교육 연한의 증가로 인해 교사는 교실 바깥의 일에 신경 쓸 시간이 훨씬 줄어들었다(Westberg, 2015, p. 42). 노르웨이 교사에게 있어, 1927년과 1936년 학교법은 학교 교사에게 봉급을 지급하는 명목으로 경작지를 제공하는 일은 의무가 아닌 지역사회의 자율성에 맡겼다(Norsk Lovtidende, 1927, p. 354; Norsk Lovtidende, 1936, p. 919). 1930년대 중반, 단 37%의 교사만이 정해진 경작지를 갖고 있었고 나머지 63%는 아주 작은 텃밭을 가지거나 현금으로 보상을 받았다(Kirke-og Undervisningsdepartementet, 1939, p. 7).

거의 한 세기 동안 스칸디나비아 국가의 농촌 교사는 농촌사회의 선구자로 봉사하고 도서관을 만들고 학교구 내 거주민에게 이익을 가져다줄 수 있는 지식을 전달하고 신청서를 작성하고 편지 쓰는 것을 돕는 등 민중교사로서의 자기 일에 상당한 노력과 시간을 할애하였다. 이 장은 19세기 농촌지역 교사에게 부여되었던 이런 통상적인 이상과 역할들을 검토하였다. 그리고 교사가 가졌던 다중적 직업과 그들이 지역공동체에서 어떻게 자신들의 사회적 역할을 실현했는지에 초점을 맞추면서 스칸디나비아 교사의 사회문화사를 이해하려고 하였다. 안틸다와 바내넨의 개념을 활용하여, 우리는 국가의 흐름을 따르고 마을 바깥에서 자신들의 지식을 획득하고 지역사회에서의 지위가 민중의 교사로서의 일에 기반한 '세계시민적' 교사에 대해 이야기할 수 있다(Anttila and Väänänen, 2013, p. 185). 이 교사들 중 많은 수가 이 시기에 등장한 교사 양성기관에서 훈련받았다. 그러나 이 교사들은 전체 교사 중 비중이 작았는데, 대다수의 교사는 땅을 갈고 전통적인 방식대로 동물을 키우는 말 그대로 '촌사람들'이었다. 다른 대다수의 소작농과 마찬가지로 이렇게 '촌사람'인 교사들은 교구 도서관을 통해 지식을 전달하는 계몽 프로젝트나 농업교육에 관여할 필요가 없었다. 이들 교사들에 있어 학교 경작지는 무엇보다 자신의 봉급이자 먹고살 길을 제공하는 원천이었을 뿐이다.

1900년대 서구 및 스칸디나비아 국가들에서 학교 정원을 두고 관리하는 일이 학교원예운동이란 이름으로 부활했다. (Jolly & Leisner, 2000, pp. 9–12; Åkerblom, 2004; Kohlstedt, 2008; Larsen, 2020). 여기서, 정원은 학생들에게 생각을 풍부하게 해주고 쓸모 있는 지식을 전달해주는 것과 함께, 아동에게 일거리를 주는 수단이자, 범죄에 관여하지 못하도록 관심을 돌리는 것, 곧고 좁은 길을 걸어가도록 독려하는 일, 그리고 신체 활동에 대한 욕구를 해소하도록 하는 일로 간주되었다(Lindholm, 1907, pp. 7-8). 따라서 학교 정원이 순전히 당장 얻을 수 있는 이익 때문에 필요하다는 생각은 더 이상 의미 없었다. 20세기 전반기 동안 '교육적 학교 정원'이란 개념으로 이런 새로운 유형의 정원에 대한 교육적인 측면이 교사의 교육활동의 일부분이 되었고, 스칸디나비아 국가 교사의 사회문화적 역사에서 새로운 측면을 보여주는 장면이 되었다.

[참고문헌]

Åkerblom, P. (2004) 'Footprints of school gardens in Sweden', Garden History, 32(2), pp. 229–247. doi: 10.2307/4150383.

Anttila, E. and Väänänen, A. (2013) 'Rural schoolteachers and the pressures of community life: local and cosmopolitan coping strategies in mid-twentieth-century Finland', History of Education, 42(2), pp. 182–203. doi: 10.1080/0046760X.2013.766267.

Ax, C. F. (2008) 'Bondens knold – om udbredelsen af kartofler til den jævne befolkning 1750–1840', Landbohistorisk Tidsskrift, 2008(2), pp. 45–70.

Benthin, W. Th. and Poulsen, C. (1911) Danmarks Folkeskole 1910. Copenhagen: Danmarks Lærerforening.

Bjørn, C., (ed.) (1988) Det danske landbrugs historie III: 1810–1914. Copenhagen:

Landbohistorisk Selskab.

Bodensten, E. (2020) 'A societal history of potato knowledge in Sweden c. 1650–1800', Scandinavian Journal of History, 45, pp. 1–21. doi: 10.1080/03468755.2020.1752301.

Brandt, N. (1973) Potetprester. Oslo: Landbruksforlaget.

Brinck-Seidelin, L.C (1828) Hjørring Amt, beskrevet, efter Opfordring fra det Kgl.

Landhuusholdnings-Selskab. Copenhagen: J.H. Schultz.

Brühweiler, I. (2012) 'Teachers' salaries in the Helvetic republic, c. 1800', in Aubry, C. and Westberg, J. (eds.), History of schooling: politics and local practice. Frankfurt am Main: Peter Lang, pp. 68–89.

Dalgas, C. (1992) Svendborg amt beskrevet 1837. Odense: Udgiverselskabet for Historisk Samfund for Fyns Stift.

Danish National Archives (DNA) Erhvervsarkivet, Arkivskabte Hjælpemidler,

Landhusholdningsselskabet – Grundmateriale til registratur: Præmievindere, Danmark, Alfabetisk 1770–1968.

Danish National Archives (DNA) Danske Kancelli, 1. Departement, Diverse skolesager: semi narier og folkeskolestatistik 1789–1857.

Danish National Archives (DNA) Danmarks Statistik, Folketælling 1850.

Day, C. R. (1983) 'The rustic man: the rural schoolmaster in nineteenth-century France', Comparative Studies in Society and History, 25(1), pp. 26–49.

Degn, O. (1968) 'Flid og vindskibeligheds belønning: præmiesystemet, præmievinderne og deres arbejde 1769–1967', Erhvervshistorisk Årbog, 1968, pp. 192–254.

Departementet for Kirke- og Undervisningsvæsenet (1873) Beretning om Skolevæsenets Tilstand i

Kongeriget Norges Landdistrikt og Rigets Kjøbsteder og Ladesteder for Aaret 1870. Christiania: Det Steenske Bogtrykkeri.

Departementet for Kirke- og Undervisningsvæsenet (1877) Beretning om Skolevæsenets Tilstand i Kongeriget Norge for Aaret 1875. Christiania: Det Steenske Bogtrykkeri.

Det Statistiske Bureau (1859) Om Almueskolevæsenet paa Landet i Danmark: Statistiske Meddelelser 1. Række, 5. Bind, 3. Hæfte. Copenhagen: Bianco Luno.

Fleischer, E. (1780) Agerdyrknings-Katekismus til Underretning for Landmanden i Dannemark. Copenhagen: L. Simmelkiær.

Granier, C. and Marquis, J. -C. (1982) 'Une enquête en cours: La maison d'école au XIXe siècle', Histoire de l'éducation, 17, pp. 31–46.

Grinder-Hansen, K. (2013) Den gode, den onde og den engagerede: 1000 år med den danske lærer. Copenhagen: Muusmann.

Hanssen, F. A. S. and Jørgensen, J. Chr (1846) Beskrivelse over Skolelærer-Embederne i Fyens Stift. Odense: Hempelske Boghandel.

Headrick, D. R. (2000) When information came of age: technologies of knowledge in the age of reason and revolution. Oxford: Oxford University Press.

Henningsen, P. (2006) I sansernes vold: Bondekultur og kultursammenstød i enevældens Danmark. Copenhagen: Landbohistorisk Selskab, Københavns Stadsarkiv.

Jolly, L. and Leisner, M. (2000) Skolehagen: Etablering, drift og pedagogisk tilrettelegging av en skolehage. Oslo: Landbruksforlaget.

Jørgensen, G. (1986) 'De fynske haver på Frilandsmuseet', Nationalmuseets Arbejdsmark, 1986, pp. 49–61.

Kirke- og Undervisningsdepartementet (1904) Beretning om Skolevæsenets Tilstand i Kongeriget Norge for Aaret 1900. Kristiania: H. Aschehoug & Co.

Kirke- og Undervisningsdepartementet (1939) Skolevesenets tilstand 1935-36. Oslo: H. Aschehoug & Co.

Kohlstedt, S. G. (2008) '"A better crop of boys and girls": the school gardening movement, 1890–1920', History of Education Quarterly, 48(1), pp. 58–93. doi: 10.1111/j.1748-5959. 2008.00126.x.

Kongeriget Norges sextende ordentlige Storthings Forhandlinger i Aarene 1859–1860. Fjerde Del: Propositioner til Odelsthinget. Christiania.

Larsen, C. (2005) 'Nedlæggelser og stilstand: Læreruddannelsen 1824–1857', in Skovgaard Petersen, V. and Nørr, E. (eds.), For at blive en god lærer: Seminariet i to århundreder. Odense: Odense Universitetsforlag, pp. 133–177.

Larsen, C. (2018) 'Læreren som landmand: skoleloddens historie 1780–1900', Erhvervshistorisk Årbog, 2018(2), pp. 1–47.

Larsen, C. (2020) 'Den pædagogiske skolehave – skolehavebevægelsen 1900–1960', Journalen, 2020(1), pp. 1–13.

Larsen, C., Nørr, E. and Sonne, P. (2013) Da skolen tog form: 1780–1850. Aarhus: Aarhus

Universitetsforlag.

Larsen, J. (1893) Bidrag til den danske Folkeskoles Historie 1784-1818. Copenhagen: Thanning & Appel.

Larsen, J. (1914) Skolelovene af 1814 og deres Tilblivelse, aktmæssigt fremstillet, udgivet i Hundredaaret for Anordningernes Udstedelse. Copenhagen: Schultz.

Larsson, A., Norlin, B. and Rönnlund, M. (2017) Den svenska skolgårdens historia: Skolans utemiljö som pedagogiskt och socialt rum. Lund: Nordic Academic Press.

Lindholm, P. W. (1907) Den pædagogiske Skolehave. Copenhagen: N. C. Roms Forlagsforretning.

Lov (1827) angaaende Almue-Skolevæsenet paa Landet, Stockholms Slot den 14. Juli 1827.

Lov (1860) om Almueskolevæsenet paa Landet, Stockholms Slot den 16. Mai 1860.

Lov (1899) om forskellige Forhold vedrørende Folkeskolen af 24. marts 1899.

Markussen, I. (2017) 'Oplysning og nyttige kundskaber', in Korsgaard, O., Kristensen, J.E. and Jensen, H. S. (eds.), Pædagogikkens idehistorie. Aarhus: Aarhus Universitetsforlag, pp. 121-162.

Maynes, J. M. (1979) 'The virtues of the archaism: the political economy of schooling in Europe, 1750-1850', Comparative Studies in Society and History, 21(4), pp. 611-625.

Mejlænder, O. (1885). Almindelig Norsk Lovsamling: 1ste Bind 1660-1880. Christiania: P.T. Mallings Boghandel.

Mydland, L. (2011) Skolehuset som kulturminne: Lokale verdier og nasjonal kulturminneforvaltning. Gothenburg: University of Gothenburg.

Myrdal, J. (2012) 'Source pluralism as a method of historical research', in Fellman, S. and Rahikainen, M. (eds.), Historical knowledge: in quest of theory, method and evidence. Newcastle: Cambridge Scholars Publishing, pp. 155-189.

Norsk Lovtidende (1889). Kristiania: Grøndahl & Søns Bogtrykkeri.

Norsk Lovtidende (1927). Oslo: Grøndahl & Søns Bogtrykkeri.

Norsk Lovtidende (1936). Oslo: Grøndahl & Søns Bogtrykkeri.

Porsmose, E. (2008) Danske landsbyer. Copenhagen: Gyldendal.

Resewitz, F. G. (1773) Die Erziehung des Bürgers zum Gebrauch des gesunden Verstandes und zur gemeinnützigen Geschäfftigkeit. Copenhagen: Heineck & Faber.

Schreiber, C. (2015) 'Integration the cosmopolitan and the local: the curricular construction of citizens in Luxembourg in the long 19th century', Encounters in Theory and History of Education, 16, pp. 165-182.

Schwartzkopf, C. F. (ed.) (1859) Kongelige Rescripter og Resolutioner, Love og Expeditioner Geistligheden i Danmark vedkommende 1854 og 1855. Copenhagen: Gyldendal. Siegert, R. (1999) 'Die "Volkslehrer": Zur Trägerschicht aufklärerischer Privatinitiative und ihren Medien', Jahrbuch für Kommunikationsgeschichte, 1, pp. 62-86.

Skibsted, H. V. (1866) Almueskolevæsenet i de danske Kjøbstæder og Landdistrikter fremstillet efter de derom gjældende Regler. Copenhagen: Gyldendal.

Skougaard, M., Hansen, H. T. and Rasmussen, M. (1984) Bondens have: Bondehavernes udformn ing, dyrkning og anvendelse i 1800-årene. Copenhagen: Nationalmuseet.

Westberg, J. (2014) Att bygga ett skolväsende: Folkskolans förutsättningar och framväxt 1840-1900. Lund: Nordic Academic Press.

Westberg, J. (2015) 'When teachers were farmers: teachers' allotted farms and the funding of mass schooling, 1838-1900', Nordic Journal of Educational History, 2(1), pp. 23-48.

Westberg, J. (2018) 'How did teachers make a living? The teacher occupation, livelihood diversification and the rise of mass schooling in nineteenth-century Sweden', History of Education, 47, pp. 1-22.

Westberg, J. (2019) 'Basic schools in each and every parish: the School Act of 1842 and the rise of mass schooling in Sweden', in Westberg, J., Boser, L. and Brühwiler, I. (eds.), School acts and the rise of mass schooling: education policy in the long nineteenth century. Cham: Palgrave Macmillan, pp. 195-222.

Young, H. L. (2016) The small rural school and community relations in Scotland, 1872-2000: an interdisciplinary history, Ph.D. thesis. Stirling: University of Stirling.

제4장

중국에서 본 북유럽 교육모델:
중국 학자들의 북유럽 교육 및 교사에 대한 생각

바바라 슐테(Barbara Schulte)

도입: 북유럽 모델, 참조사회, 정당화된 신화

소위 "북유럽 모델"로 불리는 북유럽 지역의 교육은 동아시아, 특히 중국의 학자들에게 점차 매력적인 주제가 되어왔다. 이번 장은 도대체 중국 학자들이 '북유럽' 교육을 어떻게 참고해왔는지, 북유럽 국가가 교육에 대해 중국 학계에서 수행한 역할이 어떠했는지를 살펴볼 것이다. 나는 중국학술논문데이타베이스(China Academic Journals database, CAJ)의 논문 분석 결과를 바탕으로 중국의 북유럽 국가 교육에 교육에 대한 학술적 참조가 1990년대 중반 이후 어떻게 전개되어왔는지, 그리고 이런 발전이 미국과 같은 영향력 있는 참조사회와 비교하여 어떠한지를 살펴볼 것이다. 그리고 이어서, 나는 중국 학자들이 북유럽 국가에서의 교육과 관련되어 있는 주제 영역을 제시하고 이런 주제들이 북유럽의 각 국가(핀란드, 스웨덴, 덴마크, 노르웨이)와 얼마나 일치하는지를 살펴볼 것이다. 이렇게 함으로써, 중국의 인식 속에서 북유럽 국가가 교육의 측면에서 비교적 단일한 지역으로 구성되고 있는지, 혹은 보다 다양한 것들의 복합체로 나타나고 있는지 따져볼 것이다. 그다음으로 나는 중국 학자들의 관심을 가장 많이 받고 있는 북유럽의 두 국가, 즉 핀란드와 스웨덴의 교사 및 교사교육에 대한 중국 학자들의 논의에 집중할 것이다. 나는 마지막 결론 부분에서 슈크리버가 제시한 교육의 외재화라는 개념을 재검토하고 오늘날의 세계화된 사회에서 교육 수출에 적극적으로 개입하는 것을 통해 국내의 외재화 과정에 어떤 영향을 미치고, 국제적 교육 참조사회에 대한 국내의 구성에 어떻게 직접적으로 영향을 미치는지에 대해 질문을 제기할 것이다.

원래 '참조사회'라는 단어는 사회학자 벤딕스(Reinhard Bendix, 1967)가 만든 용어로 그는 머튼(Merton, 1967)의 '참조그룹'이란 말을 살짝 바꿔놓았는데, 이 말(참조그룹)은 긍정적인 참조그룹이 어떻게 이 그룹이 소유한 것으로 보이는 것과 동일한 사회적 역할 및 지위를 갖기를 열망하는 사람들에게 행동 지향의 틀로서 작용하는지를 설명한다. 이와 반대로, 부정적인 참조그룹은 그 반대의 기능을 한다. 이들은 억제적인 반모델처럼 행동하는데 사람들은 이에 기대어 이런 부정적인 사례와 가능한 한 다른 정체성을 구성하려고 한다. 이런 참조집단의 개념을 국민국가 수준으로 격상시키면 특정 '참조사회'를 향한 지향이 사회가 왜 특정한 경로에 따라 발달해왔는가에 대한 설명을 제공해왔다. 사회가 따라야 할 특정 모델(말하자면 모방할 만한 '성공적인' 사례로 간주되는 모델사회)을 선택한 것이 관찰되어온 경우에, 이 관점은 근대화와 세계화 과정, 혹은 좀 더 일반적으로 사회변화를 분석하는 데 특히 적절한 것이 되었다(Eisenstadt & Schluchter, 1998 참조).

어떤 사회를 참조사회로 선택할 것인가의 문제는 사회정치적 환경, 이런 환경에서 발생하는 기대와 압력 등에 따라 다소 안정적일 수 있다. 국내 교육 정책에서의 우선순위의 변화는 늘 오래된 참조사회를 새로운 참조사회로 교체함으로써 이루어진다. 이런 참조사회의 변화는 비교교육 영역의 학자들에게 특히 관심사가 되어왔다. 즉, 감지된 교육변화 및 개혁에 대한 필요는 흔히 따라야 할 모범사례 혹은 대안적으로 무시되어야 하는 부정적인 사례로 기능할 수 있는 국제적인 참조사회의 구성과 동시에 일어난다(Zymek, 1975). 예를 들어, (특정 국가의 교육정책 목표와 결합되어) OECD의 PISA가 부여한 정당성이 상하이나 좀 더 일반적으로 중국을 미국, 영국, 호주 등 한참 성적이 떨어지는 사회들의 새로운 교육 참조사회로 만들었다(Sellar & Lingard, 2013).

그러나 수많은 연구(Steiner-Khamsi & Waldow, 2019 등 참조)에서 기술되었듯이 국내 정책목표를 위해 구성된 국제적인 참조사회는 반드시 경험적 '실재'에 대해 거짓없이 진실되게 그려내는 것은 아니다. 오히려 이들은 '후발 사회'[벤딕스가 사용한 개념(Bendix, 1967, p. 334)]가 보고 채택하길 바라는 혹은 버리고 따르지 않기를 바라는 것만을 보여주는 경향이 있다. 슈리버와 마르티네즈(Schriewer & Martinez, 2004, p. 50)가 중국, 러시아, 스페인에서의 교육 담론을 다룬 연구에서 지적하고 있듯, 다른 사회 (혹은 더 일반적으로 외부세계) 참조하기 혹은 '외재화하기'는 개별 사회의 내부 선택 기준과 해석의 필요성에 의해 굴절되는 과정으로 볼 필요가 있다. 즉, 이 과정은 문화 전통 및 집단정신이 만들어낸 결과일 뿐만 아니라 정치적 세력과 주류 이데올로기가 빚어낸 결과라는 것이다.

교육 참조사회에 대한 외재화는 변덕스럽고 임시방편적인 계획이 아니다. 이런 외재화는 추종사회가 적절하고 과학적인 지식이라고 알려진 정보에 근거한 합리적 의사결정으로 보는 것에 근거를 두고 있다. 신제도주의적 관점에서 자주 참조되는 교육적 모델, 예를 들어, 동아시아의 '유교적' 사회(East Asian 'Confucian' societies)라거나 핀란드의 기적(Finnish miracle)(Simola, 2005 참조)은 '합리화된 신화(Meyer & Rowan, 1977, p. 343 참조)'라고 여겨질 수 있다. 합리화된 신화는 합법화된 권력을 통해 제도와 이에 참여하는 사람들이 행동이라고 기대된 방식을 규정한다. 초국가적 교육영역에서 이런 합리화된 신화들은 사고와 행동에 대한 객관적으로 인정된 틀로 변하고 일련의 이런 틀이 각국의 교육정책을 안내한다. 흔히 이야기하듯 '특정한 역사 사회적 상황'이라는 실질적인 조건이라거나 '구체적 요구'에 대한 진실된 대응이 자국 정책의 변화를 가져오는 것이 아니다 (Schriewer, 2009, p. 33). 여기서 좀 더 나아가 슈리버는 이렇게 기술하고 있다.

(이런) 신화들은 행동이 논리적인 순서로 일어나고 수행될 수 있는 수단-목표 관계를 제공하는 한 '합리화'된다. 하지만, 동시에 이것들은 개별 사례를 정당화하는 특정 조건이나 분석하에 축적된 경험보다는 초국가적인 수준에서 일반화된 인정으로부터 타당성을 끌어낸다는 의미에서 '신화'이다.

따라서, 두 개의 힘이 작동한다. 한쪽으로 전 세계적 발전에 대한 외재화를 위한 자국의 노력을 목격한다. 이 장의 맥락에서 보자면, 이 말은 중국 학자들이 논의해온 '북유럽'(혹은 핀란드, 스웨덴, 덴마크, 노르웨이) 모델은 아마도 북유럽적이라기보다는 오히려 더 중국적일 수 있다는 점을 의미한다. '북유럽'적인 것이 교육에 대한 중국의 학문적 논쟁의 특성인 구체적인 인식과 논리적 근거를 통해 걸러지기 때문이다. 중국의 학술적 논의 내용과 가령, 스웨덴의 학술적 논의 내용이 일치할 수도 있지만, 이 두 국가에서 논의되는 주제 및 관심 영역은 동일하다기보다는 오히려 각 사회의 특별한 담론을 반영하는 것으로 예상할 수 있다. 다른 쪽으로, PISA와 같은 국제적 사례를 통해 공인된 교육 분야의 모범적 역할 모델로 주장될 수 있는 것처럼 외재화의 대상이 이미 높은 수준의 합법화된 권력을 가진 합리화된 신화로 변화된 경우, 이런 초국가적 세력이 외재화 과정에 대한 피드백을 제공하고 강한 영향력을 미친다. 결론 부분에서 논의하겠지만, '핀란드의 기적'은 참조사회와 합리화된 신화 모두를 보여주는 좋은 사례라고 하겠다.

후속 분석을 위해 2019년도 말까지 발간된 중국어 논문 중 '북유럽[1] 국가 (핀란드, 스웨덴, 덴마크, 노르웨이, 아이슬란드)'와 '교육' 모두 언급하는 연구를 CAJ에서 검색하였다.[2] CAJ 검색 결과 찾은 논문은 학술논문뿐만 아니라 여기에는 학위논문과 학술대회발표문, 신문 및 잡지 기사, 출간된 서적, 그리고 모노그래프 등을 포함한다. [그림 4-1]에서 볼 수 있듯, 많은 자료들이 스웨덴에 관한 주제였고, 다음으로 북유럽 국가, 핀란드, 덴마크, 노르웨이, 아이슬란드를 주제로 한 연구가 뒤를 이어 많았다. 그러나 학술논문을 기준으로 보면 북유럽 국가를 키워드로 하는 것이 가장 많았다.

아이슬란드를 참조해 제시한 출판물은 아주 적기 때문에 이후 분석에서는 아이슬란드를 제외하였다. 덧붙여 이 장은 중국 학자들이 북유럽 교육을 어떻게 개념화하고 있는지에 초점을 맞추고 있기 때문에 여러 출판물 중에서도 학술논문만을 선택해 주제 분석을 실시하였다. 학위논문이나 잡지 기사 등의 출판물과 달리 학술논문은 일정한 동료 평가를 거친 것들이고 그렇기 때문에 북유럽 지역에 관한 학술적 지식으로 여겨지는 것을 가장 신뢰하며 포함했을 것으로 기대될 수 있다. 여기에 더해, 최소 10개 이상의 참고문헌을 언급하고 있는 학술논문만을 주제 분석에 포함시켜 최종 분석 논문이 실제 학술적 논의를 더 잘 반영할 수 있도록 했다. 따라서 논문의 주제로 다뤄지기는 했

---

1   중국어에서는 '노르딕' 혹은 좀 더 정확하게 '북유럽적'(중국어로 'Bei Ou' 北欧)라는 말이 '스칸디나비아적'(중국어로 'Sikandineiweiya' 斯堪的纳维亚)이라는 말보다 더 자주 사용된다. 물론 후자의 용어에도 핀란드를 포함하기는 한다. 이런 차이는 스웨덴에서 '노르딕'과 '스칸디나비아적'이라는 말을 구분하는 데서 기인한다. 즉, 스웨덴에서의 스칸디나비아적이란 말에서는 흔히 핀란드가 빠지기 때문이다. 'Bei Ou'라는 말은 1980년대 이래 노르딕 국가들을 지칭하는 거의 상식적인 말이 되어왔다. 물론 다른 나라에서는 여기에 발트해 국가들을 포함하기도 하지만 말이다. '스칸디나비아'와 '교육'은 8개의 논문에서 등장하는데, 노르딕이라는 말을 검색해보면 이 중 5개의 논문이 중복된다. 따라서 Bei Ou라는 말을 이 연구에서 주요한 검색 개념으로 활용했다.
2   논문은 이들 국가 중 하나 혹은 그 이상을 단독으로 참조해야 할 필요는 없다. 따라서 노르딕에 대한 참조는 노르딕이 아닌 국가들에 대한 참조와 함께 있을 수 있다.

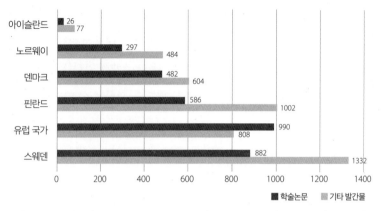

[그림 4-1] 북유럽 국가(스웨덴, 핀란드, 덴마크, 노르웨이, 아이슬란드)를 참조한 중국 학술논문 현황
(2019년 12월 31일까지)

지만, 다른 학자들이 다루지 않은 논문 주제들은 분석 대상에서 제외되었다.

중국 학계의 학문적 성과를 학술논문으로 분석하는 것은 물론 광범위한 정치적 함의를 가진다. 모든 학술적 담론은 사유되고 또 출판될 수 있는 것에 관한 일정한 한계를 가지는 한편 중국 학술논문의 담론상의 경계는 특히 강한 정치적 모습을 띈다. 중국에서 학문세계에 미치는 정치적 입김은 지난 시기 동안 오르락내리락 변화해왔다.[3] 하지만, 2013년부터 특히 더 강화되었다는 점이 포착되고 있는데 이 시기는 시진핑 주석이 최고 통수권자가 된 이후이다. 악명높은 〈문서번호 9, Document Number Nine〉은 중국 대학에서 결코 다루어서는 안 되는 7가지 주제를 제시한 것으로[4] 반항적인 학자들에 대한 일련

----

3 예를 들어, 존 듀이가 1920년대로부터 현재까지 중국에서 어떻게 이해되고 있는지를 분석해 내놓은 내 연구를 참고할 것 (Schulte, 2012a).

4 문서번호 9는 2013년 제18차 중국공산당대회의 3기 전체회의(Third Plenum of the Eighteenth Party Congress of the Chinese Communist Party)에 참여한 익명의 참가자에 의해 누설되어 공개되었다. 여기에는 다음과 같은 7개의 금기사항이 나열되어 있다. 서구적 헌법 민주주의 진전, 보편적 가치, 시민사회, 신자유주의, 언론의 자유, '역사적 냉소주의', 중국개혁정책에 대한 문제제기(ChinaFile, 2013).

의 검열 및 이들을 침묵시키려는 수단이 되고 있다(Scholars at Risk Network, 2019).
교사교육에 관한 연구는 중국 공산당의 주요한 검열 대상이 아니지만, 그럼에
도 여전히 정치-학계 생태계의 일부다. 따라서 이 주제에 관한 학술논문 역시
정치적 도전과 조정이라는 큰 흐름을 따를 것으로 예상될 수 있다.

북유럽 모델 비교연구의 등장

중국 학계가 북유럽 교육에 관심을 가지게 된 것은 비교적 최근이다. 어느 국
가를 참조하건 북유럽 국가를 대상으로 한 대부분의 연구는 1995년 이후 등
장했다. 국가에 따라 다르기는 하지만, 전체를 놓고 보면 대략 이 시기 이후 연
구가 90%를 넘어선다. [그림 4-2]에서 보여주듯이 2000년대 초부터 2009년까
지 이 지역의 국가를 참조하는 연구가 계속 증가하고 있는데, 2009년에 정점
을 찍고는 이후 잠시 줄어들다가 2013년에 다시 최정점을 기록하고 있다. 이
그림은 관심의 증가와 감소가 북유럽 지역 국가 전반에 걸쳐 고르지 않게 일
어났다는 점을 보여준다. 덴마크와 노르웨이는 이 시기에 걸쳐 최소한의 역할
만을 한다. 이와 대조적으로 '북유럽 국가'와 스웨덴은 2013년까지 전체 참조
된 내용 중 대부분을 차지하였고 2013년 핀란드가 합류하여 이후 중요한 북
유럽의 참조사회가 되었다. 2016년 이후 핀란드는 줄곧 참조의 대상으로 독보
적인 우세를 보이며 스웨덴 및 '북유럽 국가' 둘 다 추월하였다.

2000년대부터의 북유럽 교육에 대한 전반적인 관심의 급증은 중국교육
체제 내에서의 변화 및 개혁 방향에 그 원인이 있다(예를 들어, Schulte, 2014; Vickers &
Zeng, 2018 참조). 1976년 문화혁명이 끝나고 1980년대 광범위한 경제사회적 근대
화 프로그램을 시작하면서 이어진 통합 단계 이후에 새로운 교육법이 1995년
에 제정되었다. 이 법은 애국심, 집단주의, 사회주의, 훈육 및 민족 인종 간 통

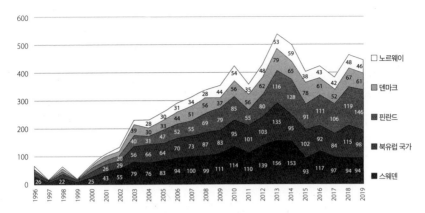

[그림 4-2] 북유럽 국가(스웨덴, 핀란드, 덴마크, 노르웨이)를 참조한 중국 학술논문 현황(2016~2019)

출처: CAJ 데이터를 기반으로 작성

합 등의 도덕-이념적인 목표를 재확인하는 한편 개인, 그룹, 지역 간의 형평성과 같은 가치들 역시 강조하였다. 무엇보다 교육 분권화와 비정부 행위자의 교육 참여가 교육 거버넌스 전략에 조심스럽게 포함되기 시작했다. 1999년 새로운 교육과정 초안이 마련되었고(Zhong, Cui & Zhang, 2001), 이 새로운 교육과정은 2000년 이후 점차 기존 교육과정을 대체하였다. 지식경제를 향한 중국의 방향에 맞춰 이 새 교육과정은 혁신과 창의성, 유연하고 학제 간 학습, 학습목표의 표준화를 강조하는 것이었다. 실제 새로운 교육과정을 이행하는 것에 대해 논쟁의 여지가 있었지만, 이런 방향의 재설정이 교육에서 국제 동향에 점점 민감하게 반응하도록 했고 비중국어권 교육 참조사회를 적극적으로 탐색하도록 하였다. 그리고 새로운 관심이 학교 및 학습접근에 있어 중국적 접근과 엄청나게 다르다고 여겨지는 국가를 포함하게 하였다. 북유럽 국가는 중국 관계자들에게 분명히 이런 차별적인 접근의 분명히 좋은 예였다.

2013년에 절정에 달하였고 특히 핀란드 참조가 점차 우세하게 된 것은 주로 핀란드가 "PISA의 국가"로 우뚝 선 것에 기인한다. 특히 중국은 핀란드가 해온 교육과정 디자인과 교사교육에 강한 관심을 가졌다. 분명한 것은, 후자, 즉, 교사교육은 중국 입장에서 교육과정 디자인보다는 정치적으로 소화하기에 더 좋았고, 충분히 적용해볼 만한 것이라고 생각하였다. 핀란드가 이렇게 상승한 것과 동시에 북유럽 지역이 하나의 동질적 집단이라는 것이 점점 덜 중요해지게 되었다. [그림 4-2]에서 확인할 수 있듯, '북유럽 국가'에 대한 참조는 최근 급격히 줄어들었다. 핀란드의 발전과 같이 국가별 상향 발전이 '북유럽 국가' 전체가 점차 교육 참조의 대상에서 줄어들고 있는 이유에 대한 부분적 설명이 될 수 있지만, 중국 학자들이 해당 국가의 식견이 점차 늘어나게 된 것도 최소한 동일한 정도의 중요성을 지닌다고 봐야 한다. 점차로 중국의 학자들은 유럽이나 아프리카처럼 같이 거대한 지리적 지역을 통째로 다루는 데 주저하고 있다. 대신 국가단위 혹은 특정 국가 내 하위 지역과 같은 작은 단위에 초점을 맞추려고 한다.

비록 북유럽 국가에 대한 관심이 상당히 높아졌음에도 불구하고 [그림 4-2]를 보면 일반적으로 교육에 대한 중국 출판물, 특히 북유럽이 아닌 국가에 대한 중국 출판물과 비교하여 북유럽 참조가 어떻게 진행되는지 말해주는 것이 아무것도 없다. 1990년대 말부터 2000년대에 이르기까지 국제 관련 쟁점을 다룬 연구들이 상당히 많아졌다. 하지만, 이는 전체 출판된 논문의 수가 대거 많아졌다는 데 그 원인이 있다. 즉, 중국 대학들이 얼마나 많은 연구논문을 발표하는가에 따라 평가되는 등 국제 표준에 적용하던 시기이기 때문이다 (Schulte, 2019b). 일반적으로 출판된 논문의 수가 크게 늘었다는 점을 감안하면, 북유럽 지역과 관련된 논문의 수가 상대적으로 더 늘어났다고 말할 수는 없다. 심지어 [그림 4-3]에서 볼 수 있듯, 모든 북유럽 국가 관련 문헌들을 종합해 포함한다고 하더라도 말이다. 북유럽 국가와 관련된 모든 참조 논문은 중국에서 출간된 교육 관련 학술논문의 단지 0.1% 정도를 차지한다. 이와 비교해, 중

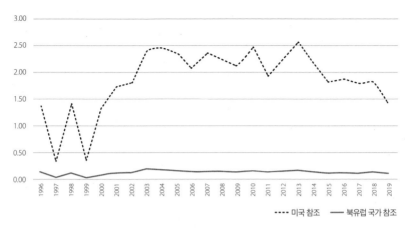

[그림 4-3] 미국과 핀란드를 참조한 교육 분야 학술논문의 비교

출처: CAJ 데이터를 기반으로 작성

국의 교육 분야에서 학자들이 가장 관심을 기울이는 참조국가는 미국으로 연평균 전체 교육 관련 논문의 1.9%를 차지한다. 물론 이 또한 출간된 학술논문 전체를 놓고 보면 그리 높다고 할 수는 없다([그림 4-3] 참조). 종합적으로는 적은 수의 학자 그룹이 국제적 발전에 주목한다고 하더라도 대다수는 관심을 기울이지 않으며 전반적으로 교육 관련 논쟁은 특성상 여전히 국내 문제라고 말하는 것이 안전하다.[5] 북유럽 지역에 초점을 맞춘 학자들은 국제적으로 활동하는 학자 중에서도 상당히 적은 수의 학자들이다.

나는 다음 절에서 이런 틈새 관심사에 대해 면밀히 살펴볼 것이다. 즉, 중

---

5 1990년대 중반 이전의 모든 언론 기사가 디지털화되어 있지 않았기 때문에 이른 시기 국제 참조에 대한 양적 분석에는 문제가 있다. 노르딕 국가를 참조하는 것에 대한 상대적 비중은 (예를 들어, 미국 참조에 대한 비교 혹은 교육 논문 전체와 비교해볼 때) 가용한 자료만으로는 결론 내기 어렵다. 디지털화되어 있는 자료에 근거해 노르딕 국가들은 1970년대까지 거의 참조되지 않았다. 1980년대가 지나면서 노르딕 국가에 대한 참조가 8배 가까이 많아졌는데, 1980년과 1989년 사이 참조 횟수는 197회였던 것에 비추어 2010~2019년 동안 참조된 사례는 자그마치 1666회가 되었다. 그러나 동 기간 교육을 주제로 한 논문은 21이란 요인으로 증가했다. 1980년대 핀란드가 노르딕 국가 중 가장 적게 참조되었던 것에 비추어, 1990년대에는 노르웨이가 간과되는 경향이 있었고, 2000년대에는 덴마크가 그리고 2010년대가 되면 스웨덴이 그런 국가가 되었다.

국에서 그다지 만족스럽게 다뤄지지 못하는 교육 문제 해결에 대해 북유럽 국가의 사례가 나름 교육적 해결책을 제시해주는 것처럼 흔히 특정한 목적을 수행한다. 서두에서 이미 논의되었지만, 이런 참조는 외재화의 전형적인 사례이고 다른 국가가 국내 발전의 문제를 명료하게 하고 종종 비판하기의 한 예로 사용된다.

중국 입장에서 본 북유럽 교육의 특징

전체적으로 학술 인용 정도가 어떤지 혹은 개별 국가를 다룬 내용이 어떤지를 떠나, 중국 학자들은 북유럽 교육을 다음 다섯 가지 관심 영역으로 정리하고 있다.

1. **교육과정 내용 및 교수법 접근:** 이 범주에는 교육과정의 내용, 예를 들어 시민교육, 지속가능교육, 기업가교육, 성교육 등이 포함될 뿐만 아니라 어떻게 가르치는지에 대한 접근, 예를 들어, 아동중심접근, 프로젝트기반수업, 교과통합학습, 자연기반학습, 실용적 훈련, 반집단괴롭힘프로그램 등도 포함된다.

2. **교육정책 및 거버넌스:** 여기서 관심의 초점은 학교 자율성, 반부패 방안, 학습평가전략, 학생 권리, 의사결정에서의 참여 등이다.

3. **교사교육:** 이 주제와 관련된 대부분의 연구는 연구기반 교사교육 및 교사 자율성에 맞춰져 있다.

4. **교육체제의 특징:** 중국학자들에게 가장 큰 관심을 받는 북유럽 교육체제의 영역은 영유아교육, 고등교육, 특수/통합교육, 직업교육, 지역사회교육, 민중교육 및 평민고등학교, 좀 더 일반적인 의미의 제도화된 평생교육기회 등이다.

5. **학습지원인프라:** 이 범주에는 교육을 위한 교수학습자료 및 정보통신기술(ICT4E)을

다룬 논문뿐만 아니라 학교 건물 및 교실 디자인에 대한 것들이 포함되어 있다.

북유럽 교육에 대해 중국 논문이 다루고 있는 이런 전반적인 연구 동향과는 달리, 북유럽의 개별 국가에 대한 참조는 주제가 초점화되어 있지 않고 산만한 주제 양상을 보인다. 다음 부분에서 이에 대해 다룰 것인데, 우선 핀란드(가장 참조가 많이 되는 국가)를 대상으로 한 연구, 다음으로는 스웨덴, 덴마크, 노르웨이로 이어질 것이다. 위에서 수집·분석한 눈문 중 3개 이상의 논문이 하나의 주제로 범주화될 수 있으면 주제로 선택되었다.[6] 중국 학자들이 부여한 주제에 대한 관심이 어떠한지를 살펴보기 위해 전체 인용지수를 중심으로 주제의 순위를 매겨보았다.

핀란드

[그림 4-4]에서 제안하는 것과는 대조적으로 핀란드를 참조하는 대부분의 연구논문은 주로 '평가/장학(초중등학교와 대학 모두에서), 교사/교사교육' 등이었다. 그러나 핀란드, 일본, 미국에서 학생들의 핵심 역량에 대한 논문 인용이 워낙 많이 이루어지기 때문에(총 663회) '교육과정개발'이 핀란드에 대한 중국 학자들의 관심과 관련해 가장 많이 인용되는 주제이다(Xin, Jiang & Wang, 2014). 대다수의 핀란드 참조는 2002년 이후부터 등장하였다. 핀란드에서의 직업교육에 대한 주제만 예외적이었는데, 이 주제는 1990년대에 주목받다가 2014년 이후에는 그다지 큰 역할을 하지 않고 있다.

----

6 논문이 3개가 되지 않는 주제들은 '기타'라는 범주에 넣었다. 여기에 두 가지 예외적인 사항이 있다. 노르웨이에 있어 연구 주제는 하나의 범주에 속하기 위해 세 개 이상이 아닌 2개 이상으로 삼았다. 왜냐하면 3개 이상으로 삼을 경우 '기타' 범주 속 논문이 너무 많아지기 때문이다. 덴마크의 경우에는, '영유아교육' 범주는 논문이 2개 밖에 되지 않지만 한 범주로 삼았다. 이 두 논문은 인용된 횟수가 105회나 되기 때문이었다.

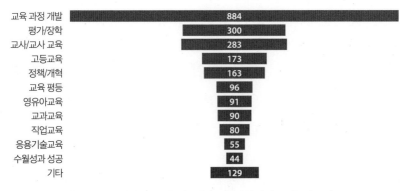

교육 과정 개발	884
평가/장학	300
교사/교사 교육	283
고등교육	173
정책/개혁	163
교육 평등	96
영유아교육	91
교과교육	90
직업교육	80
응용기술교육	55
수월성과 성공	44
기타	129

[그림 4-4] 핀란드 교육을 참조한 논문에서 가장 자주 인용된 주제

출처: CAJ 데이터를 기반으로 작성

　‘평가/장학’이란 주제와 함께 교육과정개발은 조사가 진행된 시기 동안 연간 등락의 폭이 가장 작은, 한마디로 가장 꾸준히 연구된 분야였다. 이와 대조적으로 교사 및 교사교육을 주제로 한 논문은 2007년 이후 관심을 끌기 시작하였다. 고등교육은 네 번째로 높은 인용지수를 보이는 주제인데, 주로 혁신, 국제화, 그리고 기업가 대학 등에 대한 관점을 다루고 있다. 네 번째와 크게 다르지 않지만, 약간 낮은 다섯 번째 순위는 ‘정책과 개혁’이었다.

　상위 5순위에 해당하는 주제 모두는 우선 중국의 교육개혁이라는 맥락 내에서 논의되어야 한다. 다음으로는 좀 더 최근의 일이기는 하지만, PISA와 같은 국제학업성취도평가라는 배경에 비추어 고려해야 한다. 앞에서 이미 이야기한 바와 같이, 교육과정개혁은 지식경제로 국가를 전환하기 위한 기본적인 토대를 마련하려는 것이었고, 교육받은 사람들이 만드는 혁신적인 국가라는 핀란드의 명성은 중국 학자들이 상당히 관심을 기울일 만한 사례였다. 이와 유사하게, 장학과 평가에 대한 질문은 중국 교육 거버넌스에서 생긴 변화 때문에 관심이 점점 더 커졌다. 이 주제에 대한 많은 연구논문은 사실 단일 국가에 대한 연구가 아니라 북유럽 국가를 포함한 여러 국가의 거버넌스 전략을 검토하는 내용으로 구성되어 있다. 고등교육에 대한 관심 및 정책/개혁에 대한 관심은 모두 중국교육 특히 대학교육이 2000년대 겪어온 많은 변화에 뿌리를 둔 것으로 이해될 수 있다. 이와 대조적으로 중국의 핀란드 교사교육 및 일부 교육과정에 대한 관심은 대체로 핀란드가 PISA에서 거둔 성공으로 촉발된 것으로, 연구기반이라고 비친 핀란드의 교사교육과 핀란드 교육과정이 구성되는 방식이 성공의 원인이라고 여겨졌다.

스웨덴

스웨덴 참조는 핀란드에 비해 좀 더 다양한 양상을 보인다([그림 4-5] 참조). 핀란드가 가장 많이 인용된 주제와 그 이외 다른 주제들 사이에 엄청난 격차를 보여준다면, 스웨덴과 관련된 주제들의 전체 인용 정도는 대략 100에서 200번 사이에 모여 있다. 게다가 참조사회로 스웨덴이 오랫동안 주목받아온 탓에 스웨덴에 대한 주제의 시기별 분포는 상대적으로 꽤 오랜 기간에 걸쳐 분포되어 있다.

스웨덴 학교교육에 있어 가장 두드러진 점은 성교육이 인용지수 418로 가장 높은 순위에 있다는 것이다. 이 주제에 대한 중국 학자들의 관심은 1997년에서 2013년까지 큰 변동 없이 일관되게 이어지고 있다. 하지만, 최근 들어서는 약간 뜸해진 듯 보인다.[7] 이 주제에 대한 참고는 가정에서 해결되지 않는 이슈에 기인한 외재화의 전형적인 사례로 간주될 수 있다. 성교육은 중국 교육과정에서 충분히 다뤄지지 않는데, 스웨덴 사례는 이런 유형의 교육이 대체

---

7 이 주제는 최근 젠더형평성/페미니즘 교육이란 주제로 이동하고 있는 듯하다. 하지만 이 주제에 관한 논문이 발간된 지 얼마 되지 않았기 때문에 사례로 택해질 만큼 인용지수가 그리 높지는 않았다. 마찬가지로 페미니즘은 중국 상황에서 정치적으로 민감하고 더불어 중국과 스웨덴 사이의 인권 논쟁으로 긴장상태가 지속되고 있는 만큼 스웨덴 페미니즘 교육에 대한 참조가 더 적었을 것이라고 생각한다.

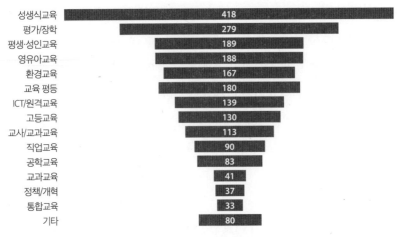

성생식교육	418
평가/장학	279
평생·성인교육	189
영유아교육	188
환경교육	167
교육 평등	180
ICT/원격교육	139
고등교육	130
교사/교과교육	113
직업교육	90
공학교육	83
교과교육	41
정책/개혁	37
통합교육	33
기타	80

[그림 4-5] 스웨덴 교육을 참조한 논문에서 가장 자주 인용된 주제

출처: CAJ 데이터를 기반으로 작성

로 청소년 및 사회를 위해 감당해야 하는 중요한 사회적 역할을 주장하기 위한 사례로 활용되어왔다.

'평가/장학'에 대한 관심은 핀란드 사례와 상당히 겹치는데, 이어지는 주제들, 평생학습/노인교육, 환경교육(지속가능교육), 취학 전/영유아교육은 좀 더 스웨덴다운 주제들이다. 앞의 두 주제는 관심의 정도가 그 정점을 지난 듯하지만, 스웨덴의 영유아 교육에 대한 중국 사람들의 관심은 여전히 상당하다. 이 연구논문의 다수는 복지국가 관점에서 쓰인 것으로 이는 스웨덴 및 북유럽 국가에 대한 일반적인 출판물(군이 교육 분야에 국한되지 않는다고 하더라도)에서도 주된 내용으로 등장한다. '교육의 형평성'은 핀란드보다 스웨덴과 관련된 널리 퍼진 연구주제인 것 같다. 그러나 이런 차이는 실제적이기보다는 외관상 그런 것일 수도 있다. 이 범주 내에 있는 150개의 인용 중 95개의 인용이 스웨덴의 저명한 교육연구자인 후센(Torsten Husén, 1916~2009)에 관한 단 하나의 연구논문에서 이루어졌는데(Zhu & Zhao, 2007), 이것은 교육적 형평성의 질문이 특별히 스웨덴의 학교체제와 깊이 관련되어 있기 때문이라기보다는 후센의 국제적 명성 때문에 생긴 관심일 수 있다. 좀 더 스웨덴에 고유한 주제는 ICT/원격교육인데, 스웨덴은 1994~2004년 사이 이 분야의 초기 모범적인 국가라는 인상을 주었다. 그러나 최근, 중국이 ICT에 강한 국가로 떠오르면서(Schulte, 2018a), 스웨덴은 이 주제와 관련하여 더 이상 아무런 역할도 하지 않고 있다.

핀란드 사례와는 대조적으로 교육과정개발은 스웨덴을 참조하는 중국 연구에 관련성이 없다. 아마도 핀란드와 비교해 PISA에서 낮은 성취도를 보이는 스웨덴의 상황 때문에 이 주제에서 그다지 모범적으로 다뤄지지 않는다. 고등교육 및 교사/교사교육은 나름 역할을 하고 있기는 한데, 핀란드 사례에 비교해 그 정도는 훨씬 덜한 편이다. 고등교육과 관련하여 수집된 논문은 우선 창의성을 위한 혁신과 교육, 둘째, 고등교육기관에 자율성을 부여하는 거버넌스 모델에 많은 관심을 기울이고 있다. 교사/교사교육 및 이 주제에 대한 참조가 핀란드의 경우와 어떻게 다른지는 핀란드와 스웨덴에서의 교사교육에 대한 인식을 비교하는 부분에서 다시 다뤄질 것이다.

덴마크와 노르웨이

일반적으로 덴마크와 노르웨이만을 참조해 연구한 논문은 상대적으로 소수다. 하지만, 많은 연구는 특히, 평가와 장학이란 주제와 같이 상위 순위 주제에 있는 여러 국가를 언급하고, 덴마크의 경우는 고등교육이란 주제([그림 4-6]), 노르웨이의 경우는 직업교육이란 주제([그림 4-7])가 그렇다.[8] 그럼에도 불구하고 덴마크와 노르웨이가 특정 주제에 대해서는 나름 참조를 위한 틈새를

---

8 노르웨이에서의 '직업교육' 범주 내에서 다른 국가의 직업교육에 관한 논문 하나가 여러 국가에서 241회의 인용이 이뤄졌다(Li, 2000).

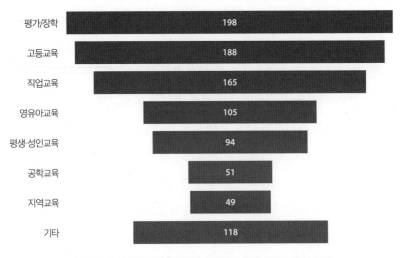

[그림 4-6] 덴마크 교육을 참조한 논문에서 가장 자주 인용된 주제

출처: CAJ 데이터를 기반으로 작성

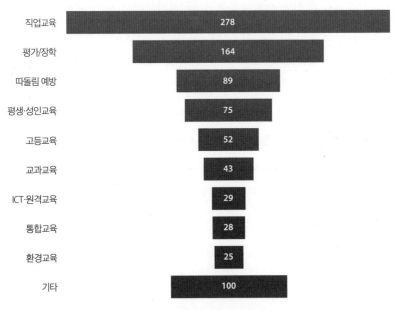

[그림 4-7] 노르웨이 교육을 참조한 논문에서 가장 자주 인용된 주제

출처: CAJ 데이터를 기반으로 작성

구축해온 예외적인 세 가지 영역이 있다.[9] 우선, 덴마크의 직업교육에 대한 참조는 덴마크라는 국가의 특성 때문이다. 여기서 덴마크의 직업교육모델에 관해 중국 학자들의 호기심을 끌어낸 것은 다름 아닌 농업에 관한 관심인 것이다. 즉, 이것은 꽤 오래된 초국가적인 관심의 역사를 되돌아볼 수 있는 관심이다. 즉, 하가르드가 1911년 쓴 〈농촌 덴마크와 그 시사점, Rural Denmark and its Lessons〉은 중국에서 1920년대 꽤 집중적으로 다뤘던 책이다. 이미 이 책의 서론 부분에서 논의하기도 했지만, 당시 교육지도자들은 농업 관련 지식을 학교 교육과정에 통합한 것에서 대단한 영감을 얻었다(Zhu Q., 1923; 본서 제3장 참조).

두 번째 예외는, 학교에서 집단따돌림을 예방하기 위한 방안이 중국 연구자들의 관심을 끌었다. 비록 이에 대해 다룬 연구는 2개밖에 되지 않지만, 인용은 자그마치 89번이나 이뤄졌다.[10] 성교육과 마찬가지로 집단따돌림은 중국 학교에서 만족스럽게 다뤄지지 않는 주제로 여겨졌고 연구자들은 다른 지역에서 그 해결책을 찾고자 했다. 세 번째, 지역사회교육이란 주제는 덴마크 교육과 특히 관련이 깊다. 인용 49회로 그다지 인용지수가 높지는 않지만 말이다. 이는 덴마크 철학자이자 교육학자인 그룬트비히(F. Grundvig, 1783~1872)와 고등평민학교가 담당했던 역할이 지대했기 때문이다. 이러한 것들이 중국의 지역사회 교육을 발전시키는 데 관심 있는 연구자들에게 큰 영감을 불러일으켰다(제1, 2. 7장 참조).

---

9 덴마크의 영유아교육에 대해 인용 횟수가 높아 보이는 것은 덴마크 유치원의 건축 디자인에 관한 단 하나의 논문이라서인데, 이는 〈The journal World Architecture〉(Zhang & Dong, 2003)에 실렸다. 이 논문을 인용하는 다른 대부분의 논문은 교육이 아닌 건축 분야를 다루고 있다. 따라서 영유아교육은 여기서 '참조의 사례'로 다뤄지지 않는다.

10 그러나 이 논문들은 노르웨이만을 다루고 있지 않다.

'북유럽다움'과 북유럽 국가

위에서 보여준 비교적 다양한 주제들을 생각해보면, 중국 학자들 관점에서 공통된 북유럽 교육모델이 있다고 주장하기는 어렵다. 북유럽의 4개 국가를 통틀어 가장 공통적인 주제는 평가/장학과 고등교육이었다. 그러나 이 두 주제는 북유럽 지역만을 혹은 어떤 북유럽 국가만을 대상으로 한 것이 아니라 거버넌스와 책무성에 관한 다른 여러 모범적인 국가와 비교하여 북유럽 지역들에 초점을 뒀다. 가장 '북유럽적'이라고 할 만한 주제는 아마도 평생학습과 노인교육이다. 그러나 이 주제는 핀란드에 초점을 맞춘 연구에서는 등장하지 않는데, 중국 연구자들은 이 주제를 핀란드와 잘 연계하지 않았다. 특정 국가에 초점을 맞춘 연구관심의 경우, 취학 전 교육, 영유아교육 영역은 핀란드와 스웨덴이 가장 많이 중복되는 영역이고 '교육의 질'과 같은 경우는 그보다는 덜하다.

하지만, 미국을 참조하는 연구들과 비교해보면, 북유럽 국가를 참조한 일련의 연구주제들은 상당히 독특하다. 지면의 제약 때문에 미국을 참조해 연구한 내용들을 자세히 언급하기는 어렵지만, 간단히 요약해 가장 두드러진 연구주제를 보면, 새로운 ICT 기반 교수법(블렌디드러닝, 거꾸로수업 등)과 다문화교육(이중언어학습 등)으로 북유럽 지역의 연구주제와 아주 다르다. 게다가, 북유럽 지역을 참조한 나름 자주 인용되는 연구논문에서 위에서 논의된 국가별 연구와 전체적으로 중복되는 부분은 지역사회교육 및 취학 전/영유아교육이다. 종합해 이야기하자면, 아이슬란드를 제외한 북유럽의 4개 국가가 중국 연구자들에게 나름 단일한 모델을 지닌 교육의 이미지를 보여주지는 않지만, 그럼에도 불구하고 북유럽 지역이 아닌 국가와의 비교를 통해 볼 때 이 지역의 교육에서 주목하고 있는 나름의 주제들이 있음을 확인할 수 있다.

중국인이 바라본 핀란드/스웨덴 교사

중국 학계에게 핀란드, 스웨덴의 교사는 무엇이고, 이들이 어떻게 교육받고 훈련받고 있는 것으로 목격되는가? 중국 연구자들은 이런 핀란드, 스웨덴 교사교육 및 훈련에서 중국의 교직에 관하여 어떤 통찰을 얻고 있는가? 여기서 나는 이런 질문에 대해 간단히 살펴보고 이후 이 장의 결론 부분으로 넘어갈 것이다.

일반적으로 핀란드 교사 및 교사교육에 대한 중국 연구자들에 대한 연구 및 인용 동향은 스웨덴의 경우보다는 좀 더 단일한 성격을 보인다. 앞서 언급한 바도 있는데, 교사 및 교사교육은 중국 학자들의 스웨덴에 관한 연구에서 주제로 잘 다루지 않는 경향이 있다. 예를 들어, 교사의 역할은 스웨덴에 관한 연구 주제 중 가장 많이 인용되고 있는 성교육에 관한 연구에서 찾아볼 수 있다. 그러나 이런 연구논문의 초점은 교사에 관한 것도 아니고, 교사교육에 관한 것도 아니다. 이에 비해, 핀란드 교사 및 교사교육에 대한 참조는 거의 예외 없이 핀란드가 연구기반 교사교육을 정책으로 이행하고 잘 꾸려가고 있다는 점, 이런 접근이 핀란드 교육의 성공을 설명한다는 생각을 자세히 설명한다. 대부분의 논문에서 우세한 것은 과학적 관점이라고 부를 수 있는 것이다. 핀란드 교사는 증거에 기반해 교수활동을 하고 이론과 실제를 성공적으로 통합하는 데에 과학적 개념을 사용한다(Zhang X., 2016; Zhou & Gong, 2016). 때때로, 연구자들은 핀란드 교사교육이 간학문적이고 사회학적인 관점을 포함하고 있어 교사교육이 순수한 교과지식만을 강조하는 것을 넘어서야 한다는 점을 강조한다(Rao & Li, 2016). 좀 드물기는 하지만, 정직, 신뢰와 같은 사회적이고 관계적인 측면 혹은 튜터링 및 멘토링 등이 교사교육의 성공에 필요하다고 언급하는 연구도 있다(Chen, 2014). 핀란드 교육을 참조하는 모든 연구논문에 대체로 깔린 질문은, 핀란드의 교육을 성공적으로 이끈 요인이 무엇이었을까, 이런 요인이 현재 중국 교육(교사교육)체제와 어떻게 다를까, 이 요인의 일부가 중국에 어떻게 도입될 수 있을까 등이다.

핀란드에 비해 스웨덴 교사 및 교사교육에 대한 중국 학자들의 관심은 핀란드에 비해 좀 더 다양하다. 가르침과 교수법 관련 문제, 즉, 교직이 어떻게 전문직화되었는지, 젠더와 페미니즘 관점이 어떻게 수업에 녹아들어 있는지, 다양한 학생들의 관심사와 역량이 수업시간에 어떻게 통합될 수 있는지 등에 초점을 맞춘 연구들이 있는가 하면, 어떤 이들은 체계상의 조직, 즉, 예를 들어 교사교육의 교육과정에서 초등 및 중등단계의 교육을 어떻게 통합할 것인지에 초점을 맞춘다. 또 어떤 이들은 거버넌스 관련 쟁점, 즉, 교육과정 문제에서 교사교육 기관의 자율성, 정부로부터의 독립성, 혹은 일반적으로 교사양성기관의 유연성 등을 강조한다(예를 들어, Gu & Wang, 1999; Qiu, 2008 참조). 스웨덴 방식은 교육적 성공을 가져오는 공식으로 비치기보다는 중국의 경로와 사뭇 다른 사회문화적 발전을 반영한 흥미로운 사례로 여겨졌다.

서론에서 조명했던 개념을 다시 상기해보자면, 핀란드 모델은 합리화된 신화로서의 참조사회라는 개념에 더 가깝다. 즉, 합리적으로 정당화된 모방할 만한 모범적인 사례로서 말이다. 이와 반대로, 스웨덴에 대한 참조는 일종의 대안적 교육세계로 그려지지만, 현재 중국에서 실현해 내기에는 현실적으로 어렵다고 생각된다. 핀란드 시스템과 관련된 측면들은 대체로 옮겨 수행할 수 있을 만하다고 여겨진다. 교육적인 면에서나 정치적인 면에서 말이다. 중국 교사교육은 연구에 기반한 시스템으로 상대적으로 쉽게 기획될 수 있고 이론과 실천 간 관계가 좀 더 체계화되고 개선된다는 맥락하에 중국에서 도입을 충분히 생각해볼 수 있다. 비교컨대, 전형적으로 스웨덴에 국한된 특성은 좀 더 근본적인 점에서 중국 시스템과 다르다. 중국에서 이런 특성들을 도입해 실행하는 데는 중국 시스템을 상당한 정도로 크게 변화시키는 것이 필요하다. 따라서 이런 참조는 특정 방안을 채택하려는 의도라기보다는 중국 교육시스템의 위계화되고 정치화된 특성, 혹은 개별 학생의 토대 역량을 제대로 키우기 어렵게 만드는 시험 지향 교수법과 같이 여전히 변화가 어려운 것으로 여겨지는 중국 체제의 문제들을 명확하게 밝히고 또 이에 대한 문제를 제기하려는 시도라고 봐야 한다.

다른 연구에서(Schulte 2019a, pp. 190–191) 나는 행위자(연구자, 정책 결정자 등)가 다른 교육시스템에 외재화하는 데 작동하는 3가지 유형의 도구를 정의해왔다. '(1) 개념적 도구로 경험적 실재를 순서 짓고, 범주화하고, 해석하는 데 쓰인다. (2) 전략적 도구로, 특정 접근이나 개혁을 옹호 혹은 비판하는 데 쓰인다. (3) 정치적 도구로, 특정 접근 또는 개혁을 떠받치고 있는 이데올로기를 정당화하거나 드러내는 데 쓰인다.' 우리가 핀란드 및 스웨덴의 교사 교육에 대한 학술적 논의를 일종의 외재화라고 본다면, 핀란드 참조는 핀란드 교사교육을 부분적으로 채택하기를 바라는 좀 더 전략적인 특성을 가지는 반면, 스웨덴에 대한 외재화는 본질적으로 좀 더 정치적이다. 즉, 대안적인 해법을 지적함으로써 이 연구자들은 교육문제에 대한 현재 중국의 대응이 지닌 이데올로기적인 토대에 도전하고 있다.

결론: 중국에서의 북유럽 모델, 공물인가, 처방인가?

비교교육 분야의 연구자들은 차용자의 관점에서 교육적 차용이 어떻게 비쳐야 하는지를 계속해서 강조해왔다. 특정한 지역의 맥락, 그리고 외부로부터 들어온 교육 사상에 대한 해석 작업은 적어도 이 사상 그 자체만큼이나 중요하게 여겨진다 (Steiner-Khamsi, 2014). 이런 입장은 한편으로는 교육 근대화라는 서구중심적인 관점과 또 다른 한편으로는 교육변화에 대한 확산주의자 관점에 대한 회의주의에서 비롯되었다. 서구중심적 관점은 후발 민족국가가 선진국가의 교육모델을 단순히 채택할 것이라고 가정하는 반면, 확산주의자 관점은 강한 개입 행위자의 역할을 과소평가한다(Schulte, 2012b 참조). 국제사회의 동료들이 지역의 의미 생성자(교육연구자, 정책 결정자, 기타 유사한 분류)에 침투할 때, 즉 말하자면 해석작업이 적어도 해석자들보다는 저자(참조국가의 저자들)에 부분적으로 남겨진다면, 도대체 어떤 일이 일어날까? 이 말은, 번역작업이 최소한 부분적으로라도 번역자(지역 전문가들)가 아닌 저자(외부 전문가들)들에게 맡겨진다면 무슨 일이 일어나겠느냐는 말이다.

중국 학계에 자리한 핀란드에 대한 표상에서 앞서 말한 과정이 지금 일어나고 있을 수도 있다. 이미 언급한 바 있지만, 핀란드 교사교육에 대한 논의는 누가 봐도 알 수 있을 정도로 단일한 성격을 띤다. 게다가 다른 북유럽 국가와 상당히 대조적으로 중국의 논문 검색 시스템에는 핀란드 연구자들이 저술한 핀란드 교육에 대한 중국어 논문이 상당히 많이 있다. 이는 핀란드 교육방식을 묘책으로 조금 무비판적으로 제시한다(예를 들어, Harju & Niemi, 2017; Lavonen, 2020; Välijärvi, 2009 참조). 최근 수년간, 핀란드 교육연구자들은 소속 기관으로부터 '교육수출' 활동에 적극 참여할 것을 주문받아왔고 이에 보다 최근의 문헌들은 교육수출 행위자가 행동하는 노골적인 상업적 교육비즈니스뿐만 아니라 연구자들 또한 있다고 밝히고 있다. 이 연구자들은 '직접적으로 혹은 간접적으로 명시적으로 혹은 암묵적으로 일련의 자국 교육서비스, 교육사상, 교육정책을 판매함'으로써 교육적 수월성의 국가라는 핀란드의 이미지를 공동으로 생산한다(Dervin & Simpson, 2019, p. 35). 더빈(DeDervin)은 〈교육, 학습, 가르침에서의 신화들, Myths in Education, Learning and Teaching〉 (Harmes, Huijser & Danaher, 2015)의 책 서두의 추천사에서 핀란드는 자국을 교육 유토피아로 만들어가고, 이를 통해 이익을 창출하는 데 아주 적극적이었다. 이런 브랜드 창출 과정에서 핀란드 교육 문화는 아주 중요해졌다. 학술적 기여라는 외관 아래, 그런 홍보 프리젠테이션은 핀란드 교육을 지나치게 단순화하고 아주 쉽게 수용할 만한 전형으로 만들어냈다(Dervin & Simpson, 2019). 리우와 더빈의 저서(2017)에 따르면 핀란드 기적에 대한 그런 설명은 좀 더 일반적인 중국의 독자들을 위한 책으로 다시 만들어졌다.

따라서 우리가 중국 학계에서 핀란드를 참조사회로 구성하는 과정에서 목격할 수 있는 것은 중국의 외재화 과정뿐만 아니라 더빈이 '교육의 신화학(mythologies of education)'이라고 부르는 것을 만들어가는 데 있어 핀란드가 공동 감독하는 것에서 나온 결과이다(Harmes, Huijser & Danaher, 2015, p. xiii). 더빈의 '교육 신화학' 개념 속에서 교육에 대한 특정한 생각거리는 곧 '질문할 수 없는 진리'로 변화한다. 핀란드 학계는 수출을 위해 교육지식을 생산하고 초국가적 영역 및 중국 학계와 같이 특정 지역의 학술적 논의의 장에 이런 지식을 제공하면서, 핀란드 연구자들이 핀란드 모델을 합리화하도록 도왔고 이를 통해 '핀란드 기적'을 합리화된 신화로 탈바꿈하는 데 기여했다.

이 장의 분석이 제안하듯이 '초국가 수준의 인정'(Schriewer, 2009, p. 33)은 단순히 국가 간 심사숙고를 통한 객관적 결과가 아니라 지역(국가 차원의) 담론에 장래의 '참조사회'의 개입으로 추동되고 또 형성될 수 있다. 이런 담론은 초국가적 정당화 과정에 나름의 피드백을 제공해줄 것이고 그것은 다시 국가 발전에 영향을 미치는 권력을 발달시킨다. '북유럽 모델'의 구성과 관련하여 북유럽 모델은 적어도 국제사회에서 인정하는 권력에 있어서 '핀란드 기적'이라는 합리화된 신화로 점차 교체되고 있는 듯하다.

[참고문헌]

Bendix, R. (1967) 'Tradition and modernity reconsidered', Comparative Studies in Society and History, 9(3), pp. 292–346. doi: 10.1017/S0010417500004540.

Chen, C. 陈才锜 (2014) '芬兰普通高中导师制的特色及启示' Fenlan putong gaozhong daoshizhi de tese ji qishi, Global Education, 43(1), pp. 87–94.

ChinaFile (8 November 2013) 'Document 9: a ChinaFile translation'. Available at: https://www.chinafile.com/document-9-chinafile-translation (Accessed: 10 May 2021).

Dervin, F. and Simpson, A (2019) 'Transnational edu-business in China: a case study of culturalist market-making from Finland', Frontiers of Education in China, 14(1), pp. 33–58. doi: 10.1007/s11516-019-0002-z.

Eisenstadt, S.N. and Schluchter, W (1998) 'Introduction: paths to early modernities: a comparativeview', Daedalus, 127(3), pp. 1–18.

Gu, D. 顾定倩 and Wang, L. 王丽娜 (1999) '瑞典师范教育及几点启示' Ruidian shifan jiaoyu ji jidian qishi, Studies in Foreign Education, (4), pp. 36–39.

Haggard, H. R. (1911) Rural Denmark and its lessons. New York: Longmans, Green & Co.

Harju, V. and Niemi, H. (2017) '芬兰基础教育阶段核心素养的培养及评价' Fenlan jichu jiaoyu jieduan hexin suyang de peiyang ji pingjia, Educational Measurement and Evaluation, 7, pp. 10–18.

Harmes, M. K., Huijser, H. and Danaher, P. A. (eds.) (2015) Myths in education, learning and teaching. London: Palgrave Macmillan UK. doi: 10.1057/9781137476982.

Lavonen, J. (2020) '芬兰分权教育体制下的协同式教育改革' Fenlan fenquan jiaoyu tizhi xia de xietongshi jiaoyu gaige, Studies in Foreign Education, 47(2), pp. 3–13.

Li, J. 李建忠 (2000) '国际职业教育发展现状, 趋势及中国职业教育的基本对策' Guoji zhiye jiaoyu fazhan xianzhuang, qushi ji Zhongguo zhiye jiaoyu de jiben duice, Waiguo Jiaoyu Ziliao, (6), pp. 57–64.

Liu, H. and Dervin, F. (2017) '"Education is a life marathon rather than a hundred-meter race": Chinese "folk" comparative discourses on Finnish education', Compare: A Journal of Comparative and International Education, 47(4), pp. 529–544. doi: 10.1080/03057925.2016.1257351.

Merton, R. K. (1967) Social theory and social structure. New York: The Free Press.

Meyer, J. W. and Rowan, B. (1977) 'Institutionalized organizations: formal structure as myth and ceremony', American Journal of Sociology, 83(2), pp. 340–363.

Qiu, L. 邱莉 (2008) '瑞典教师教育培养模式及课程设置对我国教师教育改革的启示' Ruidian jiaoshi jiaoyu peiyang moshi ji kecheng shezhi dui woguo jiaoshi jiaoyu gaige de qishi, Curriculum, Teaching Material and Method, 28(12), pp. 88–91.

Rao, C. 饶从满 and Li, G. 李广平 (2016) '芬兰研究本位教师教育模式:历史考察与特征解析' Fenlan yanjiu benwei jiaoshi jiaoyu moshi: lishi kaocha yu tezheng jiexi, Studies in Foreign Education, 43(12), pp. 3–20.

Scholars at Risk Network (2019) Obstacles to excellence: academic freedom & China's quest for
world-class universities. Available at: https://www.scholarsatrisk.org/wp-content/
uploads/2019/09/Scholars-at-Risk-Obstacles-to-Excellence_EN.pdf (Accessed: 15 December
2020).

Schriewer, J. (1990) 'The method of comparison and the need for externalization: methodological criteria
and sociological concepts', in Schriewer, J. and Holmes, B. (eds.) Theories and methods in
comparative education, Komparatistische Bibliothek, 1. Frankfurt am Main: Lang, pp. 3–52.

Schriewer, J. (2009) '"Rationalized myths" in European higher education: the construction and diffusion of
the Bologna model', European Education, 41(2), pp. 31–51.

Schriewer, J. and Martinez, C. (2004) 'Constructions of internationality in education', in Steiner-Khamsi, G.
(ed.) The global politics of educational borrowing and lending. New York: Teachers College Press,
pp. 29–53.

Schulte, B. (2012a) 'The Chinese Dewey: friend, fiend, and flagship', in Bruno-Jofre, R. and Schriewer,
J. (eds.) The global reception of John Dewey's thought: multiple refractions through time and
space. London: Routledge, pp. 83–115.

Schulte, B. (2012b) 'World culture with Chinese characteristics: when global models go native',
Comparative Education, 48(4), pp. 473–486.

Schulte, B. (2014) 'Chinas Bildungssystem im Wandel: Elitenbildung, Ungleichheiten, Reformversuche',
in Fischer, D. and Müller-Hofstede, C. (eds.) Länderbericht China. Bonn: Bundeszentrale für
Politische Bildung, pp. 499–541.

Schulte, B. (2018a) 'Digital technologies for education in China: national ambitions meet local realities',
in Stepan, M. and Duckett, J. (eds.) Serve the people. Innovation and IT in China's development
agenda. Berlin: Mercator Institute for China Studies (MERICS Papers on China, 6 October 2018),
pp. 31–38.

Schulte, B. (2018b) 'Envisioned and enacted practices: educational policies and the "politics
of use" in schools', Journal of Curriculum Studies, 50(5), pp. 624–637. doi:
10.1080/00220272.2018.1502812.

Schulte, B. (2019a) 'Curse or blessing? Chinese academic responses to China's PISA performance', in
Steiner-Khamsi, G. and Waldow, F. (eds.) Understanding PISA's attractiveness: critical analyses
in comparative policy studies. London: Bloomsbury, pp. 177–197.

Schulte, B. (2019b) 'Innovation and control: universities, the knowledge economy, and the authoritarian
state in China', Nordic Journal of Studies in Educational Policy, 5(1), pp. 30–42. doi:
10.1080/20020317.2018.1535732.

Sellar, S. and Lingard, B. (2013) 'Looking east: Shanghai, PISA 2009 and the reconstitution of reference
societies in the global education policy field', Comparative Education, 49(4), pp. 464–485. doi:
10.1080/03050068.2013.770943.

Seppänen, P., Thrupp, M. and Lempinen, S. (2020) 'Edu-business in Finnish schooling', in Hogan, A. and
Thompson, G. (eds.) Privatisation and commercialisation in public education: how the public
nature of schooling is changing. London: Routledge, pp. 101–118.

Simola, H. (2005) 'The Finnish miracle of PISA: historical and sociological remarks on teaching and teacher education', Comparative Education Review, 41(4), pp. 455–470.

Steiner-Khamsi, G. (2014) 'Cross-national policy borrowing: understanding reception and translation', Asia Pacific Journal of Education, 34(2), pp. 153–167. doi: 10.1080/02188791.2013.875649.

Steiner-Khamsi, G. and Waldow, F. (2019) Understanding PISA's attractiveness: critical analyses in comparative policy studies. London: Bloomsbury.

Välijärvi, J. (2009) '芬兰研究型教师教育述评' Fenlan yanjiuxing jiaoshi jiaoyu shuping, Shanghai Education Research, (1), pp. 21–25.

Vickers, E. and Zeng, X. (2018) Education and society in post-Mao China. London & New York: Routledge.

Xin, T. 辛涛, Jiang, Y. 姜宇 and Wang, Y. 王烨辉 (2014) '基于学生核心素养的课程体系建构' Jiyu xuesheng hexin suyang de kecheng tixi jiangou, Journal of Beijing Normal University (Social Sciences), (1), pp. 5–11.

Zhang, M. 张玫英 and Dong, W. 董卫 (2003) '丹麦幼儿园设计新趋势' Danmai you'eryuan sheji xin qushi, World Architecture, (3), pp. 78–81.

Zhang, X. 张晓光 (2016) '研究取向的中小学教师职前教育探析 – 以芬兰为例' Yanjiu quxiang de zhongxiaoxue jiaoshi zhiqian jiaoyu tanxi - yi Fenlan wei li, Educational Research, (10), pp. 143–149.

Zhong, Q. 钟启泉, Cui Y. 崔允淳 and Zhang, H. 张华 (2001) 为了中华民族的复兴, 为了每位学生的发展:《基础教育课程改革纲要(实行)》解读 Weile Zhonghua Minzu de fuxing, weile mei wei xuesheng de fazhan: 'Jichu jiaoyu kecheng gaige gangyao (shixing)' jiedu. Shanghai: Huadong Shifan Daxue Chubanshe.

Zhou, J. 周钧 and Gong, C. 公辰 (2016) '培养反思 – 探究型教师:芬兰研究取向教师教育探析' Peiyang fansi – tanjiuxing jiaoshi: Fenlan yanjiu quxiang jiaoshi jiaoyu tanxi, Bijiao Jiaoyu Yanjiu, 11(322), pp. 34–39.

Zhu, Q. 祝其樂 (1923) '研究鄉村教育的途徑與方法' Yanjiu xiangcun jiaoyu de tujing yu fangfa, Jiaoyu Zazhi, 15(9), pp. 6–15.

Zhu, Y. 诸燕 and Zhao, J. 赵晶 (2007) '胡森教育平等思想述评' Husen jiaoyu pingdeng sixiang shuping, Journal of Xuzhou Normal University (Philosophy and Social Sciences Edition), 33(4), pp. 114–118.

Zymek, B. (1975) Das Ausland als Argument in der pädagogischen Reformdiskussion: schulpolitische Selbstrechtfertigung, Auslandspropaganda, internationale Verständigung und Ansätze zu einer vergleichendenErziehungswissenschaft in der internationalen Berichterstattung deutscher pädagogischer Zeitschriften, 1871–1952. Ratingen: Henn (Schriftenreihe zur Geschichte und politischen Bildung, 19).

2부

북유럽 교사교육의 등장과
교사 정체성

제5장

북유럽과 유럽의 비교:
1860~1960년대 위원회보고서에 나타난
핀란드 초등교사훈련과 국제사회의 참조

마르조 니에미넨(Marjo Nieminen)

도입

이 장은 1860년대에서 1960년대 초반까지 역사적 관점에서 핀란드 초등교사교육을 논의할 것이다. 핀란드는 교사교육을 안내하기 위해 위원회를 구성하였는데, 이 위원회가 발행한 보고서를 분석하고 북유럽의 다른 국가에서 교사교육 시스템이 이 보고서에서 어떻게 기술되고 비교되는지 검토한다. 위원회보고서는 핀란드 교사교육에서 발전적 변화 맥락에서 만들어졌다. 이때 핀란드의 교사교육에서 대학화(academisation)는 가장 핵심적인 특징이다 (Jauhiainen, Kivirauma & Rinne, 1998; Rinne, 2017). 여기서 '대학화'라는 개념은 두 가지 뜻을 가리킨다. (1) 전문가 교육은 대학 기관이 조직하고, (2) 그 과정은 곧 연구 기반이라는 것이다. 학문적 교사교육을 향한 마지막 단계는 교사교육이 마침내 대학으로 이동한 1970년대에 이루어졌지만, 연구자들은 대학화가 오랜, 그러면서 상당히 느린 과정이었고 이에 대한 초기 징후는 아마도 19세기 말까지 거슬러 올라갈 수 있음을 보여주었다(Jauhiainen, Kivirauma & Rinne, 1998;

Valtonen & Rautiainen, 2013).

　　이 장의 주요 참고 자료들은 5개 위원회의 보고서들로, 이 보고서들에는 새로운 법령을 위한 제안과 이러한 제안의 근거가 되는 주장들이 담겨 있다. 때때로 교사교육 및 훈련 실태에 대한 좀 더 포괄적인 설명을 포함하였다. 일련의 위원회들은 실질적인 입법안과 문안이 마련되기 전에 사전준비를 위한 일을 담당하고 개혁을 위한 제안을 제공하는 행정 지원 기구였다. 각 위원회와 위원들은 핀란드 정부가 임명하였다. 이들의 제안이 반드시 개혁법안으로 채택되는 것은 아니지만, 이 보고서들은 이 제안에 담긴 주장에 대한 상당히 흥미로운 관점을 제공해주고 있다.

　　이 장에서는 핀란드 교사교육의 역사가 자세히 논의될 것인데, 위원회보고서를 중심으로 자세히 살펴볼 것이다. 다음 부분에서는 교사교육의 구조적 변화가 생겨난 연대기적 순서로 논의가 진행될 것이다. 그리고 핀란드 교사교육의 역사적 배경 및 교사교육 정립의 초기 단계에 대해 논의할 것이다.

대학형태의 교사교육 이전 시기(1863~1934)의 역사적 배경

교사훈련원을 갖춘 핀란드의 국가-지자체 교육체제가 제도화되기 전에 대중교육은 교구 성직자 교사와 학교 교사들로 조직되었다. 초기의 이런 대중교육 시스템은 나름 자질을 갖춘 교사의 부족 문제와 함께 교육적 기준이 충분하지 않았다. 1860년대 자체의 교사교육체제를 가지고서 국가-지자체 교육체제가 시작한 것은 시민의 건강과 교육이 새로운 인구정책 및 노동 정책에 맞닿아야 한다는 국가 프로젝트의 일환이었다. 당시 새로운 경제사상에 따라 시민은 국가를 위한 부의 원천이라 여겨졌고 따라서 대중교육은 국가의 아주 중요한 일이었다. 국가-지자체에서 기초교육의 설립은 교육 형평성을 향한 작은 발걸음이었고 교회 권위로부터 대중교육의 분리가 시작되는 것을 의미했다. 교육체제의 이런 변화는 국가건설 및 국가형성 프로젝트와 맞물려 있었다. 복지국가 프로젝트는 20세기 시작 시점에 천천히 진행되었지만, 사람을 교육하고 깨우쳐야 한다는 사상은 이미 대중교육에서 실현되고 있었다. 따라서 대중교육체제는 교사양성과 함께 사회적 과정과 연결되었다(Buchardt, Markkola & Valtonen, 2013; Rantala, 2011; Rinne, 2017). 아호넨은 초등학교 교사가 국가-지자체 대중교육의 전위대가 되었고 역사의 대리자로 여겨지는 이들의 등장은 핀란드 시민사회를 각성시키는 부분이었다는 점을 언급하였다(Ahonen, 2003, p. 57).

새로운 대중교육체제가 1850~1860년대를 거쳐 점차 발전해가면서 교육체제의 형성뿐만 아니라 교사 훈련 및 훈련을 위한 교육과정에 관한 것이 문제였다. 이 계획을 위한 탄탄한 기반을 마련하기 위해 핀란드 의회는 다른 유럽 국가의 교육 및 교사교육체제에 대한 지식을 수집하는 것이 필요하다고 생각하였다. 교회 목사이자 교구학교의 교사, 교회학교의 책임자인 시그나에우스(Uno Cygnaeus, 1810~1888)가 해외 상황을 조사하도록 선정되었다(시그나에우스는 나중에 교사훈련원의 대표 학교 장학사이자 원장으로 임명된다). 1858~1859년 동안 스웨덴, 덴마크, 독일, 오스트리아, 스위스 및 네덜란드 등을 방문하면서 그는 북유럽 국가 및 중앙 유럽 지역의 초등학교와 교사양성기관에 대해 잘 알게 되었다(Halila, 1949a, pp. 270–278; Kangas, 2009). 시그나에우스는 스웨덴 및 덴마크의 교사양성이 정말 훌륭한지 확신이 들지는 않았다. 예를 들어, 그는 스웨덴을 방문하는 동안 뭔가 얻은 것이 있다기보다는 오히려 지도를 더 많이 했다고 보고했다. 그럼에도 불구하고 스웨덴의 루덴쇨트(Torsten Rudenschöld)가 해온 일과 가난한 사람들을 가르쳐야 한다는 그의 사회사상을 알게 되면서 시그나에우스의 관점은 좀 더 긍정적인 방향으로 바뀌었다. 시그나에우스는 덴마크의 교사훈련원이 스웨덴의 교사훈련원보다 좀 더 근대적인 방식으로 조직 운영되고 있음을 확인하였다. 사실 시그나에우스는 덴마크를 방문하기 전에도 독일 교육학의 영향을 크게 받고 있었고 특히 페스탈로치, 프뢰벨, 루소, 디에스터 베그(Pestalozzi, Fröbel, Rousseau & Diesterweg) 등의 사상을 대단히 귀하게 여기고 있었다(Halila, 1949a, pp. 270–278; Rautakilpi, 2007, pp. 189–190). 그는 기행문에서 스위스 베팅(Wetting, Switzerland)의 교사교육체제를 찬양하고 있는데, 이것이 핀란드 교사 교육체제의 모범이 되어야 한다고 보았다(Halila, 1949a, pp. 270–278; Kangas, 2009). 시그나에우스는 교사가 교수법에 관한 지식과 교육학에 관한 지식을 익혀야 한다고 강조하였고(Kangas, 2009) 더불어 그의 교육사상은 페스탈로치에 영향받은 사회교육학적 특징을 지니며 기독교 윤리를 강조하였다(Rautakilpi, 2007, pp. 189–190).

시그나에우스의 사상은 1863년 이위베스킬래(Jyväskylä)에 새로 설립된 교사훈련원에 강한 영향을 미쳤다. 그는 교사훈련원의 수준이 높고, 따라서 이위베스킬래의 교사훈련원에서 설정한 교사의 역량 요건이 높다는 것을 보장하는 데 목표를 두었다(Kangas, 2009). 이 기관은 남녀공학이었지만, 남학생과 여학생을 위한 프로그램이 분리되어 있고 양성기간은 4년이었다. 이는 스웨덴에서의 교사양성 기간보다 2년이 더 길었다. 19세기 말이 될 때까지 핀란드 전역에 7개의 교사훈련원이 더 설치되었다. 남녀공학과 단성학교를 포함해서 말이다. 대체로 규모는 작았고 농촌 읍내에 위치하였다(Ahonen, 2011, pp. 242-245; Rantala, 2011; Rinne, 2017; Rinne & Jauhiainen, 1988, pp. 201-212).

시그나에우스의 사상에 토대한 이런 교육체제는 1880년대까지 주류로 자리 잡았다. 1880년대에 교사훈련가들은 독일 교육가 헤르바르트가 발전시킨 헤르바르트-질러주의(Herbart-Zillerism)라는 실용적 교수법 체제와 조우했다(Ahonen, 2011, pp. 245-247; Paksuniemi, Uusiautti & Määttä, 2013, pp. xii-xiii). 교육학 교수였던 루인(Waldemar Ruin, 1857~1938)과 소이니넨(Mikael Soininen, 1860~1924)은 헤르바르트-

질러주의를 상당히 지지했다. 1907년까지 존슨(Johnsson)으로 알려졌던 소이니넨은 초등교육 분야의 개혁을 이끈 두 번째 인물로 알려져 있는데, 시그나에우스와 마찬가지로 그는 북유럽 및 유럽의 학교체제를 탐구하였다. 그의 사상은 헤르바르트-질러주의에 토대해 있지만, 그는 실험심리학에 대해 잘 알고 있었다. 아주 성공적인 경력을 지닌 그는 마지막까지 국가교육위원회의 위원장(chief director, 1917~1924), 국회의원(1907~1922), 교육부장관(1918~1920)을 역임하였다(Paksuniemi, 2013, pp. 41-43).

실증주의와 실험심리학이 1910년대에 유행하면서 릴리우스(Albert Lilius, 1873~1947) 교수, 교사훈련원장으로 나중에 교수가 되는 살로(Aukusti Salo, 1887~1951), 나중에 이위베스킬래 교육대학의 교수이자 학장이 되는 교사훈련원 교사인 옥살라(Kaarle Oksala, 1873~1949) 등이 주요한 지지자로 등장하였다. 이들은 듀이의 경험을 통한 학습(Learning by Doing)과 케어쉔스타이너(Georg Kerschensteiner)의 교육사상을 포함한 국외 이론에 영향을 받았는데, 특히 이 두 사상은 교사양성과정에도 깊숙이 파급되었다(Ahonen, 2011, pp. 245-247).

이미 1890년대에 초등학교 교사가 대학 수준의 교육을 받아야 한다는 사상이 소개되었다. 비록 이러한 사상이 대학교육의 변화로 즉시 이어진 것은 아니었지만, 이 시기 처음으로 초등학교 교직을 위한 대학 학위를 설치하려는 시도가 이뤄졌다(Jauhiainen, Kivirauma and Rinne, 1998; Rantala, 2011; Rinne & Jauhiainen, 1988, pp. 201-212). 자우히아이넨, 키비라우마, 린네(Jauhiainen, Kivirauma & Rinne, 1998)의 연구에 따르면, 초등학교 교사를 위한 대학 수준의 교육에 대한 요구는 1893년도에 설립된 핀란드 노조에 의해 꾸준히 제기되었다. 특별히 이런 요구는 노조가 1906년부터 계속 발간하는 교사를 위한 전문학술지를 통해 이루어졌다.

이런 목표 또한 대학 구성원들의 지지를 받았고 1908년에는 초등학교 교사가 대학 강좌를 들을 수 있게 된다. 아직 완전한 학위과정은 아니었지만, 말이다(Rantala, 2011). 대학 강좌는 추가 훈련 이외에도 학교체제에서 좀 더 높은 지위, 즉 학교관리자나 교사훈련원 강사 등이 되는데 필요한 자격요건을 얻기 위한 경로를 제공하였다. 여교사는 1926년까지 학교관리자로 임명되지 않았기 때문에 남교사가 대학 학위를 따는 데 약간 더 높은 수준의 의욕을 보였다 (Halila, 1949d, pp. 98-110; Halila, 1950, p. 344).

초등학교 교사를 위한 대학 과정에 대한 생각은 해외의 사례에 근거하였다. 그래마스쿨[1]을 졸업하지 않은 사람들을 위한 강좌를 조직하려는 계획은 영국에서 북유럽 국가로 건너온 것으로 1893년 웁살라대학에서 첫 강좌가 마련되었다. 핀란드에서는 초등학교 교사가 이 생각을 적극적으로 환영했고 바로 스웨덴어를 구사하는 교사와 핀란드어를 구사하는 교사 모두를 위한 강좌가 바로 개설되었다(Halila, 1949b, pp. 382-384). 이 단기 강좌는 1894~1901년 동안 2년 간격으로 제공되었다. 초등학교 교사를 위해 1년 연한의 대학 수준 추가 교육 강좌가 1907~1915년 동안 진행되었고 1918년부터 다시 지속되었다 (Committee Report[CR] 1922:3, p. 358). 위대한 개혁가로 알려진 소이니넨은 초등학교 교사를 위한 대학 수준의 추가 교육 강좌를 설치하고 이를 제공하는 일을 맡았다(Halila, 1949c, p. 330). 한 단계 더 진전된 사건은 여름 계절 대학이 1912년 이위베스킬래에서 첫 학기를 시작한 것이다. 이런 발전은 헬싱키 외부에 교사대학을 세워야 한다고 주장하는 사람들에게 안긴 첫 번째 승리였다(Halila, 1963, pp. 277-278; Kangas, 2009, p. 115).

소이니넨과 루인은 1913년 교사양성을 교사훈련원에서 종합대학으로

---

1 1970년대 학교개혁 이전에 핀란드는 분리된 형태의 중등학교, 즉, 오피코울루(oppikoulu)와 그래마스쿨이라는 두 형태의 학교체제를 유지하고 있었다. 이 선택적 학교들은 학생을 대학입학의 요구조건인 대입시험을 치르도록 준비시켰다.

전환할 것을 제안했다. 대학교육을 지지하는 이런 주장들은 모든 교사(초등교사와 그래마스쿨 교사)에게 동일한 교육을 하는 것이 교사 간의 연대를 강화하고 서로 다른 학교급 교사 간의 차이를 좁힐 수 있다는 생각에 기대고 있었다. 대학학위는 초등학교 교사의 사회적 지위를 높여주고, 따라서 더 높은 봉급을 요구할 수 있도록 하리라 기대되었다(Jauhiainen, Kivirauma & Rinne, 1998).

교사훈련기관을 대학화하는 것에 대한 첫 징후는 교직을 전문직화하는 것과 관련되어 있었다. 더불어 사회적 문제를 해결하는 전문가로서 교사의 사회적 위치를 형성하는 것과 관련되어 있었다. 이런 교사의 역할은 부분적으로 교사가 채택한 것이기도 하고 부분적으로는 이들에게 부여된 것이기도 했다(Rinne & Jauhiainen, 1988, pp. 201-212; Valtonen & Rautiainen, 2013). 교직의 전문직화에 대해 말하자면, 전문직에 요구되는 전문적 기술 및 역량과 함께 교육이 강조된다(Rinne & Jauhiainen, 1988, pp. 59-61). 교사훈련원의 강사들이 대체로 이 과정에서 주요한 역할을 담당하였다. 이들은 초등학교 교사의 전문가적 정체성을 강화하고 사회에서 교사의 전문가적 지위를 보강하려고 했지만, 동시에 대학보다 한 단계 낮은 수준으로 특징지어지는 교사교육의 성격을 진전시켰다. 여기에 더해 사회가 근대화되면서 가르치는 일은 복지국가가 강조해온 전문가적 식견을 특성으로 하는 전문직 중 하나였다(Kangas, 2009; Valtonen & Rautiainen, 2013).

대학에 기반한 교사교육체제가 들어서기 전, 교사양성 및 교사훈련원에 관한 법령을 재점검하도록 위원회 하나가 지정되었다(CR, 1895: 5). 1892년 지정된 이 위원회는 학교관리자를 총괄하는 플로만(Anders Wilhelm Floman, 1833~1905)이 이끌었는데, 그는 나중에 국가교육위원회의 부위원장으로 임명되었다. 플로만은 시그나에우스의 사상을 진심으로 지지하였고 학교 근무와 교사훈련원 학장으로 오랜 경력을 갖고 있었다(Halila, 1949b, pp. 411–413). 위원회의 다른 위원들은 교사훈련원과 초등학교의 선임행정관 및 교사훈련가 등이었다

(CR, 1895, p. 5). 위원회가 활동한 후 3년이 지나고 발간된 위원회보고서(Committee Report, CR)는 교사양성을 조직하는 일을 둘러싼 구체적인 문제에 대한 입장을 표명했다. 하지만, 이들의 제안은 교사교육에 그다지 큰 영향을 끼치지는 않았다(CR, 1895, p. 5; Halila, 1949c, p. 312). 여기에 더해, 이 보고서는 북유럽 국가를 포함한 다른 나라의 교사교육체제에 대해서 그 어떤 언급이나 코멘트도 담고 있지 않았다(CR, 1895, p. 5).

1934년 대학 형태의 교사교육 시작

1930년 이전에 교사훈련원 시스템을 발전시키려는 논의와 시도가 있었다. 핀란드 시스템을 변화시키는 것이 필요하다는 논의에서 국가의 교육행정 및 교육과학분야 학계는 다른 국가의 교사양성을 둘러싼 논쟁에 대해 잘 알고 있었다(Halila, 1950, pp. 294-296). 예를 들어, 1919년 국가교육위원회(National Board of Education)가 내놓은 구상에서 교사훈련원 개혁을 계획하도록 한 위원회가 지명되었다. 이 위원회는 국가교육위원회의 초등교육국 부국장이었던 프란실라(Kaarlo Franssila, 1860-1950)가 위원장으로 역할을 하였다. 그는 대학 형태의 교사교육에 대해 상당히 우호적인 태도를 가진 인물이었다(CR, 1922, p. 3; Kangas, 2009, p. 122; Säntti, 2011). 이 위원회에는 프란실라와 함께 두 명의 위원이 더 있었다. 교사훈련원 강사와 그래마스쿨의 선임 교사였다. 초등교육 및 교사 양성 분야의 다른 전문가 또한 위원회에 참여했다. 이들은 다양한 학교 교과에 대한 전문적 식견을 지닌 것으로 대표된 사람들이었다. 여기에 더해, 루인, 릴리우스, 린델뢰프(Waldemar Ruin, Albert Lilius & Ernst Lindelöf, 1870~1946)는 위원회의 요청에 따라 대학공부에 대한 교사의 권리와 관련한 자신들의 견해를 밝혔다(CR, 1922:3, pp. 1-3).

1922년에 발간된 위원회보고서는 내용을 자세히 기록하였고 다양한 서구 국가의 교사훈련원에 대한 기술내용을 담고 있었다. 여기에는 거의 대부분의 북유럽 국가 대부분의 사례가 있었는데, 아이슬란드는 빠져 있었다. 독일 및 스위스의 교사교육은 다른 국가에서의 사례보다 더 자세하게 설명되어 있었다(CR, 1922:3, pp. 16-21, 355-357). 북유럽 국가의 사례는 교사양성 기간에 대해 기술하고 있고 다른 북유럽 국가의 교사훈련원에 입학하기 위한 높은 수준의 요구조건에 관해서도 이야기하고 있었다.

> 스웨덴에서 교사훈련원은 1914년 개혁 이후 꽤 오랫동안 4년간의 양성 기간을 유지하고 있다. 그러나 입학 자격은 초등학교 6년 이상으로 상당히 높았다. … 덴마크는 훈련원 입학 조건이 좀 더 엄격하다. 덴마크의 최근 교사훈련원 법령이 1894년 통과되면서 입학 자격이 높아졌는데, 이로 말미암아 교사훈련원을 3년 과정으로 유지하는 것이 가능하다고 여겨졌다. 노르웨이에서 교사훈련원의 교육 연한은 1902년 이래 3년으로 유지되고 있는데, 훈련원 입학은 초등학교 교육 7년으로 되어 있다(CR, 1922:3, p. 16).

여기서 핵심적인 문제는 핀란드에서 교사교육 입학 자격을 초등학교 졸업으로 할 것이냐 그래마스쿨 졸업으로 할 것이냐였다. 위원회는 그래마스쿨 졸업생 수가 앞으로 점차 증가하리라고 예측하였지만, 이들은 역시 초등학교 졸업생들에게 교사훈련원 입학 기회를 열어두기를 원하였다. 위원회보고서에 따르면, "큰 산업국가를 위한 최선의 방안은 인구가 희박하고 거주민의 대부분이 농업에 종사하는 핀란드 같은 국가에게는 그다지 이익이 되지 않았다(CR, 1922:3, p. 22)". 보고서에서 언급한 '큰 산업국가'는 북유럽의 국가를 지칭하는 것이 아니라 예를 들어, 스위스나 스코틀랜드와 같은 국가로서, 이 국가에서 교사교육은 그래마스쿨에 기반하였다(CR, 1922:3, pp. 16-19, 21-22).

위원회는 강의계획서에 담긴 상세한 내용에 대해서도 역시 비교하였다. 더 나아가 위원회는 그래마스쿨 졸업생들을 위한 교사교육을 계획한다고 할 때와 초등학교 졸업생들을 위한 추가교육을 마련한다고 할 때 어떤 학문적 훈련을 해야 하는지에 대해서도 입장을 정했다. 위원회는 초등학교 교사의 추가교육을 대학에서 조직하는 계획을 더 선호하였고 다른 방안에 대해서는 반대하였다. "위원회는 초등학교 교사를 위한 추가 교육의 성공은 수업이 대학에서 진행되어야 한다는 점에 주목하기를 원한다. 대학에서 교사는 자신의 주전공인 교육학과 함께 다른 학문적 교과를 배울 기회를 가지기 때문이다(CR, 1922:3, pp. 359-360)." 위원회보고서는 또다시 큰 산업국가, 특별히 독일을 언급하였다.

소위 프란실라 위원회의 제안이 광범위하게 받아들여졌지만, 이 제안은 결코 시행되지 않았다. 국가교육위원회 위원장이었던 소이니넨의 갑작스러운 죽음 때문이었다. 소이니넨은 이 위원회의 제안을 적극적으로 옹호했던 인물이었다. 게다가 1920년대 경기 침체로 제안된 개혁안들은 큰 진전이 없었다(Halila, 1950, pp. 284-286).

교사교육의 대학화에서 다음 국면은 1930년대에 시작되었는데, 교육정책이 증가하는 그래마스쿨 졸업생을 위해 새로운 기회의 확대를 지지하기 시작했을 때였다(Säntti, 2011). 동시에 새로운 교사양성기관의 문제가 중대한 국면을 맞았고 교육부는 국가교육위원회에 제안서를 준비하라고 지시했다(Halila, 1950, p. 300). 대학 형태의 교사양성이란 생각 뒤에 자리한 영향력 있는 행위자는 옥살리 만테레(Oskari Mantere, 1874~1942)로 국가교육위원회 위원장이었다. 이들은 독일을 모범으로 삼았는데, 교사훈련원이 대학으로 변화한 국가였다(Kangas, 2009, p. 121; Säntti, 2011). 대학교육정책은 새로운 고등교육기관, 예를 들어

1993년 석사학위를 수여할 수 있는 권한을 승인받은 탐페레의 사회연구대학에 호의적이었다(Kangas, 2009, p. 121). 대학 형태의 교육에 대한 지지자들의 인내는 1934년 아주 중요한 결과를 낳았다. 그 시기에 이위베스퀼레에 위치한 교사훈련원이 교사대학으로 전환된 것이었다. 린네와 자우히아이넨은 이위베스퀼레에 교사대학이 세워진 것은 초등교사가 교육적 자산과 전문가적 지위를 향상시키기 위해 끈질기게 노력한 직접적인 결과라고 기록했다(Rinne and Jauhiainen, 1988, p. 219). 대학 형태의 교사양성은 교육적이고, 특별히 심리학적인 연구와 식견에 토대한 것이었다(Rinne, 2017).

대학 입학 조건은 그래마스쿨 졸업과 대학입학자격시험이었다. 19세의 사람 중 그래마스쿨 졸업자 비중은 단 4%였다는 점에 비추어서 본다면 이는 굉장히 중요한 요건이었다. 이런 사실 때문에 그래마스쿨 졸업생들을 위한 특별한 경로가 영구적인 제도의 형태로 굳어지게 되었다(Rinne & Jauhiainen, 1988, pp. 219-222).

행정적으로 이위베스퀼레에 있는 교육대학(College of Education)은 교육부의 관리하에 있었고 따라서 기존 교사훈련원과는 달랐다. 교육대학은 또한 종합대학과도 달랐는데, 처음에 교수진이 없었기 때문이었다. 그러나 새로운 교수진이 임명되면서 교육대학은 헬싱키에 위치한 기술대학교(University of Technology)와 같은 고등교육기관 범주에 포함되었다(Säntti, 2011). 게다가, 교육부가 이위베스퀼레 지역의 대학협회(University Association)가 학술 도서관을 교육대학에 기증하겠다는 제안을 받아들이면서 교육대학의 설립은 이위베스퀼레에 대학을 설립할지 말지와 관련한 문제에 대한 부분적인 해결책이 되었다(Kangas, 2009, p. 122).

이위베스퀼레에 교육대학이 설립된 이후, 1930년대에 교사양성의 수준 및 입학 조건에 대한 논의가 새로운 전기를 맞게 되었다. 문제는 모든 교사훈련원이 대학으로 전환되어야 하는지, 교육대학의 입학 조건을 그래마스쿨 졸업으로 제한해야 하는지에 관한 것이었다. 새로운 대학과 이들이 연구를 강조하는 것이 대단히 환영받았음에도 불구하고, 전체 교사교육체제를 바꾸는 것은 약간의 반대 목소리가 있었다. 기존 교사훈련원을 지지하는 사람들의 주요 논점은 교직은 특별한 사명, 즉 일종의 소명이고 교사훈련원은 이런 생각에 높은 가치를 두어야 한다는 생각이었다(Jauhiainen, Kivirauma & Rinne, 1998; Rinne & Jauhiainen, 1988, p. 220).

1944년 이위베스퀼레의 교육대학은 대학 학위를 수여할 권한을 부여받았고 1946년 첫 졸업생을 배출하였다(Rinne, 2017; Valtonen, 2009b, p. 185). 그때 이후로 교육대학은 두 개의 프로그램을 운영하고 있다. 하나는 교사양성 과정이고 다른 하나는 교육학 분야의 학위 과정으로 석사학위를 준비시켰다. 학위과정을 졸업하는 학생 수가 여전히 낮기는 하지만, 학술 연구는 학생들에게 인기가 높았다(Valtonen, 2009b, p. 185). 특히 학술 연구는 초등학교 교사가 추가교육을 받게 한다는 목표를 실현해줬다(Rinne, 2017). 이런 학술적인 강좌들은 헬싱키대학교(University of Helsinki)에서 19세기 말부터 제공되었고, 모든 초등학교 교사가 이 강좌를 수강할 수 있도록 했다. 이로써 교사는 초등학교의 정부 관리가 되거나 교사훈련원의 강사가 될 수 있었다(Rantala, 2011). 교육대학에서의 학술 석사학위는 이런 발전과정을 강화하였고 1950년대 대학입학자격시험을 통과하지 못한 초등학교 교사가 석사학위 취득을 위해 수학할 권리를 얻으면서 좀 더 확장되었다(Valtonen, 2009b, p. 185).

제2차 세계대전 후 임시교사양성대학의 설립

제2차 세계대전이 교사양성에 영향을 미치는 아주 예외적인 상황을 만들었다. 먼저, 카렐리아(Karelia)에서 도망쳐나온 교사는 임지를 재조정해주어야 했고, 둘째로, 전쟁 중 전사한 교사의 증가와 전후 베이비붐 영향으로 교사 수요가 높아졌다. 예를 들어, 시골지역에서 교사의 20%는 무자격 교사였다(Rinne & Jauhiainen, 1988, p. 223). 전쟁이 끝나고, 국가는 자격을 갖춘 교사 수를 늘릴 방안을 마련하기 시작했다(Rinne & Jauhiainen, 1988, pp. 224-225; Säntti, 2011) 국가교육위원회는 새로운 교사양성대학을 설립함으로써 이런 노력을 뒷받침했다(Nurmi, 1990, pp. 39-40). 임시 대학들이 헬싱키(1947), 투르쿠(1949), 오우루(1953)에 설립되었다. 여기에 두 개의 교사훈련원이 핀란드 북부와 동부에 새로 문을 열었다. 동시에 이전 교사훈련원의 학생 수용 또한 많아졌다(Rinne & Jauhiainen, 1988, pp. 224-225; Säntti, 2011). 게다가 1948년 법령 하나가 통과되었는데, 이 법에 따라 그래마스쿨 졸업생들은 교육대학 혹은 교사훈련원에서 2년, 또는 어떤 교사양성 과정이든 1년하고 2개 여름학기 강좌를 이수하면 교사자격증을 받을 수 있도록 했다(Rinne, 2017).

자격을 지닌 신임교사에 대한 수요가 상당했음에도 임시 교사양성대학의 설립은 그리 수월한 과정이 아니었다. 교사양성과정개혁 계획은 1937년 임명된 위원회에서 성안되었다. 제2차 세계대전은 위원회의 작업을 지연시켰고, 결과보고서는 1945년과 1947년이 되어서야 완성되었다(CR, 1945:5; CR, 1947:2; Nurmi, 1990, pp. 13-14). 위원회의 의장은 사아리알호(Kaarlo Saarialho, 1886~1976)이었는데, 그는 이전에 교사훈련원의 학장으로 일했고 1934년 국가교육위원회에서 학교 감독관 자리에 임명되었다. 위원회의 다른 위원들은 교육의 다양한 분야를 대표하는 사람들로 대학교수, 학교관리자, 교사훈련원 학장, 그리고 교사훈련원 강사들이었다. 흥미롭게도 이 위원회에는 다수의 의회의원들이 포함되어 있었다(CR, 1945:5, pp. 3-4).

이전에 있었던 입법안과 비교해보면, 위원회가 제출한 이 보고서는 다른 국가의 교사교육체제에 대한 전반적인 기술내용이 포함되어 있지 않았다. 대신, 위원회의 보고서는 북유럽 및 유럽 일부 국가의 교사양성 기간에 대해 간단한 논평과 예비교사의 최소 연령 제한과 최고 연령 제한에 대해 이야기하였다(CR, 1945:5; CR, 1947:2, pp. 42-43). 위원회는 다른 북유럽 국가의 사례를 들며 낮은 연령의 제한을 정당화하였다. "위원회는 교사양성 기간이 바뀌지 않는 상황에서 예비교사로 입학할 수 있는 기존의 최소 연령 제한을 포기할 아무런 이유를 찾지 못했다. 북유럽의 다른 국가에서도 적용되고 있었다(CR, 1947:2, p. 43)." 최고 연령 제한에 있어 위원회보고서는 단지 스웨덴만을 언급했다. "스웨덴 교사훈련원에서 예비교사 입학의 최고 연령은 4년 프로그램의 경우 24세이고, 그래마스쿨 졸업생을 위한 프로그램의 경우 28세다." 위원회는 핀란드 교사교육 프로그램을 위한 최고 입학 연령을 30세로 제안했다(CR, 1947:2, p. 43). 이런 사례가 보여주고 있듯 위원회는 다른 북유럽 국가를 논쟁의 기초 자료로 활용하였다.

위원회의 제안은 교육대학에서의 교사교육, 특히 교사 추가 교육은 물론이고 교사훈련원에서의 교사 훈련을 담고 있다. 이 보고서에 담긴 북유럽 국가의 비교는 교사훈련원의 훈련만을 다루었다(CR, 1945:5; CR, 1947:2). 위원회의 제안이 즉시 시행되지는 않았다. 1948년 국가교육위원회는 교사대학에 대한 자체 제안서를 교육부에 제출했다. 이 작업의 배후에는 사아리알호(Kaarlo Saarialho)와 살멜라(Alfred Salmela, 1897~1979)가 있었다. 이 두 사람 모두 위원회의 위원이었다(Nurmi, 1990, pp. 13-14).

새로운 대학이 투르쿠(Turku)에서 계획되자, 국가교육위원회는 교사훈련원을 대학으로 전환하라는 제안을 내놓았다. 이 제안이 실현되지는 않았지만, 이는 교사양성기관을 고등교육에 두는 것을 선호하는 관점을 잘 지적한다(Nurmi, 1990, pp. 132-133; Säntti, 2011).

새로 들어선 임시교사양성대학은 나름 반대자들이 있었고, 그래서 '임시' 기관을 상설기관으로 만들려는 시도가 성공하지는 못했다. 나름 영향력 있는 반대자는 이위베스퀼레의 교육대학교 총장으로 헬싱키의 교사대학으로 통합하려는 방안을 결사반대했다. 그는 이위베스퀼레의 교육대학교를 발전시킬 기회의 확대를 원했고, 그 외의 다른 해결 방안에 대해서는 단호히 반대했다(Nurmi, 1990, pp. 41-47; Säntti, 2011). 게다가 초등학교 교사노조와 의회는 이위베스퀼레에 있는 교육대학 이외에 다른 상설 대학을 설립하는 데에도 반대했다(Nurmi, 1990, pp. 46-47).

임시교사양성대학의 설립은 두 가지 유형의 시스템을 공고히 했고 1946~1967년 동안 교사훈련원 및 대학이라는 초등교사가 되는 두 가지 서로 다른 경로를 제공해주었다(Rinne & Jauhiainen, 1988, pp. 224-225; Säntti, 2011). 임시대학들은 그래마스쿨 기반 교사양성기관의 확장이자 근대적인 도심 대학교육에 대한 점차 늘어나는 투자를 보여준다. 즉, 농촌지역의 전통적이고 또한 가부장적인 교사교육체제와의 결별을 의미하였다(Rinne, 2017; Rinne & Jauhiainen, 1988, p. 225). 샌티(Säntti)는 교사양성대학이 실용적인 농촌 교사훈련원이 서서히 대학 수준의 교육으로 탈바꿈해가는 동안 필요한 중간단계이자 과도기적 시기였다고 주장하였다(Säntti, 2011).

이위베스퀼레의 교육대학교에서 이뤄진 교사양성은 1950년대 말에 확대되었는데, 그래마스쿨을 위한 교사 자격 프로그램이 만들어진 시기였다(Valtonen, 2009b, pp. 209-210). 새로운 양성과정을 만드는 일은 교사교육체제에서 이론과 실천을 통합하고, 초등학교와 그래마스쿨 교사 간의 교육적 격차를 완화하고 향후 개혁을 위한 다리 역할을 하였다.

1950년대 핀란드 정부는 초등교사교육에 관한 단 하나의 위원회만을 운영하였다. 이 위원회는 교사훈련원에서의 교사교육에 초점을 두었는데 교사

대학에 관한 문제에 대해서는 아무런 입장을 보이지 않았다. 사아리알호와 살멜라가 다시 위원회의 위원이 되었고 이 위원회의 일은 1945년과 1947년도에 발간된 위원회의 결과보고서에 크게 의존하였다. 위원회는 단지 교사훈련원에서 교사교육을 조직하는 일상적 문제만 다뤘으며 교사교육의 대학화는 초점이 아니었다. 위원회가 1952년 발간한 보고서는 북유럽 국가에 대한 그 어떤 기술도 혹은 논평도 담고 있지 않았다. 그러나 서문에 코스케니에미(Matti Koskenniemi, 1908~2001)가 스웨덴 교사양성에 대해 잘 알고 있다는 말이 언급되었다. 코스케니에미 교수는 위원으로 위원회 작업에 참여하고 있었다. 그는 1950년 스웨덴의 교사훈련원을 방문했었고 일종의 파일럿 프로젝트의 결과도 잘 알고 있었다.

> 이 결과 중에 가장 중요한 것은 교사훈련원의 다양한 학교 교과, 다양한 훈련원 프로그램, 교육실습의 조직, 양성기관의 교수방법과 관련이 있었다. 코스케니에미 교수는 자신이 관찰한 것에 대해 설명하였다. 그는 또한 스웨덴 교사교육에 관한 가장 최신의 목표와 해결책을 설명하는 여러 문헌을 제공하였다(CR, 1952:B 15, p. 2).

결론

대학 및 교사훈련원의 교사양성 시대는 1970년대에 끝났는데, 이때 모든 훈련원이 대학 내에 위치한 근대적인 교사양성과정으로 대체되었다. 대학 수준에서 교사를 양성해야 한다는 대학화를 위한 마지막 동력은 1960년대에 생겨났다. 이 시기에는 종합학교 설립이 마무리되고 전통적인 그래마스쿨이 사라지던 시기였다. 1970년대에 점차 학교개혁이 시행되었고 이 과정에서 두 개의 서로 다른 교사양성을 위한 경로를 통합하고 학문적인 교사교육을 일종의 표준으로 만드는 것이 필요하게 되었다(Rinne, 2017; Rinne & Jauhiainen, 1988, pp. 228-229). 린네와 자우히아이넨(Rinne & Jauhiainen, 1988, p. 228)이 언급하듯이, 연구기반 교사교육은 아주 빠르게 제도화되었는데, 상당한 정도의 대학 자원이 필요하였다. 비록 교사양성에 대한 대학화의 최종 단계가 신속하게 조직되었지만, 이 과정은 그리 수월하게 혹은 곧장 실현된 것은 아니었다. 국가교육체제의 변화는 수많은 교육의 이해당사자들을 자극하였다. 푸루하겐과 홀멘(Furuhagen & Holmén, 2017)은 위원회의 일과 입법이 상당히 많았고 지난한 과정이었음을, 그리고 다양한 행위자(정치인, 교사노조, 교육학을 대변하는 학자들) 간의 이해관계가 상충했음을 지적한다.

1980년대 대학의 교사교육 프로그램은 핀란드 12개 도시와 8개의 대학에서 각각 자리 잡았다. 린네(Rinne, 2017)는 대학화가 2000년대 분명한 결실을 맺었다고 언급하였다. 대학에서의 초등교사교육과 교육학 교수진은 대학의 다른 학문 분야 및 프로그램 사이에서 나름 정당하고 고유한 성과를 이루었다(Rinne, 2017).

이 장에서는 교사양성기관이 대학화되는 과정의 초기 국면에 초점을 두고 북유럽 국가에서 교사교육체제가 어떻게 기술, 비교되고 있는지를 위원회보고서상에 나타난 내용을 중심으로 검토하였다. 여기에 핀란드 교사교육의 역사적 맥락을 제시하였고 위원회보고서가 다른 북유럽 국가에 대한 기술 및 언급을 포함하고 있지만, 이런 서술은 다른 국가에 대한 참조와 실질적으로 다르지 않았다는 점을 보여주었다. 실제로 북유럽 국가가, 예를 들어 영국이나 독일보다 손쉽게 언급된 것은 아니었다. 따라서 역사적으로 북유럽 국가 간의 긴밀한 관계가 위원회보고서에서 그다지 분명하게 잘 나타나지는 않는다. 그러나 위원회보고서들은 위원회의 구성원들이 북유럽 국가, 특히 스웨덴, 덴마크, 노르웨이에서 교사교육 상황에 대해 잘 알고 있음을 보여주었다. 일부 사례를 보면, 위원회보고서들은 심지어 위원회가 자신들의 주장을 뒷받침하는 토대로 북유럽 국가를 활용했음을 보여주고 있다.

[참고문헌]

Ahonen, S. (2003) Yhteinen koulu – Tasa-arvoa vai tasapäisyyttä?. Tampere: Vastapaino.

Ahonen, S. (2011) 'Millä opeilla opettajia koulutettiin?', in Heikkinen, A. and LeinoKaukiainen, P. (eds.) Valistus ja koulunpenkki. Kasvatus ja koulutus Suomessa 1860-luvun lopulta 1960-luvulle. Helsinki: SKS, pp. 239–252.

Buchardt, M., Markkola, P. and Valtonen, H. (2013) 'Introduction: Education and the making of the Nordic welfare states', in Buchardt, M., Markkola, P. and Valtonen, H. (eds.) Education, state and citizenship. Helsinki: Nordic Centre of Excellence Nordwel, pp. 7–30.

Committee Report [CR] (1895) Ehdotus asetukseksi kansakoulunopettaja- ja opettajatarseminaarien järjestämistä varten Suomen suuriruhtinaanmaassa ja uudeksi ohjesäännöksi näille laitoksille ynnä mietintö ja perustelmat, 1895:5 (Proposal for a statute for organising teacher training seminars for male and female teachers in Grand Duchy of Finland and for a new regulation for these institutes. The report and arguments). Helsinki: Valtioneuvosto.

Committee Report [CR] (1922) Komiteanmietintö seminaariasiaa valmistelemaan asetetulta komitealta, 1922:3 (Committee Report given by the committee appointed to prepare the issue of seminaries). Helsinki: Valtioneuvosto.

Committee Report [CR] (1945) Kansakoulunopettajain valmistus- ja jatkokoulutuskomitean mietintö 1, 1945:5 (Committee Report given by the committee of primary school teachers' teacher training and further education 1). Helsinki: Valtioneuvosto.

Committee Report [CR] (1947) Kansakoulunopettajain valmistus- ja jatkokoulutuskomitean mietintö 2, 1947:1 (Committee Report given by the committee of primary school teachers' teacher training and further education 2). Helsinki: Valtioneuvosto.

Committee Report [CR] (1952) Seminaarilainsäädännön uudistamiskomitean mietintö. 1, 1952:B 15 (Committee Report given by the committee reforming the legislation concerning seminaries). Helsinki: Valtioneuvosto.

Furuhagen, B. and Holmén, J. (2017) 'From seminar to university: dismantling an old and constructing a new teacher education in Finland and Sweden, 1946–1979', Nordic Journal of Educational History 4 (1), pp. 53–81.

Halila, A. (1949a) Suomen kansakoululaitoksen historia I. Porvoo: WSOY.

Halila, A. (1949b) Suomen kansakoululaitoksen historia II. Porvoo: WSOY.

Halila, A. (1949c) Suomen kansakoululaitoksen historia III. Porvoo: WSOY.

Halila, A. (1949d) Suomen vanhin kansakoulunopettajisto. Helsinki: Suomen Kansakoulunopettajain Liitto.

Halila, A. (1950) Suomen kansakoululaitoksen historia IV. Porvoo: WSOY.

Halila, A. (1963) Jyväskylän seminaarin historia. Porvoo: WSOY.

Jauhiainen, A., Kivirauma, J. and Rinne, R. (1998) 'Status and prestige through faith in education: the successful struggle of Finnish primary school teachers for universal university training', Journal of Education for Teaching 24 (3), pp. 261-272. doi: 10.1080/02607479819782.

Kangas, L. (2009) 'Kasvatusopillinen korkeakoulu kansallisessa korkeakoulupolitiikassa', in Einonen, P., Karonen, P. and Nygård, T. (eds.) Jyväskylän yliopiston historia. Osa 1. Seminaarin ja kasvatusopillisen korkeakoulun aika 1863-1966. Jyväskylä: Jyväskylän yliopisto, pp. 111-123.

Nurmi, V. (1990) Maamme opettajakorkeakoulut. Kasvatushistoriallinen perustutkimus. Helsinki: Helsingin yliopiston opettajankoulutuslaitos.

Paksuniemi, M. (2013) The historical background of school system and teacher image in Finland. Frankfurt am Main: Peter Lang.

Paksuniemi, M., Uusiautti, S. and Määttä, K. (2013) What are Finnish teachers made of? A glance at teacher education in Finland yesterday and today. New York: Nova Publishers.

Rantala, J. (2011) 'Kansakoulunopettajat', in Heikkinen, A. and Leino-Kaukiainen, P. (eds.) Valistus ja koulunpenkki. Kasvatus ja koulutus Suomessa 1860-luvun lopulta 1960-luvulle. Helsinki: SKS, pp. 266-299.

Rautakilpi, S(2007) 'Uno Cygnaeuksen kristillinen kasvatusajattelu', in Tähtinen, J. and Skinnari, S. (eds.) Kasvatus- ja koulukysymys Suomessa vuosisatojen saatossa. Turku: Fera, pp. 189-206.

Rinne, R(2017) 'Luokanopettajakoulutuksen akatemisoituminen ja yliopistopolitiikka pitkänä historiallisena projektina', in Paakkola, E. and Varmola, T. (eds.) Opettajankoulutus. Lähihistoriaa ja tulevaisuutta. Jyväskylä: PS-kustannus, pp. 16-49.

Rinne, R. and Jauhiainen, A. (1988) Koulutus, professionaalistumien ja valtio. Julkisen sektorin koulutettujen reproduktioammattikuntien muotoutuminen Suomessa. Turku: University of Turku Faculty of Education.

Säntti, J. (2011) 'Opettajakorkeakoulut', in Heikkinen, A. and Leino-Kaukiainen, P. (eds.) Valistus ja koulunpenkki. Kasvatus ja koulutus Suomessa 1860-luvun lopulta 1960-luvulle. Helsinki: SKS, pp. 269-272.

Valtonen, H. (2009a) 'Seminaariyhteisö opettajien kouluttajana', in Einonen, P., Karonen, P. and Nygård, T. (eds.) Jyväskylän yliopiston historia. Osa 1. Seminaarin ja kasvatusopillisen korkeakoulun aika 1863-1966. Jyväskylä: Jyväskylän yliopisto, pp. 19-109.

Valtonen, H. (2009b) 'Korkeakoulun aika - tiedekorkeakoulun ja akateemisen yhteisön synty', in Einonen, P., Karonen, P. and Nygård, T. (eds.) Jyväskylän yliopiston historia. Osa 1. Seminaarin ja kasvatusopillisen korkeakoulun aika 1863-1966. Jyväskylä: Jyväskylän yliopisto, pp. 125-222.

Valtonen, H. (2013) 'How did popular educators transform into experts of the Finnish welfarestate from the 1860's to the 1960's?', in Buchardt, M., Markkola, P. and Valtonen, H. (eds.) Education, state and citizenship. Helsinki: Nordic Centre of Excellence Nordwel, pp. 160-185.

Valtonen, H. and Rautiainen, M. (2013) 'Jyväskylän seminaari ja opettajankoulutuksen akatemisoitumisen ensioireet', in Rantala, J. and Rautiainen, M. (eds.) Salonkikelpoiseksi maisterikoulutukseksi. Luokanopettaja- ja opinto-ohjaajakoulutusten akatemisoitumiskehitys 1970-luvulta 2010-luvulle. Jyväskylä: Fera, pp. 17-31.

제6장

대학으로의 변화:
핀란드 및 스웨덴 교사교육 기관의
고등교육으로의 통합 및 대학화

얀 홀멘과 요한나 린가르프(Janne Holmén & Johanna Ringarp)

도입

핀란드와 스웨덴의 초등학교 교사교육은 1970년대에 정점을 찍으면서 고등교육 시스템에 통합되었다. 우리는 이 장에서 교사교육 기관에 뿌리를 둔 기관이 종합대학 혹은 단과대학이 되면서 겪은 대학화 과정을 살펴볼 것이다. 즉, 우리는 이전 교사양성기관을 대학화하는 과정에서 교사교육 프로그램 개혁이 고등교육개혁과 어떻게 상호작용했는지를 보여줄 것이다. 따라서 우리는 이 장에서 교사교육의 대학화가 어떠했는지를 탐구하는 것이 아니라 이 개혁이 교사훈련원에 뿌리를 둔 교사교육 프로그램이 이제 일부를 형성하는 전체 다학제적 교육기관의 대학화에 어떻게 기여해왔는지를 탐구하는 것이다. 스웨덴과 핀란드는 공통된 역사를 갖고 있고, 유사한 복지사회체제 및 교육체제를 발전시켜오기는 했지만, 평민학교 교사훈련원[1]에서 일어난 교사교육 기관

---

[1] 혼동을 피하기 위해 우리는 'folkskoleseminarium'이란 단어를 인민학교 교사훈련원이라고 번역했다. 영어

의 대학화 과정이 아주 다르기 때문에 스웨덴과 핀란드를 비교하는 것은 의미 있는 일이다. 이 북유럽 지역 중에서도 동부에 위치한 이 두 국가 사이의 기본 적 유사점은 우리가 관찰할 수 있는 차이의 이유를 원인을 더 쉽게 분리할 수 있게 해준다.

다음 부분에서 1930년대 이후 교사훈련원 교육가들의 자서전 혹은 관련 통계 자료에 토대하여 대학화의 일부 특성이 평민학교 교사훈련원에서 이미 잘 이루어지고 있었음을 분명히 한다. 이런 현상은 스웨덴에서 특별히 더 분 명하였다. 그러나 세 번째 절에서는 2011년 이후의 통계 자료를 활용하여 핀 란드에서 이전 평민학교 교사훈련원은 종합대학 시스템에 성공적으로 통합 되었을 뿐만 아니라, 대학화라는 측면에서 이전의 전통적 종합대학과 거의 구 별할 수 없다는 점을 보여준다. 이와 대조적으로 핀란드와 마찬가지로 이전의 평민학교 교사훈련원에서 발전한 스웨덴의 학부대학형 교사교육 기관은 여 전히 분리된 범주를 형성하고 교사의 대학 학위 및 연구 기금이라는 측면에서 전통적인 대학에 뒤처져 있다. 다음 절에서 우리는 스웨덴과 핀란드에서 1970 년대의 교사교육개혁이 일반적인 고등교육개혁과 어떻게 상호작용을 거쳤는 지, 이것이 고등교육기관으로 전환된 교사훈련원의 거버넌스와 학위 수준에 어떤 영향을 미쳤는지를 분석함으로써 교사교육 기관의 대학화를 설명한다. 우리의 이목을 가장 끄는 사례는 조엔수우(Joensuu)에서의 사례로 스웨덴의 교 사교육대학의 발전과 가장 직접적으로 필적할 만한 사례이기 때문이다. 이하 의 세 연구와 관련된 특별한 방법론적인 고려사항들은 각 연구 부분에서 따 로 논의될 것이다.

텍스트에서 이 기관은 대체로 초등학교 교사를 양성하기 위한 교사양성대학으로 불리곤 한다. 그러나 이렇게 하면 문제가 발생하는데, 이 기관의 뒤를 잇는 래라르회그스콜라(lärarhögskola)는 통상 교사양성대학(teacher training college)라고 번역되고 있기 때문이다.

중세 시대부터 1809년까지 핀란드가 러시아에 양도된 시기 동안 근대의 스웨덴과 핀란드 지역은 통합된 단일 국가였다. 이런 공통된 뿌리가 이 두 국가의 고등교육 사이의 유사성을 두드러지게 하였다. 핀란드의 대학 체제는 헬싱키대학(Helsinki University)에서 유래했는데, 이 대학은 핀란드 고등교육에서 오랫동안 주된 교육기관이었다. 헬싱키대학은 1640년 설립된 왕립애보대학(Royal Academy of Åbo)에 근간을 두고 있는데, 스웨덴에서 두 번째로 오래된 대학이다. 마찬가지로 19세기 중반 두 국가에서 발달해온 교사양성 시스템은 기본 구조상 아주 유사하다. 그래마스쿨 교사는 대학에 다닌 데 반해 평민학교 교사는 새로운 교육기관, 즉 교사훈련원에서 교육받았다. 스웨덴 최초의 교사훈련원은 1830년 스톡홀름에 세워졌고 핀란드의 경우에는 최초의 교사훈련원이 1863년 이위베스퀼레에 세워졌다. 이후 일련의 교사훈련원이 두 국가의 여러 곳에 설립되었다. 20세기 들어 핀란드의 이위베스퀼레 교사훈련원과 스웨덴의 스톡홀름 교사훈련원은 1934년, 그리고 1956년 교사교육대학으로 전환된 최초의 훈련원으로서 다시 한번 더 선구자가 되었다. 이 교사대학은 대학입학시험(matriculation exam)을 통과한 학생들을 입학시키고 교육 분야의 연구와 개발을 수행하였다. 1970년대까지 스웨덴과 핀란드에 남아 있던 교사훈련원은 교사교육대학 혹은 종합대학의 단과대학으로서 고등교육체제의 일부가 되었다(Furuhagen & Holmén, 2017).

그러나 이 두 시스템 간에는 엄연히 차이가 존재했다. 예를 들어, 스웨덴의 고등교육 시스템은 핀란드보다 좀 더 중앙집권적인 양상을 띠었는데, 중앙정부기관의 통제를 받고 공동 법률에 따라 규제되었다. 1997년까지 모든 핀란드의 모든 대학은 별개의 법률로 규제되었다. 오늘날에 이르러 핀란드에서는 고등교육을 규제하는 중앙정부기관은 별도로 존재하지 않으며, 핀란드 헌법은 대학의 자율성을 보호한다(Suomen säädöskokoelma 94:1919, §77; 731/1999, §123).

학구적 풍조와 대학화

'학구적 풍조'라는 개념은 연구에서 두 가지 다른 방식으로 사용되고 있다. 하나는 더 높은 대학 학위를 추구하려는 기관 혹은 이런 의도로 움직이는 개인을 지칭한다(Jóhannsdóttir, 2008, 2012; Morphew, 2000). 학구적 풍조가 기관을 지칭하는 경우의 의미는 프랏과 버제스(Pratt & Burgess, 1974, p. 23)에 의해 대중화되었다. 이들은 영국 기술학교(English polytechnics)에 대한 일련의 연구를 통해 원래 노동시장의 요구에 부응해 설립된 이런 직업기술대학들이 어떻게 종합대학을 모방하게 되었는지 설명한다. 예를 들어, 이 대학의 강좌 내용은 점점 더 학구적이 되었고 입학 기준은 점차 높아졌다. 프랏과 버제스는 이런 과정을 19세기까지 거슬러 올라가 추적했다. 이들은 오래된 직업기술대학이 이런 학구적 풍조 이후 이들이 어떻게 더 이상 원래 지향했던 전통적 기능을 충족하지 못하게 되었고, 지역 및 산업계로부터의 요구에 부응하고자 새로운 교육기관이 들어서게 되었는지를 기술하고 있다. 다른 분야의 연구에서는 이런 학구적 풍조라는 개념을 노동시장에서의 경쟁이 정규교육의 수준을 점차 높이려고 개인을 어떻게 부추기는지를 설명하기 위해 사용하고 있다(Kopatz & Pilz, 2015). 물론 학구적 풍조의 이 두 가지 형태는 상호작용하는데, 고학력을 획득하려는 개인의 야망이 기관의 학문 수준을 높이도록 부추기기 때문이다. 마찬가지로 기관의 학구적 풍조는 고학력 졸업생을 더 많이 배출하도록 하는데, 이것이 사회와 노동시장에서의 경쟁을 증가시키고 개인의 학구적 풍조를 부채질한다. 이런 과정이 초래하는 더 높은 정규교육의 자격요건은 비판받아왔고 '졸업장 인플레이션'이라고 부른다(Collins, 2011).

학구적 풍조라는 개념은 대학화의 진전이 고등교육 시스템의 역동성에 대한 의도하지 않은 결과라는 생각을 수반한다. 그러나 이 기관의 일부 이해관계자들에게 대학화의 진전은 실제로 이들이 성취하려고 노력하고 있는 것이다. 대학의 교직원과 지역 노동시장의 이해관계는 물론이고 중앙정부와 지방정부의 이해관계는 이런 점에서 일치하지 않는다. 따라서 우리는 이 연구에서 '대학화'라는 용어를 상당히 중립적인 의미로 사용한다. 즉, 의도하지 않은 학구적 풍조를 직접적으로 연급하지 않을 때는 말이다. 대학화는 다양한 방식으로 그 개념이 정의되고 또 측정될 수 있다. 스웨덴과 핀란드 교사교육이 지금은 고등교육 시스템의 일부가 된 기관에 자리 잡고 있다는 점에서 명목상 대학화를 거쳐왔다고 볼 수 있다. 핀란드에서 이 기관은 전체 대학과 모든 면에서 잘 연계되어 있다. 그러나 대학화의 또 다른 메트릭스는 교사의 학술학위 및 각 대학에서 수행되는 연구 수준과 관련되어 있다. 이 장에서는 연구대상인 교사교육 기관에서 이루어진 명목상의 대학화가 연구활동에서 측정가능한 개선과 교사의 학위에 얼마나 반영되는지에 대한 정도를 탐구할 것이다.

북유럽 관점

교사교육대학(teacher education colleges)이 대학화 과정을 거쳐 어떻게 종합대학으로 변화되어왔는지에 초점을 둔 초기 연구를 찾기는 어렵다. 그러나 학구적 풍조, 고등교육, 교사교육에 관한 연구들이 이런 발달의 측면들에 대해 종종 언급하였다. 비록 우리는 북유럽 교사양성기관의 발달에 초점을 맞추고 있기는 하지만, 스웨덴과 핀란드는 1960년대부터 교사교육을 비학위대학에서 고등교육 영역으로 바꾸었고 이러한 추세는 간호사 및 사회복지사 양성과 같은 다른 직업교육을 포괄하면서 유럽 및 북미에서 아주 흔하게 발견되는 것이었다는 점을 기억하는 것이 중요하다(Smeby, 2014).

　　1970년대부터 1990년대 중반까지 노르웨이는 종합대학과 지역대학이라는 이원체제를 유지하였다. 지역대학들은 두 부류의 대학들로 구성되었다. 예를 들어 교사교육 및 보건교육을 제공하는 전문가 양성 대학(professional college)과 각 지역과 관련된 비즈니스와 금융 산업에 관한 단기 전문 강좌를 제공하는 지방대학(district colleges)이다. 이 시기, 대학의 발달은 위로부터의 개혁과 아래로부터의 혁신이라는 두 측면에서 이뤄졌다. 시간이 지나면서 하향식 개혁이 점점 더 지배적인 방식으로 자리 잡게 되었다. 2003년 고등교육의 질 개혁은 볼로냐 프로세스[2]와 연계된 새로운 학위 체제와 맞닿아 있었고 모든 교사교육 프로그램은 2017년부터 석사학위 수준에 맞춰졌다. 초기 연구들은 이런 교사교육의 발달에서 정치적 의도와 국제적 동향이 어떤 역할을 했는지를 강조하였다(Askvik & Helland, 2014, p. 64; Jarning, 2019; Karlsen, 2005; Skagen & Elstad, 2020).

아이슬란드의 교사교육 또한 대학화 과정을 거쳤다. 1911년 아이슬란드대학교(University of Iceland)가 설립된 이후 교사양성대학이 1971년 학부대학으로 전환되면서 최초의 새로운 고등교육기관이 설립되었다. 이에 따라, 간호사, 유치원 교사 등과 같은 중등 수준의 많은 직업교육 프로그램은 단과대학으로 전환되거나 기존 종합대학에 병합되었다(Jóhannsdóttir, 2012, p. 209; Sigurasson et al., 2020).

덴마크의 교사교육대학은 북유럽의 다른 국가와 동일한 대학화 과정을 거치지 않았다(Jarning, 2019; Jóhannsdóttir, 2012, p. 208; Thomsen, 2014, p. 16; 보다 자세한 사항은 본서의 제7장에 있는 덴마크 사례를 참조). 전통적인 대학들, 예를 들어 초등학교 교사라던가 간호사 교육과 같은 직업교육을 제공하는 대학들은 2000년까지 독립 기관으로 존재하였다. 2000년이 되고서 이 직업교육 대학들은 평생교육을

---

2   (역자 주) 볼로냐 프로세스(Bologna Process)는 1999년 영국, 프랑스, 독일, 이탈리아 등 29개의 유럽 국가가 이탈리아 볼로냐에서 모여 2010년까지 단일한 고등교육제도를 설립, 유럽 대학들의 국제 경쟁력을 높이고자 선언한 내용을 바탕으로 고등교육 질 개선 및 고등교육 통합을 위한 프로그램을 일컬음.

위한 25개의 대학 센터(Center for Videregående Uddannelser)로 재구성되었다. 2008 년 이 대학 센터들은 당시까지 남아 있던 개별대학들과 함께 8개의 대학 센터 (Professionshøjskoler)로 합병되었다. 그러나 이들은 아직 고등교육 영역에 속한 기 관으로 인정받지 못하고 있는데, 학위를 수여하지 않을 뿐만 아니라 연구기금 이 적기 때문이다(Madsen & Jensen, 2020). 따라서 모든 북유럽 국가에서 교사교육 개혁이 대학화와 상호 관련이 되어왔지만, 스웨덴과 핀란드는 1970년대에 모 든 교사교육을 고등교육체제에 두는 방식으로 특히 초기에 집중적으로 노력 하였다.

1930년대 교사훈련원의 학문적 수준

교사교육을 종합대학 체제로 통합한 개혁이 이전 교사훈련원의 대학화에 미 친 영향을 확인하기 위해서는 우선 기준선을 설정하는 것이 중요하다. 평민 학교 교사훈련원은 공식적으로 학교체제의 일부였고, 고등교육체제와는 연 결고리가 없었다. 하지만, 이것들은 오랜 세기의 역사 동안 학구적 풍조를 경 험하였다. 핀란드에서 교사교육을 고등교육 시스템에 통합하는 공식적인 과 정이 1934년 이위베스퀼레 교육대학교의 개원과 함께 시작했다고 얘기될 수 있기 때문에 비교를 위한 가장 적절한 지점은 이 대학이 설립되기 바로 직전 이다. 대학화는 많은 특성과 관련되는데, 이 중 일부는 정성적이고 비교하기 가 어렵다. 생기가 넘치는 학구적 문화와 높은 학문적 기준의 특성이라 여겨 지는 것들은 시대, 장소, 심지어 같은 대학의 여러 단과대학 간에도 다양하 기 마련이다. 여전히, 졸업장 인플레이션이 통시적 비교에서 고려되어야 하지 만, 박사학위를 가진 교수진의 비중이 어떻게 되는가는 어느 정도 비교가 가 능하다. 1933년 이위베스퀼레 교사훈련원의 종신교수진 17명 중 박사학위를 가진 사람은 단 한 명뿐이었다. 석사학위를 가진 사람도 한 명 있었다(Mikkola, Leinonen and Rekola, 1937). 이런 교수진 중 일부는 나중에 박사학위를 취득하였고, 다른 교수진은 이위베스퀼레 교육대학의 교수가 되었다. 같은 해 소르타발라(Sortavala) 교사훈련원의 21명 교수진 가운데에도 박사학위 소지자는 1명, 석사학위 소지자가 1명이었다(Härkönen, Pankakoski and Seppä, 1940).

스웨덴에서 교사훈련원의 교수진의 학위 수준은 이보다 상당히 높았다. 예를 들어, 1915년에서 1930년 사이 스톡홀름의 교사훈련원에 고용된 모든 부교수 및 조교수들은 박사학위를 소지하였고, 이 모두는 상당히 생산적인 연구자들이었다(Sörensen, 1930, pp. 216-222). 스톡홀름 교사훈련원 사례는 극단적인 사례이기는 하지만, 스웨덴의 평민학교 교사훈련원에서도 1937년에 67명의 강사진 중 40%가 박사학위를 소지하고 있었다(Skolöverstyrelsen, 1940). 심지어 60년이 지났지만, 비교해보면 스웨덴의 단과대학(여기서 예술 및 간호 분야의 대학은 제외)에서 가르치는 교수진의 31%, 그리고 종합대학 소속의 교수진 중 62%가 박사학위를 소지하고 있다(Högskoleverket, 1998, p. 33; Tengner & Olofsson, 2000, p. 83). 스웨덴의 교사훈련원에서 박사학위 소지자 비중이 높은 이유는 일반적으로 이 기관이 대도시에 위치해 있었고 그래마스쿨이나 종합대학교에서 유사한 경력을 가진 교사를 모집하는 것이 더 수월했기 때문이다(Sörensen, 1930, p. 217).

역설적으로 박사학위를 소지한 교수진의 비중만으로 판단할 때, 스웨덴 교사훈련원 교사의 학위 수준이 훨씬 더 높았지만, 핀란드의 역사적 사료에서 교사훈련원 교수진의 학문적 업적이 훨씬 더 높이 평가되어왔다. 예를 들어, 2009년 현재 이위베스퀼레대학교의 역사는 이위베스퀼레 교사훈련원이 교육과학대학으로 전환된 것이 초기 문화와의 완전한 단절이 아니라는 점을 강조한다. 교사훈련원의 일부 교수진은 박사학위를 가지고 연구수행 및 학술논문을 발표했기 때문이다(Valtonen, 2009, pp. 126-128). 스톡홀름에서는 이위베스퀼레에서처럼 교사교육대학이 1956년 도시에 세워진 지 몇 년 뒤 교사훈련원은 문을 닫았다. 그러나 교사훈련원 전통은 스톡홀름의 역사에서 강조되지 않았고 그나마 오래된 교사훈련원 건물이 교사대학으로 넘어갔다는 것을 그나마 간단히 언급하는 정도였다(Blix & Arfwedson, 1996, p. 15).

이위베스퀼레 교사훈련원이 종합대학으로 발전함에 따라 이후 종합대학교의 선구자로 여겨질 수 있는 오래된 뿌리와 다양한 분야에 있는 교사의 학문적 업적을 강조하였다. 그러나 스톡홀름의 교사교육대학들은 교사양성과 교육 분야의 연구에 초점을 맞추고 있었다. 여기서, 이전 시대 교사훈련원에서 가르쳤던 저명한 신학자 및 자연과학자들과의 뚜렷한 연속성이 없었다. 게다가, 스톡홀름의 교사교육대학들은 종합학교 개혁을 선도했던 데에 반해, 이전 교사훈련원 교수진은 그래마스쿨 교사진과 유사한 배경을 갖고 있었다. 즉, 이전의 교사훈련원 교수진 중 많은 인원이 심지어 신학자와 자연과학자로 기능했고 종합학교 개혁에 보수적인 입장을 보이며 반대하거나 실제 반대운동에 참여했다. 따라서 스톡홀름의 교사교육대학은 정치적이고 학문적인 이유로 역사 사료에서 이전의 교사훈련원 교수진의 높은 학문적 수준을 치하하고 강조할 이유가 거의 없었다.

학계의 이런 초점 이동은 1960년 스웨덴 말뫼(Malmö)에서 설립된 두 번째 교사교육대학에서 잘 볼 수 있다. 평민학교 교사의 교육은 룬트(Lund) 인근의 교사훈련원에서 이곳으로 옮겨졌다. 당연히 교수진 일부도 함께 이동했다. 1950년대 동안 말뫼의 많은 학교에서는 실천에 가까워지는 것이 룬트대학교(Lund University)에 가까워지는 것보다 훨씬 더 중요해지게 되었다(Bergendal, 1985, p. 7).

2011년 교사교육을 위한 이전 교육기관의 대학화

여기서 우리는 평민학교 교사훈련원에 근간을 둔 고등교육기관이 학문적 수준에서 전통적인 종합대학을 어느 정도 따라잡았는지 검토하기 위하여 스웨덴과 핀란드의 양적 자료를 활용할 것이다. 우리는 고등교육 체제에서 연구직과 교수직의 교육수준을 비교하고 연구 강도 또한 비교할 것이다. 두 국가(스웨덴, 핀란드)의 통계자료를 직접 비교할 수 없다는 사실로 인해 이 작업을 수행하는 일은 복잡하다. 그렇지만, 애초 이 연구의 의도가 두 국가를 철저히 비교하겠다는 것이 아니고 각 국가의 고등교육 시스템 내의 응집성 혹은 다양성을 연구하는 것이기 때문에 비교할 만한 변인이 완벽하게 일치할 필요는 없다. 스웨덴의 경우, 국가고등교육청(Swedish National Agency for Higher Education, Högskoleverket)(2011)에서 발간한 연간보고서를 통해 연구 및 박사학위를 소지한 교수진의 상황(여기에 대학원생은 포함되지 않는다), 그리고 연구와 대학원 교육을 수행하는 각 고등교육기관의 예산 비중 등도 살펴볼 것이다.

핀란드 종합대학들의 교수직 및 연구직에 대한 통계자료는 4가지 학위 수준으로 분류되고 시간제 강사가 더해진다. 가장 마지막 범주는 전통적인 학문 위계 바깥에 있는 교사를 포함하고 특별히 헬싱키예술대학교(University of the Arts Helsinki)에서 일반적이다. 범주 II에서 범주 IV까지의 모든 교강사는 박사학위를 갖고 있는데, 범주 I 은 박사과정 학생으로 구성된다. 2010년까지 핀란드 대학은 피고용자들을 파트타임 강사로 등록시키거나 이 교강사를 4개 범주 중 하나로 지정하는 일에 그다지 일관성이 없었다. 그러나 2011년도부터 통계자료가 좀 더 믿을 만했는데, 많은 교강사들이 파트타임 범주에서 적절한 수준의 범주로 옮겨졌기 때문이다. 공식적인 핀란드 자료는 교수직 및 연구직에 대학원생들을 포함하지만, 우리는 박사학위를 가진 교강사 및 연구직의 비율을 계산할 때 전체 인원에서 박사과정생을 제외하였다. 스웨덴 통계자료와의 비교가능성을 가능한 최상으로 만들기 위한 전략이었다.

가용할 수 있는 통계가 차이가 있기 때문에 우리는 스웨덴의 경우처럼 예산 비중을 검토하는 투입 메트릭스가 아니라 교강사/연구원당 산출물(즉, 발간 논문 등)을 사용하여 핀란드의 연구강도를 검토하였다. 우리는 핀란드 통계자료에서 (앞서의 예외적인 사례를 제외하고는) 교강사 및 연구직의 총인원에 박사과정생을 포함하였다.

[그림6-1]과 [그림6-2]의 분산도를 보면, 종합대학 및 단과대학은 다음과 같은 범주로 구분되어 있다. 예술계열, 교사교육 기관에서 출발한 계열, (1970년대 교사교육개혁 이후 설립된) 신규 대학계열, 전통적인 대학계열 등이다. 스웨덴에서는 특수기관 범주[(스웨덴스포츠보건과학학교(Swedish School of Sport and Health Science), 스웨덴국방대학교(Swedish Defense University)]가 또한 존재한다.

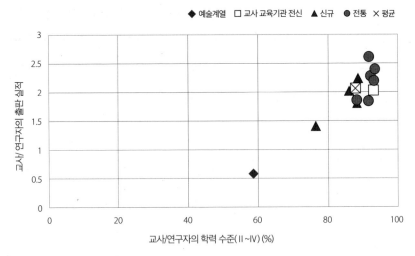

[그림6-1] 핀란드 대학 유형별 연구 집중도(2011)

출처: CAJ 데이터를 기반으로 작성

[그림6-1]은 핀란드의 평민학교 교사훈련원에 근간을 둔 오래된 전통적인 대학 및 고등교육기관의 오른쪽 꼭대기에 모여 있는 것을 보여준다. 한 개의 예술계열 고등교육기관과 신규대학은 고용 및 논문출판 양상이 덜 학문적이라는 점에서 나머지 대학들과 구분되는 한편, 평민학교 교사훈련원에 근간을 둔 핀란드 대학들(예를 들어, 동핀란드대학교, University of Eastern Finland)은 이들 매트릭스에 따르면 2등급 대학기관에 잔류해 있지 않다.

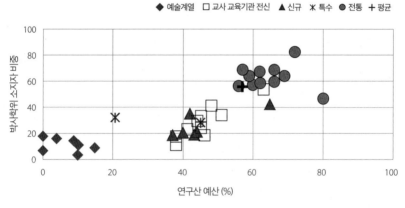

[그림6-2] 스웨덴 대학 유형별 연구진 집중도(2011)

출처: CAJ 데이터를 기반으로 작성

[그림6-2]에서 보듯 스웨덴의 고등교육 시스템은 이와 대조적으로 좀 더 분절화되어 있다. 전통적인 대학들이 여전히 주류 대학으로 자리 잡고 있다. 평민학교 교사훈련원에 근간을 둔 대학 중에는 린초핑대학교(Linköping University)만이 유일하게 이런 수준의 대학에 근접해 있다. 린초핑대학교는 연구기반 산업과 아주 긴밀한 관계를 맺고 있다. 새로운 고등교육기관 중에도 단 한 곳(쇠더퇴른대학교, Södertörn University)만이 박사학위를 가진 교강사 및 연구진 비중 측면에서 다른 전통적인 대학과 유사한 수준에 있다. 물론 연구비에 있어

서는 상당한 차이를 보이기는 하지만 말이다. 쇠더퇴른대학교는 수도에 위치해 있어, 스톡홀름 교사훈련원이 1930년에 그러했던 것처럼 박사학위자들을 고용할 수 있는 지역적 이점을 누린다.

이런 양적 분석 결과를 보면, 우리가 관찰했던 바를 다시금 확인하게 된다. 즉, 스웨덴에서는 이전 시기 교사훈련원이 전통적인 종합대학의 학문적인 수준에 도달하는 데 아직 성공하지 못했다는 점이다. 이와 대조적으로 이전 교사훈련원에 뿌리를 둔 핀란드의 대학들인 이위베스퀼레와 동핀란드대학은 기존 전통적인 종합대학과 동일한 수준의 고등교육범주에 속해 있다. 핀란드에서 이런 고등교육기관을 범주화하는 것은 스웨덴에서보다 더 어렵다. 예를 들어, 이위베스퀼레가 기존 전통적인 종합대학 범주에 속해야 하는지 아니면 애초 교사교육 기관에서 기원한 대학 범주에 속해야 하는지를 둘러싸고 논쟁이 있을 수 있다. 왜냐하면 이 대학의 경우 고등교육기관 영역에 아주 일찍 진입했기 때문이다. 그러나 예술대학(University of Arts) 및 아알토대학교(University of Aalto)를 제외하고 모든 핀란드 대학은 [그림 6-1]에서 볼 수 있듯이 모두 단단하게 하나의 무리로 되어 있기 때문에 이런 범주화가 어떻게 이루어지는지를 분석하는 것이 갖는 중요성은 상대적으로 낮다.

스웨덴의 경우, 전통적인 종합대학 및 예술계열 고등교육기관은 고등교육 스펙트럼의 양극단에서 고유한 무리를 형성한다. 이에 반해 다른 범주의 대학들은 중간지점에서 혼재되어 있다. 스웨덴의 이전 교사훈련원 계열 대학들은 1970년대 고등교육 시스템에 진입하기는 했지만, 이후 설립된 단과대학들보다 학술 성과 면에서 더 높은 성과에 도달한 것 같지는 않다.

스웨덴과 핀란드 개혁 간의 차이

스웨덴의 고등교육기관과는 달리, 교사훈련원에 뿌리를 둔 핀란드 고등교육 기관은 대학화 수준에서 전통적인 종합대학을 따라잡는 데 성공하였다. 따라서 이런 질문을 던질 수 있다. 도대체 이런 발전을 설명할 수 있는 요인은 무엇인가? 스웨덴 교사훈련원이 보이는 초기 대학화 수준이 어떠했는지 고려해볼 때 사실 이런 핀란드의 대학화 과정은 놀랄 만한 것인데, 교사교육개혁의 광풍이 시작되기 전인 1930년대 스웨덴 교사훈련원의 학문적 기준은 핀란드보다 더 높았기 때문이다. 도대체 어떻게 된 일인가?

우선, 스웨덴과 핀란드에서 1960년대 추진한 교사교육개혁을 위한 초기 계획은 서로 비슷하였다. 하지만, 이들의 실행이 달랐다. 핀란드는 대학화를 위한 초기 개혁안을 충실하게 따랐지만, 스웨덴의 경우에는 타협이 이어지고 초기 개혁안이 관철되지 못했다. 1970년대 스웨덴 교사교육이 고등교육 시스템에 통합된 것은 꽤 장기간 각종 위원회의 준비와 부분적인 개혁이 앞서 이루어졌다. 1965년 정부가 발족한 한 위원회는 모든 교사양성이 대학도시에 새로운 기관을 설립하여 대규모 교사교육대학에서 이뤄져야 한다고 제안했다 (SOU, 1965, p. 29). 그러나 각 지역의 이해관계와 교사훈련원의 성공적인 로비가 이어지면서, 의회는 1968년 기존 안 대신에 대학도시 이외의 지역에 소재한 기존 9개의 평민학교 교사훈련원을 초등교사를 양성하기 위한 소규모 교사교육 단과대학으로 유지하기로 결정하였다. 이런 소규모 교사교육대학은 교수진 및 연구기금이 부족하였다. 따라서 교사훈련원에서 비롯된 비학술적인 전통과 실천 양상이 교사교육을 계속 지배했는데 특별히 소규모 교사교육대학으로 전환된 많은 교사훈련원에서 그러했다. 이런 교사교육대학은 고등교육 시스템의 일부가 아니라 교육위원회의 감독을 받았다(Furuhagen & Holmén, 2017;

Linné, 1996, p. 309; Marklund, 1989, pp. 306-309).

핀란드의 경우, 학문적 교사교육을 향한 열망은 스웨덴과 별다르지 않았는데, (스웨덴과 달리) 이런 열망은 보다 빠르고 철저하게 실현되었다. 1969년, 한 위원회의 보고서는 소규모 교사교육대학들이 단지 교사훈련원으로 남을 수 있으며 좀 더 큰 규모가 효과적일 수 있다고 충고하였다. 이 위원회는 학급담임과 교과교사는 종합대학과 종합대학 부속 교사교육대학에서 4년간의 교육과 학사학위를 받아야 한다고 권고하였다(Grundskollärarkommittén, 1969, p. 108; Kähkönen, 1979, p. 74). 동년 12월에 핀란드 의회는 일부 교사훈련원을 폐쇄하고 나머지 교사훈련원을 새로운 고등교육 채재에 통합하기로 의결하였다(Kähkönen, 1979, p. 76; Valtiopäivät, 1969, pp. 2282-2287, 2320-2325). 이 개혁은 1974년에 시행되었는데, 미래 교사교육의 기본적인 학문적 구조가 결정되었다. 1974년부터 모든 핀란드 교사는 대학에서 4년 동안 수학하게 되었다. 담임교사는 교육학 학사학위를 받고, 교과교사는 각 교과영역에서 학사학위를 받았다. 이후 교사교육은 고등교육체제에서 1979년 학사학위가 아닌 석사학위 과정으로 상향 조정되었다.[3] 물론 교사의 학위 수준을 학사학위 이상 올리라고 권고한 정부 위원회는 없었다(Kähkönen, 1979, pp. 100-101; Vuorenpää, 2003, p. 93).

따라서, 1974년 대부분의 핀란드 교사훈련원은 폐쇄되거나 기존 종합대학에 부설되었다. 그러나 조엔수우대학은 스웨덴의 교사훈련원과 유사한 독립적인 발전 경험을 했고 따라서 스웨덴 사례와 직접 비교하기에 가장 적합한 핀란드 대학의 사례라고 할 수 있다. 조엔수우대학의 전신은 소르타발라 교사훈련원(Sortavala seminary)으로 1880년에 설립되었다. 소르타발라 교사훈련원은 해당 지역이 제2차 세계대전 이후 양도되면서 장소를 옮기게 되었다. 1953

---

3 (역자 주) 유아교육 교사 및 직업계 학교 교사 제외

년, 조엔수우에 자리 잡게 되었다. 1969년 해당 교사훈련원은 조엔수우대학 (Joensuu University College)의 일부로 통합되었고, 1984년에 이 대학은 종합대학의 지위를 얻게 된다. 또한 1974년 사본리나 교사훈련원(Savonlinna seminary)은 조엔수우대학에 통합되면서 교사교육을 제공하는 교육기능을 갖게 되었다. 2010년 이 대학은 보건 및 생명과학분야의 교육을 담당하던 쿠오피오대학(Kuopio University)과 합병하여 동핀란드대학교(University of Eastern Finland)를 만들었다. 초기에 조엔수우대학의 교수진은 정부 및 핀란드의 정평이 나 있는 종합대학 부총장들이 이 대학이 연구중심대학으로 발돋움해나갈 수 있을지에 대해 회의적이고 정교수 없는 단순한 교사교육대학으로 유지하는 데 만족해한다고 느꼈다. 그러나 지역 세력, 특히 조엔수우대학의 부총장이었던 커키넨(Heikki Kirkinen)은 정교수 및 연구기능을 가진 종합대학의 지위를 얻기 위해 필사적으로 노력하였다. 교사교육을 학술학위로 상향하는 것이 이 피나는 투쟁과정에서 효과적인 논쟁거리가 되었다(Makkonen, 2004, pp. 50-51). 후기 중등학교에서 가르치는 데에 요구되는 'laudatur'(가장 최고 등급) 수준의 연구는 교수직이 필요했다. 이것이 핀란드의 모든 교사교육 기관에서 학급담임교사와 교과교사를 한꺼번에 가르친다는 결정이 어떻게 대학화를 부채질하였는지를 잘 보여준다. 대학화를 가져온 또 다른 촉매제는 1979년 말에 학급담임 교사교육이 석사학위 수준으로 상향 조정되었다는 사실이다(Nevala, 2009, p. 307).

비교될 만한 스웨덴 고등교육기관과는 대조적으로 조엔수우대학은 박사과정을 수여할 수 있는 자율성을 갖고 있었다. 바로 이 점이 대학화를 위해 좀더 빠른 속도로 나아가도록 하였다. 조엔수우대학은 1972년 이미 석사학위를 수여했고, 1977년에는 처음으로 박사학위를 수여했다. 대학이 보다 다학제적이고 학문적인 대학으로 성장함에 따라 1984년 대학은 드디어 종합대학이 되었다(Nevala, 2009, pp. 233, 236).

조엔수우에게 종합대학 지위를 승인한 법률 역시 전통적인 학부기반 거버넌스 모델을 처방했는데, 당시까지 조엔수우에 존재했던 '영역'을 대체하였다. 동일한 영역에 역사 및 지리학을 배치한 것은 교사교육이란 관점에서 논리적이었지만, 학부간 경계를 벗어난 것이었다(Nevala, 2009, p. 346). 이에 따라, 대학 거버넌스 개혁이 교사훈련원 전통에서 보다 학술적 구조로 한 발짝 나아가게 했다.

따라서 핀란드 고등교육기관의 대학화는 여러 다양한 결정들이 조력한 결과였다. 모든 교사교육을 고등교육 영역으로 옮긴 것, 모든 교사교육 기관에서 학급담임교사 및 교과교사를 양성한 것, 핀란드 대학의 모든 학위를 일제히 석사학위로 상향 조정한 것 등이다. 여기에 중요한 촉진자가 있는데 고등교육 체제의 자율성이다. 즉, 각 대학은 자율성을 바탕으로 박사학위를 수여할 수 있었다. 대학화를 위한 이런 선제조건들이 1974~1979년 사이에 모두 이루어졌다.

스웨덴에서는 이 모든 조건들이 처음부터 부족하였다. 물론 나중에 일부 조건들이 충족되기는 했지만 말이다. 1977년 발효된 대학법은 교사교육대학을 고등교육영역의 교육기관으로 상향 조정하였다. 이때 12개의 신규 학부 대학 체제가 들어섰는데, 대체로 기존 중등교육 이후 단계의 교육프로그램을 통합 정리한 것이었다. 이 12개 대학 중 11개에서 교사교육대학 및 유치원 교사훈련원이 이미 존재했었다. 1960년대 말까지 이 교사교육대학은 평민학교 교사훈련원이었다. 개혁 이후, 교육위원회는 교사양성기관을 더 이상 관장하지 않았다. 대신 고등교육청이 이 신규 대학들을 관리하였다(Högskoleverket, 1998; Ringarp & Parding, 2017).

그러나 스웨덴 정부는 이 개혁의 의도가 전통적인 대학교육을 확장하는 것이 아닌 직업교육을 증진하는 데 있다는 점을 분명히 하였다. 신규 대학에서의 교육은 연구와 관련되어야 하지만, 정부는 이 대학에 지속적인 연구 기금을 제공하지 않았는데 연구비를 나누는 것이 연구의 질을 훼손할 것이라고 염려했기 때문이었다. 따라서 오래된 전통 대학과 신규 대학 간의 명확한 구분은 여전하다(Högskoleverket, 1998).

오랫동안, 교사교육이 신규 대학을 완전히 지배하였다. 첫해인 1977/78년에 졸업생의 2/3가 교사였고, 그나마 이 대부분(졸업생의 40%)은 유치원 교사였다. 개블레(Gävle)대학의 경우, 학생 930명 중 750명이 교사양성 과정에 등록했다(Stymne, 2002, p. 13). 이와 대조적으로 전통적인 학문 중심 고등교육은 칼스타드(Karlstad), 외레브로(Örebro) 및 벡스죄(Växjö)에 있는 이전의 종합대학의 부속기관 이외에는 거의 없었다. 개혁 이후 첫 5년 동안 교육 분야가 우위를 유지했지만, 이후 예비교사의 수는 급격히 줄어들게 되었고 다른 교육 프로그램이 도입되기 시작했다. 그러나 1992/1993년이 되어서도, 학위의 42%는 교사에게 수여되었다(Högskoleverket, 1998).

1974년에 대부분의 교사훈련원을 폐쇄한 핀란드와 달리 1970년대 초 스웨덴에는 교사교육대학으로서 모든 평민학교 교사훈련원을 유지하였다. 이것들이 1977년 학부대학으로 전환되자, 학급담임 교사교육이 너무 분산된 것으로 인식되었다. 따라서 정부는 (예를 들어) 크리스티안스타드대학(Kristianstad University College)에 있는 프로그램을 폐쇄하였다. 비록 1981년 지역 세력의 강한 로비로 되돌렸지만 말이다. 이런 일이 진행되던 시기, 예비교사 학생 수가 줄어들자 몇몇 학부대학의 교사교육 프로그램을 폐쇄해야 한다는 압력이 있었다. 유치원과 방과후학교 교사를 위한 프로그램만이 신규 학부대학에 남았다. 1980년대 후반기에 예비교사 학생 수가 줄어들자 몇몇 단과대학의 교사교육 프로그램이 폐쇄 위협을 받았다(Stymne, 2002, p. 19). 신규 대학의 핵심인 교사교육 프로그램이 당면한 10년 가까이 불안정한 상황은 대학화 과정의 첫걸음이 매우 약했음을 보여준다. 예비교사의 수적 비중을 감안하면 학급담임 교사양성 프로그램애 대한 방어는 적어도 개블레에서 학부대학의 생존을 위한 일종의 처절한 몸부림으로 여겨졌다(Stymne, 2002, p. 19). 따라서 핀란드에서 이전 교사교육 기관의 대학화가 교사교육 기관이 학급담임교사 및 교과교사 양성과정 모두를 포함하였다는 사실로 촉진된 반면, 스웨덴에서 교사교육 기관은 교과교사 프로그램이 부족했을 뿐만 아니라 담임교사 프로그램을 유지하고 그들의 생존을 위해 고군분투할 수밖에 없었다.

1979년 핀란드가 모든 대학의 수여 학위를 석사학위 수준으로 격상시킨 것과 달리 스웨덴은 고등교육 시스템의 개혁을 진행하던 1977년 학술학위를 없애는 조치를 취했다. 물론 1993년 석사학위체제를 다시 도입하게 된다. 오래된 종합대학들은 어느 분과학문에서라도 관련 학위를 수여하는 게 허용되었지만, 학부대학은 운영하고 있는 분과학문별로 학위 수여 권한을 신청하고 승인받아야 했다. 새롭게 도입된 석사학위는, 부분적이기는 하지만 이미 자격을 갖춘 교사를 모집하는 것을 수월하게 만들어 어느 정도는 학부대학의 학문 수준을 높였다(Andrén, 2003). 그러나 오늘날까지 스웨덴의 학급담임교사 양성과정을 제공하는 대학에서는 석사학위를 수여하지 않고 있다. 스웨덴에서는 학부대학의 종합대학으로의 대학화가 천천히 진행되었는데, 이 대학에서 공부하는 학생 대부분이 학급담임교사 양성과정에 등록하였다.

스웨덴의 학부대학형 교사교육대학들에는 대학원 과정을 이수한 교사가 거의 없다. 또한 통계자료에 따르면 부교수 혹은 조교수(lektorer och adjunkter) 중에 단 29%만이 석사 이상의 학위를 갖고 있을 뿐이다(Högskoleverket, 1998). 핀란드 고등교육기관이나 스웨덴의 다른 종합대학과는 달리 이 스웨덴 학부대학의 교강사 중 학술학위 소지자 비중이 낮은 이유는 해당 대학에 박사학위 수여 권한이 승인되지 않았기 때문이다. 연구기금 또한 최소 수준이었다. 예를 들어, 개블레대학(Gävle University College)의 연간 연구예산은 설립 이후 6년간 평균 SEK 200,000~300,000이었다(Stymne, 2002, p. 16). 그러나 1990년 새 정부의 연구정책이 발표되고 소규모 학부대학의 연구기금에 대한 지원금 또한 일부 증가하였다(Stymne, 2002, p. 49).

1998년 이래, 학부대학은 특정 연구 분야에서 박사학위를 수여할 권한을 신청하도록 허용되었다. 이로써 학교 내부의 노력으로 교수진의 학술 학위를 증진시킬 수 있게 되었다. 개블레대학의 경우 박사학위과정을 설치해 기술 및 인문사회과학 연구 분야 설립을 위한 신청을 한다는 것은 종합대학으로 발돋움하겠다는 비전으로 공식화되었다. 이 대학의 전임 부총장이었던 스팀네(Birgitta Stymne, 2002, pp. 58-60)에 따르면, 이는 아주 중요한 계기로, '종합대학'의 의미가 '연구 영역'보다 훨씬 더 분명해졌기 때문이라고 했다. 스웨덴중부대학(Mid-Sweden University College)의 부총장이었던 건모(Alf Gunnmo, 2003, p. 12)는 '연구 분야'를 대학의 지위와 동일하게 다뤘다. 순즈발(Sundsvall)과 외스테르순드(Östersund)의 학부대학들은 이를 계기로 공식적인 종합대학의 지위를 얻게 되었고, 개블레 학부대학은 여전히 배제하고 있다. 그러나 스웨덴 학부대학들은 영어로 종합대학이란 명칭을 일반적으로 사용한다. 2016년 회그스콜란이 쥔초핑(Högskolan i Jönköping) 대학의 영어로 된 공식적인 대학 명칭을 옌셰핑대학교(Jönköping University)로 변경했다. 이런 결정은 스웨덴 의회의 옴부즈만에게 보고되었는데, 흥미롭게도 이 기구는 이런 결정을 인정하지 않았다. 왜냐하면 해당 기구는 오로지 정부 기관을 자문할 뿐 사립재단은 자문 대상에 포함하고 있지 않기 때문이었다(Skarsgård, 2016). 옌셰핑대학교는 교사훈련원에서 유래했지만, 사립재단으로 전환한 유일한 고등교육기관이다. 이런 상황이 피상적인 부분이 있기는 하지만, 학교 이름을 변경한 일은 옌셰핑대학교가 높아진 학교의 자율성을 바탕으로 대학화를 위한 좀 더 독립적인 길을 어떻게 추구할 수 있게 되었는지를 잘 보여주고 있다.

결론

1930년대 스웨덴 교사훈련원 교사의 학위는 핀란드 교사훈련원의 교사보다 훨씬 높았다. 그러나 교사훈련원이 교사교육대학으로 전환되면서 대학화의 토대를 제대로 형성해내지 못했다. 그 대신에 교사훈련원에 근간을 둔 핀란드의 고등교육 기관은 전통적인 종합대학의 학문적 수준에 도달하였지만, 비교할 만한 스웨덴 학부대학들은 이 수준에 여전히 미치지 못하고 있다. 이런 결과는 두 국가에서 전반적으로 교사교육정책과 고등교육정책 사이의 상호작용으로 설명될 수 있다.

교사교육은 스웨덴과 핀란드의 거의 모든 신규 대학의 핵심을 형성하였기 때문에 이 고등교육기관의 대학화는 각 국가의 교사교육의 학위 수준에 강하게 영향을 받았다. 핀란드에서 학급담임교사를 양성하는 교육과정을 석사학위로 격상시킨 것이 스웨덴에서보다 교사훈련원에 뿌리를 둔 교사교육 중심 고등교육기관이 연구 중심 종합대학으로의 이행을 보다 용이하게 만들어주었다. 스웨덴에서는 비교할 만한 연구 분야들을 학술학위로 이끌지 못했다. 여기서 중요한 것은, 모든 핀란드 교사교육이 학급담임교사 및 교과담당교사 모두를 한 기관에서 양성해내는 시스템을 갖추었다는 점이다. 그리고 교과를 담당할 교사교육은 다양한 주제를 포괄하는 교사 가운데 높은 학술학위를 요구하였다. 이로 인해 교사교육은 완전한 종합대학이 탄생할 수 있는 핵심으로 작용하였다.

지속적인 영향력을 가진 초기 결정은 스웨덴의 경우, 1969년 모든 평민학교 교사훈련원을 유지하고 이후 이들을 교사교육대학으로 명칭을 변경한 것이고, 이와 대조적으로 핀란드는 종합대학에 부속되지 않은 교사훈련원을 폐쇄하거나 독자적인 고등교육기관으로 발전하도록 했다는 것이었다. 우리는 그 예를 조엔수우대학에서 살펴볼 수 있다. 1970년대 초 핀란드에서는 교사교육 기관 수가 감소하는데, 이런 사실은 살아남은 교육기관은 학급담임교사 양성과정의 지속성과 학생 수준이 떨어졌던 1980년대에 걸쳐 기관의 존속 여부를 두려워할 필요가 없었음을 의미한다. 즉, 기관의 생존은 확보되었기 때문에 이들은 학문적 수준을 향상시키는 데 초점을 맞추고 노력해나갈 수 있었다. 기관의 수가 줄어들었기 때문에 남은 교육기관이 학생 및 자격 있는 교사를 유치하는 데 훨씬 유리했다.

전반적으로 신규 학부대학의 지도자들은 중앙정부가 의도했던 것보다 훨씬 높은 수준의 학술 수준을 추구하려고 했다. 이런 시도가 성공하는 데 중요했던 선행조건은 대학의 자율성 정도였다. 예를 들어, 스웨덴 정부가 자국의 학부대학을 위해 제시한 것에 비추어 조엔수우에서 핀란드 정부의 계획이 특별히 더 야심 찬 것이라고 볼 수 없었음에도, 조엔수우대학은 종합대학이란 지위를 얻기 위한 노력을 벌이는 데 충분한 재량을 발휘하여 성공하였다. 이보다 더 중앙집중화된 시스템을 유지한 스웨덴에서는 분권화 개혁이 이 대학의 자율성을 향상시킨 1990년대가 되어서야 소규모 대학에서 학구적 풍조가 일어났다. 이런 발전에 힘입어 1990년대 중반부터 스웨덴 학부대학들은 종합대학 지위를 적극적으로 구상하기 시작했고 경우에 따라 성취되기도 하였다.

[참고문헌]

Andrén, C.-G. (2003) 'Magisterprövningarna och Mitthögskolan', in Gunnmo, A. (ed.) Sveriges nästa universitet – Mitthögskolans första 10 år. Sundsvall: Mitthögskolan, pp. 105-115.

Askvik, T. and Helland, H. (2014) 'Norway', in Börjesson, M., Ahola, S., Helland, H. and Thomsen, J.-P. (eds.) Enrolment patterns in Nordic higher education, ca 1945- to 2010. Institutions, types of education and fields of study, Working Paper 15/2014. Oslo: NIFU, pp. 63-90.

Bergendal, G. (1985) 'Tjugofem år', Lärarhögskolan i Malmö 25 år. Malmö: Lärarhögskolan, pp. 1-10.

Blix, E. and Arfwedson, G. (eds.) (1996) Lärarhögskolan i Stockholm 1956-1996. Stockholm: HLS.

Collins, R. (2011) 'Credential inflation and the future of universities', Italian Journal of the Sociology of Education 3(2), pp. 228-251.

Furuhagen, B. and Holmén, J. (2017) 'From seminar to university. Dismantling an old and constructing a new teacher education in Finland and Sweden, 1946-1979', Nordic Journal of Educational History 4(1), pp. 53-81.

Glimberg, C.-F. (1988) Från monitörer till monitorer. Kring lärarutbildningen i Kristianstad under 150 år. Kristianstad: Högskolan i Kristianstad.

Grundskollärarkommittén (1969) Grundskollärarkommitténs betänkande FCR 1969:108. Helsingfors: Statsrådet.

Gunnmo, A. (2003) 'Bakgrundsteckning', in Gunnmo, A. (ed.) Sveriges nästa universitet – Mitthögskolans första 10 år. Sundsvall: Mitthögskolan, pp. 6-13.

Härkönen, I., Pankakoski, K.H. and Seppä, V. (1940) Sortavalan seminaari 1880-1940. Muistojulkaisu. Helsinki: Valistus.

Högskoleverket (1998) De första 20 åren. Utvecklingen vid de mindre och medelstora högskolorna sedan 1977. Stockholm: Högskoleverket 1998:2.

Högskoleverket (2011) Universitet & högskolor. Högskoleverkets årsrapport 2011. Stockholm: Högskoleverket 2011:8 R.

Jarning, Harald (2019) 'Kunnskapsvekst under streken gjennom femti år – høyere utdanning i Norden utenfor universitetssektoren', Uddannelseshistorie (53), pp. 116-141.

Jóhannsdóttir, G. (2008) 'Academic drift in the development of the education of Nordic primary school teachers', Den 10. Nordiske Læreruddannelseskongress, 21-24 May 2008. Kennarahaskóli Islands. Available at: https://skemman.is/bitstream/1946/7765/1/C6_GydaJohannsdottir. pdf.

Jóhannsdóttir, G. (2012) 'Convergence in the development of Nordic higher education systemsprior to the Bologna reform process', in Eikseth, A.G., Dons, C.F. and Garm, N. (eds.) Utdanning mellom styring og danning. Et nordisk panorama. Trondheim: Akademika forlag.

Kähkönen, E. (1979) Opettajankoulutus Suomen koulunuudistuksessa v. 1958-1978. Yleissivistävän koulun opettajien koulutuksen järjestelyt ja tavoitteet. Oulu: Oulun yliopisto.

Karlsen, G. E. (2005) 'Styring av norsk lærerutdanning – et historisk perspektiv', Norsk pedagogisk tidsskrift 89(6), pp. 402–416.

Kopatz, S. and Pilz, M. (2015) 'The academic takes it all? A comparison of returns to investment in education between graduates and apprentices in Canada', International Journal for Research in Vocational Education and Training 2(4), pp. 308–325. doi: 10.13152/IJRVET.2.4.4.

Linné, A. (1996) Moralen, barnet eller vetenskapen. En studie av tradition och förändring i lärarutbildningen. Stockholm: HLS.

Madsen, L. and Jensen, E. (2020) 'Læreruddannelsen i Danmark', in Elstad, E. (ed.) Lærerutdanning i nordiske land. Oslo: Universitetsforlaget, pp. 139–156.

Makkonen, E. (2004) Muistin mukaan. Joensuun yliopiston suullinen historia. Joensuu: Joensuun yliopisto.

Marklund, S. (1989) Skolsverige 1950–1975. Del 6, Rullande reform. Stockholm: Utbildningsförlaget.

Mikkola, J. M., Leinonen, A. and Rekola, S. (1937) Jyväskylän seminaari 1863–1937. Muistojulkaisu. Helsinki: Valistus.

Morphew, C. C. (2000) 'Institutional diversity program acquisition and faculty members: examining academic drift at a new level', Higher Educational Policy 13, pp. 55–77. doi: 10.1016/S0952-8733(99)00028-8.

Nevala, A. (2009). Uudisraivaaja, Joensuun yliopiston 40-vuotishistoria. Joensuu: Joensuun yliopisto.

Pratt, J. and Burgess, T. (1974) Polytechnics: A report. London: Pitman.

Ringarp, J. and Parding, K. (2017) 'I otakt med tiden? Lärarprofessionens ställning sett via lärarutbildningens utveckling i Sverige, 1962–2015', Uddannelseshistorie (51), pp. 49–68.

Sigurðsson, B., Jónsdóttir, H., Jóhannsdóttir, P. and Björnsdottír, A. (2020) 'Grundskollärarutbildningen i Island', in Elstad, E. (ed.) Lærerutdanning i nordiske land. Oslo: Universitetsforlaget, pp. 157–176.

Skagen, K. and Elstad, E. (2020) 'Lærerutdanningen i Norge', in Elstad, E. (ed.) Lærerutdanning i nordiske land. Oslo: Universitetsforlaget, pp. 120–138.

Skarsgård, K. (2016) 'JO granskar inte Högskolan i Jönköping', Universitetsläraren, 2016.06.16. Available at: https://universitetslararen.se/2016/06/16/jo-granskar-inte-hogskolan-ijonkoping/ (Accessed 24 April 2020).

Skolöverstyrelsen (1940) Lärarutbildningen 1938/1939. Stockholm: Skolöverstyrelsen.

Smeby, J.-C. (2014). 'Academic drift in vocational education?', in Smeby, J.-C. and Sutphen, M. (eds.) From vocational to professional education: Educating for social welfare. London: Routledge, pp. 7–25.

Sörensen, A. (1930) Växelundervisningssällskapets normalskola och folkskoleseminariet i Stockholm 1830–1930. Uppsala: Almqvist & Wiksell.

SOU (1965:29) Lärarutbildningen, 1960 års lärarutbildningssakkunniga. Stockholm: Ecklesiastikdepartementet.

Stymne, B. (2002) Högskolan i Gävle. Jubileumsskrift 1977–2002. Gävle: Högskolan i Gävle.

Suomen säädöskokoelma (94/1919) Suomen hallitusmuoto (Finnish form of government).

Suomen säädöskokoelma (731/1999) Suomen perustuslaki (Constitution of Finland).

Tengner, O. and Olofsson, S. (eds.) (2000) Årsrapport för universitet och högskolor 1999. Stockholm: Högskoleverket.

Thomsen, J. P. (2014) 'Denmark', in Börjesson, M., Ahola, S., Helland, H. and Thomsen, J.-P. (eds.) Enrolment patterns in Nordic higher education, ca 1945- to 2010. Institutions, types of education and fields of study, Working Paper 15/2014. Oslo: NIFU, pp. 15–32.

Valtiopäivät (1969) Pöytäkirja II. Helsinki: Valtion painatuskeskus.

Valtonen, H. (2009) 'Korkeakoulun aika – tiedekorkeakoulun ja akateemisen yhteisön synty', in Einonen, P., Karonen, P. and Nygård, T. (eds.) Jyväskylän yliopiston historia. Osa I. Seminaarin ja kasvatusopillisen korkeakoulun aika 1863–1966. Jyväskylä: Jyväskylän yliopisto, pp. 125–222.

Vipunen statistical database (2020) 'Yliopistojen opetus- ja tutkimushenkilökunta', Available at: https://vipunen.fi/fi-fi/_layouts/15/xlviewer.aspx?id=/fi-fi/Raportit/

Yliopistojen%20opetus-%20ja%20tutkimushenkil%C3%B6kunta%20-%20yliopisto.xlsb(Accessed 24 April 2020).

Vuorenpää, Joukko (2003) Yliopistollisen opettajankoulutuksen kehittyminen Suomessa 1970-luvulta 2000-luvulle. Turku: Turku University

제7장

북유럽 교사교육에서 교육학:
덴마크와 핀란드의 개념적 접근, 역사적 경로, 차이점

베아트리체 쿠코와 예스퍼 에크하트 라르세(Beatrice Cucco & Jesper Eckhardt Larse)

도입

페다고지라는 말이 국가 또는 지역의 맥락에 따라 다양한 가치와 의미로 해석되기는 하지만, 교육에서 페다고지는 핵심적 개념이다. 교육을 다루는 앵글로색슨계 문헌에서 페다고지라는 단어는 여전히 어떤 이국적인 정취를 풍긴다. 예를 들어, 알렉산더의 비교 연구(Alexander, 2001)를 보면 페다고지가 러시아 혹은 프랑스에서와는 달리 영국의 맥락에서 자생적으로 만들어진 개념이 아니라는 것이 분명하다. 북유럽 국가에서 페다고지는 전통적으로 교사의 교육활동을 위한 기초로 이해되어왔다. 페다고지는 기술적이고 처방적인 학문이고, 역사적으로 대륙의 교육 전통과 밀접하게 관련되어 있다. 근대적 형태의 페다고지 분야는 19세기 후반 동안 독일에서 북유럽으로 수입되었다. 북유럽의 페다고지는 19세기와 20세기에 걸쳐 영미뿐만 아니라 대륙의 교육학 연구를 반복적으로 참조하고 대화를 나누면서 발전하였다. 핀란드는 특별한 사례로, 특히 19세기 초반 50년 동안 러시아로부터 교수학적 아이디어들을 역시 차용해왔다는 점에서 그렇다(Iisalo, 1979). 북유럽의 관점에서 페다고지는 교육 실천과 교육이 근거해야 하는 전제들에 대한 다소 분명한 이해와 성찰로서 정의된다.

덴마크와 핀란드의 교사교육 구조가 아주 다르다는 점은 북유럽 교육모델이 존재한다는 주장과는 모순되는 점이다(Nordic Council of Ministers, 2009). 덴마크와 핀란드가 취하는 정치, 경제적 관점이 굉장히 유사하다는 점을 고려할 때, 근본적으로 교사교육에 대한 접근방식은 왜 다른 것일까? 이번 장은 다음과 같은 연구질문에 답하고자 한다. 핀란드와 덴마크에서 어떻게 국가 교육체제와 교사교육 제도화에 대한 서로 다른 역사적 궤적이 어떻게 서로 다른 페다고지에 대한 동시대적 접근을 형성해왔을까? 경로의존이론의 관점에서 역사사회적인 실증자료를 활용하면서 이 질문에 답하려고 한다.

제7장은 교사교육에 대한 북유럽 지역의 두 가지 아주 다른 접근방식을 비교한다. 말하자면, 북유럽 3개 국가(노르웨이, 스웨덴, 아이슬란드)는 대학과 연계된 다소 학문적 교사양성교육을 실시하는 핀란드와 유사한 반면, 덴마크는 간호사, 사회복지사 양성교육과 함께 제공되는 전문직업교육으로 독립된 기관에서 이루어지는 실용적 교사교육을 계속 유지하고 있다.

핀란드와 덴마크는 서로 간에 유사점이 많다. 간략히 설명하면, 이 두 국가는 16세기부터 루터교의 유산을 공유하고 절대주의의 통치 아래 있으면서 18세기 동안 약간의 초기 학교개혁구상과 19세기 동안 보통학교교육의 보편적 제도화를 추진하였다. 제2차 세계대전 후, 두 국가 모두 종합학교교육체제를 갖춘 보편주의 사회민주주의 복지국가로 발전하였다. 페다고지와 관련하여 핀란드와 덴마크 모두 독일 전통에 신세를 졌는데, 자아형성 또는 빌둥(Bildung, dannelse, bildning, 또는 sivistys 등으로 다양하게 알려진)을 지향하는 국가적 다양성을 포함한다. 그럼에도, 오늘날 덴마크와 핀란드의 교사교육은 굉장히 서로 다른 방식으로 이루어지고 있는데, 각 국가가 교사교육을 제도화한 방식과 페다고지에 접근하는 방식에 차이를 보인다.

이 장에서 자료 분석은 두 가지 방식으로 이루어진다. 덴마크와 핀란드에서 진행된 교육체제의 전개 과정을 이해하기 위해 역사적 경로 분석을 하였다. 우리는 이 교육체제의 다양한 경로와 1970년대의 이른바 '정책 창' 속에서 이 다양한 경로가 서로 다른 방식으로 교사교육이 제도화되는 데 미친 영향을 추적한다(Mahoney, 2000; Howlett & Ramesh, 2003). 마지막으로 교사교육에 존재하는 최근의 서로 다른 페다고지 접근방식을 분석한다. 최근의 자료를 수집하고 활용하였는데, 2017~2018년 동안 덴마크 교사교육 기관 두 곳과 핀란드 교사교육 기관 한 곳에 소속된 29명을 대상으로 면담을 실시하고 수집된 자료에 대해 주제 분석을 실시했다(Cucco, 2020).

모든 북유럽 국가에는 19세기와 20세기 동안 농촌 대항문화가 있었는데, 이러한 문화가 가지는 힘에 주목할 필요가 있다. 특히 독일의 궤적과 비교하여, 모든 북유럽 국가는 담론적으로 '보통사람' 혹은 '국민'으로 번역될 수 있는 스칸디나비아식 개념인 평민(folk)이라는 개념의 긍정적이고 정치적 의미들이 지속적으로 지배해왔다. 결과적으로 도시의 학문적 엘리트와 평민의 대항문화 사이에 존재하는 대립은 교육 분야에서도 명확하게 나타난다(제1장과 제2장 참조). 따라서 우리는 국가별 교육체제를 검토할 것이다. 이런 대립은 독일어권 국가와 같이 또 다른 지역에서도 발견될 수 있다. 그러나 북유럽 사례에서 중요한 점은 특히 스칸디나비아 3개 국가(덴마크, 노르웨이, 스웨덴)에서 국가의 교육 및 문화적 자기 이해를 정의함에 있어 평민이 거의 헤게모니적 지위를 획득해왔다는 점이다. 이런 점에서 핀란드 사례는 예외적 사례로, 이것은 이후에 논의할 것이다.

1960년대와 1970년대에 특히 고등교육의 보편적 팽창과 후기중등교육의 대중화로 인해 교사교육의 대학화를 위한 정책 창이 많은 국가에서 열렸다. 하지만, 핀란드와 덴마크의 교사교육개혁은 서로 다른 경로를 따랐다. 북유럽에서는 교사훈련원이 오랜 기간 교사교육을 제공해왔는데, 핀란드는 1970년대 동안 교사교육 기관을 기존 종합대학 시스템에 통합하였다. 덴마크는 교사교육 기관을 종합대학과 별개로 계속 운영하였는데, 이러한 결정이 오늘날 덴마크의 교사교육과정을 형성하였다.

이 장에서는 두 가지 상황에서 발전한 페다고지의 유형을 분석하려고 한다. 제도적 상황에 따라 서로 다른 페다고지 전통이 어떻게 연결되는지를 명확히 하고자 앞서 제시한 두 가지 관점(종합대학 대 평민기관)을 언급할 것이다. 〈표 7-1〉은 주요 참조 내용과 접근방식에 차이가 있지만, 두 가지 페다고지 유형이 두 기관에서 모두 발견될 수도 있다는 점을 보여준다.

최근의 핀란드의 연구를 보면 페다고지는 광의의 용어로 쓰이면서 경험적으로 확립되고 축적된 지식체계로 점차 간주된다. 연구기반 교사훈련 개념은 개별 예비교사의 연구가 교육에 기여한다는 점을 장점으로 본다. 즉, 이런 접근은 관찰한 증거에 기반하고 이를 일종의 개선이라고 간주한다. 행동에 대한 교육지식의 토대가 아무리 사소하더라도 말이다. 어느 정도, 이것은 의사들이 경험적 연구 결과를 활용하는 것과 유사하다. 이러한 페다고지에 대한 접근을 점증적 실증주의라고 이름 붙일 수 있다(〈표 7-1〉, 아래열). 동일하게 광의의 용어로, 덴마크의 접근은 주어진 교수법 텍스트를 습득하고 이론가의 의도를 가능한 한 철저하게 이해하고 해석하려고 노력하고 전체적으로 접근방식을 총체적으로 적용하면서 실제에 '시도해보는 것'으로 나아간다. 보다 기술적 용어로, 이것은 법률과 신학에서 텍스트를 사용하고 적용하는 것과 어느 정도 일치한다. 또는 가다머가 '교리적 해석학'이라고 말한 것과 일치할 수도 있다(〈표 7-1〉, 위쪽 열). 여기서 '교리적'이라는 말은 개념적으로 엄격함 혹은 편협함을 의미하는 것이 아니라 실제 행동의 현실에 대해 어떻게 말하는지 새롭게 주의를 기울이면서 텍스트를 읽는 것과 관련되어 있다(Gadamer, 1960; Regan, 2012).

따라서 〈표 7-1〉에 제시된 프레임은 제도적 상황과 페다고지 유형을 기준

교육기관의 체제 페다고지 유형	종합대학 대학에서 교사교육	교사훈련원 독립된 평민기관에서 교사교육
교리적/ 해석적 교사교육 프로그램에서 텍스트 적용	전통적 독일 페다고지 전통 (규범적이고 동시에 기술적) (예를 들어, 칸트, 슐라이마허) (헤르바르트 ⇒)	중심적 페다고지 텍스트를 읽고 실제에 이것을 '전체적으로' 적용하는 전통 (예를 들어, 그룬트비히, 페스탈로찌, 듀이, 몬테소리)
점증적/ 실증주의 실제로 직접적 실행을 위해 설계된 교사교육 프로그램에서 텍스트	전형적으로 앵글로 색슨 전통의 일부. 응용 심리학 (예를 들어, 손다이크, 저드, 스키너)	전문가들이 증거기반 메타 연구의 결과를 적용 (예를 들어, 존 해티, EEF, clearinghouse)

<표 7-1> 예비교사교육에서 페다고지 접근법

으로 영역을 나눈다. 이것은 교사교육 기관의 교육지식에 대한 접근방식이 다양하면서도 고도로 복잡한 역사적 분야라는 점을 보여주려는 의도이다. 최근에 덴마크의 비학위 교사교육 기관에서 관찰한 주요한 현상은 두 가지 페다고지 유형이 경쟁하고 있다는 점이다(《표 7-1》, 오른쪽 칼럼). 왼쪽 아래 칸에 중심인물인 헤르바르트의 이름에 화살표를 제시하였다. 이것은 그를 교리적 해석학에서 윤리학과 심리학에 기반한 합리주의 접근으로 변화시킨 선구자로 이해할 수 있기 때문이다. 특별히 핀란드에서 헤르바르트 연구는 페다고지에 대한 보다 점증적이고 실증주의 접근을 개척하였다. 헤르바르트 사상은 교사교육에서뿐만 아니라 핀란드의 학문 중심 페다고지에서 합리주의 심리학적 접근이 초기에 우세하도록 이끌었고 교사훈련원에서 대학기반 교사교육으로의 전환에 있어 연속성을 보장하였다. 이후 논의에서 〈표 7-1〉에서 설명한 4가지 접근 방식들을 좀 더 상세하게 살펴볼 것이다.

비교교육 연구자인 슈리버(Jürgen Schriewer)는 세계화가 직접적인 동질화로 이끈다는 관점에 반대한다. 그는 '국제화'와 '토착화'라는 대립하는 역동성을 현대의 전 지구적 발전에서 관찰할 수 있는 6가지 상반되는 흐름 중 단지 하나로 설명한다(Schriewer, 2009). 이에 따르면 핀란드는 오늘날의 전 지구적 역동성 속에서 국가 간 확산 모델의 대표적인 사례인 반면, 덴마크의 최근 상황은 교사교육 분야에서 토착화의 경향을 잘 보여주는 예이다(본서의 제4장 참조). 가정된 동질적인 글로벌 교육 담론의 출현에 대한 교정장치로서 교사교육에서 페다고지적 접근방식의 끊임없는 지역적 변형에 대한 논의를 재개하여야 공정할 것 같다.

이를 위해 우선 1960년대부터 1970년대까지의 기간을 개관할 텐데, 전술한 핀란드와 덴마크에서 나타난 국가 차원의 두 가지 교육체제 발전의 유사점과 차이점을 언급할 것이다. 다음으로 지금은 굉장히 서로 다른 상황(핀란드는 대학이고 덴마크는 교사훈련원)이지만, 1970년부터 2020년까지 페다고지가 동시 발전한 상황들을 개관할 것이다. 이어서 페다고지에 대한 서로 다른 접근방식과 관련한 최신의 면담자료를 언급할 것이다. 이것은 2017년~2018년 2개의 덴마크와 1개의 핀란드 초등학교 저학년 학급담임 교사교육 기관에서 수집한 것이다.[1] 그리고 우리는 교육발전의 전 지구적 역동성 속에서 이 두 개의 북유럽 국가 사례가 어디에 위치하는지를 간략하게 논의하면서 마무리할 것이다.

1860~1970년의 국가 교육 '체제'

19세기 전형적인 북유럽의 교육체제 두 가지가 덴마크와 핀란드에서 나타났

---

1 최신의 자료는 눈덩이표집방법을 활용하여 29명을 대상으로 면담을 실시하고 수집하였고 학급담임 교사교육의 주요 행위자를 대상으로 하였다. 즉 예비교사, 교사교육자, 교육지도자. 개별면담은 영어로 진행되었다. 모든 면담자료를 모두 전사한 후에 주제 분석이 수행되었다. 자료수집 과정은 프로젝트에 관련된 개인과 기관의 익명성을 보장했고 토리노대학(Università degli Studi di Torino)의 윤리위원회에 의해 승인되었다. 우리는 이 장에서 실린 인용문을 약간 수정하였다.

는데, 하나는 학교교육과 교육에 대한 학문적 접근이고 또 다른 하나는 보다 평민지향적 접근이다. 덴마크에서 각 교육체제는 마드비히(Johan Nicolai Madvig, 1804~1886)와 그룬트비히(Nicolai Fredrik Severin Grundtvig, 1783~1872)의 사상에 기반한다. 핀란드의 경우에 시그나에우스(Uno Cygnaeus, 1810~1888)는 평민지향적 접근을 대표하는 반면, 학문적 접근은 스넬만(Johan Vilhelm Snellman, 1806~1881)으로 대표된다. 덴마크에서는 평민적 접근이 우세한 반면, 핀란드의 궤적은 궁극적으로 교육체제의 학문적 측면이 우세한 것으로 특징지어진다. 이후 논의에서 우리는 이 국가 교육체제를 개관하고 교사교육의 발전에 대한 의미를 평가할 것이다.

덴마크의 교육체제: 교사교육에 대한 대항문화의 우세

덴마크의 학교 행정가이자 정치가인 핀겔(Johan Victorinus Pingel, 1834~1919)이 1880년대에 편지에 쓴 것처럼 '덴마크의 교육체제는 몹시 감상적이고, 호전적 사상인 그룬트비히주의(Grundtvigism)와 담백하고 포부가 없는 마드비히주의(Madvigianism) 사이에 자리한다(Krarup, 1955, p. 245). 첫 번째로 19세기 후반 그룬트비히의 고등평민학교의 급증이 덴마크 교육의 모습을 변모시켰다. 이는 가장 잘 알려진 내용으로 오늘날의 덴마크 문화로 이어지는 강력한 경로의존성을 보여준다. 기존의 학습기관 즉, 문법 '블랙 학교'[2]에 대한 그룬트비히의 과감한 공격은 덴마크의 교육적 자기 이해에 결정적이었다. 그는 평민이 문화적 통일성 속에서 유기적으로 성장한다는 헤르더(Herder)의 관점에 고무되었는데, 이

---

2 (역자 주) 'grammar black schools'의 번역어. 그룬트비히는 9세 되던 해 주트랜드(Jutland)의 Feld라는 성직자에게 보내져 2년간 공부하게 된다. 공부하던 학교는 Arlus Latin School로 오로지 언어 자체와 문법을 위한 언어 습득을 위해 책을 읽고 배우는 곳이었다. 그는 이 과정을 생동감 없고 지루한 시간이었다고 하며 이를 가르치는 교사의 교수법에 크게 실망했다. 그룬트비히는 이 학교를 가리켜 'black school' 혹은 '죽음을 위한 학교'(schools for death)라고 불렀다.

러한 관점은 평민의 계몽이라는 기독교적 개념과 결합되었다(Bugge, 1965). 핀겔이 '몹시 감성적인' 그리고 '호전적 사상'이라고 특징 지은 것은 프로그램을 지배하는 카리스마적 구술-역사적-시적 서사라는 낭만적 스타일을 의미한다. 영국의 단과대학 모델과 결합된 이 낭만적 사상들은 새로운 문화운동을 형성하게 하였고 이러한 문화운동 속에서 농민의 아들과 딸은 1년 이상의 시간을 소위 고등평민학교(특별히 대부분 농촌 기숙학교라는 북유럽의 현상)에서 보냈다.

두 번째는 덴마크의 종합대학과 '배워지는 학교'(learned schools)[3]라는 문화다. 이것은 마드비히라는 인물과 연결된다. 그는 신인본주의 유산을 이어받은 문헌학자였는데, 고대 언어연구에 대한 순수한 역사적 타당성과 '배워지는 학교'에서의 근대화된 교육과정을 주장함으로써 학교교육의 혁신을 요구하였다. 마드비히는 1930년대부터 계속 민주적 정치체제를 수립해나간 도심 부르주아 정당인 국가자유당(National-Liberal Party)에서 적극적으로 활동하였고 1850년에 교육부장관으로 임명되었다. 헤겔 철학에 영감을 받았음에도 불구하고, 마드비히의 교육 사상은 대체로 헤르바르트 합리주의와 유사하였다. 하지만, 엄밀한 의미에서 그는 헤르바르트주의는 아니었고 빌둥에 대한 그의 접근은 헤르바르트보다 훨씬 덜 형식주의적이었다(Larsen, 2002). 그의 접근은 '심리학에 대한 감각과 관심, 경험적 지식에 대한 자극, 개인성의 중요성과 개인 간의 가치에 대한 초점, 이론적인 철학에 대한 비판적 입장'에 기반한 덴마크

....

3 (역자 주) 마드비히(Madvig)는 1828년 코펜하겐대학교의 고전학 교수로 임용된 이후 총장으로 6번이나 선임되었고 1848년 유력한 정치인으로 의회에서도 활동했다. 그의 핵심적인 기여는 바로 종합대학의 1학년 교육과정을 고등학교 단계에서 미리 배우도록 해, 고등학교 교육의 수준을 높이고, 종합대학에서의 교수학습의 인문교육적 특징을 강화한 데 있다. 덴마크 교육체제에서 '빌둥'의 의미를 정교화하는 것을 넘어 실천적으로 고등학교-대학교에서 '빌둥'을 보다 구체화하는 데 기여한 인물이 바로 마드비히였다. 이때 'learned school'은 고등학교 단계에서 이미 대학교 1학년 단계의 고전인문학적 지식을 익히는 것을 의미하는 것으로, 이후 대학교육의 기초가 되도록 한 것이다. Olesen, Mogens N. (2011). "Bildung in a New Context in Danish University Teaching with some Remarkable Results." Forum on Public Policy, p.6에서 참조.

의 철학적 전통과 연결되었다(Høffding, 1918, p.118).

농민당(Farmers' Party)은 그룬트비히 사상의 영향을 강하게 받았으며, 교사교육에 대한 국가 독점에서 벗어나는 것을 1850년부터 계속 주장하였다. 이후 몇 년 동안 덴마크 전역에 걸쳐 신설 사립 교사교육 기관이 전례 없이 확산되었다(Skovgaard-Petersen, 2005). 19세기 후반에 덴마크의 교사교육을 위한 교사훈련원(lærerseminarier)이 모두 그룬트비히주의인 것은 아니었다. 일부는 사회주의였고, 일부는 기독교 부흥주의자(예를 들어, 내지선교), 그리고 일부는 소농들이 지지하는 급진적 자유당(Radical Liberal Party)에 가까웠다. 하지만, 많은 사립 교사훈련원의 문화적 자기 이해와 고등평민학교 간에는 관련성이 깊었고, 이런 경향은 20세기까지도 강하게 이어졌다. 실제로, 1940년대 후반 교사 부족에 직면하면서, 국회위원회는 고등평민학교에서의 교사 양성을 고무하였다. 따라서 '농부 출신 남성' 혹은 '가사종사자 출신 여성'이 교직에 입문한다는 생각이 변화 없이 받아들여지고 있었다(Kampmann, 1991, p.27).

핀란드 교육체제: 도심 엘리트의 교사교육 지배

스웨덴어 대비 핀란드어의 위상은 핀란드가 1809년 스웨덴에서 러시아의 일부에 속하는 지정학적인 변화를 겪은 이후 높아졌다. 1820년대 중반에 스넬만을 포함하여 애보대학(Åbo Academy, 후에 스톡홀름대학으로 바뀜)의 학생들은 핀란드어와 문화를 공부하는 데 전념했다. 1931년에 이들은 핀란드 문학협회(Finnish Literary Society)를 설립했는데, 이것이 페노만(Fennoman) 정치운동[4]을 위한 도약판이 되었다. 그 운동은 주로 도시적이고 엘리트주의적이었고 동시대의

---

4 (역자 주) 핀란드에서 19세기에 벌어졌던 민족주의운동으로 Fennomans가 핀란드의 국어정책 강화를 옹호하며 정당운동을 펴며 등장했으며, 페노마니아Fennomania라고 불린다.

농촌 사람들에게 직접 영향을 미치지는 못하였지만, 이러한 전국 차원의 운동은 핀란드의 자기 이해와 문화 발전에 큰 영향을 끼쳤다(Kirby, 2006). 1859년부터 계속, 스넬만은 핀란드에서 페다고지 분야의 두 번째 교수가 되는데, 헬싱키대학에서 교수로 재직했다(Iisalo, 1979). 스넬만의 관점에서 교육은 근본적으로 문화적인 문제였다. 그는 헤겔에게서 영감을 받았는데, 한 개인은 국가의 교육과정을 통해서만 스스로를 핀란드 국가의 국민으로서 인식할 수 있다고 믿었다. 독일에서와 마찬가지로 헤겔주의와 신인본주의 교육사상은 서로 굉장히 유사하였다. 스넬만 이후 페다고지 분야 교수들은 스넬만의 헤겔주의를 포기하고 그 대신에 헤르바르트의 합리주의로 전환하였다. 뒤이은 헤르바르트주의의 우세는 역시 초기 교사교육 기관에 널리 퍼졌다(Iisalo, 1979).

우노 시그나에우스(Uno Cygnaeus)는 훈련받은 신학자이지만, 자연과학자이고 비교교육학자이고 페스탈로치 추종자들과 같이 사회 교육자이다. 초등교육기관에 널리 퍼져 있는 것이 시그나에우스의 실천적 공리주의적 접근인지 스넬만의 신인본주의 접근이었는지는 여전히 논쟁거리이다(Iisalo, 1979; Ahonen, 2014). 1863년에 초등교사를 위한 첫 번째 교사훈련원이 이위베스퀼레에서 개교했는데, 1861년에 초등학교 감독관으로 임명된 시그나에우스가 관장하였다. 이위베스퀼레에서 개교한 이후, 1900년 이전에 또 다른 교사훈련원이 조금 작은 규모의 농촌에서 등장하였다(Iisalo, 1979). 팍수니에미(Merja Paksuniemi)는 1921년 토르니오(Tornio)에서 설립된 여교사를 위한 교사훈련원에 대한 연구를 수행하였는데, 그녀는 1920년대에 시그나에우스가 촉진한 많은 실제적이고 기능적 기술의 예들을 발견하였다. 이것들은 오늘날 핀란드 교사교육 프로그램에 여전히 강하게 남아 있다(Paksuniemi, 2013). 하지만, 스넬만이 표현한 대학화를 향한 초기 노력이 결정적이었다(본서의 제5장 참조). 19세기 말 이위베스퀼레 교사훈련원의 개교와 교사노동조합의 탄생 이래, 핀란드 학교교사는 더 높은 수준의 교육을 요구하기 시작했다. 1894년 이래 초등학교 교사를 위한 여름학교와 특별 강좌를 제공한 헬싱키대학이 이러한 교육적 요구를 지원하였다(Jauhiainen, Kivirauma & Rinne, 1998).

비교 관점

덴마크의 마드비히(Madvig)와 핀란드의 스넬만 간에는 유사성이 굉장히 크다. 두 인물은 교육이론에 대한 비판적 태도를 공유하였고 논리적인 교육이론의 개발자이기보다는 빌둥 사상가였다(Iisalo, 1979; Larsen, 2002). 이와 대조적으로 시그나에우스와 그룬트비히는 상호 공통점이 적었다. 두 사람 모두 신학에 배경을 두었지만, 그룬트비히는 낭만적 기독교 민족주의자였고 시그나우스는 자연과학자이자 실천적 학교개혁가였다. 그럼에도 불구하고 두 사람은 그들 자신의 학파에서 비슷한 지위를 누렸고, 많은 초등학교 교사는 이들과 자신들을 동일시했다(Iisalo, 1979).

1920년대부터 개혁 페다고지[5]는 스칸디나비아의 다른 지역에서뿐만 아니라 덴마크에서 강력했고 그것의 영향력은 특히 1960년대에 커졌다. 초기 그룬트비히의 탁상공론식 학습에 대한 공격과 '인생 학교'의 장려가 개혁 페다고지 아이디어에 대한 모든 스칸디나비아 국가의 수용성을 제고하였다고 주장되어왔다(Jarning, 2009). 대조적으로 핀란드에서는 헤르바르트의 유산이 아주 우세하였다. 이로써 제1차 세계대전 이후 수년간 개혁 페다고지와 진보주의라는 사상들이 전 세계적 흐름을 지배하는 동안 상대적으로 핀란드에서는 기

---

5   (역자 주) 19세기 말에 등장하기 시작해 20세기 전-중반기에 확장되어온 일련의 페다고지의 개혁운동을 일컫는다. 학교교육을 좀 더 개방적이고 자율적인 조직으로 만들자는 주장을 실현하기 위해 초창기 페테르센(Peter Petersen)의 예나계획(Jena Plan), 몬테소리(Maria Montesori)의 자기결정 페다고지, 파르크허스트(Helen Parkhurst)의 달톤계획(Dalton Plan), 그리고 프레네(Celestin Freinet)의 페다고지(Freinet pedagogy)에 이르도록 다양한 학교교육 및 교수학습에 대한 대안적 방안들이 제시, 실천되었다.

반을 얻지 못하였다(Simola, 1998; Paksuniemi, 2013).

덴마크에서 교수법학은 제2차 세계대전 이후에 왕립덴마크교육대학(the Royal Danish School of Eudcational Studies, Danmarks Lærerhøjskole, DLH)에 핵심적 영향을 끼치고 나서야 공헌자가 되고 나서야 예비교사교육에서 잘 발전하게 되었다. 여기서, 핀란드 사례는 헤르바르트주의 지배 시대 이래 훨씬 더 강력한 경로의 존성을 보여준다.

대학화와 서로 다른 제도화, 1970~2020

덴마크와 핀란드에서 교사교육의 대학화는 1960년대와 1970년대 동안 종합학교의 등장과 동시에 일어났다. 덴마크에서는 1966년 교사교육개혁을 추진하면서 예비교사에게 후기중등학교 시험을 요구하였다. 교사교육개혁은 일반교과와 페다고지, 심리학, 교수법, 교육실습을 분리하였다(Wiborg, 2002). 1990년대에 국제학업성취도에서의 낮은 점수를 문제삼으며 다소 역설적으로 교사 자율성을 축소하려는 정치적 시도가 이루어졌는데, 교사노동조합이 정책 결정자들과의 협상에서 밀리게 된 이들 간의 갈등은 2013년 최고조에 이르렀다. 교사노동조합과의 협상은 보다 신자유주의 방식으로 지방자치단체 수준으로 분권화되고 개별화되었는데, 근무 시간 결정과 교수방법 유형의 선택을 포함하였다(Nordenbo, 1997; Grinder-Hansen, 2013). 1997년 〈교육프로그램법, Teaching Programme Act〉 이후, 일련의 개혁들은 덴마크 담임교사[6] 양성 교육과정을 연령과 교과별로 전문화하여 재구성하였다(Larsen, 2016).

---

6 이 장에서 '담임교사'는 덴마크의 종합학교(1학년-9학년) 또는 핀란드의 종합학교(1학년~6학년)에서 가르치는 교육자를 말한다. '초등학교 교사'는 1960년~1970년대에 종합학교가 부상하기 전 덴마크와 핀란드 초등학교에서 가르친 사람을 말한다.

핀란드는 1968년에 종합학교개혁을 추진하고 1973년에 교사교육을 종합대학의 학사학위 수준으로 만들었으며, 1979년에는 이를 석사학위과정으로 상향시켰다. 대학교수와 교사노동조합은 이런 기본적인 변화를 환영하였다. 대학교수들은 교사교육 기관이 종합대학의 일부가 되는 것은 그 자체로 예비교사를 더 높은 학업 수준으로 사회화시킬 것이라고 믿었다(Furuhagen & Holmén, 2017). 하지만, 교사교육은 1980년대와 1990년대가 되어서야 핀란드 대학 내에서 그들 자신의 고유한 정체성과 자율적인 지위를 발전시키기 시작하였다. 이 시기 동안 교사는 전문가이자 교수학적 사상가로서 인정받기 시작하였다. 2000년대 이후, 핀란드의 담임교사교육은 연구기반 교사교육으로 인정되어왔다(Säntti & Kauko, 2019).

초기 대학화 과정에도 불구하고, 덴마크 국가 교육체제에서 평민적 측면의 강세는 새로운 명칭과 무수히 많은 통합에도 불구하고 교사훈련원과 유사한 기관으로의 경로의존성을 보장하였다. 1970년대 고등교육개혁이 추진되는 중에도 교사는 대학에서 독립된 자율적인 기관에서 양성되었다(Rasmussen, 2004). 2000년부터 덴마크의 교사훈련원은 현재 '학부대학'(professionhøjskoler)으로 불리는 좀 더 큰 규모의 조직으로 통합되는 과정을 거쳤다. 이러한 조직 차원의 개혁은 새로운 기관이 다학제적이고 좀 더 이론에 기반하도록 하고 복지국가에서 인식된 대학화 요구를 충족시키는 데 목적을 두었다(Bøje, 2012). 비록 학부대학과 종합대학 간의 차이는 적지만, 오늘날 이 두 기관은 다른 법령으로 운영된다. 국가수준 법률은 종합대학을 석사와 박사학위를 수여하는 학문 지향성을 가진 것으로 규정한다. 이에 반해 학부대학은 오로지 직업 지향성을 갖도록 되어 있다(Danish Ministry of Higher Education and Science, 2016). 현 사회민주당 정부는 2020년 여름, 대학화된 5년제 교사교육을 최근 거부하였는데, 변화를 거부하는 덴마크의 경로의존성을 다시 확인시켜준다. 덴마크 전문학교

(Danske Professionshøjskoler), 지방자치단체 조직(Kommunernes Landsforening) 등 교사교육 분야의 핵심 행위자가 이러한 결정을 지지하였다.

덴마크의 대학화 과정은 교사훈련원 전통에서 일어났지만, 핀란드 담임교사교육에 대한 제도적 차원의 대학화는 지난 50년간의 대학 개혁과 강하게 관련되어 있다(Kivinen and Rinne, 1998). 1990년대 경제와 실업 위기가 핀란드 고등교육의 외관을 바꾸었고 이러한 경로를 변화시키기 위한 노력으로 이끌었다. 1993년 고등교육개혁 이후, 이원적 고등교육체제를 형성하기 위해 폴리테크닉(ammattikorkeakoulu)이 전국적으로 확산되었다. 이렇게 새로 설립된 기관으로 교사교육을 이동시키는 것에 대한 정치적 논쟁이 있었는데, 일부 사람들은 이것을 담임교사의 지위를 낮추고 월급을 감축해서 공공 재정을 절약하려는 의도라고 해석하였다(Jauhiainen, Kivirauma & Rinne, 1998). 하지만, 이러한 일은 일어나지 않았다. 1990년대 이후 신자유주의적 흐름과 함께, 종합대학들은 각 기관 내에서 교사교육 프로그램을 운영할 책임이 있는 자율적 기관으로 간주하였고, 이것이 핀란드 교사교육의 대학화를 공고히 하였다(Rinne, 2004; Ministry of Education and Culture Finland, 2009).

덴마크의 교사교육 기관은 예비교사교육을 함으로써 이를테면 교사교육에 대한 보다 실용적이고 도덕적인 페다고지 접근방식을 유지하였다. 이런 실천 지향성은 담임교사 양성 교육과정에 대한 가장 최근의 개혁에서 발견되는데, 이는 덴마크의 교사교육에 대한 발달적 접근방식을 따르면서도 예비교사에게 교육문제 해결을 위한 올바른 이론적, 실천적 도구를 제공하는 데 목적을 두었다(Danmarks Evalueringsinstitut, 2009). 최근에 많은 행위자가 이러한 페다고지 접근을 둘러싸고 논쟁하였다. 일부 대학 연구자들은 교사 전문직주의를 강화하기 위하여 이론과 교과 지식의 개선을 옹호하였다(Dorf, 2011). 이들은 또한 실천적 페다고지 접근은 정확히 증거기반 접근과 일치하지 않는 지나치게 규범 지향적 지식에 기여할 수도 있다고 주장한다(Rasmussen & Bayer, 2014). 한편, 지난 15년 동안 에피니온(Epinion)과 KORA 및 EVA와 같이 정부 평가 기관의 보고서를 포함하여 지난 덴마크 교사교육개혁을 지지해온 컨설팅 회사들은 좀 다른 이야기를 한다. 이들이 내놓은 보고서 역시 증거기반 교사교육을 지지하였는데, 형태상으로는 실제에 더 가깝고 덜 학문적이며 학자가 아닌 교사교육자가 운영하는 형태이다(《표 7-1》 맨 아래 부분 참조) (Bjerre & Reimer, 2014). 소위 '불순한 페다고지'(uren pædagogik)[7]를 주장하는 사람들은 위에서 언급된 마지막 부분의 내용에는 동의하지만, 증거기반 페다고지에는 반대하였다. 이들은 페다고지에 대한 맥락적, 규범적, 전통적, 가치 기반 접근을 옹호하는 덴마크 교육학자들인데, 이들은 그룬트비히를 계속 언급한다(Rømer, Tanggaard & Brinkmann, 2011).

덴마크와 대조적으로 핀란드의 페다고지 접근은 실증주의 경향의 심리학에 기반한 가르침이라는 경로의존성을 보여준다. 시몰라는 이것을 교육학 및 탈맥락화된 가르침의 등장과 관련된 것으로 보았다(Simola, 1998). 이러한 경향들은 과거 교사교육을 지배한 종교적이고 보수적 가치에 대응하기 위해 1970년대에 정치적 좌파에 의해 사용된 과학적 정당성이라는 형태와 연결된다. 좌파들은 주로 과학성을 강조하면서 마르크스 철학을 촉진하려고 했지만, 다른 사람들은 과학성을 다르게 해석하였다(Furuhagen & Holmén, 2017의 Kähkönen이 쓴 부분). 케흐쾨넨(Kähkönen)은 시몰라의 '희망적 합리주의(유토피아, 잘 의도된 희망과 직선적이고 하향식 합리주의의 진기한 결합)'(Simola, 1998, p. 330)라고 칭한 것이 1990년대 내내 지속되었다는 점을 강조한다. 이런 과학적 정당화는 국가에 대한 비판적 관점으로부터 분리되었고, 이론의 여지 없이 헤르바르트식 페다

---

7   (역자 주) Impure pedagogy. Lene Tanggaard(2009)는 이 용어를 교육의 중요한 접근으로 옹호하면서, 교육의 중핵적 활동의 목표는 사회적 실천 내 혹은 이를 가로지르는 맥락 속에서 이뤄지는 배움이어야 한다고 주장한다. 이는 기존의 고전을 중심으로 한 학문중심 페다고지에 대한 비판 속에서 등장한다.

고지로 되돌아가는 내내 경로의존성을 보였다(Simola, 1998).

핀란드 페다고지는 1970년대부터 고등교육의 대중화에 맞추어 어느 정도는 동유럽의 폴리테크닉 모델을 따르면서 이론과 실제 간의 연계를 제고하는 방향으로 초점을 바꾸었다(Furuhagen, Holmén & Säntti, 2019). 1980년대, 초등학교 교사교육 프로그램이 덜 집권화되며, 종합대학교에 의해 좀 더 형성되면서는 담임교사가 교육과정 결정자로서 훨씬 더 고려되었다(Kansanen & Uljens, 1997). 따라서, 학문적 전통과 강력한 직업교육 지향이 섞이게 되었다. 2000년대 초기의 사업 모델은 교수집단의 전문적 자율성 및 권력이 동반 성장하면서 연구기반 교사교육의 발전에 기여하였고 예비교사는 이러한 연구기반 교사교육 속에서 직접 자기 연구를 수행하였다(Furuhagen, Holmén & Säntti, 2019). 오늘날 많은 사람들은 이러한 지향이 PISA에서 핀란드가 높은 성취를 얻게 된 핵심 요인이라고 주장한다(Niemi, 2011; 본서 제4장에서 핀란드의 이미지에 대해 논의한 부분 참조). 일부 핀란드 학자들은 이에 비판적 입장을 보이는데, 교수활동이 이론과 실제의 결합이라는 점을 근거로 이론적 지향을 덜 가지는 것이 좀 더 유익할 것이라고 주장하기도 한다(Säntti et al., 2014).

다양한 페다고지 접근과 연구기반 지식을 향한 태도

우리는 이 장에서 서로 다른 국가적 자기 이해와 함께 지난 반세기 동안 교사교육의 제도적 변화가 오늘날 페다고지에 대한 접근방식과 연구기반 지식을 향한 태도에 영향을 미쳐왔다는 점을 주장할 것이다. 이를 위하여 우리는 교육지도자, 교사교육자, 예비교사가 각각 자신들이 취하고 있는 페다고지적 접근을 어떻게 이해하고 있는지를 분석하고자 한다(Cucco, 2020).

서론에 제시된 페다고지 사상과 〈표 7-1〉에 개관한 설명 틀에 맞춰 수집된 면담자료에 대한 주제 분석을 하였다. 그 결과 '빌둥'이라는 신인본주의 사상과 북유럽의 평등주의 원칙이 덴마크와 핀란드 교사교육 모두에 존재하였다. 사실, 면담자들은 학습자의 총체적 경험 확보라는 통념을 공유하는데, 이는 '페다고지'와 빌둥에 내재된 사상과 연결될 수 있다. 그럼에도 불구하고, 전반적인 인상은 페다고지에 대한 덴마크의 접근은 좀 더 공동체적이고, 핀란드는 개인주의를 지향한다는 인상이 강하다. 이러한 차이는 두 사회가 서로 다르고 국가의 자기 이해가 서로 다르게 구성되는 것과 부분적으로 관련될 수 있다. 핀란드의 민족주의는 도심의 학문적 엘리트와 결합되어 이론의 여지 없이 보다 개인주의적 접근에 기반을 둔다. 정반대로, 덴마크의 평민 민족주의와 농민 대항문화가 보다 공동체 지향 페다고지적 접근방식을 형성하는 데 기여하였다.

덴마크에서 교사는 아동이 더 큰 공동체의 일원이 될 수 있도록 가르치는 데 목적을 둔다. 따라서, 그들은 교육에 대해 보다 총체적 접근을 채택한다. 이들은 교사가 제2의 부모처럼 학생들을 위한 역할 모델이 되어야 한다고 믿는다. 뿐만 아니라 그들은 정치적 행위자로서 대규모의 전문가 공동체의 일원이 되어야 하고 아동이 동일한 공동체의 참여자가 되도록 도와야 한다.

> [교사가 된다는 것은 다음과 같은 것을 의미한다.] 당신은 사회에서 시민으로서 참여할 수 있다. 그리고 거기서 온전한 생각이 [나온다]. 당신은 개인으로서 사회적 책임을 가지고, [더 나아가] 결국 학생들을 좋은 시민으로 성장하도록 학교에서 학생들에게 가르쳐야 한다. 당연히 좋은 개인이 좋은 시민이다.
>
> - 올란데르(Olander), 덴마크 교사교육자

이와 정반대로 핀란드 페다고지는, 보다 개인주의적 관점을 취하는데, 그런 점에서 학습 향상이라는 목적을 가진 교수활동 과정의 중심에 심리학이 자리한다. 이러한 목적은 담임교사교육의 다양한 교과들에서 역시 분명히 드러나는데, 학습자의 사회적 맥락보다는 심리학과 가르침의 관점에 초점을 둔다.

> 당신은 아동이 다양한 방식으로 조금씩 배우고 이들은 다양한 사물에 관심이 있기 때문에 개별 아동을 알아야 한다. 나는 교사로서 당신이 개별 아동을 알고 개별 아동이 수학을 배우도록 돕고 수학에 흥미를 갖도록 하는 방법을 아는 데 매우 민감해야 한다고 생각한다.
>
> - 라우라(Laura), 핀란드 예비교사

핀란드의 개인주의적 접근은 일종의 점증적이고 실증주의적인 페다고지로 반영된다(《표7-1》, 왼쪽 아래). 핀란드는 일관된 경로를 따르는데, 지난 50년 동안 헤르바르트의 응용 심리학에서 출발하였고 응용 심리학을 계속 채택하였다. 여기서 페다고지는 연구과정을 통해 개선되고 더 나아가 실제로 번역될 수 있는 이론들의 집합체로 간주된다. 핀란드의 교사교육자들은 '교수활동은 연구활동'이라고 주장하고 분리된 이론과 실제를 연계하는 체계적인 탐구의 중요성을 강조하고 이를 증거기반 교수활동 지향과 관련시킨다. 따라서 연구는 교수활동 실제에 대한 이해와 성찰의 체계적인 방식으로 간주된다. 성찰은 예비교사가 자신들의 실천에 대해 '왜'라는 질문에 답하도록 요구되는 활동을 통해 이루어진다. 따라서, 핀란드 교사의 경우, 교사가 교수활동에 대한 올바른 방법을 가지고 있는 한 사회적 맥락과 가르치는 실제 교과는 가르침의 실제에 그다지 중요하지 않다.

이러한 [연구]물을 아는 것이 중요한데, 통언어이기 때문이다. 당신이 모든 것을 기억할 수는 없을지라도, 그 이후에 당신은 다이어그램과 다른 종류의 것들을 읽는 방법을 알 수도 있다. 그건 마치, 당신이 소논문을 읽는다면, 연구가 어떻게 행해졌는지를 알기 때문에 소논문이 말하고 있는 것을 더 잘 이해할 수 있지 않겠는가?

- 벨라(Bella), 핀란드 예비교사

이런 점증적 측면은 핀란드에서 적용된 연구기반 지식의 유형에서 역시 두드러진다. 담임교사 교육프로그램에서는 기초 및 응용 연구기반 지식에 대해 상당한 관심을 갖는데, 이 두 지식 유형 모두 교육이론을 확장하는 데 목적이 있다. 따라서 교수활동 실제를 개선하는 것뿐만 아니라 새로운 교육적 지식을 생산하는 데 목적이 있다. 연구기반 지식의 주요 생산자는 교사교육자다. 무엇보다, 미래 교사는 강력한 기관의 지원 즉, 종합대학 덕분에 페다고지 지식을 형성할 수 있다. 예비교사는 때때로 그들이 학교에 고용되고 나서 교사 연구자가 되도록 지원을 제공하는 연구 기술을 획득한다. 이것은 핀란드 교사교육의 페다고지 유형뿐만 아니라 학문적 환경과도 직접적으로 연결된다(《표 7-1》 아래 좌측 내용 참조).

교사가 가르치러 갈 경우에 […] 이런 이론적이고 과학적인 배경이 아주 강해져야 한다고 생각한다. [교사는] 매일매일의 실천에서 이런 과학적 사고와 과학적 종합대학이 프로그램에 있는 것이 매우 중요하다고 생각한다. 그리고 이는 교사가 대학의 일원이고 과학적 공동체의 일원이 되는 경우에만 가능하다.

- 산드라(Sandra), 핀란드 교사교육자

핀란드의 사례를 통해 연구 결과를 요약하면, 핀란드 교육자들은 페다고지 수준과 제도적 수준 모두에서 경로의존성이 강력하여 개인주의적 가정에 기반한 신자유주의적 변화와 관련하여 고통을 덜 받았다(본서 제13장에서 낮은 수준의 복잡성에 대해 논의하는 부분 참조). 핀란드에서 관찰되는 점증적 실증주의는, 시몰라의 용어(Simola, 1998) 즉 핀란드의 '희망의 합리주의'라는 전형적인 하향식 규범성의 매력과 결합되어 함께 잘 작동한다.

한편, 덴마크의 교사교육은 교리적이며 해석학적인 접근을 유지해왔다. 덴마크에서 페다고지 지식은 성찰적인 이론과 실제의 결합으로 간주된다. 덴마크 예비교사는 '행함으로 배운다'라는 모토를 통한 페다고지적 개념에 친숙했는데, 그 속에서 이론은 페다고지적 실천과 혼합된다. 예비교사는 학습 모듈 전반에 걸쳐 실천적 경험에 비추어 페다고지를 논의한다. 이것은 핵심적 페다고지 교재를 읽고 실제로 그것들을 '총체적으로' 적용하는 전통 내에 있다(〈표 7-1〉, 위 오른쪽 참조).

> 우리는 특정 이론을 검토하는 맥락에서 늘 연구를 활용한다. 우리는 늘 어떤 사람의 이론이 있으면 그 이론이 무엇에 대한 것인지를 알아야 하고 우리는 이러한 이론이 어떻게 작동하는지에 대해 수행된 연구를 찾아서 활용해야 한다.
>
> - 루나(Luna), 덴마크 예비교사

해석적 접근은 또한 덴마크 교사가 연구기반 지식의 소비와 생산을 정의하는 방식을 규정한다. 다른 곳에서 좀 더 상세하게 설명하였듯이(Cucco, 2020), 덴마크의 학사 프로그램 내에서 연구기반 지식은 일종의 응용 또는 실험적 발전이고 예비교사가 학사학위 프로젝트 동안 홀로 생산한다. 교사교육자들이 연구기반의 응용지식을 개발하고 있지만, 이 새로운 지식을 자신들의 교실에 실행함에 있어서는 어려움을 겪는다. 해석적 접근과 덴마크의 제도적 분리를 따라 학문적 지식은 그 당시 전문적으로 지향된 교수활동 자원들로 변환된다. 따라서 연구기반 지식의 획득은 실용적이고 늘 교수활동 실천을 개선하고 새롭게 하는 데 주요 목적이 있다. 이러한 연구개발 접근은 그 당시 전문가들이 증거기반 메타 연구의 결과를 실제에 적용해야 하는 보다 점증적이고 실증주의적 유형에 의해 이런 묘미를 더하게 된다(〈표 7-1〉 아래 오른쪽 참조). 이러한 교리적 해석학적 유형에 대한 덴마크의 용광로는 제도적 수준에서 공유한다. 그리고 덴마크의 교사교육자들은 새로운 정책이 주도한 점증적/실증주의 접근에 관심을 기울인다. 그들은 북유럽 국가에서 1980년대부터 추진된, 보다 개인주의적이고 목표 지향적 접근에 대해 회의적이었다.

결론

이번 장에서 우리는 다음과 같은 연구질문에 답하려고 했다. 19세기 후반 국가 교육 체제의 서로 다른 역사적 궤적과 19세기 후반에 진행된 교사교육의 상이한 제도화가 어떻게 핀란드와 덴마크 교사교육의 페다고지에 대한 서로 다른 접근을 형성하였을까? 19세기 동안 우리는 1960년대와 1970년대 동안 국가교육 체제의 상이한 경향이 1960년대와 1970년대 동안 교사교육 제도화의 상이한 경로를 초래했다는 점을 주장한다. 다음에는 이러한 제도화가 〈표 7-1〉에서 보이듯이, 덴마크와 핀란드에서 페다고지에 대한 다양한 현대적 접근을 형성하였다.

　　1990년대와 2000년대 신자유주의 증거기반 실제 및 '효과적' 접근이라는 글로벌 경향으로 인해 1990년대와 2000년대에 점차 덴마크와 핀란드의 교사교육은 〈표 7-1〉에서 '아래로' 이동하라는 정치적 압력을 점점 받아왔다. 이로 인해 덴마크에서는 페다고지에 대한 보다 공동체주의적이고 빌둥 지향적이고 해석학적 접근을 지속해야 한다는 강력한 압력이 있었고 '핀란드에 주목하라'는 요구가 있었다(예를 들면, Andersen, Wiskerchen & Honoré, 2017 참조). 최근에 덴마크 교육계에서는 정책의제 채택을 둘러싸고 규범적이고 철학적 교육문헌에 대한 전통적 읽기와 교리적 해석학의 적용, 그리고 실증주의 성격의 증거기반 '효과' 사이에서 왔다갔다하는 정신분열증적 현상이 관찰되고 있다(〈표 7-1〉 오른쪽 내용 참조). 게다가, 전통적 페다고지에 대한 핵심적 개념은 이 북유럽 국가들 모두에서 그 기반을 잃어가고 있는 것 같다는 것이 전반적인 관찰이다. 이것은 아마 앞서 언급된 전 지구적 흐름의 일부로서 앵글로 색슨의 강력한 영향 때문인 것 같다. 이러한 발전에서 덴마크는 핀란드보다 페다고지적 접근에서 변화하려는 의지가 덜한 것 같다. 핀란드의 역사적 발전은 '새로운' 전 지구적 경향과 강한 친밀감을 가진 페다고지에 대한 접근을 위한 길을 닦았다. 반면, 덴마크는 대체로 반대의 궤적을 밟았다. 앞서 주장했듯이, 교육적 접근에 대한 전 지구적 동질성은 정말 불가피한 것인지 이의를 제기한다.

덴마크의 최근 상황은 국제화의 역동성과 대비되는 것으로 토착화 경향의 예시일 수 있다(cf. Schriewer, 2009). 전체적으로 덴마크의 교육 분야는 천천히 페다고지적 접근의 대학화 경향으로 이동하고 있는데, 이것은 특히 2000년에 설립된 덴마크 교육대학교라는 독점적 국가기관에 기인한다. 이 기관은 아아르후스(Aarhus)대학 산하에 있는데, 페다고지 접근에서 〈표 7-1〉에 있는 왼쪽 열에 있는 학문적 기관과 가장 밀접하다. 하지만, 교사교육의 핵심 행위자는 〈표 7-1〉의 오른쪽 열의 민중 기관에 있는 보다 '토착적인' 경로를 의식적으로 선택하고 있다. 슈리버가 개략적으로 제시한 대립적인 흐름을 다시 언급하면서, 제4장에서 살펴보았듯이, 핀란드는 오늘날 전 지구적 역동성으로 초국가적 확산 모델의 사례를 제공한다. 가정된 동질적인 전 지구적 교육 담론의 출현에 대한 수정기제로서 우리는 교사교육에 대한 페다고지적 접근의 지역적 다양성은 국가별 경로를 유지하는 경향이 있다고 결론을 내린다.

[참고문헌]

Ahonen, S. (2014) 'A school for all in Finland', in Blossing, U., Moos, L., and Imsen, G. (eds.) The Nordic education model: 'A school for all' encounters neo-liberal policy. London: Springer, pp. 77-94.

Alexander, R. (2001) Culture and pedagogy: international comparisons in primary education. Blackwell Publishing.

Andersen, F. Ø., Wiskerchen, M. and Honoré, C. L. (2017) Finsk læreruddannelse i et dansk perspektiv: rapport over forskningsprojekter 2015-2017. Department of Education (DPU). Available at: https://backend.folkeskolen.dk/~/2/8/finsk-laereruddannelse--i-et-dansk perspektiv.pdf.

Bjerre, J. and Reimer, D. (2014) 'The strategic use of evidence on teacher education: inves tigating the research report genre', in Petersen, K. B., Reimer, D., and Qvortrup, A. (eds.) Evidence and evidence-based education in Denmark. The current debate. Copenhagen: Cursiv, DPU. Available at: https://edu.au.dk/fileadmin/edu/Cursiv/CURSIV_14_www.pdf.

Bøje, J. D. (2012) 'Academization of Danish semi-professionals', Nordic Studies in Education, 32(2), pp. 84-97.

Bugge, K. E. (1965) Skolen for livet. Studier over N.F.S. Grundtvigs pædagogiske tanker. Copenhagen: Gad.

Cucco, B. (2020) Il ruolo della ricerca nella formazione iniziale degli insegnanti in Danimarca e Finlandia. Turin: Università degli Studi di Torino.

Danish Ministry of Higher Education and Science (2016) The Danish higher education system. Available at: https://ufm.dk/uddannelse/anerkendelse-og-dokumentation/doku mentation/ europass/diploma-supplement/standardbeskrivelse-af-higher-education-in denmark/ds-standardbeskrivelse-pdf.

Danmarks Evalueringsinstitut (2009) Komparativt studium af de nordiske læreruddannelser. Copenhagen: Nordisk ministerråd.

Dorf, H. (2011) 'Danish teacher education, its challenges and conflicts in a Nordic and European context', in Anastasiades, P. et al (eds.) Teacher education in modern era: trends and issues, pp. 133-149.

Furuhagen, B. and Holmén, J. (2017) 'From seminar to university: dismantling an old and constructing a new teacher education in Finland and Sweden, 1946-1979', Nordic Journal of Educational History, 4(1), pp. 53-81.

Furuhagen, B., Holmén, J. and Säntti, J. (2019) 'The ideal teacher: orientations of teacher education in Sweden and Finland after the Second World War', History of Education, 48(6), pp. 784-805. doi: 10.1080/0046760X.2019.1606945.

Gadamer, H. G. (1960) Truth and method. London: Bloomsbury.

Grinder-Hansen, K. (2013) Den gode, den onde og den engagerede: 1000 år med den danske lærer. Viborg: Muusmann.

Høffding, H. (1918) Oplevelse og Tydning. Copenhagen: Nyt nordisk Forlag.

Howlett, M. and Ramesh, M. (2003) 'Agenda-setting: policy determinants, policy ideas, and policy windows', in Howlett, Michael and Ramesh, M. (eds.) Studying public policy. Policy cycles and policy subsystems. Oxford: Oxford University Press, pp. 120–142.

Iisalo, T. (1979) The science of education in Finland 1828–1918. The history of learning and science in Finland 1828–1918. Helsinki: Societas Scientiarum Fennica.

Jarning, H. (2009) 'Reform pedagogy as a national innovation system: early twentieth century educational entrepreneurs in Norway', Paedagogica Historica, 45(4–5), pp. 469–484. doi: 10.1080/00309230903100874.

Jauhiainen, A., Kivirauma, J. and Rinne, R. (1998) 'Status and prestige through faith in edu cation: the successful struggle of Finnish primary school teachers for universal university training', Journal of Education for Teaching, 24(3), pp. 261–272.

Kampmann, T. (1991) Kun spiren frisk og grøn ... Læreruddannelse 1945–1991. Odense: Odense Universitetsforlag.

Kansanen, P. and Uljens, M. (1997) 'On the history and future of Finnish didactics', Scandinavian Journal of Educational Research, 41(3–4), pp. 225–235. doi: 10.1080/0031383970410305. Pedagogy in Nordic teacher education 141

Kirby, D. (2006) A concise history of Finland. Cambridge: Cambridge University Press.

Kivinen, O. and Rinne, R. (1998) 'Finnish higher education policy and teacher training', Paedagogica Historica, 34(1), pp. 447–470. doi: 10.1080/00309230.1998.11434897.

Krarup, P. (1955) 'Forholdet til skolen', in Johan Nicolai Madvig. Et Mindeskrift. Copenhagen: Det kgl. danske Videnskabernes Selskab & Carlsbergfondet.

Larsen, J. E. (2002) J.N. Madvigs Dannelsestanker. En kritisk humanist i den danske romantik. Copenhagen: Museum Tusculanum.

Larsen, J. E. (2016) 'Academisation of teacher education: sites, knowledge and cultures and changing premises for educational knowledge in Norway and Denmark', in Hoffmann Ocon, A. and Horlacher, R. (eds.) Pädagogik und pädagogisches wissen: Ambitionen und Erwartungen an die Ausbildung von Lehrpersonen. Bad Heilbrunn: Verlag Julius Klinkhardt, pp. 211–228.

Mahoney, J. (2000) 'Path dependence in historical sociology', Theory and Society, 29(4), pp. 507–548. doi: 10.1023/A:1007113830879.

Ministry of Education and Culture Finland (2009) Universities Act 558/2009. Available at: http://www.finlex.fi/en/laki/kaannokset/2009/en20090558.pdf.

Niemi, H. (2011) 'Educating student teachers to become high quality professionals - A Finnish case', CEPS Journal, 1(1), pp. 43–66.

Nordenbo, S. E. (1997) 'Danish didactics: an outline of history and research', Scandinavian Journal of Educational Research, 41(3–4), pp. 209–224. doi: 10.1080/0031383970410304.

Nordic Council of Ministers (2009) Comparative study of Nordic teacher-training programmes. Copenhagen: Nordic Council of Ministers, p. 107. Available at: http://norden.diva-portal.org/

smash/record.jsf?pid=diva2%3A701134&dswid=971.

Paksuniemi, M. (2013) The historical background of school system and teacher image in Finland. Frankfurt am Main: Peter Lang.

Rasmussen, J. and Bayer, M. (2014) 'Comparative study of teaching content in teacher edu cation programmes in Canada, Denmark, Finland and Singapore', Journal of Curriculum Studies, 46(6), pp. 798-818. doi: 10.1080/00220272.2014.927530.

Rasmussen, P. (2004) 'Towards flexible differentiation in higher education? Recent changes in Danish higher education', in Fägerlind, I. and Strömqvist, G. (eds.) Reforming higher education in the Nordic countries - studies of change in Denmark, Finland, Iceland, Norway and Sweden. Paris: Unesco: International Institute for Educational Planning, pp. 55-88.

Regan, P. (2012) 'Hans-Georg Gadamer's philosophical hermeneutics: concepts of reading, understanding and interpretation', Meta: research in hermeneutics, phenomenology, and practical philosophy, 4(2), pp. 286-303.

Rinne, R. (2004) 'Searching for the rainbow: changing the course of Finnish higher educa tion', in Fägerlind, I. and Strömqvist, G. (eds.) Reforming higher education in the Nordic coun tries - studies of change in Denmark, Finland, Iceland, Norway and Sweden. Paris: Unesco: International Institute for Educational Planning, pp. 89-136.

Rømer, T. A., Tanggaard, L. and Brinkmann, S. (2011) Uren pædagogik. Aarhus: Klim.

Säntti, J. and Kauko, J. (2019) 'Learning to teach in Finland: historical contingency and pro fessional autonomy', in Tatto, M. T. and Menter, I. (eds.) Knowledge, policy and practice in teacher education. A cross-national study. New York: Bloomsbury Academic, pp. 81-97.

Säntti, J., Rantala, J., Salminen, J. and Hansen, P. (2014) 'Bowing to science: Finnish teacher education turns its back on practical schoolwork', Educational Practice and Theory, 36(1), pp. 21-41. doi: 10.7459/ept/36.1.14_03.

Schriewer, J. (2009) 'Comparative education methodology in transition: towards a science of complexity?', in Discourse formation in comparative education. Frankfurt am Main: Peter Lang, pp. 3-54. 142 Beatrice Cucco and Jesper Eckhardt Larsen

Simola, H. (1998) 'Decontextualizing teachers' knowledge: Finnish didactics and teacher education curricula during the 1980s and 1990s', Scandinavian Journal of Educational Research, 42(4), pp. 325-338. doi: 10.1080/0031383980420401.

Skovgaard-Petersen, V. (2005) 'De blev lærere - læreruddannelsen mellem 1860 og 1945', in Braad, K. B. et al (ed.) For at blive en god lærer. Seminarier i to århundreder. Viborg: Syddansk Universitetforlag, pp. 179-212.

Wiborg, S. (2002) 'The Danish tradition in teacher education: panacea or dead end road?', Metodika, 3(5), pp. 77-88.

제8장

21세기 교사 되기:

스웨덴, 독일, 영국의 교사교육개혁

린지 웨인과 수잔느 위보르그(Lindsey Waine & Susanne Wiborg)

독일, 영국, 스웨덴은 21세기 초, 20년간 전례 없는 교사교육개혁을 추진하였다. 이들 국가는 이미 새로운 세기가 시작되기 전, 교육과 교사양성을 위한 새로운 시대가 동 트는 것을 보았다. 여러 국가가 세계화, 기술혁신, 치열한 국가경쟁력이라는 새롭고 다양한 국제적 환경 속으로 뛰어들었다. 교육 분야에서 국가는 새로운 '지식경제'에서 경쟁하고 자신들의 교육체제가 보다 높은 수준의 학업성취를 달성하기 위해서는 인적자본이 결정적 요소라고 보았다. 거의 동시에 여러 국가가 소위 '복지국가의 위기', 재정긴축, 정부 효율성에 대한 요구, 중앙집권적이고 관료적 거버넌스 방식에 대한 고조된 불만에 당면해 있었고 책무성, 모니터링 역량, 전문직화를 장려하는 새로운 개혁방안들을 실행하였다. 이것은 과거 제도와의 날 선 결별이었다. 이러한 새로운 시대가 열리면서, 평등주의 교육구조의 창출로는 더 이상 충분하지 않았고 학문적 수월성이 이제야 강조된다. 그러나 기존 기관은 학문적 수월성을 제공하도록 특별히 설계된 것이 아니었다. 따라서 이런 변화된 환경에서 정부는 교사양성에 보다 강력하게 초점을 두었다.

21세기 초 OECD는 첫 번째 PISA 결과를 발표하였는데, 전 세계적으로 교사교육에 대한 강한 비판이 제기되었다(OECD, 2014). 2013년에 OECD의 교육과 기술 부서장인 슐라이허(Andreas Schleicher)는 '교육체제의 질은 교사의 질을 넘어설 수 없다'라고 주장하였다. 이러한 경험적 주장은 전 세계적으로 교육의 '모범사례'를 지지하는 수많은 정책에 중요한 영향을 미쳤다. 교사의 질이 학생의 학업성취에 가장 영향력 있는 요인이라고 생각하면서, 각국 정부들은 교사교육체제를 개혁하는 데 착수하였다. 발전하는 국제 사회에서 그리고 PISA와 OECD 교사 설문조사인 TALIS와 같은 연구에 의해 야기된 경쟁으로 정책 결정자들은 영감을 얻고 모델을 찾으려고 점점 더 국경 너머를 내다보았다. 교사교육개혁 정책은 아주 흔히 교사의 질을 높이기 위해 성취해야 하는 역량이나 표준의 도입을 통해 교사교육의 성과들을 통제하는 데 목적을 둔다. 이 표준들은 능력 있는 담임교사가 되는 데 필요한 지식과 실제적 기술을 포함한다. 하지만, 이런 교수활동에 대한 증거기반 평가로의 이런 패러다임 변화는 예비교사들이 실천할 수 있는 전문가적 자율성 수준에 명백한 영향을 미친다.

이 장의 핵심 질문은 독일, 영국, 스웨덴 정부가 어떻게 교사교육에 대해 더 많은 통제권을 행사하게 되었고 책무성 강화가 전문가적 자율성 차원에서 교사의 실천에 어떤 영향을 미쳤는가이다. 전문가적 책무성(다른 사람에게 자신의 실천에 대해 책임을 지는 것)과 전문가적 자율성(자신의 실천에 대한 자유와 자기 규제) 개념이 상호 배타적인 개념은 아니다. 이러한 질문에 답하면서, 우리는 주로 교사교육 교육과정을 위한 개혁, 특히 이론과 실천의 역할과 중요성, 표준 루브릭에 의한 예비교사의 교실 내 실천에 대한 평가에 초점을 둘 것이다.

독일: 지속적 안정성에서 급진적 개혁으로

2000년 이전에 독일 교육은 지속적 안정성이라는 특징을 가졌고 이를 통해 제2차 세계대전, 베를린 장벽의 건설과 붕괴, 1990년대 독일 통일이라는 난국을 돌파하였다. 제2차 세계대전 이후 강력한 연방정부 구조가 수립되어 개별 주에 교육적 의사결정권을 이양하였고 개별 주들이 학교교육과정, 교사의 채용과 임명에 대한 자율권을 가졌다. 독일은 세 가지 계통의 학교 유형으로 구성된 선별적 중등교육의 역사적 유산을 치열하게 지켜져왔고 독일은 이러한 강한 학문적 전통을 자랑스럽게 여겼다. 개별 주의 종합대학들은 교육과정과 대학운영 차원에서 상당한 자율성을 누렸고 개별 대학의 교사교육 교육과정은 관련 학과가 결정하였다. 따라서 독일 전체적으로 굉장히 다양하였다. 북유럽 국가와 공통적으로 교사교육은 인식론적 지식을 중시하는 학습에 대한 총체적 접근인 빌둥 이념에 기반하였다(Männikko-Barbutiu, Rorrison & Zeng, 2011).

독일은 오랫동안 학문적 명예를 누렸고, OECD가 2000년 첫 번째 PISA 연구 결과를 발표하고서 겪게 된 굴욕에 전혀 준비되지 않은 상태였다. 메이어와 베나보(Meyer & Benavot, 2013, p. 2)의 연구에서 볼 수 있듯, '독일은 자신들이 교육 분야에서 세계를 선도해왔다고 늘 암묵적으로 생각해왔다.' 'PISA 쇼크'(독일 언론에 의해 빈번하게 사용된 용어)는 교사의 업무와 점점 다양하고 포용적인 교실을 대하는 어려움에 대비할 수 있게 교사를 준비시키는 교사교육의 효과성에 대해 좀 더 면밀하게 검토하도록 자극하였다. 지난 20년간 학교, 학교교육과정, 교사교육에 대한 전례 없는 수준의 개혁이 추진되었다. 와이즈만(Wiseman, 2013)은 PISA 2000이 일종의 '소프트파워'를 발휘하면서, 독일의 정책결정자들이 학교의 질과 평등성 개선을 위한 개혁을 추친하도록 강제하는 성과를 이루었다고 주장하였다. 교사교육은 이런 개혁을 행하기 위한 '추동력'이 되었고 이 정책 목적을 성취하도록 훈련받은 새로운 교사 세대를 양성하는 일을 담당했다(Blömeke, 2006).

이원적(dual) 교사교육 기관

독일 교사교육은 2가지 다른 장소와 단계로 구분된다. 1단계는 고등교육 기관(종합대학과 Pädagogische Hochschulen)의 책임이고 제1차 국가시험으로 끝난다.[1] 이 단계는 굉장히 학문적이고 교수법과 교육학이라는 두 가지 학문분야에 대한 연구로 구성된다. 예비교사가 이론과 교수활동의 실제를 연계하는 기회는 교육학 분야에서 이루어진다. 하지만, 역사적으로 교육학 분야의 학자들은 이렇게 연계하는 것을 자신들의 역할이라고 생각하지 않았고 교육학은 1900년대까지 오랫동안 '대체로 자기중심적이고 세부 영역 지향성'을 유지하였다 (Schriewer, 2017, p. 85). 2단계는 주 교육청이 설립하고 경력 교사가 운영하는 관립 훈련센터(교사양성세미나, Studienseminar)에서 이루어지고 제2차 국가시험으로 마무리된다. 예비교사는 대부분의 시간을 실습학교에서 실제적인 학급 운영 기술을 배우고 심화학습을 위해 정기적으로 훈련센터에 출석한다. 훈련센터 기간 동안은 실제와 관련된 것도 초점을 두어서 1단계의 학문중심 교육내용과 거의 관련이 없을 수도 있다. 따라서, 1단계는 이론적인 것에 근간을 둔 학문중심 학습에 우선순위를 두고, 2단계는 교사로서 자격을 인정받기 전에 적응해야 하는 실제 학급경영 기술에 우선순위를 둔다.

2000년 이전에는 대학 기반의 1단계 교사교육이 6년이나 7년간 이루어졌고 2단계는 교육 연한이 2년이었다. 장기간의 교사교육 기간에 대한 비판은 제외하더라도 이 시스템에 대한 두 가지 주요한 비판이 있었다. 하나는 관련된 두 기관의 분리된 역할은 이 기관 간에 의사소통이 거의 또는 전혀 이루어지지 않았다는 것을 뜻했다. 학문중심 기관은 굉장히 이론적이어서 그 자체

---

1 이 전문가 교육대학들은 바덴뷔르템베르크(BadenWürttemberg)주에서 유지되어오고 있다. 다른 연방주에서 이것들은 1970년대부터 대학으로 통합되었다.

로 실제로부터 굉장히 분리되어 있었다. 예비교사는 학교에서 교사를 관찰하고 자신들의 학급경영 기술을 개발하면서 시간을 보낼 기회를 거의 갖지 못하였다. 따라서 예비교사가 이론과 실제의 명확한 연결고리를 찾는 데 어려움을 겪는 것은 별로 놀라운 일이 아니었다. 두 번째는 종합대학 프로그램이라는 구조는 예비교사가 학부과정에서 초기에 교수법과 교육학 강좌를 이수하도록 요구되기 때문에 장래 교사가 조기에 직업을 선택하도록 강요되었다는 것을 의미하였다. 이 두 가지 요인은 지난 10년 동안 예비교사의 높은 중도 탈락율을 설명하는 데 다소 도움이 된다(Mause, 2013).

교사교육과 구조 개혁을 위한 촉매제

PISA 주도의 개혁과 동시에 추진된 1999년 볼로냐선언은 통일된 유럽고등교육제도(Unified European Higher Education Area)를 만드는 데 목적을 두었는데, 이러한 목적은 독일에 또다른 도전을 제공하였다. 독일 대학은 상당한 자율성을 누리면서 학부와 대학원 연구로 상세하게 구분하는 것을 아주 싫어했기 때문이다(Keuffer, 2010). 그럼에도 불구하고, 교사교육 교육과정의 응집력 부족과 예비교사를 담당하는 다양한 종합대학 학과 간 원활하지 않은 의사소통이 체제의 과부하와 수학 기간의 연장을 초래하였다(Ostinelli, 2009). 대학들은 보다 통합되고 일관된 교사교육과정을 만들라는 대학 위계 내 일부 학자들의 요구에 저항하면서(Oelkers, 2004), 블뢰메케(Blömeke)가 '조직화된 무책임'(2006, p. 321)이라고 부른 체제를 유지했다.

하지만, 볼로냐선언의 요구사항은 대학 프로그램에 간소화된 모듈식의 구조와 학부과정 및 대학원 과정 이수를 위한 구체적인 기간의 도입을 나타냈다. 각 주정부 교육부장관들은 10년의 과도기를 두기로 합의하고 과도기가 종료되는 시점에 1단계의 교육연한을 5년으로 단축시켰다. 오늘날, 교사양성을 위한 교육과정은 대부분 필수 모듈로 구성된다. 학부는 교과에 대한 심도 깊은 공부에 초점을 두고 대학원 과정에서는 교육학과 교과교수법에 집중하도록 되어 있다.

PISA와 볼로냐선언을 계기로, 교육연구의 중요성이 역시 점차 커지고 있다. 연방교육연구부(The Federal Ministry of Education and Research; Bundesministerium für Bildung und Forschung/BMBF)는 2004년에 설치되었고 주요 개선사항에 대한 제안을 담은 몇몇 교사교육에 대한 보고서들을 발표하였다. 최근 논의와 가장 관련된 것은 교사교육을 대학 단계에서 어떻게 구조화하고 이론과 실제 간의 연계를 최적화하는 방법에 관한 것이다(BMBF, 2019). 예비교사의 효과적인 자기 성찰과 교육실습에 관한 새롭고 단계적인 접근에 대한 평가와 포용적 교실을 위한 예비교사의 양성을 촉진하는 것이 이 연구의 초점이다.

최근 교사교육 교육과정

대학기반 교사교육에서의 이론과 실제간 균형 문제는 학문공동체 안팎에서 계속 논쟁을 촉구한다. 독일 대부분의 주에서 교사는 공무원 신분이고 두 차례의 국가시험을 통과해야 한다. 따라서 교사는 학습자, 학습과정, 교육 맥락에 대한 지식과 이해에 더하여 건전한 전문가적 판단을 할 것이라는 기대에 따라 자신들의 교육활동에 있어 상당한 전문가적 자율성을 발휘할 수 있다. 이러한 전문가적 지식은 전통적으로 학문중심 교육과정에서 배운 이론들로 구성되어왔다. 하지만, 최근 개혁에서는 1단계에서 이루어지는 교육실습 기간과 시간을 보다 많이 강조하는데, 전문가적 역할과의 연계를 강화함으로써 교사교육에서의 높은 중도탈락률을 감소시키기 위한 하나의 전략을 제공한다. 과거에는, 교육실습보다 이론적 지식에 우선순위를 두면서 예비교사는 2단계 또는 학부 졸업 후 단계에서 소위 '현실 충격'을 빈번하게 경험하였

다. 이 시기에 예비교사는 한 학교에서 가르치면서 대부분의 시간을 보낸다
(Sander, 1995; Jones, 2000; Terhart, 2004).

　　최근 개혁들은 2가지 측면에서 이론과 실제간의 균형을 잡는 데 좀 더 초
점을 맞추고 있다. 하나는, 연방의 모든 주에서 교육실습의 기간과 유형에 변
화가 있었다. 학부 단계에 교육실습을 추가하고 핵심 교육실습을 한 학기 전
체로 확대하였는데 강제된 조기 직업 선택을 방지하려는 구체적인 목적에서
였다. 일부 주에서 예를 들어, 노르트라인-베스트팔렌(North-Rhine Westphalia)의
적성탐색실습(an Eignungspraktikum)은 교사교육이 시작되기 전에 실시되고 예비
교사가 자신의 교직선택 동기를 성찰하고 자신들의 직업 선택을 점검하도록
설계했다. 오리엔테이션 예비실습(The Orientierungspraktikum)은 대략 1달간 이루
어지는데 경력 교사에 대한 관찰을 통해 학급 환경에 대한 경험을 제공한다.
마지막으로 일부 주에서는 전문가 실습(a Berufsfeldpraktikum)을 실시하는데, 학
생들은 교사와 함께 일하는 또 다른 교육전문가들인 사회복지사, 청소년 지
도사, 특수교육 교사들과 시간을 보낸다. 학기 단위 교육실습은 석사 단계로
이동했고 예비교사의 성찰과 자기 이해를 고무하는 교육실습 모듈을 동반하
였다. 이것은 일반적으로 긍정적 조치로 인정된다. 하지만, 최근 문헌을 살펴
보면, 교육실습 기간의 연장을 교사교육의 '성배'로 보는 것은 실제 교육실습
의 역할 혹은 종합대학의 교사교육 내에서 교육실습의 목적이 무엇인지에 대
한 명확한 개념이 없다는 점, 그리고 교육실습이 교수활동에 대한 예비교사
의 인식에 미치는 영향에 대한 경험적 연구가 거의 없다는 사실을 간과한 것
임을 강조한다(Rheinländer & Scholl, 2020).

　　둘째, 교사교육 1단계와 2단계의 연속성과 의사소통을 개선하는 데 진전
이 있었는데, 교사양성센터(Zentren für Lehrerbildung, Centres for Teacher Education)를 신
설한 것이다. 이 기관은 대학의 부서로 설치되었고, 이 기관의 목적은 대학교수

들과 2단계를 관장하는 주 교육당국 간의 의사소통을 촉진하는 것이다. 기관의 명칭은 다양하지만, 모든 연방 주들은 교사양성센터를 도입하고 이 센터들은 다양한 협력기관 간의 의사소통을 촉진하는 실무 그룹을 통해 운영된다.

교사교육과 전문직화 의제

국가 경쟁력 성취에 대한 압력이 국제 비교연구가 주목하는 교육의 질과 더불어 역량기반 교사 표준을 도입함으로써 교사의 질 점검을 확대하도록 독일 정부를 촉진하였다. 2004년 16개 연방 주의 교육부장관들은 역량기반 교사표준을 승인하였다. 이 표준들은 교사교육의 각 단계별로 성취되도록 위계적으로 조직되었다. 대학 교육실습으로 시작하여 2단계로 계속 이어지는 방식으로 말이다. 예비교사는 이 표준에 비추어 평가된다. 비록 각 표준은 관련 기초 이론과 연계되어 있지만, 불가피하게 역량 개념에 대한 규범적 측면이 불가피하다. 표준 루브릭에 책무성을 갖는 것이 교사자격 취득 후에 교사를 발전시킬 수 있는 개인적 교수활동 방식을 개발하기보다 오히려 다양한 접근방식으로 실험할 기회를 줄인다면 그것은 장래 교사의 전문가적 자율성에 명확한 영향을 미치게 된다.

2008년에 교육학을 위한 표준화된 교사교육 교육과정의 실행으로 중앙 집권적 통제가 좀 더 강화되었다. 실천 역량에 대한 강조와 보다 엄격한 중앙 통제는 전문직화 의제의 일환이었고 그 목적은 전문직을 향한 교사교육의 좀 더 큰 지향이었다. 코트호프와 테르하르트(Kotthoff & Terhart, 2017, p. 7)는 이런 경향이 독일 대학의 자기 이미지에 대한 도전이 될 것이라고 주장하였는데, 독일 대학은 '전통적으로 전문직을 위한 직접적이고 실제적인 준비보다는 학문적 교과지식("science")의 전달에 초점을 두었'기 때문이다. 최근의 개혁이 예비교사를 보다 일관되게 양성하고 있는지, 결과적으로 교사 채용이 개선될 것인지는 두고 봐야 한다. 대다수의 연방 주들이 두 가지 유형의 중등학교와 문법학교 학생의 다양성을 선호하여 세 가지 계통의 중등학교를 포기하면서, 건전한 전문가적 지식과 학급경영 기술에 대한 자신감을 가진 신규 교사를 양성하는 통합된 교사교육 교육과정이 그 어느 때보다도 절박하게 요구되는 상황이다.

영국: 황금기에서 감사(監査) 문화로

영국의 사례는 독일의 안정성 및 조용한 개혁과는 극명하게 대조를 이룬다. 영국의 교사교육은 1980년대부터 지속적으로 개혁의 대상이었고, 학위 또는 대학원 수준에서 이루어지는 전통적인 과정과 함께 그리고 때로는 복잡하게 얽혀서 다양한 공급자와 기존 교직에 들어가는 다양한 경로를 가진 급변하고 분열되어 다양화되는 체제로 발전해왔다(Feiman-Nemser & Ben-Peretz, 2017, p. 14). 교사교육은 1950년대부터 1970년대 수십 년간 황금기를 구가하며 고등교육의 영역을 차지하면서 대학원 중심 교직이 정점을 이루었다. 종합대학은 사회과학을 포괄하고 독일 모델과 많은 부분을 공유하는 이론중심 교육과정을 제공하였다. 이론중심 교육과정에서 교육학 교과는 관련 사회과학과 교육실습을 위한 이론적 토대를 제공하는 교과중심 교수방법으로 구성되었다. 1970년대 후반 경기 침체와 정부의 책무성 중심 모델로 이동하면서 교육과 교사의 질에 다시 관심을 기울이게 되었고 1980년대부터 정치적 성향에 상관없이 역대 정부들은 교사교육과 교사에 대해 그 어느 때보다도 강력한 통제권을 행사하였다.

앞서 언급한 황금기에도 불구하고, 영국의 교사교육은 깊이 뿌리박힌 역사적 유산을 떨쳐버릴 수 없었다. 즉, 교수활동은 이론 혹은 학문적 교과 없이 "학교현장에서" 가장 잘 배울 수 있는 '기술'이라는 믿음이다. 사이먼(Brian Simon)은 자신의 중요한 연구 「교육이 중요한가? Dose Education Matte」(1985)

에서 '교육학' 혹은 '과학적 가르침'의 부재에 대한 답을 제공하려고 했다. 그는 이것을 강력한 명문 공립학교의 역사적 영향력 때문이라고 보았는데, 이것은 전문적 훈련이 필요한 교사라는 개념을 무시하고 가르침은 명문대학에서 훌륭한 교과목 관련 학위를 가지고서 단지 경험을 통해 혹은 최소한 멘토로서 경력 교사의 지원으로 배워질 수 있다고 주장하였다. 교사교육에 대한 실습 모델은 실제적 기술을 우선시하고 교육이론에 굉장히 회의적이었고, 전체적으로 학교기반 교사교육모델을 확산하고 궁극적으로 그 길을 닦았다.

교수활동을 기술로 보는 이념으로서 이런 지속적인 반페다고지주의는 교사교육을 분절적이고 복잡한 시스템으로 만들었고 고등교육기관과 일선학교를 분리시켰다. 1990년대 초등학교 학생 수가 증가하는 동시에 중등교육의 등록학생 수는 줄어드는 인구학적 변화가 있었는데, 이로써 교사 부족 사태가 초래되었다. 이것은 학교단위 교사교육 도입을 위한 필요조건이 되었다. 학교실습기반교사훈련(SCITT)[2] 프로그램이 1995년에 수립되어 2010년에는 스쿨디렉트(SD)[3]로 교체되었다. 그때부터 교사가 되는 경로는 더 다양해졌다. 최근에 예비교사의 45%가 대학 프로그램(PGCE)[4]에 등록하고 40%가 무보수 학교단위 프로그램에 등록한다.[5]

---

2 (역자 주) School-centred Initial Teacher Training. 지리적으로 인접한 초중등학교들이 협력적 파트너십을 구축하여 예비교사를 양성하는 프로그램이다. 예비교사는 프로그램에 참여하는 학교들을 순환하면서 현장 중심 교사교육을 받으며, 이 경우 일반적으로 1년의 양성교육을 받는다(김찬종 외, 2018 참조).

3 (역자 주) School Direct. 대학을 거치지 않고 현장 학교에서 직접 교육하는 것이 보다 효과적으로 교사를 양성할 수 있다고 생각해 도입했으며, 일군의 학교 간 파트너십을 통하여, 통상 예비교사 모집이나 선발뿐만 아니라 교원양성 프로그램을 운영하며, 예비교사는 자신이 교육받은 학교에서 향후 재직할 수 있다. (김찬종 외, 2018 참조)

4 (역자 주) School Direct. 대학을 거치지 않고 현장 학교에서 직접 교육하는 것이 보다 효과적으로 교사를 양성할 수 있다고 생각해 도입했으며, 일군의 학교 간 파트너십을 통하여, 통상 예비교사 모집이나 선발뿐만 아니라 교원양성 프로그램을 운영하며, 예비교사는 자신이 교육받은 학교에서 향후 재직할 수 있다. (김찬종 외, 2018 참조)

5 Department for Education (November 2020): Initial Teacher Training (ITT) Census for the academic year 2019–2020, England.

최근 교사교육과 도전과제

독일과 영국에서 나타난 교사교육의 이론적 요소와 실제적 요소 간의 긴장은 상반된 방향으로 발휘된다. 독일에서는 이론에 우선순위를 둔 것이 교육실습의 역할에 대해 중요한 함의를 가진 반면, 영국에서는 교육실습을 우선순위를 둔 것이 대학에서 실행하는 이론적 내용의 제공을 어렵게 했다. 영국에서 실무 역량에 대한 이런 강조는 예비교사가 두 개의 교육실습 학교 교실에서 최소 120일을 실습하도록 요구하기 때문에 대학 교육과정이 제약받게 된다는 것을 의미하였다. 이렇게 학교 현장에서의 시간이 연장되면서 2개의 집중 블록으로 이론 수업은 진행되게 되었다. 하나는 프로그램의 시작 단계이고 하나는 2개의 실습 블록 사이에 이루어졌다. 교사교육 분야 학자들은 자연스럽게 이런 변화를 환원주의라고 비판한다. 즉, 이들은 '학습이론'은 덜 강조하고 학급에서 "생존"하도록 예비교사를 준비시키는 것이 필요하다는 점을 강조하면서 이들이 수업 내용을 크게 재고하는 데 참여하도록 강제되어야 한다고 주장한다(Brant & Vincent, 2017, p. 170). 엘리스(Ellis, 2010)는 학교기반 경로는 비슷하게 환원적이고 흔히 예비교사를 위한 선형적 경험을 초래한다고 주장하는데, 실습학교에서의 문화 수용은 예비교사가 페다고지적 실천을 더 많이 수용하고 그것들에 덜 도전하거나 자신의 실천을 덜 실험할 것 같다는 것을 의미하기 때문이다. SD 경로의 예비교사는 지리적인 집단으로 간헐적으로 함께 배우지만, 강조점은 이론적 내용보다는 오히려 학급경영 기술에 머문다.

예비교사는 이런 복잡한 일련의 교사교육 경로 중에서 하나 또는 다른 경로를 선택한 다양한 동기들을 언급한다. 종합대학에서 공부하기로 선택한 예비교사는 프로그램의 학문적 배경과 이론적 내용이 광범위한 교육의 문제와 자신들의 실천에 적용할 수 있는 광범위한 페다고지적 접근을 이해하는 데 이점이 있다고 생각한다. 예를 들어, STEM 교과와 같이 교사가 부족한 분야에서 학생에게 제공되는 넉넉한 학비 보조금은 추가적인 인센티브다. SD 경로를 선택한 일부 예비교사는 교육 중에 보수를 받는데, 이것이 부양가족이 있는 사람들에게는 배정학교의 지리적 위치에 대해 더 많은 통제권을 갖는 것과 더불어 강력한 동기요인이자 중요한 고려사항이다.

모든 교사교육 경로에 대해 예비교사가 정당한 의사결정을 내리는 것과 관련한 분명한 입장이 있는 것 같다. 하지만, 맥과이어와 조지(Maguire & George)의 소규모 연구는 대다수 예비교사가 대학과 학교단위 교사교육 모두를 유지하는 것이 중요하다는 믿는 한편 각 집단별로 단호한 견해를 밝혔다고 보고하였다. SD 프로그램에 참여한 예비교사는 한 학교에서만 경험한 것이 아쉽다고 말하고 다양한 페다고지적 접근들을 자신들이 배치된 학교의 윤리와 업무 실습에 부합하지 않는다면 이들을 탐구할 수 없다는 점에 대해 우려하였다. 대학기반 예비교사는 자신의 선택에서 대학의 명성이 하나의 요인이라고 말하였고 학문중심 경로가 우수한 교사를 배출할 가능성이 더 높다고 믿었다.

교사교육과 전문직화 의제

1980년대부터 영국에 존재해온 개혁지향 문화와 교육이 질을 개선하려는 노력으로 감사 문화를 초래했다. 이러한 문화 속에서 학교, 교사, 교사교육자들은 면밀한 중앙의 감독과 목표설정의 대상이 되었다. 이러한 교육의 질 통제 구조는 유럽의 이웃 국가에 비해 PISA와 같은 국제 비교 연구들이 이웃 국가에 비해 2000년부터 영국의 개혁 의제에 훨씬 제한적으로 영향을 미쳐왔다는 점을 의미하였다(Grek, 2009). 유사하게, 영국 대학의 기존 학부와 대학원 자격 인증 구조는 볼로냐선언이 독일 대학에서 이뤄진 전면적인 구조적 변화를 요구하지 않았음을 의미했다. 내부적으로 교사교육에 대한 역대 정부의 통제가 증가하면서 교사교육 공급자의 다양화와 이들의 교육활동에 대한 중앙의 감사 측면에서 일종의 규제 완화가 이루어졌다. 따라서, 독일이 국가 차원의 교사 표준을 도입하기 20년 전에 순응 문화가 영국에 잘 정립되어 있었다. 모든 교사교육 기관과 이 기관의 직원들은 교육기준청(Office for Standards in Education, Ofsted)을 통해 책무성을 가졌고 이들의 보고서가 교사와 예비교사가 전문가적 표준을 충족하는지를 보증했다.

역량 기반 평가와 일련의 표준을 입증하라는 요구는 학문적 이론의 주변화와 함께 교사교육자들로부터 비판받았다(Ellis, 2010; Gilroy, 2014; Wilkins, 2011). 길로이(Gilroy)는 교사교육자의 성공은 이제부터 순종적인 교사를 배출하려는 의지에 달려 있다고 주장했다. 더 나아가, 윌킨스(Wilkins)는 전문가적 표준이 '교사의 가치와 태도'를 판단함으로써 학급경영 기술에 대한 평가를 넘어 교사 정체성 그 자체를 공격한다고 주장한다(전게서, p.395). 어느 정도로, 최근 교사의 표준과 교육기준청과 같은 외부 기관의 면밀한 점검은 교사 교육자들이 예비 교사에게 광범위한 교육과정을 제공하기보다는 '시험을 위해 가르치도록' 고무하는데, 이런 광범위한 교육과정은 예비교사의 지식과 이해를 강조하고 자율적 실천가들과 결부된 전문적 판단을 개발하도록 한다. 볼(Ball)은 교사의 업무에 대한 수행적 접근에 우려를 표명한다. 교실 내에서 교사는 규정의 필요와 수행의 통제 사이에 바로 자리한다. 이들의 실천은 "조정하기" "노젓기", 모두를 의미한다(Ball, 2003, p. 163).

이것은 분명히 신노동당 정부가 표명하고 다음 정부가 명시적 또는 암묵적으로 지지한 열망과는 상반되는 것 같다. 말하자면, '우리는 교직이 21세기의 가장 존경받는 직업이고 젊은이들이 종사하고 싶은 직업으로 대두되기를 희망한다'라는 열망 말이다(DfES, 2002, p. 134). 최근 교사교육에서 모집 미달은 높은 이직율과 함께 앞서 제시된 열망과는 다른 측면을 보여준다. 훈련기간 동안 역량을 입증하고 국가교육과정 및 규범적 목표에 대한 요구를 강하게 강조하는 것은 여전히 전문가적 자율성이라는 개념을 이해하기 어려운 새로운 교사를 배출할 수도 있다.

스웨덴: 집단적 노력에서 개별화된 실천으로

1990년대 초부터 스웨덴 정부는 학생의 학업성취와 교사의 교육활동을 향상시키기 위하여 교사교육을 포함한 전체 교육체제를 개혁해왔다. 수년에 걸쳐, 표준화된 교육과정, 국가 차원 시험, 새로운 학년체제, 학업성취기준을 감독하기 위한 학교 장학제도도 도입하였다(Wiborg, 2013). 교사 또한 학생의 학업성취도를 향상시키고 교사의 전문적 교수활동 기술을 개선해야 하는 개혁의 대상이 되었다. 이 개혁들은 영국과 유럽 그 외 지역에서 도입된 개혁들과 유사했다. 하지만, 출발점이 놀라울 정도로 달랐기 때문에 스웨덴에서 그 영향은 보다 극적이었다. 스웨덴은 대규모 복지국가이고 보다 강력한 사회민주주의, 이질적 능력 집단으로 구성된 종합학교체제를 가졌고, 교사는 단일한 전문가 집단으로 근무한다. 다양한 교육 분야에 걸쳐 전문가적 위계가 없고 교사는 동일한 노동 조건과 동일한 봉급표를 적용받는다. 초등학교 교사는 후기중등학교 교사와 최종 월급이 동일하다(Strath, 2004; Wiborg, 2017). 하지만, 흥미롭게도, 스웨덴의 초등학교/전기중등교육과 예비교사교육을 위한 변화는 유사한 개혁을 추구한 다른 국가에서보다 빠르고 훨씬 더 포괄적이었다. 1990년대와 2000년대 동안, 개혁은 교육이론을 희생하고서 교사교육의 주제별 구성요소 모두를 강화하고 실제적 교수 기술을 향상시켰다(Lilja, 2014). 따라서 학교단위 상황에서 강조점은 교육이론에서 학문적 교과목으로 이동하였다. 훈련은 학교에 초점을 두며 이론 지향성이 덜하였다. 증거기반 교사훈련과 실제를 강화하는 데 목적을 두면서 새로운 교과 즉, 교육학이 기존 페다고지 교과를 대체하였다. 이 모든 변화는 교사의 훈련에 대해 점점 상세화되고 처방적으로 변하는 정책 문서에 소중히 담겼다.

최근 교사교육 교육과정: Top of the Class

개혁구상들은 새로운 교사교육 프로그램, 즉 'Top of the Class'를 2010년에 도입하면서 정점에 달했다(Government Bill 2009/10:89). 이것은 예비 초등학교 단계, 초등학교, 전기중등학교와 후기중등학교, 직업교육 등 핵심 교육영역을 대상으로 하는 4개의 전문 학위를 가진 통합프로그램(교육학 학·석사 통합학위)을 대체했다. 모두 교육과정은 이제 이론과 실제로 구성되고 교육학 필수학점 60학점(1년간 이수학점에 맞먹는), 교과전공(교과 지식과 교수법), 학교 현장에서의 교육실습을 포함한다. 중등학교 교직을 위한 교과전공과목의 경우 전기중등학교 교사는 3과목, 후기중등학교 교사는 2과목을 요구한다.

프로그램의 내용은 단일 자격인증 시스템(System of Qualification)에 의해 규정되는데, 이것은 예비교사가 마지막 단계의 시험을 통과하기 위해 충족해야 하는 학습 성과를 포함하고 교육학과 가르칠 교과영역의 내용을 규정한다. 표준을 향상하려는 또 다른 조치는 '우수 교과교사'의 도입이었다. 박사학위를 가지고 적어도 4년 이상 우수한 교수활동을 하였다는 것을 증명한 교사가 우수 교과교사로 선정된다. 더욱이, 2012년에 교사와 예비초등교사 등록 시스템이 시행되었다. 교사는 학교에서 가르치기 위해서는 세부 교과와 학년에 등록하고 자격을 갖추도록 요구된다. 교사가 학생들을 평가하고 새로운 교사를 위한 멘토로서 활동하기 위해서는 등록이 또한 요구된다.

근무조건, 성과급, 그리고 전문직화

교사교육개혁은 1990년대 초반부터 시작하여 'Top of the Class' 2010 법으로 정점을 찍었는데, 이것은 교사의 근무조건, 보수, 그리고 전문직화의 추진에 심각한 영향을 끼쳤다. 정규직 교원을 위한 보다 명확한 고용 규정의 도입은 성과급제를 수반하였다. 교사는 1995년 처음 도입된 개인별 급여 체계를 지금까지 적용받는데, 이러한 체계는 교사를 채용하고 보상하도록 지방자치단체에 제공된 도구이다. 보수 체계의 이론적 근거는 교사 월급이 명확하게 규정된 수행 목적과 연계되어야 한다는 점이고 이는 또한 효과적인 교사를 유지하기 위한 도구로 기능한다. 보수는 학생 결과에 기반해야 한다는 정책 결정이 가장 중요한데, 비록 원래 의도된 대로 시행되지 않았지만 말이다. 오늘날, 보수의 일부는 긍정적 학습 환경을 만들고 민주적 가치와 인내심을 주입하고, 학생들의 동기를 부여하고 자존감을 높이고, 다른 교사와 협력하는 데 교사가 기여하는 정도, 전문성 개발의 추구를 향한 교사의 열망과 같이 '보다 유연한 기준'에 따라 결정된다(Strath, 2004).

최근 전문직화 개혁의 목적은 교사가 가르치는 연령집단에 적합한 전문화된 지식을 각 교사 집단에 제공하는 것이다. 전문직화는 교사 집단에 더하여 전체적으로 전문적 정체성을 형성하기보다는 학교체제의 단지 한 유형과 관련된 전문화된 지식 및 전문성과 결합되었다. 정부는 교사 유형별로 기술을 향상시키고 전문가적 정체성을 개발하기 위해 교사가 가르치는 교과 혹은 연령집단에 대한 교사 자격요건을 갖추지 못한 사람들에게 대학기반 훈련 프로그램을 제공하면서 교사를 독려하였다. 프로그램의 1단계에 30,000명의 교사가 등록하였다(Lärarlyftet I: 2011~2017). 2012년에 시작된 2단계(Lärarlyftet II: 2012~2018)는 특수교육 교사가 되려는 사람들에게 훈련강좌를 제공했다(Lindstrom & Beach, 2015; Sjöberg, 2019). 교사교육의 개혁은 개별 예비교사와 예비교사의 성취에 초점을 두게 되었고 명확한 수행 목표를 중심으로 구성된 교사 정체성 확립에 중점을 두었다.

따라서, 교사 전문직화는 모두를 위하여 보통 학교에서 가르치려는 집단적 노력에서 시작하여 보다 개별화된 실천으로 발전하였다. 교사는 오늘날 높은 수준의 전문적 자율성을 가진다. 또한 전형적으로 교사 자신의 업무를 조직화할 책임을 공유하는 소집단으로 조직된다. 국가의 학생 학습 목표를 성취하기 위한 학교 전략에 헌신하도록 요구된다. 개별화된 교육실습의 중요성과 학생들의 요구가 상당히 커졌다. 지오타와 에마누엘손(Giota & Emanuelsson, 2018)에 따르면, 전통적인 학급경영은 주로 개별화된 자율적 교수활동 방법과 유연한 학습전략을 선호하는 단계가 되었다. 학생들은 독립적으로 학습할 수 있는 능력을 개발하고 자신들의 학습에 대한 더 많은 책임을 지닐 기회를 갖게 되었다.

결론

2000년부터 독일, 영국, 스웨덴의 교사교육개혁은 교사교육과정의 구조와 예비교사 평가에서의 급격한 변화를 요구하였다. 예비교사는 전통적으로 누렸던 자유에 대해 타협해왔다. 즉, 더 많은 필수 모듈, 연장된 교육실습 시간, 자신의 공부 기간 내내 계속 성취해야 하는 표준 루브릭 기반 실천 기술에 대한 평가의 강화와 씨름하였기 때문이다. 독일과 영국에서 규정된 표준을 통한 역량 기반 평가는 보다 엄격한 중앙집권적 통제와 책무성이 교수활동의 질, 학생성취, 궁극적으로 경제 경쟁력을 개선할 것이라는 신념을 바탕으로 도입되었다. "교사의 질"은 그 자체로 논쟁적 개념이고, 표준 루브릭 혹은 역량을 사용함으로써 어떻게 측정될 수 있는지 또는 측정될 수 있기는 하는지가 학자들 사이의 논쟁으로 이어져왔다. 학자들은 교실 환경의 복잡성과 불확실성이 기술 중심 주장으로 축소될 수 없고 또는 교사의 개성이 '표준'으로 설명될 수는 없다고 주장한다(Männikko-Barbutiu, Rorrison & Zeng, 2011; Mattsson et al., 2011).

독일에서 제공되는 좀 더 많은 학교실습 경험을 제공한 것이 중도탈락율을 감소시켰고 교사교육센터(Centres for Teacher Education)는 교사양성과 관련된 사람들 간의 의사소통을 개선하였다. 지금 현재 심각한 수준에 이른 교사 부족과 더불어 초기의 실습 경험으로 대부분의 주는 2단계 교사교육을 18개월 혹은 1년으로 단축했다. 1990년대 후반 처음 교직에 임용되는 평균 연령은 32세(Kotthoff & Terhart, 2017)였고, 오늘날 예비교사는 대략 4년 일찍 입문할 가능성이 있다. 2004년 교사 표준의 도입으로 기술 설명서와 상응하는 이론을 연결하려고 노력했다. 교사교육 과정에서 이론과 실천 요소 간의 약간의 재균형이 이루어졌음에도 불구하고 이론적 지식은 전문직화와 한때 자격을 갖춘 교사가 자율적으로 일하고 전문적 판단을 행사할 수 있도록 하는 데 필수적인 요소라고 여겨진다.

영국에서 교사교육은 교직을 학문적 의미에서 이론에 의지하지 않고 습득될 수 있는 기술로 간주하는 문화 대본의 희생양이 되어왔다. 대학 강좌에 기반해 교육이론을 가르치는 것에 대한 뿌리 깊은 회의주의와 도제식 교사교육모델이 가장 효과적이라는 믿음으로 인해 역대 정부는 교직에 입문하는 경로로 학교 기반 경로를 장려하였다. 실천을 우선시하여 이제 교사교육 교육과정은 교사양성 기간 중 약 24주를 차지하는 교육실습에 집중한다. 예비교사가 어떤 경로를 선택하든지 간에 오늘날 예비교사는 이질적인 학급 및 문제행동과 씨름해야 한다. 또한 아주 엄격한 계획과 준비, 읽기와 쓰기 과제에 대한 집중 학기의 압력, 상세하게 규정된 전문가적 표준을 충족시킴으로써 스스로 자신의 '유능함'을 증명하라는 요구와 싸워야 한다. 신규와 경력 교사 모두 교직 경력 동안 강화된 중앙의 감사로 과거에 누리던 자율성이 축소되었다. 신규 교사가 5년 이상 재직하도록 하기 위한 고군분투는 이를 해결하기 위한 추가적인 개혁이 필요하다는 점을 시사한다.

스웨덴에서 교사교육에 대한 급진적 변화는 교육이론, 교수학, 그리고 현장 실습을 희생하고서 특정 교과의 전문성을 향상시켰고 이것은 예비교사가 전문가 교사로서 일하는 것을 깊게 경험하도록 했다. 교육학 과목은 교육과학으로 대체되었는데, 학급경영을 포함한 교사교육을 보다 강력하고 증거 기반 발판 위에 두었다. 이 수행 지향적 교사교육개혁들은 모든 교사 집단을 위한 통합된 교사교육으로 보편적인 전문가적 정체성을 확립하였고 동일한 근무조건과 연공서열 월급체제를 마련하여 이전 개혁들을 대체하였다. 2011년부터 새로운 시스템이 존재하고 있는데, 교사가 되는 다양한 전문가 경로, 전문적 지식체제, 개별화된 보수 체제를 확립했다.

이상 세 국가의 예비교사양성 교육과정은 서로 다른 시기에 실제적 학급경영 기술의 획득에 우선순위를 두고 오늘날의 다양하고 포용적인 학급이 부딪치는 어려움을 잘 해결할 수 있는 교사를 배출하도록 다시 균형을 맞추고 있다. 독일과 영국에서 입증될 표준의 측면에서 교사의 역할을 표현한 이것이 전문직화 개혁을 초래했다. 스웨덴은 좀 더 급진적 접근을 채택하였는데, 단일한 자격 모델이 다양한 모델을 포괄하는 모델로 대체되었지만, 표준 루브릭에 의지하지는 않았다. 이러한 개혁의 기본 아이디어는 맞춤형 개별화 교수방법으로 이끌고, 궁극적으로 표준을 끌어올리면서 전문화가 다양한 교사 집단의 전문성을 발휘하게 한다는 것이다. 세 국가 모두에서 학문적 수월성을 달성하려는 압력은 최근 수십 년 동안 극적인 개혁으로 이끌었다. 하지만, 이 장에서 보았듯이, 교사의 자율성과 책무성에 다양하게 영향을 미치면서, 개혁이 이루어지는 방법과 개혁이 제시한 학문적 수월성을 달성하는 경로는 굉장히 다양해졌다.

[참고문헌]

Ball, S. J. (2003) 'The teacher's soul and the terrors of performativity', Journal of Education Policy, 18(2), pp. 215–228. doi: 10.1080/0268093022000043065.

Blömeke, S. (2006) 'Globalization and educational reform in German teacher education', International Journal of Educational Research, 45, pp. 315–324. doi: 10.1016/j.ijer.2007.02.009.

Brant, J. and Vincent, K. (2017) 'Teacher education in England: professional preparation in times of change', in Trippestad, T.A., Swennen, A. and Werler, T. (eds.) The struggle for teacher education: international perspectives on government and reforms. London; New York: Bloomsbury. Becoming a teacher in the 21st century 155

Bundesministerium für Bildung und Forschung (BMBF) (2019) Verzahnung von Theorie und Praxis im Lehramtsstudium.

Department for Education and Skills (DfES) (2002) Time for standards: reforming the school workforce. London: DfES Publications.

Ellis, V(2010) 'Impoverishing experience: the problem of teacher education in England', Journal of Education for Teaching, 36(1), pp. 105–120. doi: 10.1080/02607470903462230.

Feiman-Nemser, S. and Ben-Peretz, M. (2017) Getting the teachers we need: international perspectives on teacher education. Lanham, Maryland: Rowman and Littlefield.

Gilroy, P. (2014) 'Policy interventions in teacher education: sharing the English experience', Journal of Education for Teaching, 40(5), pp. 622–632. doi: 10.1080/02607476.2014.957996.

Giota, J. and Emanuelsson, I. (2018) 'Individualized teaching practices in the Swedish comprehensive school from 1980 to 2014 in relation to education reforms and curricula goals', Nordic Journal of Studies in Educational Policy, 4(3), pp. 144–155. doi: 10.1080/20020317.2018.1541397.

Grek, S. (2009) 'Governing by numbers: the PISA 'effect' in Europe', Journal of Education Policy, 24(1), pp. 23–37. doi: 10.1080/02680930802412669.

Jones, M. (2000) 'Becoming a secondary teacher in Germany: a trainee perspective on recent developments in initial teacher training in Germany', European Journal of Teacher Education, 23(1), pp. 65–76. doi: 10.1080/026197600411634.

Keuffer, J. (2010) 'Reform der Lehrerbildung und kein Ende? Eine Standortbestimmuung', Erziehungswissenschaft, 21, p. 40.

Kotthoff, H.-G. and Terhart, E. (2017) 'Teacher education in Germany: traditional structure, strengths and weaknesses, current reforms', Scuola Democratica, 3, pp. 1–10. doi: 10.12828/75802.

Lilja, P. (2014) The politics of teacher professionalims: intrapreofessional boundary work in Swedish teacher union policy. Policy Futures in Education, 12(4), pp. 55–512.

Lindstrom, M.N. and Beach, D. (2015) Changes in teacher education in Sweden in the neoliberal education age: toward an occupation in itself or a profession for itself? Education Inquiry, 6(3), pp. 241–258.

Maguire, M. and George, R. (2017) 'Reforming teacher education in England: locating the "policy problem"', in Trippestad, T.A., Swennen, A. and Werler, T. (eds.) The struggle for teacher education: international perspectives on government and reforms. London; New York: Bloomsbury.

Männikko-Barbutiu, S., Rorrison, D. and Zeng, L. (2011) 'Memorable encounters', in Mattsson, M., Eiertsen, T.U. and Rorrison, D. (eds.) A practicum turn in teacher education. Rotterdam: Sense Publishers.

Mattsson, M., Eiertsen, T.U. and Rorrison, D. (2011) A practicum turn in teacher education. Rotterdam: Sense Publishers.

Mause, K. (2013) 'With Bologna in mind and the sword in the hand: the German bachelor/master reform reconsidered', Higher Education Policy, 26, pp. 325–347. doi: 10.1057/hep.2013.4.

Meyer, H.-D. and Benavot, A. (eds.) (2013) PISA, power and policy: the emergence of global educational governance. Didcot: Symposium Books.

OECD (2014). TALIS 2013 results: an international perspective on teaching and learning. OECD Publishing, Paris. Available from: http://www.oecd.org/education/school/talis-2013-results.htm.

Oelkers, J. (2004) 'Problems in teacher training: what innovations are possible?', European Education, 36(1), pp. 50–70. doi: 10.1080/10564934.2004.11042346.156 Lindsey Waine and Susanne Wiborg

Ostinelli, G. (2009) 'Teacher education in Italy, Germany, England, Sweden and Finland', European Journal of Education, 44(2), pp. 291–308. doi: 10.1111/j.1465-3435. 2009.01383.x.

Rheinländer, K. and Scholl, D. (eds.) (2020) Verlängerte Praxisphasen in der Lehrerbildung. Konzeptionelle und empirische Aspekte der Relationierung von Theorie und Praxis. Bad Heilbrunn: Verlag Julius Klinkhardt.

Sander, T. (1995) 'Quality improvement and austerity measures in teacher education: lessons from Germany', European Journal of Teacher Education, 18(1), pp. 97–113.

Schriewer, J. (2017) 'Between the philosophy of self-cultivation and empirical research: educational studies in Germany', in Whitty, G. and Furlong, J. (eds.) Knowledge and the study of education: an international exploration. Didcot: Symposium Books.

Simon, B. (1985) Does education matter? London: Lawrence and Wishart Ltd.

Sjöberg, L. (2019) 'The Swedish primary teacher education programme: at the crossroads between two education programme traditions', Education Inquiry, 10(2), pp. 116–133. doi: 10.1080/20004508.2018.1492845.

Strath, A(2004) Teacher policy reforms in Sweden. The case of individualised pay. Paris: International Institute for Educational Planning, UNESCO.

Terhart, E. (2004) 'Teacher training reform', Journal of European Education, 36(1), pp. 29–49. doi: 10.1080/10564934.2004.11042347.

Wiborg, S. (2013) 'Neo-liberalism and universal state education: the cases of Denmark, Norway and Sweden 1980–2011', Comparative Education, 48(2), pp. 420–423. doi: 10.1080/03050068.2012.700436.

Wiborg, S. (2017) 'Teacher unions in the Nordic countries: solidarity and the politics of self-interest', in Moe, T. M. and Wiborg, S. (eds.) Comparative politics of education. Teachers unions and education systems around the world. Cambridge: Cambridge University Press.

Wilkins, C. (2011) 'Professionalism and the post-performative teacher: new teachers reflect on autonomy and accountability in the English school system', Professional Development in Education, 37(3), pp. 389–409. doi: 10.1080/19415257.2010.514204.

Wiseman, A. W. (2013) 'Policy responses to PISA in comparative perspective', in Meyer, H.-D. and Benavot, A. (eds.) PISA, power and policy: the emergence of global educational governance. Didcot: Symposium Books.

제9장

정치 세력으로서의 교사:
1970-2020년 스웨덴과 핀란드의
교사노동조합, 교사문화, 교사교육

비욘 푸루하겐과 얀 홀멘(Björn Furuhagen & Janne Holmén)

교사교육이 어떻게 이루어져야 하고 조직화되어야 하는지에 대한 교사노동
조합의 관점은 교사문화의 핵심부분이다. 교사교육에 대한 논의는 교사가 학
교와 사회에서 자신들의 역할을 어떻게 바라보는가뿐만 아니라 자신들의 전
문적 이해관계를 어떻게 강화하려고 노력하는지를 보여준다(Hagemann, 1992, p.
120). 이 장에서 우리는 1960년대 후반부터 현재까지 스웨덴과 핀란드의 교사
노동조합이 교사교육개혁에 어떻게 영향을 미쳤는지를 분석한다. 이 장의 목
적은 교사문화의 측면을 강조할 뿐만 아니라 교사교육개혁에서 이 노동조합
의 역할을 분석하는 데 있다. 교사교육개혁 배후의 행위자에 관한 선행연구는
주로 정당에 초점을 맞추었다. 핀란드와 스웨덴은 많은 점에서 유사하지만, 몇
가지 흥미로운 차이점들이 비교 연구를 풍성하게 한다. 스웨덴 교사교육과 학
교체제는 심각한 위기 상황에 부닥쳐 있는 것으로 여겨지는 한편, 핀란드 교
사교육과 학교체제는 높은 명성을 누리고 있다. 핀란드에서는 모든 교사가 단
일 노동조합에 가입되어 있지만, 스웨덴에서는 2개의 독립적인 노동조합이 오
늘날까지 이어져왔고 교사교육 설계에 대한 장기간의 투쟁을 해왔다. 스웨덴

의 교사교육은 1960년대부터 대략 10년에 한 번씩 개혁을 추진해왔다. 핀란드에서는 1970년대 이래 교사교육의 중요한 구조적 차원의 개혁은 없었다.

이 장에서 우리는 역사적 배경과 연구 맥락을 제공하고 나서 대략 1970년부터 현재까지 2개의 스웨덴 교사노동조합이 스웨덴 교사교육개혁에 영향을 미치기 위해 어떻게 논쟁하고 행동해왔는지를 탐구하면서 주장을 시작한다. 이들의 주장은 교사의 역할에 대한 상이한 이념적 관점은 물론이고 서로 다른 전문가적 전략을 드러낸다. 그리고 우리는 스웨덴의 교사노동조합이 서로 다른 관점을 취한 쟁점들에 대해 핀란드 교사노동조합은 어떻게 다루었는지를 비교한다. 핀란드 교사노동조합에서는 서로 다른 교사 집단이 하나의 단일 정책을 지지하며 단결한다. 이러한 비교를 통해 우리는 교직의 분화 혹은 단일화가 노동조합 정책에 어떻게 영향을 미치는지에 대한 결론을 도출하였다.

역사적 배경

19세기 중반에 엘리트를 위한 그래머스쿨과 다수 대중을 위한 평민학교로 구성된 복선형 학교체제가 스웨덴과 핀란드에서 발전하였다. 평민학교 교사와 문법학교 교사는 상이한 교육 경로를 따랐다. 평민학교 교사는 대학과의 연결고리 없이 교사훈련원에서 훈련받았다. 이러한 교사훈련원에서의 교사양성은 문법학교 교사의 대학 기반 교육보다는 단기적이고 보다 직업 지향성을 가졌다(Furuhagen & Holmén, 2017). 따라서, 두 국가에서는 소위 '교사훈련원 전통'과 보다 학문 지향성을 가진 '문법학교 전통'이라는 서로 다른 두 가지 교사문화가 발전하였다.

1962년 종합학교개혁으로 평민학교와 문법학교 교사의 구분은 점점 사라지게 되었다. 하지만, 스웨덴 교사 집단은 여전히 복선형 학교체제에 뿌리를 두고 2개의 노동조합으로 나뉘어 있었다. 스웨덴 교사노동조합(Swedish Teachers' Union, Lärarförbundet, LF)은 평민학교 노동조합에서 기원하였는데, 오늘날에는 대체로 예비초등학교, 초등학교, 전기중등학교 교사로 구성된다.[1] 전국교사노동조합(National Union of Teachers, Lärarnas Riksförbund, LR)은 문법학교 교사노동조합에서 기원하였는데, 대체로 전기와 후기중등학교 교사로 구성된다.

처음에는 핀란드의 교사 노동조합이 스웨덴에서보다 훨씬 더 분화되어 있었는데, 언어에 따라 역시 분리되어 있었기 때문이다. 하지만, 1974년 2월에 4개의 교사노동조합이 전체 교육 분야의 교사를 통합한 신설 OAJ(Opettajien Ammattijärjestö)로 정리되었다(Hollstén, 2005, pp. 14–15; Kangasniemi, Hyttinen & Tanni, 2012, p. 39). 1986년에 OAJ가 모든 교사의 이익을 대변하는 단일조직이 되면서 고등교육, 성인교육, 고등평민학교, 예비초등학교 교육자들을 위한 노동조합들 역시 OAJ에 참여하였다(Kangasniemi, Hyttinen & Tanni, 2012, p. 104; Lappalainen, 1998, p. 182).

노동조합에 대한 연구

교사노동조합을 연구한 기존 문헌에 따르면, 2개 이상의 노동조합이 발전하는 것이 가장 일반적인 역사적 양상이다. 분화된 학교체제는 늘 초등학교와 중등학교 교사를 위한 별도의 조직을 만들게 하였다. 예를 들어, 학교 발전과 교사의 역할에 대해 서로 다른 관점을 가지고 있었기 때문에 노동조합 간 갈등 역시 역사적으로 늘 상존하였다. 오늘날, 스웨덴, 영국, 독일, 그리고 프랑스와 같은 국가에는 적어도 2개의 노동조합이 있다. 하지만, 핀란드 및 멕시코

---

1 이 장 전체에 걸쳐, 우리는 1991년 설립된 Lärarförbundet와 이를 이어받은 기관인 Svenska lärarförbundet를 LF로, Lärarnas Riksförbund를 LR로 지칭할 것이다.

처럼 단지 하나의 노동조합을 가지고 있는 국가도 있다(Moe & Wiborg, 2017).

위보르그(Wiborg, 2017)는 교육에 미치는 북유럽 교사노동조합의 영향을 연구하였다. 그녀의 연구는 스칸디나비아 국가에는 핀란드와 달리 여러 개의 노동조합이 있다는 점은 언급했지만 종합학교 교사를 위한 대규모의 교육 이념상 진보적인 노동조합의 역할 및 사회민주주의 국가와 협동조합 간의 협력에 초점을 좀 더 두었다. 이 장에서 설명하겠지만, 특히 스웨덴에서 중등학교 교사를 위한 상대적으로 소규모이고 보수적인 노동조합이 학교개혁의 정치적 역동성 속에서 역시 중요한 역할을 해왔다.

공공 선택 관점에서 노동조합을 비판한 모에(Moe, 2017)는 스웨덴을 노동조합 권력을 약화시킴으로써 교육개혁을 추진한 국가라고 강조하였다. 그는 특별히 강한 교사노동조합과 국제적으로 인정받는 질 높은 교육체제를 갖춘 핀란드를 '세계의 모든 다른 국가와 기본적으로 굉장히 다르기 때문에' 모방해서는 안 되는 예외적인 사례로 간주한다(전게서, p. 286). 하지만, 스웨덴과 핀란드는 전통적으로 학교체제의 구조와 교육개혁을 추진해온 방식이 유사하다. 따라서 개혁에 대한 교사노동조합의 영향력에 있어 중요한 차이가 있다는 점은 이 둘을 비교할 만한 근거로 충분하다.

스웨덴의 교사교육 발전에 대한 초기 연구들은 대체로 정치적 행위자와 국가 정책 문서상의 변화에 초점을 두었다. 그 과정에서 교사노동조합의 역할은 단지 간략하게 언급되었다(Nilsson-Lindström & Beach, 2015; Schyllerkvist, 1993; Sjöberg, 2010a). 선행연구는 학교와 교사 개혁의 결과로 교사의 전문가적 지위가 어떻게 변화했는지를 기술한다. 그러나 교사노동조합들이 어떻게 행동하고 이들이 다양한 개혁들에 대해 표명한 관점에 대해서는 기술하지 않는다(Nilsson-Lindström & Beach, 2013; Sjöberg, 2010b; Stenlås, 2009). 예외가 될 만한 것이 2011년 개혁 이전 과정에서 노동조합이 내놓은 서로 다른 의견을 다룬 연구 정도이다(Lilja, 2014).

스웨덴의 두 노동조합은 1960년대부터 1990년대까지 교사교육에 관련한 자신들의 행동에 대해 자신들의 설명을 해왔다(Carle, 2000; Lunde, 1993). 핀란드에서 통합 교사노동조합인 OAJ는 교사교육정책, 특별히 모든 교사를 위한 학문 중심 교육을 창출하려는 열망을 일정 정도 설명하는 그들 자신의 역사를 기록하였다. 시몰라와 같은 독립 연구자들은 OAJ가 어떻게 평민학교 교사교육을 문법학교 교사(교육) 수준으로 격상시키도록 조장하였는지를 설명하였다(Simola, 2005, p. 460).

자료

스웨덴에서는 정부가 임명한 연구위원회가 교사교육에 대한 각 주요 개혁을 준비하고 공식보고서를 작성하였다. 법안이 입안되기 전에 보고서는 여러 단체의 견해와 대안을 요청하면서 보고서가 여러 단체, 대학, 정부당국, 노동조합에 보내졌다. 이 장에서 활용한 스웨덴의 주요 자료는 노동조합의 답신이다. 또다른 자료는 노동조합이 교육부장관 혹은 국회에 보낸 공식 서한, 교사교육을 위한 프로그램과 대중 및 정치인에게 전달된 교사노동조합의 팸플릿이다.

핀란드에서 교사교육에 관한 많은 공식 위원회는 자신의 활동 결과를 핀란드의 위원회보고서 시리즈로 출판하였는데, 이 위원회들의 활동은 1970년대 후반부터 드물어졌다. 국회위원회 체제는 2002년에 전체적으로 폐지되었다(Rainio-Niemi, 2010, p. 261). 대신에 교육부 내 실무그룹의 수가 증가하였다. 이것은 어느 정도 핀란드에서 주요 교육개혁이 1970년대에 이미 시행되었고 사소한 쟁점만이 1980년대와 1990년대에 논의되었다는 사실이 된 것이다. 핀란드에서 위원회의 중요성이 감소하였기 때문에 이 부분의 연구는 주로 OAJ의 기록 자료에 의존한다.

스웨덴: 이념적 갈등 중인 두 개의 교사노동조합

스웨덴의 교사교육은 반복적으로 개혁되어왔다. 1968년, 1988년 2001년, 2011년에는 큰 개혁이, 1977년과 1992년에 작은 변화가 있었다(Furuhagen & Holmén, 2017; Furuhagen, Holmén & Säntti, 2019; Ringarp & Parding, 2018). 사회민주주의 정부와 자유보수주의 정부는 교사교육에 대해 서로 다른 관점을 가지고 있었고 각자 대안적인 개혁을 시작하였다. 하지만, 두 개의 교사노동조합은 역시 다양한 교육개혁에 찬성하기도 하고 반대하기도 하는 적극적인 행위자였다. 특히, 1968년, 1988년, 2011년의 개혁과 연계되면서 말이다. 이에 대해서는 다음에서 좀 더 상세하게 논의할 것이다.

1968년과 1988년 개혁

1962년 종합학교개혁으로 2개의 교사 집단이 새로운 학교조직으로 통합되었는데, 이로써 점차 커지는 노동조합 간 갈등을 위한 중간 지대를 창출하였다. 하지만, 노동조합은 여전히 분리된 채였다. 이전 평민학교 노동조합(LF)이 1~9학년 교사를 대변하는 한편, 이전 문법학교 노동조합(LR)은 종합학교 7~9학년 교사뿐만 아니라 후기중등학교 교사를 대변하였다. 종합학교가 문법학교와 평민학교라는 전통적 복선형 체제를 대체하였을 때, 많은 정치인과 교육자들은 이원적 교사교육체제 역시 폐지하기를 원하였다. 2개 교사 집단 간 격차를 완화하고 교사 집단을 서로 보다 긴밀하게 만드는 현대적 교사교육 형태를 만들려는 생각이었다.

1968년, 장기간의 개혁 과정 후에 교사교육대학에만 기반을 둔 새로운 교사교육체제가 수립되었다. 이러한 개혁은 곧 교사노동조합 간의 갈등을 유발하였다. 교사 집단별로 엄격히 분리된 교사교육이 주요 이유였다. 1~3학년과

4~6학년 교사가 되기 위해 공부하는 사람들은 교과교육을 포함하여 교사교육대학에서 교육받아야 했다. 예전처럼 예비 교과교사는 대학에서 자신이 전공한 교과에 대한 학사학위를 받고 교사교육대학에서 교수법과 교육실습으로 마무리했다. LF는 이러한 분리를 처음부터 공개적으로 반대하였고 1968년 개혁 보고서에 대한 답신에서 이러한 반대입장을 표명하였다(SOU, 1965:29). LF는 이전 평민학교 교사와 초등학교 학급담임교사를 대변하였고 6학년과 7학년의 엄격한 분리가 실현되는 것을 원하지 않았다. 이들은 부분적으로 공유된 교육을 통해 학급담임교사와 교과교사를 통합한다는 공식적 보고서의 기본적 의도에 반하는 것이라고 주장하였다(LF, 1965). 반면에 LR의 반응은 긍정적이었다. LR은 문법학교 전통에 뿌리를 두고서 7~9학년을 위한 교사교육이 교과교사를 위해서만 유지되기를 원하였고, 한편 학급담임교사는 1~3학년과 4~6학년을 위한 그들만의 교육이 이루어져야 한다(Carle, 2000; LR, 1965)고 주장하였다.

따라서, 주로 학급담임교사를 대변하는 LF는 1968년 개혁, 특히 학급담임교사와 교과교사 사이에 만들어진 경계에 실망감을 표하였다. 노동조합은 1970년에 전체 교사교육 혁신을 위한 연구를 시작하였다(Lunde, 1993, pp. 220-222). 1972년에 노동조합은 교사교육을 검토하기 위한 위원회를 임명해야 한다고 사회민주당 교육부장관에게 제안했다. 6학년과 7학년 사이의 경계를 넘나들며 다양한 연령대의 학생들을 다룰 수 있는 포괄적인 역량을 갖춘 교사를 교육하는 것이 목적이었다. 7~9학년 교사는 현재보다 더 많은 교과를 가르칠 수 있는 다방면의 전문가가 되어야 한다고 제안했다(LF, 1972). 하지만, LR은 이후 한 달이 지난 시점에 교사교육은 최근에 개혁되었기 때문에, 새로운 위원회는 필요 없다는 점을 장관에게 조언함으로써 대응했다.

1974년 초가 되어 위원회를 새로 만들 수밖에 없는 상황이 분명해지면서 LR은 지침과 향후 일에 영향을 미치기 위해 장관과 접촉하여 만났다(Carle, 2000, pp. 220~222; LR, 1972~1974). 1974년, 교육부장관인 헬름발렌(Lena Hjelm-Wallén)은 교사교육위원회(Committee of Teacher Education)를 임명하였는데(Lärarutbildningsutredningen, LUT), 2개 노동조합 모두를 대변하였고 LF의 뜻에 따라 위원회에 지침을 제공하였다(Lunde, 1993; SOU, 1978:86, pp. 471-479). 1978년에 LUT의 공식 보고서는 교사교육에 대한 급진적인 개혁을 제안했다(SOU, 1978:86). 기본 아이디어는 1~3학년, 4~6학년, 7~9학년을 위한 상이한 교육프로그램을 폐지하는 것이었다. 그 대신에 비록 일부 교과와 연령집단으로 세분화되지만, 1~9년을 위한 '종합학교 교사'가 될 것이었다. 다시 한번, 두 노동조합은 1978년 보고서에 대한 답신에서 아주 상이한 관점을 표명하였다.

주로 학급담임교사를 대변하는 LF은 LUT 위원회 보고서에 기뻐했는데, 자신들이 오랜 기간 견지해온 관점과 일치하는 것을 발견하였기 때문이다. LF는 종합학교를 결과적으로 단지 하나의 교사 집단만을 가져야 하는 동질적 학교 형태로 바라봤다. 노동조합은 오랫동안 모든 종합학교의 교사가 학생의 연령에 상관없이 기본적으로 동일한 과업을 수행한다는 점을 근거로 내세우면서 이런 주장을 관철하고자 했다. 이러한 근거하에 서로 다른 교사 집단 간 경계는 6학년과 7학년 사이가 아니라 9학년과 상급중등학교 사이에 두었다. LF 역시 교사교육에서 교과지식보다는 오히려 교수학적이고 사회사업을 위한 준비를 강조하였다(LF, 1979; Lunde, 1993, pp. 224-226).

LR은 이렇게 새롭게 제안된 교사교육 형태를 지지하지 않았다. 다양한 기술과 지식이 다양한 연령대의 아동을 가르치기 위해 요구된다는 점을 주장하면서 서로 다른 교사 집단의 통합을 반대하였다. 그 대신에 종합학교 교사 유형이 서로 겹치는 두 가지 모델을 제안하였는데, 1~6학년을 위한 교사와 4~9학년을 위한 교사이다. LR 역시 종합학교의 마지막 학년과 상급중등학교의 시작 학년 간에 연계는 유지되기를 원하였다. 문법학교 전통을 배경으로 가진 LR은 개혁방안들이 1~6학년을 가르치게 될 예비교사는 너무 많은 교과를 가르치도록 되어 있는 반면, 7~9학년을 가르치게 될 예비교사에게는 충분한 교과지식을 제공하지 않는다고 주장하였다. 그보다도, 노동조합은 높은 수준의 교과 전문성을 권하였다(Carle, 2000, pp. 223-227; LR, 1979).

교사교육에 대한 공적 논쟁과 1976년~1982년 사회민주당에서 중도우파 연합으로 정부가 변하면서 새로운 교사교육의 형태가 시행되기까지 10년이 걸렸다(Schyllerkvist, 1993, pp. 31-33). 새로운 교사교육은 한 번 더 사회민주당이 정부를 수립하고서 1988년에 마침내 도입되었는데, 일부 기본적인 아이디어들은 1978년 LUT 보고서로부터 유지되었다. 교육부장관으로 복귀한 헬름발렌은 대중의 비판에 신경 쓰면서 조정과 중재안을 만들었다(Swedish Government Bill (1984/85:122)). 가장 중요하게, 1~9학년을 위해 제안된 단일 교사 집단은 거의 LR이 제안한 대로 되어 7학년과 4~9학년 등 2개의 교사 집단으로 대체되었다(Carle, 2000, p. 227).

두 노동조합 간의 갈등이 사라지지는 않았지만, 사회민주당이 2001년 다시 한번 교사교육을 전체적으로 개혁했을 때는 그 갈등이 덜 두드러졌는데, 이러한 개혁이 서로 다른 예비교사 집단이 완전히 다른 교육을 받는 엄격한 분화를 수반하지 않았기 때문이다.

2011년 개혁

2006년 중도우파 정당들이 재집권하고서 이들은 2011년 또 다른 교사교육 프로그램을 시작하였다. 2011년 개혁은 2008년 공식 보고서로부터 시작했다. 1988년 및 2001년 개혁 추진 보고서와 비교하여, 이 보고서는 교사와 학교의 사회적 책임, 대안적 교수방법을 갖춘 교사의 새로운 역할에 대한 생각을 중시하지 않았다. 그보다는, 교과지식과 교수법을 강조하였다. 종합적인 학교

교육의 많은 부분을 통해 학생들이 따를 수 있는 다방면에 정통한 교사(제너럴리스트)라는 이상은 포기되었다. 그 대신에 학급담임교사(1~3학년과 4~6학년)와 교과교사(7~9학년과 고등학생)를 위한 별개의 학위가 다시 만들어졌다. 보고서는 다양한 연령대의 학생들을 가르치는 것은 다양한 기술과 지식을 요구하고 그 결과는 다양한 교사의 전문화라는 점을 분명히 하였다(SOU, 2008:109).

거의 1970년대와 1980년대의 갈등만큼이나 첨예한 교사 노동조합의 투쟁이 이어졌다. 다시, 연령집단별 전문화가 가장 큰 갈등을 유발하였다(Lilja, 2014). LF(2009)는 서로 다른 학위와 전문화로 예비교사를 나누는 것을 강력하게 반대하였다. 학생의 연령에 상관없이, 노동조합은 가르치는 일을 하나의 전문직으로 보고 교사교육에서 모든 학생을 위한 단일 학위를 주장했다. 일부는 전문화하면서 말이다. 여러 개의 서로 다른 학위로 나누는 것은 교사를 위한 지식 토대의 발전과 전문직화에 반하는 것이다. 교과지식과 관련하여, LF는 학교실습에 좀 더 적합해야 한다고 지적하였다.

정반대로, 교과교사를 위한 노동조합인 LR은 열정적이었다. LR(2009)은 서로 다른 학위를 통해 학급담임교사와 교과교사의 분리를 재도입하는 것을 높이 평가했는데, 이들은 보다 전문화된 교육을 받은 상이한 교사 집단이 상이한 연령 집단을 가르치는 데 요구되는 기술에 초점을 두었다. 이전과 마찬가지로 LR은 교과지식을 강조하는 전통적인 학문중심 관점을 지지하였다. 교사교육의 새로운 형태는 공식 보고서의 제안을 따른 것으로 2011년에 시작되었다.

2020년에 2개의 교사노동조합은 교사교육에 대해 의견이 서로 달랐지만, 노동조합 모두 전체적으로 새로운 교사교육 프로그램을 원하지는 않았다(LF, 2018). 하지만, 2018년 선거 이후 이루어진 발전이 교사교육의 변화에 대한 정치적 열망을 강조하였고, 사회민주당과 녹색당과 2개의 자유당이 개혁의 필요성에 동의하였다.

2020년 가을 보고서 작성 시기에 공식 보고서와 제안서들은 발표되지 않았다. 그래서 노동조합이 어떻게 반응하는지는 두고 봐야 한다. 2개 노동조합의 행동과 상이한 관점들은 스웨덴의 지속적인 교사교육개혁에 기여하였다. 이들의 갈등은 이념적 차이를 드러냈는데, 교과 지식의 중요성과 궁극적으로 교사의 역할에 관하여 교직 문화 내부에 자리한 강력한 긴장 상태를 보여주면서 말이다. 상이한 교사문화를 가진 교사가 단일한 노동조합 내에서 공동 정책을 형성하는 핀란드에서는 그런 갈등이 서로 다르게 다루어졌다.

핀란드: 유연성을 주장하는 단일 노조

1970년대와 1980년대: 공동 정책 형성

1962년 핀란드 의회의 결정 이후 종합학교개혁을 시작하면서 평민학교 교사와 문법학교 교사 간에 전기중등학교 통제에 대한 논쟁이 있었다(Jumppanen, 1993). 따라서, 이러한 점에서 교육에 대한 핀란드의 정치적 최전선은 스웨덴과 유사하였다. 하지만, 1970년대 초에 여러 가지 요인이 핀란드의 교사 노동조합이 협동하고 통합하도록 작용하였다. 급진적 학교 민주주의 실험으로 교사가 분리된다면 급진적 학생 조직(Teiniliitto)[2]이 학교를 지배할 것이라는 두려움이 생기게 되었다(Kangasniemi, Hyttinen & Tanni, 2012, p. 44). 가장 중요하게, 특정 규모 이하의 노동조합은 월급 협상을 불가능하게 하도록 규정이 개정되었는데, 이것이 대규모 노동조합의 설립을 추동했다(Hollstén, 2005, p. 33).

---

2   (역자 주) Teenagers' Federation. 'Suomen Teiniliitto, STL[Finland's Teen Union]'이라고도 하며, 스웨덴의 FSS(Finlands svenska skolungdomsförbund; Finnish Swedish Pupils' Union)와 동일한 종류의 학생운동단체이다. 핀란드 역사상 가장 큰 규모의 학생운동단체로 1970년대 중반 강세를 띠게 되는데, 15세에서 18세 사이의 모든 중등학교 학생들을 연합하도록 한 자발적인 단체였다. 초기 공산주의 이념을 중심으로 운영되면서 급진적인 성향을 보이다 이후 쇠퇴하였다.

새로 설립된 핀란드 교사노동조합 OAJ는 효율적으로 기능하기 위해서 7~9학년 (교사)에 대한 잠재적 갈등은 물론이고 상이한 교사 집단 간의 이념적 차이를 해결하는 정책을 수립해야 했다. OAJ(1975)는 비전 문서에서 교육은 광범위한 역량을 제공해야 한다는 점을 강조하였다. 교사의 고용을 보장하기 위해서 규정은 교사의 유연한 활용을 허용하는 것이 중요하고 현직 연수는 그러한 목적을 뒷받침해야 한다고 주장하였다.

스웨덴에서는 LR과 LF가 교과교사와 학급담임교사를 대변했는데 이 각각은 전기중등학교 교직에 접근하기 위한 장기간의 투쟁을 해왔다. OAJ는 학급담임교사와 교과교사 모두를 대변하므로, 핀란드에서 이런 일은 일어나지 않았다. 그 대신 OAJ(1975)은 6학년에서 전기중등학교로 이동하는 한편 학급담임교사가 가르치는 예비초등학교와 초등학교가 연계되기를 원했다. 이것으로 당시 또 다른 노동조합이 대변하는 초등 예비학교 교사를 희생시켜서 OAJ 회원들의 고용 상황이 개선될 것이었다. 개혁방안들은 결코 시행되지 않았지만, 학급담임교사와 교과교사 간의 긴장 해소가 새로운 정책 방향을 어떻게 고무할 수 있었는지를 보여준다. OAJ(1975) 역시 교사 수요를 모니터링하고 교사교육 프로그램의 입학을 규제하는 것이 갖는 중요성을 강조하였다. 입학 제한은 새로 교육받는 교사와의 경쟁에서 OAJ 회원들을 지켜줄 것이었다. 1983년까지, OAJ 연보는 매년 예비교사 유입을 제한하는 것이 중요하다고 강조한다. 이러한 입장은 1987년까지 점차 약화했는데, 그때는 증가하는 미자격 학급담임교사로 예비교사의 입학을 늘리도록 OAJ가 제안한 시기였다 (OAJ, 1981–1987).

핀란드 교사교육은 1974년에 대학기반 교사교육이 되었고 1979년에 석사학위로 격상되었다(Vuorenpää, 2003, p. 106f, 121). 당초에 OAJ는 모든 교사가 유사한 교육기간을 거쳐야 한다고 주장하였다. 하지만, 후기중등학교 교사는

6개월 연장을 요구하였고 OAJ는 1977년에 이러한 입장을 재고하였다(OAJ, 1976~1978, pp. 18, 19).

1989년: 교사교육발전위원회

1989년 교사교육발전위원회에서 보고서(Opettajankoulutuksen kehittämistoimikunta, 1989:26, p. 75f)를 하나 발표하였다. 이 보고서는 학급담임교사와 교과교사의 교육을 보다 긴밀하게 통합함으로써 교사교육을 새롭게 하고 교사가 단기간의 현직 연수 후에 교사가 직무를 바꾸는 것을 허용하면서 유연성을 높이겠다는 목적을 명시하고 있다. OAJ는 위원회의 제안이 교사에게 다양한 단계에서 가르칠 수 있는 광범위한 역량을 교사에게 제공할 것이라는 희망을 표하였다. 하지만, 프로그램의 구조가 유지되어야 하고 높은 학업성취수준을 유지해야 한다는 점을 강조하였다(OAJ, 1989, p. 49; OAJ, 1988~1989, pp. 2-3). 이 위원회는 모든 교사교육 기간을 4년으로 하는 데 목표를 두었지만, OAJ는 교육기간을 4년에서 4년 반이 되어야 한다는 입장을 반복하였다(OAJ, 1988~1989, p. 7). 하지만, 1990년대 초의 경제위기가 닥치면서 개혁은 일어나지 않았다(Vuorenpää, 2003, p. 172).

1990년대: 원치 않는 개혁으로부터 교직 지키기

1990년대 초 경기침체는 규제 완화 및 분권화의 국제적 경향과 함께 핀란드에서 공공행정과 규정을 검토하도록 이끌었다. OAJ는 이제 초등학교 교사로부터 대학교수에 이르기까지 사실상 핀란드의 모든 교육자들을 조직화했기 때문에 강자의 위치에서 그 위기에 대응했다. 교육부 실무 그룹 보고서가 1991년 9월에 발표되었는데, 이 보고서는 다양한 유형의 교사교육에 대한 규정을 통합하고 표준화하고 일치시키려고 시도하였다. 교사자격위원회(Committee of Teacher

Eligibility)는 서로 다른 학교 유형에서 법적으로 의무화된 교사 역량에 대한 규정을 동일하게 적용하려고 하였다(Opettajien kelpoisuustoimikunta, 1991:31, p. 1; Vuorenpää, 2003, pp. 173-176).

1992년에 교육부는 교사교육을 위한 사범학교체제를 지역 학교체제에 통합함으로써 비용을 절감하려고 하였다. OAJ의 지지를 받은 사범학교의 교장(headteacher)들은 이것에 반대하는 집중적인 미디어 캠페인을 시작하였다. 이들은 정치인에 접근하고 심지어 의회의 모든 의원들에게 줄 책을 출판하였다(Vuorenpää, 2003, pp. 179-183). 1992년 10월에 교육부는 2개의 실무그룹을 만들었는데, 하나는 공립학교(state schools)로서 사범학교의 지위에 마침표를 찍는 방법을 연구하였고 또 다른 하나는 사범학교들이 폐쇄된다면 종합대학이 어떻게 실제적인 교사훈련을 제공할 수 있는지에 대해 탐구했다(Vuorenpää, 2003, pp. 184-187). 1979년, 신공공관리의 중요 선도자인 OECD 내 실무그룹은 변화를 성취하기 위해서는 우선적으로 변화가 있어야 하는지가 아니라 변화가 어떻게 성취될 수 있는지에 초점을 두는 것이 필요하다고 권고하였다(Yliaska, 2014, p. 105). 사범학교를 지지하는 핀란드 관계자들은 이러한 전술에 효과적으로 대응하고 '만약'의 상황에 대비하며 행동했다(Opetusministeriö, 1993b, p. 20; Vuorenpää, 2003, p. 187). 결국 학교들은 대학 조직의 일부로 남았고, 변화는 성공했다.

1990년대 초의 위기는 핀란드의 야심 차고 비용이 많이 드는 교사교육 프로그램의 비용 삭감에 대한 논쟁을 불러일으켰다. 장기간의 교육기간은 정치인과 학자들 모두에 의해 비판을 받았는데, 보다 짧은 교육기간으로 동일한 결과를 성취할 수 있다고 주장되었기 때문이다. 그 당시에 설립된 직업지향적 응용과학대학(University of Applied Science)의 일부로 만드는 것이 하나의 생각이었다(Vuorenpää, 2003, p. 187). 학사학위가 핀란드 대학에서 재도입되었을 때, 학급담임교사에게는 학사학위로 충분할 수 있다고 제안되었다.

1990년대 신공공관리 경향은 규제를 통한 관리에서 벗어나 목표에 의한 관리로 바뀌었다. 교사교육을 포함하여 핀란드 대학 부문에서 1990년대 초부터 평가가 보편화되었다. 예를 들어, 페다고지 분야에서 평가와 시험의 후속 조치를 위한 연구는 1993년 예비조사 보고서와 1994년 최종 보고서를 산출하였다(Opetusministeriö, 1993a; Opetusministeriö, 1994). 이것으로 1995년 봄, 핀란드 의회는 시험과 교사교육에 대한 법률을 통과시켰다. 하지만, 교육위원회와 핀란드 지방자치협의회는 이 법률이 문제가 있다고 생각했는데 교육학 분야에서 새롭게 학사학위를 취득한 사람들을 교사자격을 갖춘 것으로 인정하지 않았기 때문이다. 〈투르쿠 교육사회학 연구 센터〉는 학급담임교사의 자격 기준을 학사학위로 낮추는 것을 제안했고, 초등 수준 예비교사의 자격 기준을 응용과학대학의 졸업장(certification)으로 낮출 것을 제안했다. 선도 세력으로서의 OAJ와 함께 교육 분야에서 이루어진 강력한 반대 운동은 정규 학문중심 교육이 필요한 교육전문가로서 교사의 중요성을 강조하였다(Vuorenpää, 2003, p. 199f; Säntti, Puustinen & Salminen, 2018, pp. 11-13).

OAJ는 1993년을 위한 계획에서 교사교육의 높은 학문적 수준을 보호하고 실제로 더욱 제고하기 위해 일할 것이라고 선언했다. 초등 예비학교 교사의 교육은 종합대학 수준까지 격상되어야 하고, 교사양성기관은 종합대학 조직에서 계속 유지되어야 하고 지방자치단체로 이동하지 말아야 한다고 주장하였다(OAJ, 1993). OAJ가 직면한 어려움에도 불구하고, OAJ는 모든 목적을 성취하였다.

1995년에 교육학 학사학위가 재도입되었고 1995년 가을부터 종합대학에서 교육받게 될 예비학교 교사를 위한 시험 역시 학사학위 수준에 배치되었다. 하지만, 학급담임교사는 교육학 석사학위가 여전히 필요하고 교과교사는 주전공교과에서 석사학위가 필요하다고 주장했다(Finlands författningssamling

576/1995). 교사양성과정의 주요한 구조적 변화는 이루어지지 않았지만, 교사가 학교 계통을 바꾸고 다양한 유형의 학교와 심지어 성인교육에서의 교육활동 간에도 이동이 훨씬 수월해졌다. 이러한 측면에서 1970년대부터 OAJ가 표명해온 목표들에 따라 변화가 이루어졌다.

고등교육위원회가 1996년에 고등교육 평가위원회로 대체되었을 때 평가 지향성은 계속되었다(Jussila & Saari, 1999). 교사교육을 위한 조언 예를 들어, 유연성 증가는 OAJ 정책과 비슷하였다.

2000년대

교사교육에 대한 홍보자료에서 OAJ(2000a)는 핀란드의 기술 산업 분야 성공의 이면에 자리한 주요 요인이 높은 수준의 교육이고 그것은 역량을 갖추고 잘 교육받은 교사에 의해 보장된다고 주장하였다. 이러한 주장을 하면서, OAJ는 모든 교사가 더 높은 수준의 대학 학위를 취득하고 교사로서의 고용을 위한 역량 자격요건을 최소한 유지하고 지위와 월급을 올림으로써 교직의 매력을 강화하고 교사가 현직교육과 전문적 지도를 보장받는 것에 목표를 두었다.

2001년 교육부의 교사교육을 위한 발전 계획에 대한 답신에서 OAJ는 교사교육에서 다양한 연령집단을 가르칠 교사를 준비시키기 위한 자리를 찾기는 어려울 것이라고 주장하였다. 그 대신에 이들은 근무할 학교에서 특별한 요구에 대한 현직교육을 받아야 한다는 생각을 지지하였다(OAJ, 2000b).

OAJ는 무엇보다도 임금인상 때문에 교직이 과거만큼 가치를 높이 인정받지 못하고 있다고 불평했다. 게다가, 교사교육은 종합대학 내에서 받을 만한 존경을 받지도 못하였다(OAJ, 2000~2002b). 하지만, 그 무렵 핀란드 교사교육과 교직은 PISA와 같은 국제학업성취도 평가에서의 성공에 힘입어 새로운 평가의 시대에 접어들었다고 주장될 수도 있다. 2000년대 초반 10년 동안, 핀란드 교사교육은 1990년대에 경험한 것과 유사한 어떠한 어려움에도 직면하지 않았다. 이것은 역시 교사교육이 OAJ 과업의 중요한 요소로 생각을 덜하게 되었음을 의미하였다. OAJ 출판물들은 교사교육의 변화를 더 이상 제안하지 않았고 기존 시스템에 대한 정보를 단순히 제공하였다(i.e., OAJ, 2010).

결론

스웨덴과 핀란드에서 학교체제는 종합학교가 도입되기 전까지 평민학교와 문법학교로 구분되었다. 이 학교의 교사는 상이한 교사노동조합과 교사교육을 받았다. 서로 다른 교사교육에 대한 관점을 가지면서 이 두 노동조합의 서로 다른 교사문화가 등장하였다. 소위 '교사훈련원 전통'과 '문법학교 전통'이다. 복선형 학교체제가 종합학교개혁으로 통합되자, 교사교육을 단일화하기 위한 개혁이 스웨덴과 핀란드 모두에서 수행되었다. 핀란드에서는 평민학교와 문법학교를 대표하는 노동조합을 하나로 단일화하였다. 하지만, 스웨덴에서는 2개의 독립적인 노동조합이 오늘날까지 존재하고 오랫동안 교사교육 설계를 위해 투쟁해왔다. 이러한 투쟁이 2개의 노동조합뿐만 아니라 정치적 영역도 나누어왔다.

    LF가 평민학교 전통을 반영하면서 교사교육의 직업적, 교수학적, 사회적 측면을 강조한 한편, 문법학교로부터 등장한 LR은 교과지식의 중요성과 같은 학문적 이상을 옹호하였다. 대부분의 구성원이 배우는 저학년 교과지식은 페다고지적, 사회적 이슈와 비교하여 중등학교와 후기중등학교에서 덜 중요하다. 따라서, 스웨덴에서는 2가지 전통 간의 역사적 차이가 오늘날 교사문화에서 생생한 갈등으로 작용한다.

이 페다고지와 이념적인 차이 외에도, 2개의 노동조합은 권력 투쟁에도 참여하였다. 갈등의 주요 전장은 전기중등학교, 즉, 7학년~9학년인데, 이 단계는 2가지 복선형 학교체제의 계통이 겹치는 지점에서 학생들에게 교육을 제공한다. LF는 교사 집단 간의 경계를 9학년과 후기중등학교 시작 단계 사이로 올리기를 원한 반면, LR은 6~7학년 사이로 내리기를 원했다. 두 노동조합은 회원들의 고용과 향후 각 노조로의 신규 회원 유입을 보장하기 위해 자신들의 이념을 가능한 한 교육체제의 광범위한 부분으로 확장하려고 했다.

위보르그(Wiborg, 2017)는 강화된 중도우파 정당과 사회민주주의 내 우경화의 결과로 스칸디나비아 교사노동조합과 교육정책에 대한 진보 이념의 영향이 1990년대부터 줄어들었다고 주장하였다. 하지만, 그녀는 단지 교과교사를 위한 대규모 노동조합에 단지 초점을 맞추었다. 스웨덴의 경우에 LR의 학문중심 교사문화에 뿌리를 둔 상반된 가치들을 고려해야 한다. 교사노동조합의 정치적 패배는 다른 노동조합에는 승리일 수 있지만, 전반적인 노동조합 영향력의 쇠퇴를 보여주는 신호는 아니다.

핀란드에서 OAJ는 아동을 위한 학급담임교사와 청소년을 위한 교과교사 모두를 대변하였다. 따라서, OAJ는 단순히 교사 집단 구분 학년을 위로 올리거나 아래로 내리는 것으로 회원들을 위한 기회의 실질적인 개선을 성취할 수는 없었다. 그보다, OAJ는 다양한 교육적 배경을 가진 교사가 교육체제의 다른 부문에서 쉽게 고용될 수 있는 유연성을 주장했다. 교사가 특정 학교에서 요구하는 필수적 기술을 획득할 수 있는 현직교육을 강력하게 주장했다. 핀란드가 단일한 교사노동조합을 가졌다는 사실이 갈등보다는 오히려 상보적인 것으로서 교과지식과 종합적인 교수학적 기술의 관점을 촉진할 수 있었다. 통합 교사노동조합은 핀란드 교육체제와 특히 교사교육이 상대적으로 안정적으로 발전하는 데 기여하였다. 대조적으로 스웨덴에서 각 노동조합은 각

자의 관점을 가졌고 그 관점이 교사교육을 위한 빈번한 개혁에 기여했기 때문에 페다고지와 교과지식 간의 갈등이 제도화되었다.

따라서, 우리는 초기 연구에서 간과되어온 요인인 교사노동조합이 교사교육의 발전에 결정적인 역할을 하였다는 점을 드러냈는데, 초기 연구는 정치적 행위자에 주로 초점을 맞추었다. 1970년대부터 스웨덴 교육정책에 대한 양극화된 정치적 갈등을 분석할 때 국가의 2개의 정치권 각각은 노동조합 중에서 동맹을 맺었다는 점을 염두에 두는 것이 중요하다. LR은 중도우파의 정책을 선호한 한편, LF는 일반적으로 사회민주당을 뒷받침하였다. 정부가 매번 바뀔 때마다 교사교육은 재구축되었고 이것이 개혁의 빠른 수레바퀴에 기여하였다.

모에(Moe, 2017)는 강력한 노동조합이 정치적 개혁을 효과적으로 차단할 수 있었기 때문에 학업성취를 저하시키는데, 아마도 핀란드가 예외인 것은 양질의 교사 때문이라고 주장했다. 하지만, 스웨덴과 핀란드 양국의 비교는 교육원칙에 있어 자주 바뀌는 급속한 개혁이 교육의 질을 역시 훼손할 수 있고 강력한 노동조합이 그런 방해로부터 학교체제를 보호할 수도 있다는 점을 보여준다. 핀란드에서 OAJ은 매력적이고 덜 방해받는 작업 환경을 창출함으로써, 그리고 석사학위 수준의 교사교육을 성공적으로 옹호함으로써 질 높은 교사의 채용을 촉진해왔다.

[참고문헌]

Carle, T. (2000) Lärarnas riksförbund 1884-2000: ett stycke svensk skolhistoria ur fackligt perspektiv. Stockholm: Informationsförlaget.

Finlands författningssamling (576/1995), Förordning om examina och lärarutbildning pådet pedagogiska området.

Furuhagen, B. and Holmén, J. (2017) 'From seminar to university: dismantling an old and constructing a new teacher education in Finland and Sweden, 1946-1979', Nordic Journal of Educational History 4(1), pp. 53-81. doi: 10.36368/njedh.v4i1.87.

Furuhagen, B., Holmén, J. and Säntti, J. (2019) 'The ideal teacher: orientations of teacher education in Sweden and Finland after the Second World War', History of Education 48(6), pp. 784-805. doi: 10.1080/0046760X.2019.1606945.

Hagemann, G. (1992) Skolefolk. Laerernes historie i Norge. Oslo: Gyldendal.

Hollstén, L. (2005) Verket går vidare. Helsingfors: FSL.

Jumppanen, L. (1993) Kuka oli kelvollinen opettamaan 11- ja 12-vuotiaita: tutkimus oppikoulun opettajien ja kansakoulunopettajien edunvalvonnasta ja sen tuloksellisuudesta Suomen koululaitoksen uudistuksen yhteydessä kouluohjelmakomitean mietinnöstä 1959 vuoden 1985 koululakeihin. Turku: Turun yliopisto.

Jussila, J. and Saari, S. (eds.) (1999) Opettajankoulutus tulevaisuuden tekijänä. Helsinki: Edita.

Kangasniemi, E. Hyttinen, T. and Tanni, K. (2012) OAJ – vahva vaikuttaja. Helsinki: Bränn & Bränn.

Lappalainen, A. (1998) Elämäntyönä tulevaisuus. Opetusalan Ammattijärjestön juuret, synty ja kasvu. Helsinki: Otava.

Lärarförbundet (LF) (1965) Lärarutbildningen. Yttrande över 1960 års lärarutbildningssakkunnigas betänkande angående den framtida lärarutbildningen. Stockholm: Sveriges lärarförbund/ Sveriges småskollärarförbund.

Lärarförbundet (LF) (1972) Sveriges Lärarförbund till Statsrådet och Chefen för utbildningsdepartementet, 1972.01.11 TAM, B8a vol 2. Stockholm: Sveriges lärarförbund.

Lärarförbundet (LF) (1979) SL om lärarutbildningen: Sveriges lärarförbunds remissyttrande över 'Lärare för skola i utveckling', betänkande av 1974 års lärarutbildningsutredning – LUT 74. Stockholm: Sveriges lärarförbund.

Lärarförbundet (LF) (2009) En hållbar lärarutbildning och yrkeskunnande en likvärdig sökväg mot yrkesämnen, yttrande, Lärarförbundet 21.3.2009, dnr 082295. Stockholm: Sveriges lärarförbund.

Lärarförbundet (LF) (2018) Lärarförbundets politik för lärarutbildningen. Stockholm: Sveriges Lärarförbund. Available at: https://www.lararforbundet.se/artiklar/lararforbundetspolitik-for-lararutbildningarna (Accessed: 13 May 2021).

Lärarnas Riksförbund (LR) (1965) Lärarnas riksförbund yttrande över lärarutbildningssakkunnigas betänkande "Lärarutbildningen", 1965.09.30, Riksarkivet, Ecklesiastikdepartementet/ Konseljakter 3.1.1967/Prop. 4/Volym 4:13. Stockholm: Lärarnas riksförbund.

Lärarnas Riksförbund (LR) (1972-1974) Till Statsrådet och Chefen för Utbildningsdepartementet, 1972.02.11. Till Utbildningsutskottet utbildningsdepartementet, 1972.02.15, Till Kungl. Maj:t Utbildningsdepartementet 1974.04.26 (LR Ö1a:26). Stockholm: Lärarnas riksförbund.

Lärarnas Riksförbund (LR) (1979) Lärarutbildning för kunskaper och omsorg. Lärarnas riksförbunds remissyttrande över förslag från 1974 år lärarutbildningsutredning. Stockholm: Lärarnas riksförbund.

Lärarnas Riksförbund (LR) (2009) Lärarnas riksförbunds synpunkter på betänkandet en hållbar lärarutbildning, 2009.03.23, Dnr 003/09. Stockholm: Lärarnas riksförbund.

Lilja, P. (2014) 'The politics of teacher professionalism: intraprofessional boundary work in Swedish teachers union policy', Policy Futures in Education 12(4), pp. 500-512. doi: 10.2304/ pfie.2014.12.4.500.Teachers as a political force 169

Lunde, I. (1993) 'Lärarutbildningen', in Johansson, K. and Fredriksson, U. (eds.) Sveriges lärarförbund 1967-1990. Stockholm: Lärarförbundet.

Moe, T. M. (2017) 'The comparative politics of education: teachers unions and education systems around the world', in Moe, T.M. and Wiborg, S. (eds.) The comparative politics of education: teachers unions and education systems around the world. Cambridge: Cambridge University Press, pp. 269-324.

Moe, T.M. and Wiborg, S. (2017) 'Introduction', in Moe, T.M. and Wiborg, S. (eds.) The comparative politics of education: teachers unions and education systems around the world. Cambridge: Cambridge University Press, pp. 1-23.

Nilsson-Lindström, M. and Beach, D. (2013) 'The professionalization of the field of education in Sweden: a historical analysis', Professions and Professionalism 3(2), pp. 560-577. doi: 10.7577/pp.560.

Nilsson-Lindström, M. and Beach, D. (2015) 'Changes in teacher education in Sweden in the neo-liberal education age: toward an occupation in itself or a profession for itself?', Education Inquiry 6(1), pp. 241-258. doi: 10.3402/edui.v6.27020.

Opettajankoulutuksen kehittämistoimikunta (1989:26) Kehittyvä opettajankoulutus. Opettajankoulutuksen kehittämistoimikunnan mietintö. Helsinki: Opetusministeriö.

Opettajien Ammattijärjestö (OAJ) (1975) Kouluasiaintoimikunta Pöytäkirja 2/1975, Liite 2. Helsinki: OAJ.

Opettajien Ammattijärjestö (OAJ) (1976-1978) Kouluasiaintoimikunta Pöytäkirjat. Helsinki: OAJ.

Opettajien Ammattijärjestö (OAJ) (1981-1987) Vuosikertomus. Helsinki: OAJ.

Opettajien Ammattijärjestö (OAJ) (1988-1989) Koulutuspoliittinen toimikunta 1988-1989 II, Lausunto 1989:26. Helsinki: OAJ.

Opettajien Ammattijärjestö (OAJ) (1989) Vuosikertomus. Helsinki: OAJ.

Opettajien Ammattijärjestö (OAJ) (1993) Valtuustopöytäkirja 1994, OAJn toimintasuunnitelma 1993. Helsinki: OAJ.

Opettajien Ammattijärjestö (OAJ) (2000a) Opettajankoulutustyöryhmä, Opettajankoulutus Suomessa. Helsinki: OAJ.

Opettajien Ammattijärjestö (OAJ) (2000b) Koulutuspoliittinen toimikunta 2000-2002, 8, Lausunto: Kehittyvä opettajankoulutus (13.3.2001). Helsinki: OAJ.

Opettajien Ammattijärjestö (OAJ) (2010) Opettajankoulutus Suomessa. Helsinki: OAJ. Available at: http:// www.oaj.fi/cs/oaj/Julkaisut,OAJ_OPETTKOULUTUS_10_WEB. pdf.

Opettajien kelpoisuustoimikunta (1991:31) Opettajien kelpoisuustoimikunnan mietintö. Helsinki: Opetusministeriö.

Opetusministeriö (1993a) Kasvatustieteellisen alan tutkintojen arviointi- ja kehittämisprojektin väliraportti. Helsinki: Opetusministeriö.

Opetusministeriö (1993b:20) Opettajankoulutuksen pedagogisten opintojen kehittämistyöryhmän muistio. Helsinki: Opetusministeriö.

Opetusministeriö (1994) Kasvatusala kohti tulevaisuutta: kasvatustieteellisen alan tutkintojen arviointi- ja kehittämisprojekti. Helsinki: Opetusministeriö.

Rainio-Niemi, J. (2010) 'State committees in Finland in historical comparative perspective', in Alapuro, I. R. and Stenius, H. (eds.) Nordic associations in a European perspective. BadenBaden: Nomos, pp. 241-268.

Ringarp, J. and Parding, K. (2018) 'I otakt med tiden? Lärarprofessionens ställning sett via lärarutbildningens utveckling i Sverige, 1962-2015', in Buchardt, M., Larsen, J.E. and Baden Staffensen, K. (eds.) Uddannelsehistorie 2017, Professionerne og deres uddannelser. Copenhagen: Selskabet for Skole- och Uddannelsehistorie.170 Björn Furuhagen and Janne Holmén

Säntti, J., Puustinen, M. and Salminen, J. (2018) 'Theory and practice in Finnish teacher education: a rhetorical analysis of changing values from the 1960s to the present day', Teachers and Teaching 24(1), pp. 5-21. doi: 10.1080/13540602.2017.1379387.

Schyllerkvist, U. (1993) 'Från LUT 74 till parallellutbildningen 1992. Förskjutningar av tänkandet om utbildning av lärare för grundskolan', in Ullström, S. O. (ed.) Lärarutbildning i en föränderlig omvärld. Karlstad 1843-1993. Karlstad: Högskolan i Karlstad.

Simola, H. (2005) 'The Finnish miracle of PISA: historical and sociological remarks on teaching and teacher education', Comparative Education 41(4), pp. 455-470. doi: 10.1080/03050060500317810.

Sjöberg, L. (2010a) 'Same same, but different: en genealogisk studie av den "goda läraren", den "goda eleven" och den "goda skolan" i svenska lärarutbildningsreformer 1940-2008', EDUCARE 1, pp. 73-99.

Sjöberg, L. (2010b) 'Lärarprofessionalitet på glid. Performativ förskjutning av statlig lärarfacklig utbildningspolicy', Pedagogisk Forskning i Sverige 20, pp. 18-32.

SOU (1965:29) Lärarutbildningen, 1960 års lärarutbildningssakkunniga. Stockholm: Ecklesiastikdepartementet. SOU (1978:86) Lärare för skola i utveckling, Sverige 1974 års lärarutbildningsutredning. Stockholm: LiberFörlag/Allmänna förl.

SOU (2008:19) En hållbar lärarutbildning, Sverige Utredningen om en ny lärarutbildning. Stockholm: Fritze.

Stenlås, N. (2009) En kår i kläm. Läraryrket mellan professionella ideal och statliga reformidelogier. Stockholm: Finansdepartementet.

Swedish Government Bill (1984/85:122) Om lärarutbildning för grundskolan mm. Stockholm: Regeringen.

Utdanningsforbundet (2010) 'Union of education Norway'. Available at: https://www.utdanningsforbundet.no/om-utdanningsforbundet/english/ (Accessed 8 April 2019).

Vuorenpää, J. (2003) Yliopistollisen opettajankoulutuksen kehittyminen Suomessa 1970-luvulta 2000-luvulle. Turku: Turku University.

Wiborg, S. (2017) 'Teacher unions in the Nordic countries: solidarity and the politics of self-interest', in Moe, T.M. and Wiborg, S. (eds.) The comparative politics of education: teachers unions and education systems around the world. Cambridge: Cambridge University Press, pp. 144–191.

Yliaska, V. (2014) Tehokkuuden toiveuni: Uuden julkisjohtamisen historia Suomessa 1970-luvulta 1990-luvulle. Helsinki: Into.

3부

북유럽 국가의
교사전문직성에 대한 다양성

제10장

엘리트주의 전통과 민주적 개혁:
1960~1994년 노르웨이와 덴마크의
후기중등학교 교사문화 변화

에릭 라르센과 프레드릭 튜(Lars Erik Larsen & Fredrik W. Thue)

제2차 세계대전 이후 서구에서는 중등교육을 받는 학생 수가 증가하였다. 동시에 대중교육은 사회적 경제적 발전을 위한 중요한 정치적 장치라는 생각 또한 등장하였다. 이 시기에 북유럽 후기중등학교는 소수의 학문적 엘리트 학교로서의 고유한 정체성과 민주적 대중교육에 대한 새로운 요구가 병치하면서 면밀히 검토되었다. 후기중등학교의 향후 구조와 교육 내용은 정부 내에서 교사, 학생, 일반 대중들 사이에서 뜨거운 논쟁거리가 되었다. 이런 긴장이 유럽 대륙형의 김나지움을 종합적인 국가 교육체제로 통합되는 더 포용적이고 민주적인 후기중등학교로 변모시켰다.[1]

그러나, 이러한 변화는 모든 북유럽 국가에서 동일한 궤적을 따르지 않는 것은 아니었다. 이 장에서는 덴마크와 노르웨이 후기중등교육의 변화를 비교 분석한다. 이 두 국가는 1814년 이전까지의 연합과 그 이후 지속된 문화적·

---

1 우리는 이 장에서 북유럽 고등학교 전통이 유럽대륙의 전통, 특히 독일 전통의 모델과 강한 친연성을 갖는다는 점을 강조하고자 김나지움 및 김나지움 교사의 용어들을 사용할 것이다. 노르웨이에서 학문지향적인 방식으로 양성된 고등학교 교사는 lector라고 불리고, 덴마크에서는 gymnasielærer라고 불렸다.

지적 친밀감으로 인해 놀라울 정도로 유사한 후기중등학교체제와 관련된 교사문화를 가졌다. 그럼에도 불구하고, 양국에서 후기중등교육의 민주화는 꽤 서로 다른 경로를 거쳤다. 이 장에서 우리는 덴마크와 노르웨이 김나지움 교사의 문화와 김나지움이 대중교육이라는 종합적이고 국제적 계획으로 서로 다르게 변화되고 통합된 수준에 분석의 중점을 둘 것이다.

앞선 연구들을 보면, 유럽 대륙과 스칸디나비아에서 전문직과 국가의 긴밀한 관계를 지적해왔는데, 이것은 시장에서 서비스를 제공하면서 자기 조직화하는 것으로 보는 영미 전통과 대조를 이룬다. 19세기부터 국가가 전문직 확립에 있어 적극적이고 흔히 결정적인 역할을 해왔으며, 전문직화 과정은 위로부터의 국가 개입과 전문직 내부로부터의 자율적 관리가 확대되는 시기를 교차하는 순환고리 속에서 이루어졌다(Siegrist, 1990). 국가와 후기중등학교 교사의 관계를 살펴보는 한 가지 방법은 국가가 1950년대 후반부터 정책 문서와 개혁에서 이러한 전문직에 대한 권한을 어떻게 구성하고 개혁했는지를 들여다보는 것이다. 교사는 전통적으로 전문가 위원회, 교사 위원회, 학교 교과협의회[2], 전문가 조직과 같은 교육 거버넌스와 자문과 의사결정 기능을 가진 다양한 심의 기관에서 활동해왔다.

이 장에서는 다음과 같은 질문을 제기한다. 두 국가가 1960년대 초 대중교육의 문턱을 넘어섰을 때 양국의 김나지움과 교사문화는 어떤 유사점과 차이점을 보이는가? 덴마크와 노르웨이에서 후기중등학교 교사는 학교의 개혁에서 어떤 역할들을 했는가? 개혁이 교사의 전문가적 자율성과 지위에 미친 영향은 무엇인가? 마지막으로 이웃하는 두 국가 간 발전의 차이는 무엇으로

---

2 이런 표식은 교수법 및 교과내용에 관한 논쟁에 있어 다양한 학교 교과의 교수법 및 교과내용을 둘러싼 논쟁을 위해 교직 단체들의 하위 그룹에 중요하다. 이런 하위기관들은 곧 전문가단체와 병행해 존재한다.

설명할 수 있는가?

다음으로 우리는 우선 덴마크와 노르웨이 김나지움의 역사적 전제 조건과 고유한 특징, 개별 국가의 교사문화 및 국가와 김나지움 교사라는 직업 사이의 협력 방식들을 제시할 것이다. 그리고 우리는 1960년대부터 1970년대 초반까지, 그리고 1990년대를 특별히 강조하면서 양 국가의 후기중등교육 개혁 과정을 보다 자세하게 들여다볼 것이다. 마지막으로 우리는 덴마크와 노르웨이의 궤적에 차이를 만든 결정적인 요인에 대해 논의할 것이다.

동일한 틀로 주조: 현대 김나지움의 탄생

노르웨이는 1814년까지 덴마크의 지배를 받았고 현대 김나지움의 초기 발전은 양 국가가 긴밀하게 연관되어 있다. 1809년에 두 국가의 라틴계 학교들은 신인본주의적 개혁의 대상이 되었는데, 이 개혁이 덴마크에서는 근대화된 종합적 교육과정이 도입된 1850년까지, 노르웨이에서는 1869년까지 이들 학교를 위한 토대를 제공하였다(Høigård, Ruge & Hansen, 1971, p. 60). 19세기 내내 양국의 교육개혁은 상호 간 계속 영향을 미쳤다. 자연과학과 생활언어로 구성된 대안적 학습 프로그램이 고전어 프로그램과 함께 도입되었다(Norway 1869, Denmark 1871). 세기 전환 시기에 양국은 좀 더 일관성 있고 유사한 초등과 중등학교체제를 발전시켰고(Norway 1896, Denmark 1903), 학교교육의 기회는 점점 확대되었지만 여전히 강력하게 선택된 소수의 학생집단에다 많은 학업의 기회를 제공하였다.

1896년과 1903년에 각각 노르웨이와 덴마크에서 추진된 중등학교개혁의 공통점은 라틴계 학교에서 핵심으로 자리해온 고전 언어의 중요성이 더욱 낮아졌다는 점이다. 현대언어와 자연과학은 국가별로 정도에 차이가 있지만, 이제 두 국가의 교육과정에서 고전어 분야를 압도하였다. 노르웨이에서 의회민주주의에 대한 강한 국민 정서와 1884년 의회 민주주의의 도입으로 김나지움의 보증서라는 라틴어가 가진 우월적 지위의 권위가 실추되었다(Høydal, 2007, p. 15). 민주화와 문화 국가 건설을 강조하면서 김나지움의 핵심 교육과정은 고전적 전통에서 현대언어, 국가 문화, 자연과학으로 변화되었다(Lindbekk, 1962).

덴마크에서는 라틴계 학교 전통과의 단절이 그다지 심하지 않았다. 약간 축소된 형태이기는 했지만, 고전어 프로그램은 자연과학 및 새로운 현대언어 교육 프로그램과 함께 지속되었다. 라틴어는 현대언어 교육 프로그램 내에서 필수과목으로 남았지만, 자연과학 교육 프로그램에서는 고대사, 문화(oldtidskundskab) 강좌가 라틴어를 대신해 필수 교과로 자리 잡았다. 따라서, 1903년 개혁으로 라틴어로 하는 수업의 총 시수가 줄어들기는 했지만, 학생들은 이제 자신들의 학습 프로그램의 일부로서 고전 세계에 입문하였다(Bryld et al., 1990, p. 33).

배타성의 그늘: 1960년 이전 김나지움과 교사문화

덴마크와 노르웨이에서 김나지움은 선택된 소수를 위한 배타적인 기관으로 전후 개혁 때까지 남아 있었다. 1900년에 덴마크와 노르웨이의 청소년 중 1% 미만이 이 학교에 다녔다(Nepper-Christensen, 1998). 1930년까지, 양 국가는 후기 중등교육에서 굉장히 느린 증가세를 보였는데, 이것은 도심 주변과 소도시에 있는 사립과 지역 김나지움의 점진적인 확장과 여학생 유입 증가 추세를 반영한 것이었다.

1930년대부터 노르웨이의 후기중등교육은 덴마크에서보다 급격한 성장을 보였다. 이것은 제2차 세계대전 동안과 전쟁 직후에 훨씬 더 증가하였다. 1945년까지, 덴마크에서는 5% 미만의 젊은이들이 대학입학자격시험인 아르티움시험(examen artium)³을 치른 데 반해 노르웨이에서는 10% 이상이 대학입학시험을 치렀다(St.meld.nr.45, 1950, pp. 38-39). 노르웨이에서 후기중등학교 출석은 차년도에 약간 감소했지만, 덴마크에서보다는 좀 더 높은 수준을 유지하였다. 덴마크 젊은이들의 10분의 1이 조금 넘는 사람들이 1960년대 중반까지 김나지움에 출석한 한편 노르웨이에서는 그때까지 5분의 1 수준에 빠르게 접근하고 있었다(Aamodt, 1982, p. 81; Nepper Christensen, 1998, p. 17). 덴마크는 중등교육에 대한 지리적 장벽이 훨씬 낮으면서 좀 더 도시화되고 인구밀도가 높은 국가였기 때문에 이러한 차이가 훨씬 더 인상적이다.

이러한 후기중등학교 출석의 차이에 대해 적절한 설명을 하기 위해서는 상세하고 비교 가능한 교육 통계를 가지고 주의 깊게 분석해야 하지만 안타깝게도 이것은 제10장의 논의 범위를 넘어서는 것이다. 우리의 목적상 노르웨이 후기중등학교는 유럽 대륙형 모델과 결정적으로 단절되지는 않았지만, 점차 덜 배타적인 특징을 지니게 되었다고 주장하는 것으로 충분하다. 대조적으로 덴마크의 후기중등교육은 배타적인 학생집단과 고전적인 교육과정의 잔재를 가진 훨씬 유럽 대륙 스타일의 김나지움으로 계속 남아 있었다. 따라서, 1963년에 노르웨이에서는 4분의 1이 노동자 계급 출신인 것에 비추어 덴마크는 1961년에 김나지움 졸업생의 10% 미만이 노동자 계급 출신이었다(Aamodt, 1982, p. 79; Hansen, 1997, p. 11).

하지만, 여전히 다음과 같이 질문할 수 있다. 양국 김나지움의 교육과정과 사회적 위치가 각국 교사문화의 차이와 어느 정도 일치하는가?

---

3 (역자 주) 덴마크와 노르웨이에서 치러지는 대학입학시험을 일컫는 말이다. 원래 1630년 코펜하겐대학교 입학시험에서 유래된 것으로 1811년까지 유일한 대학으로 존재하다가 이후 대학이 증가하면서 대학입학시험으로 자리 잡게 되었다. 그러나 노르웨이에서는 1982년 공식적으로 이 시험이 폐지되었지만, 비공식적으로는 다양한 방식으로 사용되고 있다.

덴마크와 노르웨이의 후기중등학교 교사는 많은 점에서 굉장히 비슷하다. 양국 교사 모두 자신들을 교사훈련원에서 훈련받은 초등학교 교사와 구분하여 규정했다. 초등교사의 입장에서 이들은 전통적인 엘리트주의와 주지주의 교육 이념의 대표자들로 김나지움 교사를 바라봤다. 교사문화 사이에서의 대립은 노르웨이에서도 역시 목격되지만, 덴마크에서 이런 경향은 특히 강하게 남아 있었다. 이것은 조금 더 배타적인 대학 문화뿐만 아니라 교사훈련원(본서 제1, 2장 참조)에 존재하는 그룬트비히 헤게모니에서 기인한다.

초등학교 교사에 비해 김나지움 교사의 전문적 문화 정체성을 규정하는데 있어 현저하게 차이 나게 하는 대학 교육의 핵심요인은 강조된다는 점이다. 스웨덴, 독일, 또는 프랑스 교사와 마찬가지로 김나지움 교사는 학문을 갈고닦는 학자로 훈련받고 그렇게 자신들을 규정했다. 그리고 실력 있는 소수자들은 자신들의 다양한 일상적 학교 업무 외에도 다양한 분야의 학문적 탐구를 수행하였다. 마을과 지역공동체에 드문드문 퍼져 있는 이들은 지역 엘리트의 일부를 형성하고 자신들의 지식을 더 많은 대중에게 확산시켰다. 따라서 이들은 배타적인 학문적 탐구의 세계와 초등학교 교사의 공동체적 에토스의 중간적 위치에 있는 자신들을 발견하였다.

하지만, 독일의 슈투디엔라트(studienrat)[4]는 고전철학과 빌둥의 신인본주의 이념에 영향을 받았는데, 반근대적 '독일 만다린'[5]의 화신으로 묘사했다

---

4 (역자 주) 공식적인 독일 교육직위로 연방 주 감독 문법학교의 교육감독관(educational councilor)이라는 의미를 가진다. 일반적으로 그래마스쿨에서 교사로 일하며 아비투어(Abitur)시험을 준비하도록 한다. 교사로서 이 직위를 갖게 되는 것은 대단한 명예로 여겨진다.

5 (역자 주) German Mandarins. 이 용어는 독일에서 사회적 영향력이 있고 교육을 잘 받은 엘리트를 지칭하는 말로, 인문학적 교양(문학, 고전어, 철학 등)에 정통한 식자층을 의미한다. 이들은 관료, 교수, 기타 전문직에서 활약하면서 19세기 말 독일 사회에서 막강한 정치적, 문화적 영향력을 발휘했었다. 링거(Fritz Ringer)가 쓴 〈The Decline of the German Mandarins: The German Academic Community, 1890~1933〉(1990) 참조.

(Ringer, 1969). 한편 덴마크와 노르웨이 김나지움 교사는 소위 19세기 후반의 근대적 돌파구에 심도 깊은 영향을 받았고, 종교, 고전주의, 학문 탐구라는 전통은 전문화된 연구에 대한 실증주의 이상으로 대체되었다. 이러한 새로운 연구 이념은 자연과학의 문화적 가치를 강조하는 한편 인문학을 과학적 학문과 일반적 교육의 수단으로 변모시켰다(P.O. Larsen, 2015b; Lynning, 2007). 덴마크와 노르웨이 김나지움의 교사문화는 과학지향적인 이런 새로운 문화적 신념과 과거의 고전적 이상주의 간에 자리한 지속적인 긴장으로 특징지어지게 되었다.

안타깝게도 덴마크와 노르웨이 김나지움 교사의 사회문화적 배경 특성에 대한 비교 가능한 사료가 부족하다. 노르웨이에서 김나지움 교사는 대학의 다른 많은 학자들보다 민주적으로 고용되고 대학입학자격시험인 아르티움시험 점수가 더 높았다(Myhre, 2011, pp. 145, 176f). 과학과 인문학 분야는 농부와 교사의 자녀가 많고 법률 및 의학 분야에서는 부유한 기업인의 자녀가 많았다. 이러한 상황은 덴마크에서도 사실로 인정되는 것 같다. 하지만, 농촌/농사 배경에 내재된 가치는 문화적 함의는 양국에서 완전히 같다고 볼 수 없다. 노르웨이에서 많은 지역의 농촌 김나지움(landsgymnas)은 20세기 초 50년 동안 도입되었는데, 농촌지역의 우수한 젊은이들에게 국가의 문화적 유산, 신노르웨이어(nynorsk)[6]와 고노르드어(구노르웨이어, Old Norse)(Høydal, 2003)를 특별히 강조하는 교육을 제공하였다. 신노르웨이어 문화와 언어 운동은 많은 김나지움 교사에게 문화적 준거는 물론이고 중요한 채용 기반이 되었는데, 김나지움 교사는 노르웨이어와 김나지움의 핵심 교과인 문학 공부에 특히 매료되었다(Lindbekk, 1968, pp. 20f).

....

6 (역자 주) 현재 노르웨이에서는 보크몰(bokmål: 책말)과 뉘노르스크(nynorsk: 신(新)노르웨이어)라는 두 가지 표준 문어가 쓰인다. 보크몰은 무엇보다도 전통적인 노르웨이어 표준을 계승한 만큼 구덴마크어의 잔재를 많이 볼 수 있으며, 뉘노르스크는 이에 대해 덴마크어의 영향이 적은 서부 방언들을 기초로 만든 새로운 표준어다. (위키피디아 참조)

정치적으로 노르웨이 김나지움 교사는 20세기 초 50년 동안 전반적으로 좌파로 돌아섰다. 1950년에 이들은 많은 다른 전문직 집단보다 뚜렷하게 좌파 성향을 보였다. 보수당에 대한 지지는 교사와 일반대중들이 대략 비슷한 수준(예를 들어, 20% 이하)인 한편, 교사의 3분의 1은 집권 노동당에 투표하였고 상당히 많은 교사가 자유진보정당인 'Venstre'를 지지했다. 'Venstre'는 전통적으로 노르웨이에서 'par excellence'라는 초등학교 교사 당이었다(Lindbekk, 1968, pp. 15f).

덴마크의 후기중등학교 교사에 대한 비교 가능한 자료를 찾을 수 없었지만, 이들의 정치적 성향도 그다지 다르지 않았을 것이다. 하지만, 사회문화적 정체성의 측면에서 노르웨이 교사보다 좀 더 강력한 중상층의 배경을 가졌다고 믿는 데는 이유가 있다. 덴마크 사회는 좀 더 시골이고 지역적으로 다양한 노르웨이보다 훨씬 더 광범위한 계층 구조를 가졌고, 덴마크의 교육받은 중상층은 고급문화와 상급학교에서 더 큰 지배력을 가졌고 새로운 사람들을 동화시키기 위해 더 많은 역량을 가진 것처럼 보인다.[7]

교직과 국가: 협력, 통제, 공동의사결정

1950년대 동안, 덴마크와 노르웨이의 후기중등학교 교직은 정부와의 제휴를 통해 김나지움의 교육과정, 시험, 학문적 표준에 대해 높은 수준의 통제권

7　주트랜드 최북단 지역인 벤쉬셀(Vendsyssel)의 한 읍내에 위치한 예링(Hjørring) 김나지움에서 학생을 어떻게 선발하고 또 이들이 이후 어떤 교육 경력을 거치는지, 그리고 이들의 엘리트 전통과 민주적 개혁과정은 어떠했는지에 대해 자세히 조사한 연구에 따르면, 학생들은 덴마크 학생들보다 평균적으로 더 평범한 사회 배경 출신이 아니고 상당히 비중이 큰 농가 출신 학생들과도 달랐다. 예링 지역의 학벌 좋고 돈 잘 버는 엘리트 자제들이 김나지움에 지배적이었고, 대체로 농가 출신 학생들은 이 작은 읍내의 김나지움에 다니면서도 단단한 사회문화적 경계를 넘어섰다고 느꼈다(Priemé, 1997).

을 행사하였다. 양국에서 잘 활성화된 전문가 조직은 학교 발전에 대한 논쟁을 위한 포럼을 개최하고 직접적인 영향력을 발휘하였다. 1848년부터 덴마크의 라틴계 학교는 중앙의 자율적 통치기구인 UVI(Undervisningsinspektionen)의 감독과 통제를 받았다. 이 기관은 원래 대학교수들로 구성되었지만, 1906년부터는 교원들의 대표가 구성원이 되었다. 김나지움과 김나지움 교사에 대한 감독과는 별개로, 새로운 실천적 교수학적 교육(Pædagogicum)을 감독하도록 권한이 부여되었다. 감독관들은 공식적으로 국가와 연대하였고 리더는 고위 공직자의 지위를 가졌다. 1963년에 이사회로 대체되었다(Haue, Nørr & SkovgaardPetersen, 1998, pp. 200-202). 노르웨이에서는 교사협회, 즉 UVR(Undervisningsrådet)이 1898년에 설립되어 교사 대표들로 구성되었는데, 김나지움과 김나지움의 시험을 감독하도록 권한이 부여되었다. 교육부의 직접적인 통제에서 벗어난 상대적으로 독립적인 전문가협회의 존재가 국가 교육 거버넌스의 특징적인 부분이 되었다(Sirevåg, 1981; Telhaug & Korsvold, 1989).

덴마크와 노르웨이 김나지움 교사는 자신들의 전문적 지위와 자율성을 촉진하기 위해 1890년과 1892년에 각각 조직을 설립하였다. 하지만, 이 조직에서 이루어지는 교육내용 및 교수법에 대한 대부분의 동료 간 논쟁이 학교교과를 위한 하부 위원회 내에서 발생하였다. 덴마크에서 세부 교과협의회는 이미 1885년에 설립되었는데, GL(Gymnasieskolernes Lærerforening)이라는 전문가 조직보다 5년 앞선 시기였다. 자율적이고 자치적인 이 협회는 GL에 소속되었고 교육정책 문제들에 교수학적 전문성을 제공하였다. 노르웨이에서 학교교과협의회는 덜 자율적이고 FRL(Filologenes og realistenes landsforening)이라는 전문가 조직보다 한참 뒤에 조직되었다. 1920년대와 1930년대 중등학교개혁에 대한 공적 논쟁과 정부의 개혁구상이 직접적으로 영향을 미쳤다. 덴마크에서처럼 세부 교과협의회의 설립을 비록 전문가 조직이 열정적으로 지원하기는 했지만, 상향식 개혁구상이었다(Kristiansen, 1992, p. 78).

제2차 세계대전 이후, 덴마크와 노르웨이 김나지움의 교사는 교육과정 개혁이 필요하다고 생각하였다. 일반적으로 이들은 선택된 소수를 위한 학교로 김나지움을 유지하기를 원하였다. 그러나 많은 개혁지향의 교사는 김나지움을 보편교육의 제공자로 개혁하고 고무하기를 열망하였다. 목적은 민주사회의 엘리트, 각계각층으로부터 모집된 평민의, 그리고 평민을 위한 엘리트를 육성하는 것이었다. 하지만, 양국의 정치 문화적 상황과 교육개혁의 내부 메커니즘은 교육과정 개혁 기회의 불평등으로 이어졌다.

통합된 학교교육을 위한 사회민주주의 압력

전후 시기에 사회민주주의 거버넌스 모델은 가장 잘 알려진 북유럽 사회의 특징이 되었다. 그러나 노르웨이와 덴마크의 중등학교체제는 정도를 달리하며 서로 다른 성과들을 보였다. 노르웨이에서 전후 교육개혁은 사회민주주의 노동당(Labour party, 1945~1965)이 집권한 20년 동안 추진되었다. 노르웨이 노동당 관료들은 1950년 스웨덴 의회에서 통합된 초등과 전기중등교육체제가 통과된 것에 크게 영향을 받아서 확대된 민주적인 교육체제를 위한 거창한 계획을 수립했고 모든 단계의 교육체제를 검토하는 일련의 정부 임명 위원회를 이끌었다(Helsvig, 2017). 1960년대 초, 김나지움에 대한 정책 결정자들의 관점은 바뀌고 있었다. 과거에 정책 결정자들은 지역과 사회계층에 상관없이 모든 재능 있는 아동이 후기중등학교에 다닐 수 있도록 동등한 기회를 제공하는 데 초점을 두었다. 이에 따라 엄격하게 능력주의 원칙에 기반한 배타적인 특성을 인정하였다. 이제, 이들은 인문계 학교와 직업계 학교에서 똑같이 중등교육의 급진적인 확대가 필요하다는 점을 강조하였다. 국제적 동향의 일부이지만, 노르웨이의 새로운 정책 역시 전후 사회민주주의의 지배와 민주적 교육개혁이라는 오랜 전통에 의해 좌우되었다.

덴마크에서는 통합된 학교교육에 대한 사회민주주의 개혁 아이디어들이 그다지 강하지 않았고, 개혁 과정은 덜 논쟁적이었다. 덴마크 사회민주당 (Danish Social Democratic party)은 노르웨이와 스웨덴의 자매 정당들보다 지배력이 약했고 정부를 수십 년 동안 계속 운영하지 못하였다. 1957년부터 1964년까지는 교사에게 특별히 매력적인 것으로 알려진 좌파 자유주의 정당인 'RV(Radikale Venstre)'와 연대하여 통치했다. 덴마크 사회민주당은 보수주의뿐만 아니라 진보주의가 영향을 미칠 수 있는 여지를 많이 남겼다(Wiborg, 2008).

중등교육을 통합하려는 열망이 직업교육 분야 내부에서 처음으로 널리 퍼지게 되었고, 이어 다양한 저항에 부딪혔다. 덴마크에서 직업교육은 노르웨이에서보다 길드 전통을 더 많이 유지해왔는데, 자신들의 토대이자 강력한 학교교과 연계로서 도제시스템을 가지고 있었다. 1960년대에 고용주와 노동조합의 연대는 도제와 고용 간의 긴밀한 관계를 유지하는 데 중요하다고 보았고, 그래서 직업훈련의 학문적 경향에 저항하였다. 통합된 후기중등학교체제를 구축하려는 사회민주당의 열망은 이런 저항으로 인해 억제되었다(Jørgensen, 2018, p. 174).

노르웨이에서는 도제제도가 약하고 고용자와의 협력이 미약하여 직업교육 분야는 국가 주도 개혁에 훨씬 더 취약하였다. 몇십 년 내에 직업훈련은 전통적 도제식 훈련에서 비정규 학교교육을 거쳐 새로운 정규 직업학교로 변화되었다. 직업교육 학교 교사는 너무 조직화되어 있지 않아서 개혁에 대한 압력에 효과적으로 저항할 수 없었다(Grove & Michelsen, 2005, pp. 106, 406). 하지만, 이들은 통합된 후기중등학교에 저항하면서 중등학교 교사 조직(Norsk lektorlag, NL)과 힘을 합쳤다. 그리고 덴마크 교사처럼 점점 학문적이고 실천 지향적인 직업훈련이 약화되면서 장인정신의 훼손을 우려하였다(Grove & Michelsen, 2005, p. 190).

노르웨이의 궤적: 후기중등종합학교 지향

노르웨이에서 종합 학교교육이라는 사회민주주의 프로젝트는 초등학교 교사의 강력한 지지를 받았는데, 초등학교 교사는 초등학교와 중등학교의 간극과 고유한 교사문화를 연결하기를 열망하였다(Helsvig, 2017, pp. 87-89). 노르웨이 초등학교 교사의 존경과 자율성은 자신들의 전문성보다는 전통적으로 지역공동체 내에서 역할 모델과 지도자로서의 지위 덕분이었다(Lauglo, 1995, p. 268). 이들은 국가 정치에서도 적극적으로 참여하여 통합되고 종합적인 국가 학교체제의 발전을 강력하게 지지하였다. 이들은 사회민주주의 정책 결정자와의 연대를 통해 대체로 중등학교 교사를 압도하였고 한때 엄격했던 초등학교와 중등학교 전통 간의 구분은 점점 옅어지게 되었다.

1959년 초등학교 개혁이 김나지움 개혁을 포함하지 않고 중등학교 교사를 대표하는 NL은 김나지움 개혁에 참여하지 않았기 때문에 당연한 것으로 간주되었다(Kristiansen, 1992; Telhaug & Mediås, 2003). 전기중등학교의 변화가 1960년대 전체 학교부문의 개혁을 이끌었는데, 다가오는 김나지움 개혁을 위한 전제들을 설정하고 경로의존성을 형성하였다. NL은 초등학교와 전기중등학교 개혁에 대한 영향력이 상실된 것을 인정하면서, 김나지움 개혁에 대한 토론 기간을 정하려는 의도로 1962년에 보고서를 발표하였다. 이 보고서는 4년 전 덴마크 개혁으로부터 영향을 받았는데, 대학입학준비학교로서 김나지움의 기능을 강력하게 강조하고 계획한 전기중등종합학교의 결과에 대한 우려를 표명하였다. NL은 학생들의 학업성취 수준을 저하시키게 될 것이라고 걱정하면서, 전기중등학교 개혁 대신 대학에 진학하려는 학생들을 위한 김나지움 4학년을 추가할 것을 제안하였다(Norsk Lektorlag, 1962).

하지만, 1962년 노동당 정부는 후기중등교육의 개혁을 준비하기 위해 위원회를 구성하고 모든 계열의 중등교육-직업, 준학문적, 학문적-을 개혁하고 특히 공통의 핵심교육과정에 초점을 두도록 위원회에 권한을 부여하였다.[8] 후기중등교육개혁은 배타적이고 엘리트 지향적인 대학준비학교에서 포괄적인, 점차 전문화된 교육체제 중 하나로 김나지움을 바꾸는 것이 목적이었다(Tilråding om reform av gymnaset, 1967, pp. 38-39). 진행 중인 스웨덴의 후기중등교육개혁은 영감의 원천이었지만, 종합전기중등학교만큼 직접적으로 모방한 것은 아니었다. 위원회는 전반적인 수업 시간의 감축을 제안하였고 학생을 보다 독립적이고 자기주도적인 학생으로 기르는 새로운 진보적 교수법을 결합시키려고 했다. 그리고 이로써 교사의 역할을 촉진자와 동기부여자로 전환하고자 했다. 통합된 후기중등교육을 위한 기획은 1965년 노동당 정부가 임명한 스틴(Steen) 위원회와 함께 흔들림 없이 추진되었다. 그리고 그해 이후에 권력을 잡은 새로운 중도우파 정부하에서 단지 최소한의 수정만이 이루어졌다.

두 위원회의 권고가 발표되고 나서, NL은 교사교육에서 학교 교과를 희생하고 교수법과 심리학을 점점 강조하는 것이 김나지움의 학업 수준을 하향평준화시키는 것이 아니냐는 우려를 제기하였다(Kristiansen, 1992, pp. 226-227). 많은 김나지움 교사는 학생 중심의 새로운 교수법을 환영하는 한편 직업교육 분야의 통합과 여러 조치에는 반대하였다. 왜냐하면 이것들이 김나지움의 선별적 대학 준비 기능을 훼손할 수 있다고 생각했기 때문이다(Lauglo, 1971, p. 279). 하지만, 이들의 전쟁은 지는 전쟁이었다. 한동안 김나지움은 일상적 교과 수업에서 전통적 학문 문화라는 잔재들을 계속 유지했다. 하지만, 교육체제 내

---

8 소위 Gjelsvik 위원회에는 고등학교 교사를 대표하는 사람들이 많았지만, 학생 대표 1명도 있었다.

에서 김나지움의 기능과 정체성은 되돌릴 수 없게 변화되었다. 김나지움은 점차 종합적이고 보편적인 후기중등학교의 한 지류가 되었고 학생들이 광범위한 고등교육과 직업을 위한 일련의 과정들을 준비하도록 했다.

덴마크의 궤적: 대안들에 의해 유지되고 지탱된 김나지움

노르웨이 김나지움 교사는 국가 교육체제에서 학식이 있는 전문가의 지위를 잃어가고 있었던 반면, 덴마크 교사는 사회에서 엘리트 지위를 유지하였다. 덴마크 김나지움은 고유한 학업적 특성을 유지하였는데, 고전적 교과들이 교육과정의 상당한 부분을 차지하였다. 후기중등학교 교사는 주로 민주화된 국가 교육체제 내에서(within) 유럽 대륙 방식의 김나지움 전통의 많은 부분을 유지하는 데 성공하였다. 중등학교교육에 대해 증가된 요구와 고등교육에 대한 접근성은 급진적으로 김나지움을 변화시키는 것보다는 오히려 김나지움과 함께 새로운 교육적 대안들을 수립함으로써 대체로 충족되었다. 1958년에 덴마크는 초·중등 교육개혁을 추진하였는데, 이는 전기중등학교(realskolen) 개혁에 의해 추동되었다. 하지만, 김나지움 개혁은 사소한 것이었는데, 새로운 사회과학에 포함되는 교과와 강좌에 대한 학생 선택권을 확대함으로써 학업을 위한 준비와 보편교육 그 자체라는 두 가지 기능 사이에서 보다 나은 균형을 맞추는 데 목적을 두었다(Læseplansudvalg for gymnasiet, 1960, p. 29). 교사 주도 위원회는 학생 중심 교수법을 훨씬 더 강조하는, 보다 역동적인 '지부 김나지움'을 추진하였다(Læseplansudvalg for gymnasiet, 1960).[9] 이러한 개혁은 초등교육의 개혁과 병

---

9 김나지움교육과정협의회(Læseplansudvalg for gymnasiet)는 새로운 김나지움을 위한 하나의 모델('grengymnas' 혹은 'branch gymnasiums')을 제시했다. 이 위원회에 소속된 20명의 위원 중 10명의 위원은 김나지움 교사로 주로 교장이거나 고등학교 교사들이었다.

행되고 상호작용하였는데, 김나지움 교사에게 1960년대와 향후 수십 년 동안 전체 교육체제의 개혁에 참여할 기회를 제공하였다.

1966년에 새로운 후기중등학교는 소위 '대학입학준비시험'(*højere forberedelseseksamen*, hf)을 도입하였다. 대학입학준비시험의 주요 기능은 간호학, 공학, 초등학교 교직과 같이 준학문적 교육 분야를 위해 학생들을 준비시키기 위한 것이었다. 원래는 교사훈련원과 연계하려고 하였으나 형성 단계의 김나지움이 이 강좌를 주로 운영하였다. 초등과 중등학교 교사의 전문가적 이해관계가 이런 혁신에 한데 모였다. 즉, 초등학교 교사노동조합(*Danmarks lærerforening*)은 김나지움과의 협력을 교사훈련원과 교직의 지위를 높이는 수단으로 바라보았다. 후기중등학교 교사는 학식 있는 전문가 엘리트로서 자신들의 역할을 계속 수행하고 학문적 전통을 보호하는 한편 정부와 대중 모두에게는 주도적인 학교개혁자로 보일 수 있었다(Bryld et al., 1990, p. 103). 1972년에 고등상업시험 프로그램은 대학입학준비시험으로 격상되었고 이어서 1982년에 고등기술시험 프로그램이 대학입학시험으로 격상되었다. 1960년대 말에 노르웨이는 7~16살 아동을 위한 9년제 종합학교교육을 실시하였다. 덴마크는 그 문제에 대해 검토하고 있지만, 김나지움은 상대적으로 엘리트 기관으로서 그 지위를 견고히 하고 고유한 특성들 대부분을 유지하였다.

1970년대 새로운 김나지움: 정치적 추진력과 지속적인 개혁

1960년대 후반부터 노르웨이와 덴마크 사회 모두 정치적 사회적 대립의 시기를 겪었다. 초등교육에서부터 대학교육에 이르기까지 격렬하게 논의되었다. 양국의 김나지움은 사회 불평등을 유지하고 국가의 지적 자산을 소비하는 엘리트주의와 권위주의 기관으로 비판받았다(Ahm, 1966; Haaland, 1966; Hambro, 1966;

Westergaard, 1965). 덴마크에서 통형성 단계의된 교육체제 지지자들은 16~19세를 모두를 위한 모든 교육에 대한 주요 개혁 방향을 제안하였다(Haue, 2003, pp. 227-228). 노르웨이에서 10년간의 논쟁과 정부의 강력한 개혁구상들이 새로운 후기중등학교개혁의 길을 1974년에 열었다. 1972년 전국 EEC(유럽경제공동체) 국민투표와 변화하는 의회 구성으로 개혁과정이 잠시 멈추었다. 하지만, 결국에는 원대한 소위 개혁 74가 광범위한 의회의 지지로 제정되었다. 김나지움은 'VS'(videregående skole)라고 불리는 새로운 종합중학교체제에 있는 여러 개의 학교 유형 중 단지 하나가 되었다. 하나의 우산 아래 직업과 학문 교과 프로그램 모두를 제공하는 종합학교는 이제 선호되는 모델이 되었다(Bjørndal, 2005, pp. 142-144). 학생들에게 학업능력인증을 제공하는 전통적인 최종 시험인 아르티움시험은 폐지되고 총수업 시간은 감소되었다.

1960년대 말에 덴마크 김나지움에 대한 주요 개혁이 역시 논의되고 윤곽이 그려졌다. 다양한 중등교육체계 통합에 대한 광범위한 지지가 있었고 대중적으로 〈Højby Proposition〉[10]이라고 알려진 보고서가 1973년에 나왔는데, 이 보고서는 보다 유연한 교육과정과 지식 및 역량에 대한 공통 프레임에 목표를 두었다(Haue, Nørr & Skovgaard-Petersen, 1998, p. 299). 하지만, 추정된 개혁 비용과 1973년 석유 위기에 따른 경기후퇴 때문에 개혁은 중단되었다. 계획은 축소되어 추진되었고 '별 영양가 없는 개혁'이라는 별칭이 붙여졌다. 그것은 김나지움의 교육과정 내용에 집중했고 교사 내부에서의 지지뿐만 아니라 비판에도 부딪쳤다(Bryld et al., 1990, p. 117).

덴마크 교사 전문직 단체인 GL는 김나지움 교육과정 개혁에서 핵심적

---

10 (역자 주) 덴마크 중등교육개혁에서 엘리트 중심의 인문교육과 종합학교 중심의 개방적이고 통합적인 교육 간의 갈등 속에서 등장한 것으로, 중등교육 체제의 확장과 개방을 제안하고 있다. 한센(Erik Jorgen Hansen)의 "The Problem of Equality in the Danish Educational Structure"(1973) 참조.

역할을 수행하였다. 1962년에 학교교과협회의 페다고지 및 교수학습의 노력을 조율하고 하나의 조정위원회(Pædagogisk Samarbejdsudvalg, PS)로 이 노력을 통합하였다. PS는 최소한의 개혁을 준비하고 실행하는 과정에서 교직 내부에서 이루어지는 페다고지 및 교수학습 논쟁의 구심점이 되었다. PS는 GL과 국가 정책 모두에 정보를 제공하고 영향을 미치면서, 교사와 국가 간 연결고리로서 기능하였다(Bryld et al., 1990, p. 160). 이를 통해 PS와 학교교과협회는 교직 내부 논쟁을 위한 자율적이고 역동적인 장이자 GL과 함께 교직의 독립적이고 조직적 기둥으로서 자신들의 지위를 확고히 하였다.

노르웨이에서 '개혁 74'[11]는 중등교육을 위한 새로운 위원회(Rådet for videregående opplæring, RVO)를 통해 교직과 국가 간의 긴밀한 연대를 유지하였다. 위원회 구성원은 교직 내부에서 모집되었다. 이들은 행정과 자신들의 전문 분야에 대한 페다고지의 발전을 조망하고 후기중등학교 교사 및 학교와 긴밀하게 접촉하였다(L.E. Larsen, 2015a). 위원회의 권한은 1970년대 후반부터 점차 약화된 반면, 지역 교사 위원회들 내부에서의 논쟁과 헌신은 늘어나 1970년대와 1980년대에 최고조에 이르렀다. NL은 교수학적 그리고 교수법 개혁구상과 구성원들의 열정이 꾸준히 증가하는 것을 경험하였는데, 이것들은 대체로 다양한 교과협의회를 통해 전달되었다. 하지만, 1980년대에 조직은 새로운 위원 그룹(특히 전기중등학교 출신)의 지속적인 유입과 함께 '개혁 74'의 구조를 반영하여 월급과 작업 환경에 더 많이 중점을 두고 페다고지 및 교수학습의 노력은 점차 줄어들었다(Grove & Michelsen, 2005, pp. 250-251).

---

11 (역자 주) M74로 약칭되는 교육개혁으로, 교육의 도구화 및 학생 선별교육에 반대하며 모든 중등학생이 동일한 교육과정을 국가 교육 표준에 따라 학습하도록 하는 종합학교체제를 담고 있다. Harald Thuen & Nina Volckmar (2020). "Postwar School Reforms in Norway" OXFORD RESEARCH ENCYCLOPEDIA, EDUCATION (oxfordre.com/education) (pp.1-30) 참조.

10년 개혁의 끝: 비슷한 국가, 대조적인 결과

1970년대 말, 덴마크는 김나지움 전통을 유지해온 반면, 노르웨이는 김나지움을 종합후기중등학교로 통합하였다. 덴마크에서는 의회에서 종합학교개혁을 위해 정치적 지지를 결집하려는 시도들이 실패하였고 전반적인 정치적 흐름의 우경화가 동시에 일어났다. 종합학교개혁 반대론자들은 자율적이지만, 협동적인 조직으로 잘 조직화된 교직 출신이었다. 김나지움과 교사는 학교 위계에서 자신들의 지위를 유지하려고 애썼고 교사 훈련을 위한 자격인증 즉, 대학준비시험을 초등학교 교사에게 제공한 후기중등교육을 수용함으로써 초등교사의 지지를 확보하였다.

이와 대조적으로 노르웨이에서 종합학교교육체제가 점차 도입되면서 후기중등학교 교사를 주변화시켰다. 이들은 전기중등학교에 대한 대부분의 영향력을 초등학교 교사에게 빼앗겼다. 이들은 후기중등학교에서 영향력을 유지하기는 했지만, 교육전문가로서의 전통적인 자율성은 점차 잃어갔다 (Skarpenes, 2007; Slagstad, 2000, pp. 56–57). 변화하는 의회 구도는 개혁과정에 거의 영향을 미치지 않았다. 학생중심 페다고지 사상은 환영받은 반면, 일부 개혁의 핵심적 특징들은 교직 내부에서부터 논쟁이 되었다. 10년 전환기에 NL은 주로 전문가 조직에서 노동조합으로 변모하였고 이것은 새로운 구성원의 유입으로 촉진되었다.

1980년대와 1990년대: 거버넌스, 부흥, 관리경영주의

1980년대 전환기에 보수주의 바람이 특히 영국과 미국 등 서구 민주주의를 휩쓸었다. 노르웨이와 덴마크에서조차, 교육정책은 1970년대의 급진적 교육

이념과 진보주의 교육에 대한 대응, 부상하는 전 지구적 지식사회에 대한 자각, 시장 철학의 영향으로 형성되었다(Haue, 2009). 관리경영주의는 선호된 효과적인 거버넌스 방식이 되었는데, 전문직과 숙의적 거버넌스 방식에 대한 근본적 불신을 반영하였다. 국가와 교직 간 연대가 다시 한번 철저히 검토되었다.

덴마크의 하르더(Bertel Haarder)과 노르웨이의 헤르네스(Gudmund Hernes) 등 두 명의 카리스마 정치인이 새로운 개혁의 중심에 자리했다. 1970년대에 두 사람은 국가와 교직 간 관계를 공생적 관계로 보는 것에 대해 날 선 비판을 하였다. 1975년부터 덴마크 의회의 의원으로서, 하르더는 교육정책 형성에서 교사조직의 영향력을 겨냥했다. 사회학 교수이자 (노르웨이의 권력의 배분과 작용에 대한 대규모 조사인) '권력 연구'의 리더인 헤르네스는 북유럽의 조합주의 통치 방식의 반대측면으로서 '분절된 국가'에 대한 좀 더 일반적인 비판을 제기했다. 개별 '분파들'의 내부 권력들이 조직화된 압력단체와 전문직과 같이 기득권층에 의해 침해되었기 때문에 정부는 점차 정치적 통제권을 상실해왔다. 두 사람은 교육자를 지식을 추구하는 학자보다는 오히려 이데올로기의 생산자로서 바라보면서, 교육자들에 대해 낮은 존경심을 보였다. 1982년(하르더)과 1990년(헤르네스) 각각 교육부장관을 역임한 이들은 교사의 영향력을 줄임으로써 정치적 통제권을 회복하기 시작했다. 국가 교육체제의 여러 주요 개혁을 기획할 때, 두 사람은 전통적 협상의 순서를 무시하고 그 대신에 개혁의 구조와 내용을 설계하기 위해 소규모의 사람들을 신중히 뽑았다(Telhaug & Tønnessen, 1992; Thue, 2017, pp. 107-112).

하지만, 이러한 소수의 신뢰받는 사람들의 선발은 양국에서 다양한 개혁 지향은 물론이고 전문직과 국가의 다양한 제도적 연결을 반영하였다. 1982년 개혁과정을 시작하자 하르더는 이사회에서의 절차를 우회하고 전적으로 학교개혁을 책임지는 6명의 위원으로 구성된 비밀위원회와 함께했는데, 6명의 위원 중 5명이 후기중등학교 교사였다. 교사 조직인 GL은 하르더가 전통적인 협동조합체제를 무시하고 학교교과협회와 직접 협력하는 것에 깜짝 놀랐다. 하지만, 교사는 일부 요소에 비판적이기는 했지만, 결국 개혁과정에 어느 정도 참여하게 되었다. 하르더는 GL이 영향을 미치는 것을 제한하는 데 성공하였다. 하지만, 그는 역시 교사와 학교 교과협회 내부에서 자신의 개혁에 대한 지지를 얻고자 했다(Haue, Nørr & Skovgaard-Petersen, 1998, pp. 345-349).

반면, 헤르네스는 교직 내부로부터의 지지를 얻으려고 하기보다는 존경받는 소규모 학자 집단과 함께 어울렸다. 즉, 교사 또는 후기중등교육과 직접적으로 접촉하지 않았다. 그 대신에 엄선된 조언자들이 대학 및 단과대학 출신과 네트워크를 가졌다(Skarpenes, 2007). 이례적으로 빠른 개혁 속도로 교육과정 개혁에서의 숙고와 자문이라는 전통이 무시되었다. 교육과정 위원회는 이견의 여지를 거의 남기지 않고 엄격하게 제한된 권한을 가졌고 교육과정 공청회라는 전통은 사실상 종식되었다(L.E. Larsen, 2015a; Sølvberg, 2004). 교사는 이에 격분하였는데, 개혁 배후에 자리한 아주 많은 보편적 생각 때문이 아니었다. 오히려 개혁과정을 조직화하는 이런 교활한 방법, 전문가적 자율성의 해체와 헤르네스의 완고한 태도 때문이었다.

그 결과 노르웨이 후기중등학교의 1994년 개혁('Reform 94')은 직업교육에 학문적 요소를 강화하고 공통교과를 도입하면서 종합후기중등학교를 유지하였다. 개혁 94는 학생들을 특정 학습집단과 구성요소의 제약으로부터 해방시켰고 보다 유연하고 일관된 후기중등학교를 만들었다. 덴마크에서 학업 프로그램 모델은 계속되었지만, 계열을 규정하는 것은 폐지되었고, 학생들이 교사 중에서 자유롭게 선택하도록 하였다. 학생이 학업을 위해 준비하는 보편교육으로서의 김나지움은 그 특성을 계속 유지하였고 고대 역사와 문화(oldtidskundskab)가 교육과정의 필수 영역이었다.

노르웨이에서 학교에 대한 관리경영주의는 교직원을 희생하고 교장의 권한을 확대하였다. 한때 명성을 누린 교사위원회는 폐지되었는데, 그 이유가 교사의 이해관계는 국가와 노동조합 간 규정을 통해 보증된다는 이유였다. 새로운 행정 질서가 폐다고지 포럼, 협회, 혹은 교직원을 위한 위원회를 학교가 조직화하도록 허용하였다. 그러나 법률은 그런 집단 혹은 개혁구상들의 공식적 지위를 인정하지는 않았다.

덴마크는 학교위원회를 도입하고 교사위원회를 폐지하면서 관리경영주의와 유사한 경향을 보였다. GL과 후기중등학교 교사는 새로운 거버넌스 모델에서 폐다고지 역량이 고려되지 않는다는 점을 우려하였다. 하지만, 노르웨이와는 대조적으로 개혁은 1976년~1994년 동안 모든 학교 교장에 대하여 자문 기능을 수행하는 교수법위원회와 노르웨이의 교사위원회와 유사한 학교위원회를 두도록 요구하였다(Haue, Nørr & Skovgaard-Petersen, 1998). 또한 노르웨이와 달리, 컨설턴트가 학교교과를 위해 교직 내부에서 모집되고 일상적인 교수 활동 업무는 물론이고 교육부에서 파트타임으로 일하면서 국가 행정과 학교의 관계를 계속 유지하게 했다(Haue, Nørr & Skovgaard-Petersen, 1998, p. 360).

국가별 차이: 정치, 사회적 구조, 우연성

전후 시대에 다수를 위한 좀 더 길고 종합적인 교육에 대한 수요가 가파르게 증가하였다. 중등교육의 재조직화와 팽창은 향후 수요를 충족시키기 위한 결정적 조치로 여겨진다. 1960년대 초에 노르웨이와 덴마크 김나지움의 입장은 굉장히 비슷하였지만, 단지 10년이 지나고 나서는 근본적으로 다르게 보일 것이다. 21세기 전환기에 덴마크 김나지움은 자신들의 전통적 특성을 유지하였다. 후기중등학교 교사는 자신들의 전문 분야에서 학술 전문가로 남았고 김나지움의 내용과 구조 형성에 있어 국가와 협력하고 학교 수준에서는 동료 포럼을 통해 어느 정도 자치권을 누렸다.

노르웨이에서 통합된 후기중등학교는 1974년에 김나지움을 대체하였고, 이것이 교사문화의 변화를 이끌었다. 후기중등학교 교사는 점차 학교 내에서 자신들의 더 큰 영향력을 상실하였고 점점 초등과 전기중등학교 교사가 주도하는 통일된 교사문화로 모였다. 노르웨이 교사는 덴마크 교사보다 국가와 자신들의 협력이 긴밀한 것을 확인하였고 자신들의 지위를 전문적 자문가라고 보았고 특히 1994년 이후로 자신들이 동료에 미치는 영향력이 학교 수준에서 줄어드는 것을 확인하였다.

단지 40년 전에는 그렇게 유사한 것처럼 보였던 국가 전문직이 이렇게 다른 결과를 보인 요인은 무엇인가? 우리는 사회민주주의 개혁 드라이브의 강점과 영향, 초등학교와 중등학교개혁의 연대기, 엘리트주의 교육 전통의 사회문화적 전제조건이 이렇게 서로 다른 발전 경로를 갖게 한 결정적 요인이라고 주장할 것이다.

사회민주당은 스칸디나비아의 모든 국가에서 강력한 지위를 차지하고 있었지만, 지역 전반에 걸쳐 동등하게 지배력을 갖고 있었던 것은 아니었다. 덴마크 사회민주당은 스웨덴과 노르웨이의 사회민주당보다 타협과 연대 구축에 훨씬 더 의존하였고 이것이 자유주의와 보수주의가 교육정책에 영향을 미칠 수 있는 여지를 더 많이 주었다. 하지만, 이념적 헤게모니는 정당 노선을 넘어서 높은 수준의 합의에서 드러날 수도 있다. 노르웨이의 모든 사람을 위한 9년제 종합학교 교육이라는 사회민주주의 프로젝트는 1965년 이후 중도 우파 정부에 의해 실질적으로 마무리되었다. 뒤이은 1974년 후기중등학교개혁은 어느 정도는 공동의 정치적 모험이었다. 전반적인 개혁 경향이 좌우 정치인에 의해 포용되었고, 20세기 전환기에 널리 확산되는 정치 대 전문가 담론이라는 토대를 형성하였다.

노르웨이와 덴마크의 상이한 발전은 주로 다양한 연대기적 교육개혁의 순서가 미친 영향이었다. 1958년 덴마크 개혁은 초등과 중등학교 모두를 동시에 공고히 하였고 김나지움에 대한 고유한 역할을 규정하였다. 노르웨이에서는 후기중등학교 개혁이 꽤 긴 기간 연기되면서 전기종합중등교육의 사전 도입에 대해 김나지움이 경로의존성을 갖게 했다. 초등교육의 근대화와 민주화가 아래로부터 전체 학교의 개혁을 위한 의제를 설정하게 하였는데, 대학 준비 김나지움의 전통과 고유성을 희생한 대가였다. 무엇보다도, 이것이 어느 정도는 정책 노력의 명시적 목적이었다. 따라서, 노르웨이의 후기중등학교 교사는 비공개 의제가 있는 회의에 계속해서 너무 늦게 도착하고 있었다.

사회에서의 중등학교 교사의 특성과 사회적 지위가 서로 다른 발전을 설명하도록 도울 수 있다. 1960년에, 덴마크의 후기중등학교 교사는 노르웨이 교사보다 더 높은 사회적 지위를 차지하고 있었다. 학령기 학생 중에 보다 적은 비율이 김나지움에 등록하였고, 주로 사회에서 상위층에 있는 엘리트 계층 출신이었다. 교육받은 중상층은 노르웨이에서보다 더 확고한 문화적 헤게모니를 발휘하는 것 같고 덴마크 김나지움 교사는 적어도 1968년 이전의 대항문화 경향으로 덜 규정되었다.

덴마크는 노르웨이보다 차별적인 후기중등학교체제를 여전히 유지하고 있는데, 유서 깊은 '종합학생시험'과 학업에 접근하게 하는 새로운 트랙(대학 준비, '고등상업', 그리고 '고등기술' 시험) 간의 지속된 분리는 물론 직업교육과 보편교육 간에도 보다 엄격한 분리가 이루어지고 있었다. 또 다른 한편으로, 사회적으로 훨씬 배타적인 덴마크 김나지움의 특성은 감소하고 있다.[12]

----

12 In 2014, 36% of Danish youth attended a general gymnasium, marginally less than the share of Norwegians attending a few years earlier (39% in 2008)
2014년 덴마크 청소년의 36%가 일반 김나지움에 다니고 있었는데, 이는 2008년 노르웨이 청소년들이

덴마크에서 교사와 국가 간 긴밀한 협력은 1980년대 후반과 1990년대 초반 강화된 정치 통제의 시기에 계속 이루어졌다. 덴마크 교육부는 교사 출신 학교 교과 컨설턴트를 활용하는 전통을 유지했다. 학교 수준에서 법률은 교사에게 김나지움을 경영하는 역할을 승인했고, 교육위원회는 교장과 위원회에 대한 전문적 자문 역할을 계속했다. 이와 달리 노르웨이에서 전문직과 국가 간 협력은 1990년대부터 철저하게 변화되었다. 이제, 교육부는 전문가 위원회를 종료하고 점차 사회과학자, 법률가, 경제학자 들이 교직 출신 관료들을 대체하였다(Helsvig, 2017, pp. 181-187, 234-240; Thue, 2019). 2004년부터 새로운 노르웨이 교육과 훈련국(Directorate)가 국가 교육행정의 권위적인 중심이 되었다(Røvik, Eilertsen & Lund, 2014, p. 88). 따라서 교사는 학교 행정의 상층부에서 설 자리를 잃게 되었다.

덴마크 교사와 달리, 노르웨이 교사 조직들은 과거 30년 동안 심오한 변화를 겪었고 좀 더 노동조합과 같은 조직으로 변모하고 융합되었다. 2001년에 노르웨이 교사노동조합 (Utdanningsforbundet)이 설립되었고 모든 교사 집단을 통일된 조직으로 한데 모았다(Grove & Michelsen, 2005). 교사 전문직성 개념에 자신들의 노력을 집중하였는데, 이 개념은 교과 내용과 교수법을 희생하는 대가로 공동의 전문가적 행동과 통일된 교직에 대한 구성개념을 의미한다(Mausethagen et al., 2018). 학교 수준에서는 덴마크의 교육위원회와 유사한 공식화된 자율적 전문가 공동체는 없다. 교사노동조합이 한때 교사위원회의 특징인 페다고지 및 교수학습법 관련 토론을 지속했다는 어떤 징후도 없다(Bie-Drivdal, 2018).

덴마크 교육학자인 라에(Peter Henrik Raae)는 현대 대중교육이라는 종합학

---

studiespesialisering에 다니던 비중인 39%보다 약간 낮은 수준이다(cf. Danske gymnasier, 2015, p. 4; Salvanes et al., 2015, p. 20).

교 계획으로 통합된 노르웨이와 스웨덴 김나지움과는 달리 덴마크 김나지움이 1960년대 이후 단지 약간 수정되었을 뿐 지속된 주요한 이유가 학교의 자기 조직화 권리를 구체화한 자유주의 덴마크 교육 전통이 존재했기 때문이라고 주장한다. 특히 그룬트비히의 자유학교와 농촌 고등학교에서 형성된 이러한 자유주의 교육 이념은 19세기부터 덴마크의 문화적 국가 건설의 핵심 요소가 되어왔다(Raae, 2012). 이러한 관찰은 오히려 역설적인 결론을 도출하게 했다. 즉, 학문적 김나지움과 교사에 대한 극단적인 반대로 늘 스스로를 규정해온 그룬트비히 전통이 진실로 대중교육의 새로운 시대에 생존하는 데 있어 중요한 요소가 되어왔을 수도 있다.

[참고문헌]

Aamodt, P. O. (1982) Utdanning og sosial bakgrunn. Sosialøkonomiske studier 1951. Oslo: Statistisk sentralbyrå.

Ahm, J. (1966) Fremtidens skole. Copenhagen: Gyldendal.

Bie-Drivdal, A. (2018) 'Public sector unions' ideas about employee-driven development: restricted conceptualization of representative participation in workplaces', Economic and Industrial Democracy, 143831. doi: 10.1177/0143831X18814929.

Bjørndal, I. (2005) Videregående opplæring i 800 år: med hovedvekt på tiden etter 1950. Halden: Forum bok.

Bryld, C.-J., Haue, H., Andersen, H. H. and Svane, I. (1990) GL 100, Gymnasieskolen

Jubilæumsnummer. Copenhagen: Gymnasieskolen.

Danske gymnasier (2015) 'Fakta og myter om det almene gymnasium 2015', Available at: http://www.danskegymnasier.dk (Accessed 2 December 2020).

Grove, K. and Michelsen, S. (2005) Lærarforbundet. Bergen: Vigmostad & Bjørke.

Haaland, A. (1966) Gymnaset under hammeren. Oslo: Pax.

Hambro, C. (1966) Er gymnasiaster mennesker? Oslo: Pax.

Hansen, E. J. (1997) 'Perspektiver og begrænsninger i studiet af den sociale rekruttering til uddannelserne', in Socialforskningsinstituttet (trykt utg.) vol. 97:17. Copenhagen: Socialforskningsinstituttet.

Haue, H. (2003) 'Parløb og stafet i dansk-norsk gymnasiekultur', in Slagstad, R., Korsgaard, O. and Løvlie, L. (eds.) Dannelsens forvandlinger. Oslo: Pax.

Haue, H. (2009) 'En socialdemokratisk fiasko?', Arbejderhistorie: Tidsskrift for Historie, Kultur Og Politik 2, pp. 35-50.

Haue, H., Nørr, E. & Skovgaard-Petersen, V. (1998) Kvalitetens vogter. Statens tilsyn med gymnasieskolerne 1848-1998. [Jubilæumsskrift i anledning af 150-året for Undervisningsinspektionens oprettelse]. Copenhagen: Undervisningsministeriet.

Helsvig, K. G. (2017) Reform og rutine: Kunnskapsdepartementets historie 1945-2017. Oslo: Pax.

Høigård, E., Ruge, H. and Hansen, K. I. (eds.) (1971) Den norske skoles historie. En oversikt. Oslo: Cappelen.

Høydal, R. (2003) 'Folkedanning? Landsgymnaset som mothegemonisk danningsprosjekt', Nytt norsk tidsskrift 20(4), pp. 363-378.

Høydal, R. (2007) 'Upp og fram! Landsgymnaset vert til', in Forr, G. and Vold, H. (eds.) Landsgymnaset. Oslo: Samlaget, pp. 11-68.

Jørgensen, C. H. (2018) 'The modernization of the apprenticeship system in Denmark 1945-2015', in Jørgensen, C. H., Olsen, O.J. and Thunqvist, D. P. (eds.) Vocational education in the Nordic countries: learning from diversity. Milton Park, AB: Routledge.188 Lars Erik Larsen and Fredrik W. Thue

Kristiansen, E. (1992) Fra fornem bønn til kamp for lønn: Filologenes og realistenes landsforening, Norsk lektorlag, Norsk undervisningsforbund 1892-1992. Oslo: Cappelen.

Læseplansudvalg for gymnasiet (1960). Det nye gymnasium: betænkning 269. Copenhagen: Undervisningsministeriet.

Larsen, L. E. (2015a) Skolekultur i endring - Om lærernes deltakelse i utviklingen av den videregående skolen 1976-2010. Master's thesis. Oslo: University of Oslo.

Larsen, P. O. (2015b) 'Forskningsuniversitetets gennembrudd: Københavns Universitet med særlig henblik på Det Filosofiske Fakultet i slutningen av det 19. århundrede', Uddannelseshistorie 49, pp. 11-28.

Lauglo, J. (1971) Attitudes of Norwegian academic-secondary teachers towards educational reform: a dissertation submitted to the faculty of the division of the social sciences in candidacy for the degree of doctor of philosophy. Chicago, IL: The University of Chicago.

Lauglo, J. (1995) 'Populism and education in Norway', Comparative Education Review 39(3), pp. 255-279.

Lindbekk, T. (1962) 'De lærde profesjoner i Norge', in En statistisk og sosialhistorisk studie over norske filologer og realister i det nittende og tyvende århundre. Oslo: Institutt for samfunnsforskning.

Lindbekk, T. (1968) 'Politisk innsats og ideologiske retninger innen filologien', in Tre essays om profesjonene i det norske samfunn. Oslo: Institutt for samfunnsforskning.

Lynning, K. H. (2007) 'Dannelse og naturvidenskab i den lærde skole 1878-1886', Slagmark - tidskrift for idèhistorie 50. doi: 10.7146/sl.v0i50.421.

Mausethagen, S., Gundersen, T., Larsen, L.E. and Osland, O. (2018) Evaluering av lærerprofesjonens etiske råd. Oslo: Oslo Metropolitan University.

Myhre, J. E. (2011) Kunnskapsbærerne 1811-2011: akademikere mellom universitet og samfunn. Oslo: Unipub.

Nepper-Christensen, H. (1998) Uddannelsessystemet i tal gennem 150 år: Undervisningsministeriet 1848-1998. Copenhagen: Børne-og undervisningsministeriet.

Norsk Lektorlag (1962). Gymnaset i søkelyset. Oslo: Cappelen.

Priemé, H. (1997) 'Hjørring Gymnasiums studenter fre 1910 til 1958: hvor kom de fra? Hvad uddannede de sig til?', Uddannelseshistorie 31, pp. 53-83.

Raae, P. H. (2012) 'Den nordiske uddannelsesmodel og det danske gymnasium', Nordic Studies in Education 32, pp. 311-320.

Ringer, F. K. (1969) The decline of the German mandarins: the German academic community 1890-1933. Cambridge, MA: Harvard University Press.

Røvik, K. A., Eilertsen, T.V. and Lund, T. L. (2014) 'Hvor har de det fra, og hva gjør de med det? Utdanningsdirektoratet som innhenter, oversetter og iverksetter av reformideer', in Røvik, K.A.,

Eilertsen, T.V. and Furu, E. M. (eds.) Reformideer i norsk skole: spredning, oversettelse og implementering. Oslo: Cappelen Damm akademisk.

Salvanes, K. V., Grøgaard, J. B., Aamodt, P. O., Lødding, B. and Hovdhaugen, E. (2015) Overganger og gjennomføring i de studieforberedende programmene: Første delrapport fra prosjektet Forskning på kvalitet, innhold og relevans i de studieforberedende utdanningsprogrammene i videregående opplæring. Oslo: Nordisk institutt for studier av innovasjon, forskning og utdanning.

Siegrist, H. (1990) 'Professionalization as a process: patterns, progression and discontinuity', in Burrage, M. and Torstendahl, R. (eds.) Professions in theory and history: rethinking the study of the professions. London: Sage.

Sirevåg, T. (1981) Katedral og karusell: streiflys på skole og politikk i krig og fred. Oslo: NKS-forlaget.

Skarpenes, O. (2007) Kunnskapens legitimering: fag og læreplaner i videregående skole. Oslo: Abstrakt forlag.

Slagstad, R. (2000) Kunnskapens hus: fra Hansteen til Hanseid. Oslo: Pax.Elitist tradition and democratic reform.

Sølvberg, E. (2004) Frå Hernes til Clemet - frå plan til marknad? Kvar går den vidaregåande skolen? Bergen: Fagbokforlaget.

St.meld. nr 45 (1950) Om behovet for akademisk utdannet arbeidskraft, Tilrådning fra Kirke- og undervisningsdepartementet, 5. mai 1950. Oslo: Kirke- og undervisningsdepartementet.

Telhaug, A. O. and Korsvold, T. (1989) Fra eksamenskommisjoner til politiske råd. Trondheim: Tapir.

Telhaug, A. O. and Mediås, O. A. (2003) Grunnskolen som nasjonsbygger: fra statspietisme til nyliberalisme. Oslo: Abstrakt forlag.

Telhaug, A. O. and Tønnessen, R.Th. (1992) Dansk utdanningspolitikk under Bertel Haarder. Oslo: Universitetsforlaget.

Thue, F. W. (2017) 'Lærerrollen lag på lag - et historisk perspektiv', Norsk pedagogisk tidsskrift 101(1), pp. 92-116. doi: 10.18261/issn.1504-2987-2017-01-09.

Thue, F. W. (2019) 'Den historiske allmenndannelse: historiefaget i høyere/videregående skole, 1869-2019', Historisk tidsskrift 98(2), pp. 167-190. doi: 10.18261/issn.1504-2944-2019-02-04.

Tilråding om reform av gymnaset (1967). Oslo: Grøndahl & Søn.

Westergaard, M. (1965) Om slagtning af hellige køer: et oplæg til en strukturdiskussion om voruddannelse, Hans Reitzels røde serie. Copenhagen: Hans Reitzel.

Wiborg, S. (2008) 'Socialdemokrati og skolepolitik: et komparativt perspektiv', Uddannelseshistorie 1, pp. 52-69.

제11장

교사와의 타협:
노르웨이에서 교사 전문직성 담론 등장

쇨비 마우셋하겐(Sølvi Mausethagen)

머리말

이 장은 노르웨이에서 빠르게 확산되고 있는 교사 전문직성 담론이 무엇이고, 이러한 담론의 확산이 왜 일어났는지, 지난 20년간 이런 담론의 생산과 수용을 특징짓는 것은 무엇인지 등에 대해 논의하려고 한다.

최근에 전 세계는 물론 노르웨이의 다양한 정책 구상들은 전문직으로서 교사의 신뢰성과 정당성에 의문을 제기하면서 교사의 업무 수행을 강화하는 데 목적을 두었다. 이 개혁구상들은 한편에서는 교사가 자신의 업무 수행과 전문성 개발 노력에 대해 책무성을 갖게 하고 다른 한편에서는 연구의 산출과 활용을 강화하였다. 교사는 흔히 책무성 강화에 대해서는 교사가 저항하는 한편 교육 분야의 후자에 대해서는 많은 행위자가 가치 있게 여기는 것처럼 보인다(Dahl et al., 2016). 하지만, 교사가 우선순위를 두고 사용해야 하는 지식의 종류는 계속 논쟁거리인데 '연구기반 지식'에 대한 요구는 교사의 지식을 고도의 경험 기반과 맥락적인 것으로서 보는 전통적 개념에 도전하는 것이기 때문이다(Larsen, 2016). 관료적 책무성, 외부 평가의 활용, 연구 측면에서의 관료적인 통제로 인해 자율성이 줄어들었는지의 여부가 논쟁과 관련되어 있다.

앞에서 제시된 정책 구상들은 '위로부터의 전문직화', 즉, 적절하고 효과적이라고 생각되는 방식으로 전문가들이 업무를 수행하게 하기 위해 활용되는 정부 구상으로 설명될 수 있다(McClelland, 1990; Evetts, 2003; Dahl et al., 2016). 하지만, 북유럽과 독일 맥락에서 전문직 확립은 역사적으로 '위로부터'(예를 들어, 국가), 그리고 전문직 '안으로부터' 나오는 힘들의 상호연계성으로 특징지어진다(McClelland, 1990; Larsen, 2016). 이 용어들은 흔히 직업 집단의 '황금률' 즉, 과학적 지식, 자율성, 책임감을 강조하는 직업사회학 이론과 결합해 사용된다. 즉, 과학적 지식, 자율성, 책임감이다(Freidson, 2001). '안으로부터의 전문직화'는 통상적으로 자율성과 위임권을 확보하고 유지해나가는 방식으로 정체성을 개발하고 구축해나가는 전문직 개혁구상을 설명하기 위해 사용된다. 하지만, 기존 연구들은 교직이 자신의 업무에서 관료적 지원으로 사회화되고 실제로 흔히 관료적 지원을 요청한다고 결론을 내리고 있다(Hopmann, 2003; Mausethagen & Mølstad, 2015).

노르웨이에서 정책 결정자들은 교사와 교육지도자들이 자신들의 과업 수행에 대해 책무성을 갖도록 국가 및 지역의 질 평가체제를 점차 시행하는 한편, 교사교육에 대한 개혁을 통해 교사의 지식 토대를 강화하는 연합권력을 강조하였다. 이것은 표면적으로 핀란드와 영미의 모범적 사례들에 영향을 받은 것이다(Mausethagen & Smeby, 2016). 정책 구상들은 교사교육의 연구 지향성을 조금 더 제고하고 학교와 교사교육 기관 간 협력관계 구축을 장려하였다(Lillejord & Børte, 2016). 지난 10년 넘게 노르웨이 교사교육은 5년제 석사 프로그램으로 연장되고 박사학위 과정이 만들어지고 국가와 지역 발전 프로그램은 학교를 지원하는 자신들의 업무에 교사교육 기관을 점점 더 참여시키고 있다. 이것이 대학화와 실천 지향의 독특한 조합으로 이끌었고, 정책은 점차 교육학을 교직의 핵심 교과로 자리 잡게 하였다(본서 제7장 참조). 무엇보다, 노르웨이에 서 교사교육정책 과정은 학문적 식견보다는 정치적 행위자와 정치적 상황들에 훨씬 더 의존해온 것으로 드러났다(Afdal, 2013; 본서 제13장 참조).

이 맥락에서 '교사 전문직성'이라는 용어가 연구자들 사이와 교사노동조합 내부에서 교육정책 차원에서 점점 활용되어왔다. 일상적 강연에서 교사 전문직화라는 용어는 일종의 '훌륭한 일자리'에 대한 표준을 규범적으로 기술하기 위해 흔히 사용되지만, 여러 연구자는 변화 요구에서부터 현 상태에 대한 옹호에 이르기까지 전문직성이 시간에 따라 어떻게 다양한 방식으로 사용되어왔는지 보여준다(Ozga & Lawn, 1981; Evetts, 2003; Hilferty, 2008). 따라서 교사 전문직성은 행위자가 다양한 방식으로 활용하고 다양한 목적을 추구하는 담론으로 역시 간주되어야 한다(Evetts, 2003; Mausethagen & Granlund, 2012). 담론은 세상에 대해 말하고 이해하는 방식으로 정의된다(Winther Jørgensen & Phillips, 1999). 담론은 기관의 행위자에 의해 만들어지고 유지되는데, 이 행위자는 아이디어, 가치, 실천들의 확산을 통해 이 기관에 영향을 미치고 이 기관을 변화시킨다. 담론 기반 분석은 언어의 사용을 통해 이 의미들이 통해 어떻게 나타나는지를 주로 검토한다. 담론 형성과 재형성은 정책 결정과 전략 형성에서 중요한 도구이다(Winther Jørgensen & Phillips, 1999).

제11장에서는 교사 전문직성 담론의 생성과 수용 모두를 분석할 것이다. 대략 20년 전 교육정책과 노르웨이 교사노동조합 내부에서 이루어진 이런 담론의 생성과 새로운 교사 정체성 형성에 있어 이 담론의 역할에 초점을 둘 것이다. 이를 위하여 다음과 같은 질문을 하면서 나는 교사교육 기관에서 이루어진 이 담론의 수용을 좀 더 면밀하게 살펴보고 전문직화 노력의 인식론적 차원을 밝힐 것이다. 교사 전문직성 담론의 특징은 무엇인가? 그리고 다양한 행위자는 교사 전문직성 담론을 어떻게 활용하고 있는가? 노르웨이에서 급속

도로 확산되는 교사 전문직성 담론은 무엇을 반영하는가? 그것이 교사교육에 어떻게 반영되는가?

이 질문에 답하기 위해, 여기서는 우선 지배적인 교사 전문직성에 대한 담론의 생성을 개관할 것이다. 그리고 다른 북유럽 국가에서 이루어진 연구를 개관하고 특히 노르웨이 교육 분야에서의 최근 발전을 이해하려고 하면서 교사교육 분야의 최근 담론에 초점을 둘 것이다. 다음으로 교사 전문직성에 대한 담론의 역할을 살펴볼 것이다.

담론의 등장

노르웨이에서 2000년대 초부터 '전문직'과 '전문직성'이라는 용어의 사용이 상당히 많아졌다(Mausethagen & Granlund, 2012). 교사 전문직성은 정부와 교직 내부 모두에 의해 그 구성물이 만들어지는데, 교직의 경우 스스로 전문직성 담론을 개발하기 전에 정책 결정자들이 먼저 사용하였다는 점이 2012년 연구에서 밝혀졌다. 새로운 세기가 발전하면서 교육정책 결정자와 전국교사노동조합(Utdanningsforbundet)은 자신들의 문서에 '전문직성'이라는 용어를 점점 더 많이 사용하였고, 2009년에는 교사교육에 대한 정부 공식 문서와 교사노동조합의 정책 서류에서 중요한 용어가 되었다. 예를 들어, 전문직성은 1995년에 정부 공식 문서에서 단지 두 번 사용되었지만, 2002년에 100번, 2009년에는 220번 등장하였다. 2002년 노동조합 문서에서는 그 용어가 전혀 등장하지 않았지만, 이후에는 점점 더 많이 사용되고 있다. 하지만, 교사 전문직성의 특성에 대한 정부와 노동조합의 관점에는 차이가 있다. 정부는 책무성, 연구기반 실천, 전문화를 강조하는 반면, 노동조합 문서에서는 연구에 정통한 실천, 자유재량권의 사용, 교육의 질에 대한 책임성, 전문가 윤리 등이 강조된다.

교육정책 결정자와 교사노동조합 간의 담론 '투쟁'은 세 가지 측면에서 나타났다. 첫째, 노동조합은 책무성 정책에 저항하였는데, 국제 및 국가 정책 흐름에 비추어 교사 업무에 대한 증가된 외부 통제(책무성)를 이해해야 한다는 입장이다. 학생 학업성취와 교사 책무성이 점점 강조되는 측면에서 학습에 대한 보다 협소하고 도구적 관점에 초점을 두고 어떻게 외부 통제가 교사의 탈전문직화로 이끌 수 있는지를 강조한다.

둘째, 교사노동조합은 연구기반 실천 개념을 정책결정자들이 지지하는 보다 증거 기반 연구 구성에서 재정의하려고 하였다. 따라서, 2009년에 노동조합은 교사의 지식이 경험에 기반한 지식뿐만 아니라 연구에 기반하는 지식 또한 필요하다고 강력하게 강조하였다. 이런 담론은 '연구에 기반한' 실천의 형태를 지지하였고 이것은 어떤 연구를 어떻게 사용할지를 결정하는 데 있어 교사의 재량권을 강조하였다.

셋째, 노동조합은 교사교육을 석사학위 수준으로 높이는 데 목적을 두었고, 정부보다 앞서 나갔다. 더 많은 학문적 역량이 신뢰와 정당성을 강화할 것이라고 주장했다.

교육정책 담론에 대한 노동조합의 대응은 정부와 교사 전문직성의 의미에 대해 담론적으로 협상하는 것으로 보일 수 있다. 교사노동조합은 단지 정책 담론에 단지 저항하는 대신에 신뢰와 정당성을 강조하면서 능동적으로 행동하였다. 특히, 이런 대응의 중요한 측면은 연구에 정통한 실천을 강조하고 질에 대한 책무성을 가지려 했다는 점이다. 이론의 여지 없이, 교사노동조합은 자신들의 업무를 능동적이고 미래지향적이라고 규정하면서 전문직의 지식 토대와 작업 상황에 대한 자율성을 요구했다. 이는 점점 더 책무성이 강조되는 맥락에서 특히 중요할 수 있는 접근이었다. 이것은 '전문직성'이라는 용어에 대한 담론상의 통제력을 얻고 정책결정자들이 조장한 전문직성과 전문가적 책임성(혹은 책무성)에 대한, 통제 지향적 구성개념과는 다른 것으로 그 의미를 설명하려는 시도로 해석될 수 있다.

전문직성 담론은 정부에 의해 먼저 만들어졌고 교직은 그 이후 외부로부터의 '전문직화'에 대한 요구에 직면하여 자신의 관점을 개발하였다. 분명히, 전문직에 대한 사회학적 이론은 노동조합과 마찬가지로 전문가의 재량권과 자율성을 강조하고 전문직성이 노동조합 담론의 구성개념에 적극적으로 활용되고 있다. 하지만, 지역적으로 교사는 노동조합과는 다른 방식으로 전문직성을 강조하였을 수도 있고, 혹은 교사가 노동조합의 작업에 거의 참여하지 않았을 수도, 이런 담론과 전혀 관련성이 없었을 수도 있다. 또한 노동조합은 외부 통제에 대한 대안적 방안들에 대해 논의하지 않았고 따라서 책임감, 연구에 정통한 실천과 윤리에 대한 강조가 교직에 대한 대중적 신뢰와 정당성을 유지하고 강화하는 데 충분했는지 의문이 제기될 수 있다. 한편, 사회에서 교직에 대한 신뢰가 정말로 약화되고 있는지를 질문할 수도 있다. 예를 들어, 노르웨이의 최근 연구는 교사에 대한 신뢰가 굉장히 높고(Helland et al., 2016), 사실 특히 교직에 대한 신뢰가 떨어진 책임이, 특히 교사교육에 있다고 지적하는 정책 담론이 의미하는 것보다 교사에 대한 신뢰는 상당히 높다고 주장한다.

교사교육에서 교사 전문직성에 대한 담론

교사 전문직성 담론이 갑자기 우세해지고 나서 10년이 지난 오늘날 교사 전문직성 담론은 교사교육에서 어떻게 구성되고 있는가? 교사교육은 미래 교사를 위한 지식 토대 형성에 있어 정책결정자와 교사 간 교차점에 자리한다. 그 때문에 정책결정자와 교사 두 주체 모두 교사교육을 강화하는 것이 교직을 발전시키는 데 필수적이라는 점에 동의한다면, 지배적인 전문직성 담론의 유형들을 검토하는 것이 중요하다.

　나는 여기서 노르웨이 4개 교사교육 기관 박사학위 과정에서의 최근 교사 전문직성에 대한 구성개념을 분석하여 교사 전문직성 담론의 유형을 검토한다. 교사교육 기관의 연구와 연구 훈련은 특히 관심의 대상이고 박사학위 과정은 이런 분석을 위한 유익한 출발점을 제공한다. 왜냐하면 박사학위 과정은 프로그램 소개와 교육과정에서 목적과 교육내용을 개관하고 있기 때문이다. 박사학위 과정은 그 기관의 '대표 프로그램'으로 설명될 수 있고 교사교육 기관의 연구 지향성이 커지고 있음을 의미한다. 학생들은 이 프로그램 내에서 교사교육과 실실제에 적용될 것으로 기대되는 연구를 수행한다. 교사교육에서 연구 훈련의 증가는 지난 10년간 박사학위 과정과 박사학위 후보자가 점점 늘어난 것으로 설명된다. 따라서 이 프로그램에 대한 분석으로 교사 전문직성의 미래를 조망할 수 있다.

　각 기관의 핵심적인 생각을 담고 있을 가능성이 있는 학업계획과 홈페이지를 전략적으로 연구할 대상으로 선정하였다. 우선, 노르웨이에서 교사교육을 제공하는 11개 종합대학과 단과대학의 박사학위 과정 웹페이지에 기술된 내용을 모두 읽었다. 그리고 '전문직', '전문직성'이라는 용어들이 사용된 정도와 방식을 살펴보면서 강의계획에 제시된 '전문직', '전문직성'이라는 용어의 용법을 검토하였다. 일부 프로그램은 '전문직' 혹은 '전문직성'이라는 용어를 거의 또는 전혀 사용하지 않거나 교육학 혹은 이보다 세부적인 분야(문해력, 교수학자원)에서 이 용어들을 사용했다. 그리고 보다 면밀히 분석하기 위해 4개의 기관(A, B, C, 그리고 D)을 선정하였다. 이 기관에서 전문직, 전문직성이라는 용어는 소개자료와 강의계획에서 광범위하게 사용되었다.

　전문직이라는 용어에서 파생된 광범위한 단어들과 표현들이 노르웨이 교사교육의 최근 박사학위 과정에 대한 설명에서 등장하였다. 이 단어와 표현들은 표면적으로는 교사를 직업인으로 언급하면서 기술적으로 사용되기도 하고, 또는 노르웨이에서 희망하는 교사교육, 교사, 교직의 미래를 위한 약칭으로서 설득력 있게 사용되고 있다. 이때 사용된 용어에는 교직, 교사 전문성 개발(professional development), 전문가 교육(professional education), 전문적 실천(professional practice), 전문적 이해(professional understanding), 전문가 지향 교사교육 교과(professionally oriented teacher education subjects), 전문직에 대한 연구(research on / in profession), 전문직화(professionalisation), 전문직 이론(theory of the professions), 전문적으로 유관한(professionally relevant), 직업적 전문직(occupational professions), 교수학적 전문직성(pedogogical professionalism), 전문적 지향 교수법(professionally oriented pedagogy), 전문 분야(professional field), 전문가적 자율성(professional autonomy)과 전문지식(professional knowledge)을 포함한다. 하지만, 용어들이 정교하게 정의되어 있는 것은 아니다. '전문직'이라는 용어는 주로 긍정적인 의미로 사용된다. 따라서, 그것을 개념 정의하지 않는 것은 의도적일 수도, 혹은 그렇지 않을 수도 있다. 따라서 최근 노르웨이에서 교사 전문직성 담론이 어떻게 구성되었는지를 연구하기 위해서는 이 용어와 더불어 사용되고 있는 다른 단어들과 표현들을 분석하는 것 또한 필요하다.

나는 4개 교사교육 기관 박사학위 과정 강의계획과 웹페이지에 대한 면밀한 분석을 통해 그런 프로그램에서 전문직성이라는 용어에 부여한 의미 측면에서 세 가지 주요 사항을 정리했다. (1) 연구기반 증거의 생산과 활용 기능으로서의 교사 전문직성, (2) 현장 관련 연구의 생산과 활용 기능으로서의 교사 전문직성, 그리고 (3) 교사 실천에 대한 메타 지식의 생산과 활용 기능으로서의 교사 전문직성이다. 이 구성개념들은 각각 교사 지식에 대한 도구적, 관계적, 비판적 입장으로 기술될 수 있다. 무엇보다도, 전자의 두 가지 구성 개념은 대체로 정책 지향적, 합의 지향적인 반면, 세 번째 요소는 훨씬 더 갈등지향적이다.

연구기반 지식의 생산과 활용을 통한 전문직성 개발

A기관에서 교사 전문직성은 교사교육과 교수활동의 질을 제고하기 위해 최근 몇 년간 시행된 정책에 담긴 전문직성 개념에 기반하여 정의된다. '전문적'이란 말은 담론적으로 연구기반 지식에 기반을 둔 교수활동의 수행적 측면과 관련되는데(예를 들어, 교사 실천), 실천이 연구에 기반한 것이 아니라면 전문적이지 않다는 의미를 가진 구성개념이다. 따라서, 지식 영역이 개념 정의에서 중요한 부분이다. 정책 문서의 직접적 사용이 두드러지고 널리 퍼져 있는데, 교사교육에서 지식의 생산과 활용에 대한 다소 일치된 관점을 전달하고 있기 때문이다. 실천 현장과 협력하여 연구를 수행하는 것에도 중점을 두지만, 교사의 지식은 기존 연구의 습득과 '활용'으로서 보다 많이 대변된다. 이러한 강조가 교사 전문직성 담론 구성에서 핵심이다. 정책 문서의 참조가 굉장히 두드러지고 이런 기관에서의 전문직화 노력은 대체로 정부 개혁구상을 반영한다. 교육정책 결정자들과 교사 간의 조화와 합의가 이 담론에서는 핵심적인 것처럼 보인다.

실천 관련 연구의 생산과 활용을 통한 교사 전문직성 개발

B기관은 교사교육에서 연구의 산출과 활용은 실천과 관련되어야 한다는 점을 강조한다. 연구기반 지식은 프로그램 계획에서 사용된 용어가 아니고 그 대신에 혁신과 개발과 같은 용어들이 핵심이다. A기관과는 흥미로운 차이가 있다. A와 B 모두 실천 지향적이지만, 교사교육에서 생산되고 교육활동에서 사용되는 지식의 종류에 대한 관점이 서로 다르다. B기관은 지식의 획득 및 활용보다는 오히려 지식의 생산 및 공동생산에 중점을 둔다. 교사가 교사교육에서 개발해야만 하는 역량도 다르게 구성되고 교사교육 기관과 실천 현장 간의 관계를 설명하는 데도 차이가 있다. A기관은 학교 밖에서의 지식 생산에

보다 강조점을 두고 행위자를 그러한 지식을 활용하는 데 더욱 적극적인 행위자로 둔다. 한편 B기관은 교사교육 및 실천 현장 간 지식의 공동생산과 동등한 관계를 강조한다. 이 기관의 담론에서 교사 전문직성은 주로 실천을 위해 관련된 지식을 생산하는 협력관계에서의 적극적 참여로서 구성된다. B기관에서는 교육정책, 교직, 교사교육 간의 합의 또한 담론의 일부이다.

실천에 대한 메타지식의 생산과 활용을 통한 전문직성 개발

C기관과 D기관에서는 교사 전문직성에 대한 또 다른 담론 유형으로 좀 더 비판적인 담론을 구성한다. 이전에 논의된 두 담론에서처럼 교사의 지식이 중요하다. C기관에서는 경험기반 지식이 강하게 강조되지만, 향후 전문가 교육과 전문적 실천을 위해 전문적 실천이 연구되어야 한다. 연구 활동은 실천에 대한 메타 관점을 가지고 전문적 실천을 개발하는 데 목적을 두어야 할 것이다. 문서들은 연구기반 지식이나 협동에 대해 설명하지 않고 이러한 용어들을 사용하지도 않는다. 오히려, 기관에서 수행된 연구는 교사의 전문가적 실천에 대한 이해를 제고하고 이를 통해 교사의 전문가적 실천을 개선해야 한다. 이런 프로그램은 광범위하고 다양한 전문직에 대한 연구를 포함한다.

기관 차원의 전문직성에 대한 담론이 유사한 D기관의 박사학위 과정 역시 비판적 성찰을 강조한다. C기관과 D기관의 담론은 A기관과 B기관에서보다 교육학에 훨씬 더 기반을 두었다. 이런 담론 내에서 전문직성은 빌둥(예를 들어, 'self-formation' 또는 'self-cultivation')과 관련되어 있고, 기존 지식과 실천에 대한 비판적 메타 관점을 요구한다. 결과적으로 전문직성은 연구기반 교수활동을 강화하는 것으로 간주된다. 따라서, 이러한 담론에서 교사 전문직성은 교육이론과 비판적 사고를 포괄하는데 그것은 연구기반 교육 강화의 결과가 아니다.

요약하면, C기관과 D기관은 실천에 대한 메타 관점을 강조하고, 그러한 관점에서 연구는 표면적으로 경험적 연구만큼이나 교육이론을 의미한다. 전문직성은 이론과 실천의 통합으로서의 교육학이라는 교과와 관련된다. 이와 같이 이 두 기관은 전문직성을 교사교육의 중심에 교육학을 두는 방식으로 재정의하려고 한다고 주장될 수도 있다. 이 기관에서는 실천에 대한 비판적 메타 관점 없이 전문직성은 가능하지 않다. C, D기관과 A, B기관 사이의 또 다른 차이는 C와 D기관이 교육정책과 교직 간의 긴장에 대해 훨씬 강력한 방향성을 두고 있다는 데 있다.

담론 투쟁의 전개

언뜻 보기에 4개의 교사교육 기관에서 교사 전문직성을 구성하는 이 세 가지 방식들은 비슷해 보인다. 이 세 가지 방식 모두 교사 전문직성을 단지 긍정적인 것으로 다루고 이 담론은 유사한 용어를 사용하고 교직실천과 학습 개선이라는 공동의 목적을 공유하고 있기 때문이다. 하지만, 세 가지 담론은 아주 중요한 점에서 차이가 있다. 특히, 앞의 분석에서 밝힌 것과 같이 담론은 교육에서 제기되는 좀 더 근본적인 인식론적 질문들을 반영한다. 이것들은 서로 다른 기관에서 상이하게 나타나고 교사 실천에 영향을 미치는 담론 투쟁으로서 묘사될 수 있다.

　　무엇보다, 세 가지 구성개념은 학문으로서의 교육학에 대한 논쟁과 관련될 수 있는데, 교육학은 이론의 여지 없이 전문직성 담론으로 도전받고 있다. 앞의 두 가지 담론(개별적으로 기관 A와 B의 예시로)은 대체로 합의 지향적이고 전문직성을 개발하기 위한 방법으로 경험적 연구기반과 실천 관련 지식을 강조한다. 한편 세 번째 담론(기관 C와 D의 예시로)은 교사 전문직성을 교수학적 이론과 실천에서 나온 것으로 보면서 정책 담론에 상반된 입장을 취한다. 처음 두 담론에서는 교수학 이론이 제한된 역할을 하는 것으로 설명되기 때문에 교사 지식에 대한 이런 '전통적' 담론의 사용은 교사 전문직성이라는 용어를 '철회' 하려는 시도로 읽힐 수도 있다. 이것은 교사교육에서의 전문직성에 대한 담론이 전문적 기술에 대한 관심 대비 보다 광범위한 문화적 가치에 대한 강조 (Larsen, 2017)는 물론 점점 확대되는 교육과학 대비 교육학에 대한 선호에서 차이가 있을 수 있다는 점을 가리킨다(Rasmussen, Kruse & Holm, 2007). 따라서, 최근 몇 년간 교사교육에서 실천 관련 연구와 교수활동이 부족하다는 주장을 극복하기 위해 협력관계를 형성하고 교육연구를 '강화하려는' 강력한 정책 요구들이 있었고, 이것들이 이 기관 스스로 전자에서부터 후자로 방향을 전환하도록 부추겨온 것 같다. 라르센(Larsen, 2016, p. 224)은 이러한 발달을 '방식 #2 학문중심 전문직화'로서 설명하고 완전한 전문직성이 대학화에만 기반되어 실현할 수 있는지에 대해 의문을 제기하였다.

제도적 담론 전반에 걸쳐 전문직성은 주로 실천 교육학 즉, 교직의 수행적 영역(Molander & Terum, 2008)과 관련된다. 자율성, 신뢰, 재량권 등 교사 업무의 조직화와 관련한 문제들은 거의 해결되지 않았다. 책무성 기제가 교사의 과업에 영향을 미치는지, 그리고 어느 정도 영향을 미치는지와 같은 문제들은 전문가적 실천을 개선하려는 노력과 굉장히 관련된다(Buchanan, 2015; Mausethagen et al., 2018). 이런 유일한 교수활동의 수행적 차원에 대한 강조는 교사교육 기관에 자리한 모종의 양면성을 반영할 수 있다. 즉, 정책 결정자의 전략들을 채택하는 한편 교직의 지식 토대를 강화하려고 한다. 이러한 독특한 조합은 노르웨이의 교사 전문직성에 대한 담론의 중요한 특징이고, 교사교육에서 교사의 전문가적 지식 토대를 개발하고 보호하기 위해 독립적인 연구 프로파일을 개발하려는 열망을 방해하는 장애물로 간주될 수 있다(Hermansen, 2017). 이것이 결국은 교사 전문직성에 대한 정치적 담론에 도전하게 할 수도 있다(Ozga &

Lawn, 1981; Gewirtz et al., 2008; Mausethagen & Granlund, 2012).

따라서, 연구역량이 커짐에 따라 교사 전문직성이 발전하고 변화할 수 있지만, 또한 이러한 분석은 교사교육에 대한 정책 형성에 계속 활용되어 교직을 규정한다. 이것은 이 담론 투쟁에 대한 잠재적 성과에 의문을 제기한다. 합의 지향성이 아마도 교사의 업무에 변화를 이끌어내는 데 가장 생산적일 것이다. 하지만, 전문직화 노력은 또한 정책 구상들에 대한 비판적 관점을 촉진하는 지식의 개발을 포함한다. 따라서 학생은 물론이고 교사교육자들이 특정 형태의 지식으로 사회화되기 때문에 우리는 어떤 종류의 지식이 교사교육에 의해 생산되고 사용되는지를 좀 더 잘 이해하는 것이 필요하다. 예비교사의 경우, 교사 업무의 미묘한 복잡성에 대한 이해를 위하여 교사 지식에 대한 다양한 입장에 친숙해지고 대안적 담론을 탐구하는 것이 중요하다. 담론 투쟁은 여러 기관에 걸쳐 학습 성과에 대한 아주 유사한 설명으로 이끈다. 노르웨이에서 교사교육은 국가 지침으로 운영되지만(Myklebust et al., 2020), 기관별 교사 전문직성에 대한 담론의 차이는 예비교사의 교육, 이를 통한 교직으로서의 사회화가 그 특성에 있어 아주 다를 수 있다는 점을 나타낼 수 있다.

담론의 역할

겉으로 보기에 노르웨이에서 교사 전문직성에 대한 최근 담론은 정책 결정자들, 교사, 교사교육 기관 간의 합의를 특징으로 한다. 하지만, 보다 면밀히 검토해보면 이 행위자 간에 그리고 흥미롭게도 교사교육 기관 간에도 상당한 차이가 있다. 다양한 행위자는 교직에 대한 지식 토대가 개발되고 보호되는 것이 필요하다는 점에 동의하는 한편 나는 다양한 인식론적 입장과 정책 담론과의 관계를 확인하였다. 또한 전문직화에 대한 직업 집단의 자체 노력이 최근 정책 개발과 어떻게 관련되는지를 분석하였다. 교직은 학업성취에 점점 중점을 두면서 책무성 의제의 도구로 간주되는 정책 구상들을 반대하는 데 특히 관심을 기울여왔다(Mausethagen & Granlund, 2012; Haakestad, 2019). 하지만, 이런 저항이 전문직성에 대한 교사교육 담론에서는 덜 두드러지는 것 같다.

교사 전문직성 담론이 노르웨이에서 1990년대 동안 주변부에 머물렀지만, 교육체제를 발전시키고 교사와 학교의 업무를 개선하는 방법으로서 2000년대에는 거의 주도권을 잡게 되었다. 어느 정도는 교사 전문직성 담론이 빌둥 담론 또는 교사의 경험기반 지식을 강조하는 담론과 더불어 교사의 과업에 대한 다른 담론보다 '승리했다'라고 말할 수 있다. 이 전통적인 혹은 보다 보수적인 담론이 교육학 내에서 특히 두드러졌기 때문에 교사 전문직성이라는 새로운 담론은 이론의 여지 없이 교육학에 이의를 제기하거나 적어도 두 가지 측면에서 교육학을 재구성하는 데 기여해왔다. 하나는 실천 지향과 대학화라는 다소 역설적인 조합이고, 또 하나는 개혁과 협력에 대한 정책 지향성이다. 정책 담론에 따라서 교사는 정체성을 개혁지향, 연구에 정통한, 책임 있는, 협동적인 것으로 형성하거나 형성하려고 하였다. 이런 하향식 담론 생성은 '시키는 대로 행하라'는 문화보다 더욱 권위적인 문화를 초래할 수 있다.

이러한 이유로, 2000년부터 노르웨이 교육체제에서의 변화과정을 이해하고 설명하기 위하여 담론의 역할을 탐구하는 것이 중요하다. 많은 요인이 이 발전에 기여해왔는데, 이러한 발전에 있어 국제화, 특히 PISA 연구 결과는 특별히 새로운 세기의 초기 몇 년 동안 교육개혁의 중요한 촉매제가 되어왔다. 이러한 것들이 학생 학업성취, 시험, 책무성을 점점 강조하도록 이끌었고 5년 교사교육 프로그램의 추진을 포함하여 교사의 지식 토대를 강화하려는 노력들과 결합되었다. 이것은 교사교육에서 기관을 보다 대규모화하고 연구 지향성을 강화한 고등교육 분야의 구조 개혁이라는 광범위한 맥락 내에서 일어났다(Karlsen, 2005).

국제적 정책 개발과 제도적 환경의 변화라는 이런 큰 그림에서 교사 전문
직성 담론은 아주 잘 들어맞았다. 그러나 교사교육 분야에서 이런 담론이 어
떻게 받아들여지고 있는가? 교사 전문직성 개발 방법에 대한 세 가지 다른 구
성개념은 '위로부터의 전문직성'이 노르웨이 교사교육의 발전을 적절하게 설
명하고 있음을 보여준다. 이것은 직접적이고 세밀한 방식으로 교사교육을 지
배하는 교육부의 전통적인 관행으로 설명될 수 있다. 정부는 오랫동안 교사교
육을 중요한 '통제 대상'이자 전체적으로 교육체제를 위한 비전을 실현하기 위
한 도구로 간주해왔다(Karlsen, 2005).

'위로부터의 전문직화'와 '안으로부터의 전문직화' 간의 상호관계성은 교
사교육의 특징으로 설명될 수도 있지만, 최근 교육정책 담론을 비판하고 이의
를 제기하는 '대항문화'로도 설명되어왔다(Karlsen, 2005; Haugen & Hestbæk, 2017). 역
사적으로 교육부와 교사교육 기관의 긴밀한 관계를 고려하면, 이것은 다소 오
해의 소지가 있을 수 있다. 따라서 이 장의 앞부분에서 논의한 박사학위 과정
에서 나타난 전문직화를 향한 합의는 역사적 연속성을 반영하는 것일 수 있
다. 무엇보다, 노르웨이 교사는 오랫동안 국가와 긴밀한 관계를 맺어왔고 정책
결정자의 전략을 신뢰하며 채택해왔다. 교사는 역사적으로 특히 대도시 밖
사회에서 높은 지위를 차지하였다(Tarrou, 1991; Rovde, 2006). 비록 노르웨이 교사
는 학문화에 저항한 경향이 있었지만(Hagemann, 1992), 교사노동조합은 교육개
혁에서 중요한 역할을 수행하였고 학문중심 교사교육과 교사 전문직성 강화
에 대한 요구를 적극적으로 지지하였다(Tarrou, 1991; Nerland & Karseth, 2015). 하지
만, 최근 교사노동조합은 주로 정책이 교사의 실천적 직무와 맞닥뜨릴 때 발생
하는 긴장을 해결하고 자율성, 책임성, 윤리에 대한 질문을 제기하면서 비판
적 역할을 지속한다.

북유럽 교직문화에서의 전문직성 담론

다른 북유럽국가에서도 들리는 책무성, 연구기반 지식, 파트너십을 통한 학교급 내와 학교급 간 협력에 대한 새로운 요구가 교사 전문직성에 대한 새로운 담론의 개발로 이끌었다. 그런 정책 개발을 다루는 연구는 꽤 많은 반면, 담론에 관한 연구는 드물다. 예외적으로 스웨덴과 덴마크에서 교사노동조합이 지위와 정당성을 제고하기 위한 자신들의 전략으로 담론을 어떻게 사용해왔는지에 대한 연구가 수행되었다. 예를 들어, 스웨덴 교사노동조합(ärarförbundet)과 스웨덴의 전국교사노동조합(Lärarnas Riksförbund)은 정당성과 향상된 지위를 교사에게 제공하기 위한 상징적 자원으로써 '전문직성'을 적극적으로 활용해왔다(Lilja, 2013). 노르웨이의 맥락에서처럼 전문직성 담론은 원래 대체로 정치적이었고 교사의 일상적 업무와는 분리되어 있었다. 그러나 사회 정의와 민주주의라는 쟁점들과 관련되도록 노동조합에 의해 재구성되었다(Lilja, 2013; Milner, 2018). 대조적으로 노르웨이 교사노동조합은 교직에 대한 강화된 외부 통제에 대한 반론을 제기하면서 좀 더 강력한 입장을 유지하였다(Lilja, 2013). 노르웨이와 스웨덴에서는 비록 전문가의 자율성이 감소될 수 있을지라도 (교사 전문직성의) 정당성을 높이기 위해 새로운 형태의 국가 개입을 요구했다(Mausethagen & Mølstad, 2015; Milner, 2018). 그런데, 스웨덴에서 노동조합은 전문직화를 위한 방법으로 자격증에 찬성한 반면, 노르웨이에서는 정부가 교사를 통제하기 위해 자격증 제도를 활용할 수 있다는 우려로 동일한 전략이 거부되었다(Haakestad, 2019).

덴마크에서 전문직성 담론은 '지식사회', 지속적 변화, 역량 개발 수행, 책무성에 대한 새로운 정책 담론으로 도전받고 있다(Hjort, 2006; Krejsler & Moos, 2006). 크레슬러와 무스(Krejsler & Moos, 2006)은 이런 담론이 대체로 교사의 실천의 문제를 대체로 포함하고 있지 않기 때문에 교사가 전문직성 담론에 참여하는 것이 어렵다는 것을 알게 되었다고 주장한다. 대신에 역동적이고 전문화된 역량과 실천은 경시되어온 반면, 지배 담론은 주로 일반적이고 표준화된 지식을 강조하였다. 무엇보다도, 크레슬러(Krejsler, 2011)가 주장하고 있듯이, 학교조직에 대한 충성, 교과 간 협동, 국제적 영향력에 대한 강조는 전문직성 담론을 잘못 이해하게 만든다. 교직은 자신의 지위를 향상시키기 위해 역량 개발과 전문직성에 대한 새로운 담론을 사용해왔기 때문에 어느 정도 과업에 대한 외부 통제의 증가를 수용해왔다(Hjort, 2006).

따라서, 오늘날 북유럽 교사가 당면한 과제는 교사가 정책 형성에서 발언권을 갖기를 원하는 경우 교사 전문직성에 대한 정책 담론을 어떻게 다룰 것인가이다. 이것은 전문직성에 대한 지배적인 담론이 교사가 사회에서 직업집단으로 어떻게 인식되는지에 영향을 미치기 때문에 아주 중요한 문제이다. 이런 문제의 핵심적인 면은 정책 담론의 수용을 통해 교직이 교사의 과업과 전문직성의 형태를 제한하는 방법과 담론의 생성이 전문직성 담론을 '되돌리는 데' 성공하는 방법과 관련된다. 지금까지 북유럽 국가는 사소해 보이지만, 상호 중요한 차이가 있는 것처럼 보인다. 여러 나라들 전반에 걸쳐 정책 결정자들은 교직이 부분적으로 수용하고 부분적으로 저항하는 전문직성 담론을 생산해 왔다. 여전히 담론은 외부 통제 문제를 다루는 정도에 대한 차이도 있다.

하지만, 지금까지의 연구들은 전문직화 노력의 인식론적 측면에 대해서는 거의 다루지 않았다. 이 장에서는 노르웨이 교사교육 기관의 박사학위 과정을 분석하고 지난 10년간의 전문직화 노력에 대한 인식론적 측면과 이에 따라 교육정책에서 구성된 것으로 교사 전문직성에 대한 담론의 수용을 밝혔다. 이 담론은 표면적으로는 비슷해 보이지만, 지식이 무엇이고, 교사가 사용해야 하는 지식의 종류가 무엇이고, 어떻게 산출되어야 하고, 그것을 정의할 권리를 누가 가지는지에 대해 긴장이 여전히 남아 있다. 다른 북유럽 국가에서도 유사한 분석을 하면 교사교육과 교육 연구가 조직화되는 방식을 포함하여 교사교육에서 교사 지식과 대학화에 대한 다양한 관점을 산출할 수 있을 것이다(Larsen, 2016; 본서의 제7장 참조). 교사 전문직성에 대한 최신의 정책 담론에서 중요한 구성개념은 연구기반 지식을 촉진해왔고 교직을 위한 지식 토대의 소위 '전 과학적' 성격은 이런 담론의 전제조건으로 간주되어야 한다(Nilsson-Lindström & Beach, 2019). 표면적으로 이것은 교사교육 내에서 보다 일반적으로 학문영역에서 핵심 구성개념을 떠올리게 했다. 하지만, 이 장에서 수행된 분석은 좀 더 차별화된 이해를 위해 교사지식이 교사 전문직성을 어떻게 그리고 어떤 수단으로 촉진해야 하는지에 대한 구성개념을 탐구하는 것이 중요하다는 점을 보여준다. 그런 연구들이 전문직성의 미래를 밝힐 수 있다.

결론

이 장은 노르웨이의 교사 전문직성에 대한 담론의 생성, 교사교육 기관에서 교사 전문직성에 대한 담론의 수용, 교사 정체성 형성에 있어 교사 전문직성 담론의 역할에 대해 논의하였다. 지난 20년간 교사 전문직성 담론은 주변적인 위치에서 교사의 정체성과 과업을 규정함에 있어 굉장히 지배적인 자리로 이동했다. 하지만, 여기에 역설이 있다. 즉, 교사교육 기관은 지금까지 연구기반 교육프로그램으로 스스로를 변화시키려는 시도에서 전문직 자체에 대해 '대응 담론'보다는 교사 전문직성에 대한 정책 담론을 반영하는 경향을 보여왔다. 그런 '위로부터의 전문직화'가 교직을 지배하는 급진적으로 새로운 방식을 급진적으로 나타내는 것은 아닐지라도 교사, 교사교육 기관, 정책 결정자, 행정가들 사이의 새로운 사회적 계약을 향한 흐름을 반영하는 것일 수 있다

(Dahl et al., 2016). 우리는 교사교육 기관이 여전히 다양한 기대 간의 협상과 전문직화 과정에 대한 비판적 토론에 스스로 적극적으로 참여하려는 교사의 활동에 대한 확실한 지지자인지를 논의할 수 있다. 무엇보다, 나의 연구 결과는 지난 20년간 교사 전문직성 논의를 교사교육 기관이 이끌어왔던 만큼 교사노동조합 역시 교사 전문직성에 대한 중요한 논의를 함께 이끌어왔다는 점을 시사한다.

[참고문헌]

Afdal, H. W. (2013) 'Policy making processes with respect to teacher education in Finland and Norway', Higher Education, 65(2), pp. 167-180.

Buchanan, R. (2015) 'Teacher identity and agency in an era of accountability', Teachers and Teaching, 21(6), pp. 700-719.

Dahl, T., Askling, B., Heggen, K., Iversen Kulbrandstad, L., Lauvdal, T., Qvortrup, L., Salvanes,K. G., Skagen, K., Skrøvset, S. and Thue, F. W. (2016) Om lærerrollen. Et kunnskapsgrunnlag. Bergen: Fagbokforlaget.

Evetts, J(2003) 'The sociological analysis of professionalism: occupational change in the modern world', International Sociology, 18(2), pp. 395-415.

Freidson, E. (2001) Professionalism: the third logic. Cambridge: Polity Press.

Gewirtz, S., Mahony, P., Hextall, I. and Cribb, A. (eds.) (2008) Changing teacher professionalism: international trends, challenges and ways forward. Abingdon: Routledge.

Haakestad, H. (2019) 'Kall eller lønnskamp? En casestudie av Utdanningsforbundets holdning til lukning av læreryrket', Tidsskrift for samfunnsforskning, 60, pp. 50-73. doi: 10.18261/ issn.1504-291X-2019-01-03.

Hagemann, G. (1992) Skolefolk. Lærernes historie i Norge. Oslo: Ad Notam Gyldendal.

Haugen, C. and Hestbæk, T. A. (2017) 'Tensions between knowledge discourses in Norwegian teacher education: does current reform represent an attack on critical knowledge?', Knowledge Cultures, 5(4), pp. 91-109. doi: 10.22381/KC5420177.

Helland, H., With, M.L., Mausethagen, S. and Alecu, A. (2016) 'Lærernes status', Bedre skole, 2, pp. 12-16.

Hermansen, H(2017) 'Knowledge relations and epistemic infrastructures as mediators of teachers' collective autonomy', Teaching and Teacher Education: An International Journal of Research and Studies, 65, pp. 1-9. doi: 10.1016/j.tate.2017.03.003.

Hilferty, F. (2008) 'Theorising teacher professionalism as an enacted discourse of power', British Journal of Sociology of Education, 29(2), pp. 161-173. doi: 10.1080/01425690701837521.

Hjort, K. (2006) 'Diskursen om kompetenceudvikling', Nordic Studies in Education, 004/2006, pp. 333-345.

Hopmann, S. (2003) 'On the evaluation of curriculum reforms', Journal of Curriculum Studies, 35(4), pp. 459-478.

Karlsen, G. E. (2005) 'Styring av norsk lærerutdanning - et historisk perspektiv', Norsk Pedagogisk Tidsskrift, 89, pp. 402-416.

Krejsler, J. and Moos, L. (2006) 'Dominerende diskurser i talen om professioner', Nordic Studies in Education, 004/2006, pp. 281-287.

Larsen, J. E. (2016) 'Academisation of teacher education: sites, knowledge cultures and changing premises for educational knowledge in Norway and Denmark', in HoffmannOcon, A. and Horlacher, R. (eds.) Pedagogy and educational knowledge: ambitions and imaginations in teacher education. Bad Heilbrunn: Verlag Julius Klinkhardt.

Larsen, J. E. (2017) 'Et importeret begreb uden naturlige fjender? Professionsbegrebets rejse fra amerikansk sociologi til europæiske fagkampe', Uddannelseshistorie, 51, pp. 9-26.

Lilja, P. (2013) 'A quest for legitimacy: on the professionalisation policies of Sweden's teachers' unions', Journal of Education Policy, 29(1), pp. 86-104. doi: 10.1080/02680939.2013. 790080.202 Sølvi Mausethagen

Lillejord, S. and Børte, K. (2016) 'Partnership in teacher education – a research mapping', European Journal of Teacher Education, 39(5), pp. 550-563.

Mausethagen, S. and Granlund, L. (2012) 'Contested discourses of teacher professionalism: current tensions between education policy and teachers' union', Journal of Education Policy, 27(6), pp. 815-833. doi: 10.1080/02680939.2012.672656.

Mausethagen, S. and Mølstad, C. (2015) 'Shifts in curriculum control: contesting ideas of teacher autonomy', Nordic Journal of Studies in Educational Policy, 2015(2), 28520. doi: 10.3402/ nstep.v1.28520.

Mausethagen, S. and Smeby, J.-C. (2016) 'Contemporary education policy and teacher professionalism', in Dent, M., Bourgeault, I.L., Denis, J.-L., and Kuhlmann, E. (eds.) The routledge companion to the professions and professionalism. Routledge, pp. 329-342.

Mausethagen, S., Prøitz, T.S. and Skedsmo, G. (2018) Elevresultater. Mellom kontroll og utvikling. Bergen: Fagbokforlaget.

McClelland, C. E. (1990) 'Escape from freedom? Reflections on German professionalization 1870-1933', in Burrage, M. and Torstendahl, R. (eds.) The formation of professions: knowledge, state and strategy. London: Sage, pp. 97-113.

Milner, A. (2018) 'Bridging the divide: examining professional unity and the extended teacher union role in Sweden', Educational Policy, 32(2), pp. 189-210. doi: 10.1177/0895904817741547.

Molander, A. and Terum, L. I. (2008) 'Profesjonsstudier – en introduksjon', in Molander, A. and Terum, L. I. (eds.) Profesjonsstudier. Oslo: Universitetsforlaget, pp. 13-27.

Myklebust, R., Afdal, H. W., Mausethagen, S., Risan, M., Tangen, T.N. and Wernø, I. L. (2020) Rekruttering av menn til grunnskolelærerutdanning for trinn 1-7. OsloMet skriftserie, nr. 8. Oslo: Oslo Metropolitan University.

Nerland, M. and Karseth, B. (2015) 'The knowledge work of professional associations: approaches to standardisation and forms of legitimisation', Journal of Education and Work, 28(1), pp. 1-23. doi: 10.1080/13639080.2013.802833.

Nilsson-Lindström, M. and Beach, D. (2019) 'Utbildningsfältets omvandling och läraryrkenas professionalisering', in Brante, T., Svensson, K. and Svensson, L.G. (eds.) Det professionella landskapets framväxt. Lund: Studentlitteratur AB, pp. 127-169.

Ozga, J. and Lawn, M. (1981) Teachers, professionalism, and class: a study of organized teachers. London:

Routledge. doi: 10.4324/9781315225548.

Rasmussen, J., Kruse, S. and Holm, C. (2007) Viden om uddannelse: Uddannelsesforskning, pædagogik og pedagogisk praksis. Copenhagen: Hans Reitzel.

Rovde, O. (2006) Vegar til samling. Norsk lærarlags historie, 1966-2001. Oslo: Det Norske Samlaget. Tarrou, A.-L. H. (1991) 'Norway', European Journal of Teacher Education, 14(3), pp. 275–286. doi: 10.1080/0261976910140310.

Winther Jørgensen, M. and Phillips, L. (1999) Diskursanalyse som teori og metode. Roskilde: Roskilde Universitetsforlag.

제12장

평가에서 교사의 자율성:
공정성에 대한 제도적 틀 사이에 있는 스웨덴과 독일 교사

캐서린 팔켄베르그와 요한나 린가르프(Kathleen Falkenberg & Johanna Ringarp)

서론

평가에서 교사의 자율성은 학교정책 개발자와 교육과정 개발자의 기대에 따라 정해져서 법률과 규정으로 공식화되고 학생 및 학부모와의 상호작용을 통해 갖게 된다. 학생을 평가하는 것은 항상 양쪽의 균형을 맞추는 행위인데, 한쪽에는 규범, 기대, 규칙, 규정이 자리하고 다른 한쪽에는 교사의 신념과 전문가적 자기 개념화가 자리한다(Falkenberg, 2020). 따라서, 평가에서 교사의 자율성 및 이와 관련된 신념, 일상, 관행에 초점을 둠으로써 우리는 일반적으로 교사의 전문적 역할에 대한 다양한 이해와 특별히 다양한 교육체제에서의 교사 자율성에 대해 배울 수 있다.

평가에서 교사의 자율성은 독일 학교체제와 같이 진로에 따라 구분되는 학교체제에서 특별히 중요한데, 학업성적과 졸업장이 학생의 진학과 미래 삶의 기회에 영향을 미치는 다양한 선택의 순간에 사용되기 때문이다. 하지만, 스웨덴 학교체제처럼 보상적이고 포용적인 신념을 명확히 가진 종합적 학교체제에서조차, 성적은 일종의 '빠른 판단기준'이 되어 학생의 성취와 능력에 대한 압축된 정보를 제공한다(Lundahl & Waldow, 2009). 독일과 스웨덴에서 교실 평가는 중앙의 표준화 시험이 동반되지만(비록 다양한 정도와 다양한 전통에서 유래하지만(Waldow, 2014)), 여전히 개별 교사가 학생의 학교 성적표에 대한 최종 결정권을 가진다. 따라서, 평가와 성적에 관한 교사의 자율성은 두 국가에서 중요한 역할을 수행한다. 이것이 이 장에서 우리가 스웨덴과 독일을 선정하여 비교하는 이유이다.

스웨덴의 평가체제는 북유럽의 맥락에서 예외적인 사례로 설명되어왔다. 예를 들어, 노르웨이와 덴마크는 2000년대 초 소위 PISA 쇼크 때까지 보다 유럽 대륙의 전통을 유지해온 반면, 스웨덴 교육체제는 일찍부터 미국의 시험 기반 평가 접근을 통합하였다(Lundahl & Tveit, 2014; Tveit, 2014). 우리의 목적은 평가에 대한 스웨덴의 교사문화라고 불릴 수 있는 것을 밝히는 것인데, 이를 위하여 교사 신념에 대한 비교 접근을 활용한다. 우리는 분석을 위해 스웨덴과 독일에 초점을 두었는데, 평가 전통의 측면에서 스웨덴은 다른 유럽국가에 비해 다소 비정형적인 사례이고 독일은 좀 더 대륙적 사례라고 보았기 때문이다.

우리는 양국 교사의 신념에 초점을 둠으로써, 교사 자율성이라는 보다 광범위한 개념을 보다 깊이 이해하도록 도우려고 한다. 신념은 교실 평가와 같이 고도로 복잡한 상황에서 사람들의 인식을 구조화하고 행위에 영향을 미친다. 게다가, 신념은 '광범위한 교육체제에 내재되어 있고' 한 국가의 사회적, 윤리적, 정치적 특성이나 문화'를 언급한다(Braeken & Blömeke, 2016, p. 733). 우리 연구 결과에서 볼 수 있듯, 이러한 평가에 대한 제도적 틀과 교사의 신념 사이의 상호작용은 교사에게 얼마나 많은 자율성이 부여되고 교사가 어떻게 그것을 이용하는지에 영향을 미친다.

이 장에서 우리는 먼저 우리의 이론이 어디에 토대해 있는지 설명할 것이다. 그리고 이 장의 두 가지 핵심 내용을 제시한다. 스웨덴과 독일의 국가별 평가 시스템의 핵심적 특성, 특히 평가 과정에서의 교사 역할을 검토할 것이다. 둘째, 우리는 평가와 전문가적 자율성에 대한 교사의 신념에 주목하면서 경험적 자료를 구조화하고 분석하기 위해 정의감 유형론을 활용할 것이다. 마지막 절에서 우리는 전문가 이론 접근의 측면에서 연구 결과를 논의하고 마지막 성찰로 마무리할 것이다.

전문가로서의 교사

전문가는 상대적으로 높은 수준의 독립성, 자신들의 규범과 기준을 가진 전문가 집단으로 조직되고, 해당 분야에서 이들의 역량은 광범위하게 인정된다(Evetts, 2011, 2013). 이런 전통적인 개념 정의(Larson, 1977; Abbott, 1988)는 교직과 같이 복지국가 전문직에는 적절하지 않은 것으로 비판을 받아왔다(Burrage & Torstendahl, 1990; Evetts, 2003). 무엇보다, 사회 변화와 많은 직업 분야가 점점 전문화되면서 전문직의 수가 증가해왔다. 이 과정은 흔히 전문직화 또는 좀 더 비판적 관점에서 자격증 인플레이션으로 설명된다(Collins, 2011).

최근에 다양한 사회 하위시스템에 신공공관리를 도입하면서, 시장 논리가 전문직에 중요한 영향력을 미쳐왔다. 신공공관리는 1980년대와 1990년대 동안 늘 많은 국가에서 공공부문에 도입한 국제 행정 조류들을 묶는 개혁안이라고 설명된다(Hood, 1991). 그래서 전문가들에게 신공공관리의 도입은 자신들의 자율성이 축소된다는 것을 의미해왔다(Stenlås, 2009). 선행연구에서 이런 변화는 '위로부터의' 전문직화와 '안으로부터'의 전문직화라는 개념으로 설명되어왔다(Evetts, 2003). 에베츠에 따르면, '위로부터의' 전문직화 혹은 조직적 전문직성은 경영진 입장에서 직무 표준화의 증가를 수반한다. 한편 '안으로부터의' 전문직화는 전문가가 자율성과 행동 범위를 통해 스스로를 통제하는 상황을 언급한다. 그녀는 또한 후자를 직업적 전문직성이라고 역시 언급한다(Evetts, 2003; 2006; 2013).

물론, 분석 대상 국가에서 교사의 전문가적 지위는 서로 다른 교육체제 및 교사교육체제의 영향을 굉장히 많이 받는다(좀 더 자세한 설명을 위해서는 본서 제13장 참조). 하지만, 어느 정도 유사점들 역시 존재한다. 스웨덴과 독일에서 교사는 '일선 관료'(Lipsky, 2010)이자 전문직의 구성원이다(Fredriksson, 2010). 이때 일선 관료는 이 전문적 업무 분야의 정치적 의사결정을 지역 수준에서 실행하는 공공기관의 공무원을 의미한다. 전문직의 일원이면서 공무원으로서 일하는 간에 균형을 맞추어야 하는 것은 교사의 자아개념 형성을 어렵게 하는 것으로 판명되었다. 전문직과 공공기관 간의 관계에 그 이유가 있는데, 관료적 조직은 흔히 전문직 구조와 갈등하기 때문이다(Terhart, 2011). 동시에 북유럽 국가 특히 스웨덴의 교사는 전문직화의 과정에서 공공기관의 도움을 받았다.

다음 절에서 우리는 독일과 스웨덴에서 평가와 관련한 교사의 역할을 분석할 것이다. 전반적으로 전문가 업무의 표준화는 독일에서보다 스웨덴 교육정책 맥락에서 훨씬 많은 영향을 끼쳤다는 점이 분명해졌다. 우리는 독일 사례에서는 정책 변화에도 불구하고 직업적 전문직성이 여전히 훨씬 더 크다는 것을 주장한다.

독일과 스웨덴에서 평가의 제도적 틀

양국 교사의 일상에서 평가는 중요한 부분이지만, 스웨덴과 독일의 평가 실제에 대한 제도적 틀과 규정 간에 주요한 차이점들이 있다. 독일은 16개 주의 교육체제가 거의 다른 연방공화국이기 때문에 이 장에서는 노르트라인베스트팔렌주(North Rhine Westphalia, NRW) 체제에 주목하였다. NRW는 스웨덴과 같은 인구 규모를 가진 서부 독일에 있는 인구가 가장 많은 주이다. NRW에서는 6

세에 의무교육이 시작되며 아동은 4년간 종합초등학교에 다닌다. 성적평가는 늦어도 3학년 때부터 시작하고 학생들은 매 학기 말에 교과별로 1~6등급이 매겨진 학교성적표를 받는다. 4학년 학생들은 첫 학교 교육 시기의 학습과 성적에 근거하여 '상급학교 진학을 위한 추천서'를 받는데, 학생들이 지원해야 하는 중등학교 진로가 명시된다. 법률적으로 이러한 추천서가 구속력을 갖는 것은 아니지만, 학부모는 교사의 추천을 따르는 경향이 있고 이것은 교사의 판단이 학생의 진학과 미래에 큰 영향을 미친다는 것을 의미한다. 학생들을 다양한 학교 유형으로 분류하는 것은 특성화된 학교에서 능력 집단을 통해 동질화한다는 페다고지 사상에 기반해 표명된 정책이다. 이론적으로는 그렇다. 이 학교에서 학생들의 충분한 잠재력과 요구가 최적으로 충족될 것이다. 5개 중등학교 계열 각각은 국가 교육 표준에 근거한 자신들의 교육과정을 따르고 국가수준의 최종 시험으로 마무리된다. 이때 최종 시험으로 특정 상급학교 진학이 허용(또는 배제)되는 학교 졸업장을 받게 된다.

각 학교 계열별로 교사는 주로 전문가적 경험과 각 교육과정에서 규정한 기준에 비추어 학생들의 학업 성취 수준을 평가한다. 3학년과 8학년에 실시하는 표준화된 필수 학력진단평가(Vergleichsarbeiten)는 2008년에 도입되었고, 같은 학교 교사에 의해 평가가 이루어진다. 학생의 과제 수행은 학년도에 걸쳐 계속 성적을 매기고 학생들이 상급학년으로 진급할지 유급해야 할지를 결정하는데 사용되는 학교 성적표에 정기적으로 요약하여 기록된다. 학생들이 주요 교과에서 일정한 학점에 계속 도달하지 못한다면, 교사와 교장은 학생들에게 기존 학교 계열에서 '조금 낮은 수준의' 학교 계열(Abschulung)로 전학하여 학업을 계속하도록 조언할 수 있다. 따라서, 독일 교육체제에서는 교사의 평가가 학생의 삶에 광범위하게 영향을 미치게 되는 여러 차례의 선택 지점들이 있다. 역사적으로 말하면, 향후 진로에 대해 성적과 졸업장이 갖는 중요성은 사회적 지위에 대한 접근이 특정 교육 인증 및 자격과 결합하여 구속되는 위계적 시스템에 근간을 두고 있다(Berechtigungswesen; Zymek, 2008 참조). 스웨덴의 종합학교체제는 전통적으로 '모두를 위한 하나의 학교'라는 사회민주주의 슬로건하에 민주주의와 평등을 지향하였다. 그러나 1990년대 초부터 분권화와 시장화로 점점 더 도전받고 있다. 오늘날의 학교체제는 9년제 기초학교(grundskola, 초등학교 전, 초등학교, 전기중등학교의 통합), 후기중등교육과 직업교육을 위한 3년제 종합고등학교(gymnasieskola)로 구성된다. 전통적으로 성적산출은 상대적으로 늦게 시작되어 2012년까지는 학생들이 8학년이 되어서야 처음으로 성적을 산출하였다. 현재는 6학년에 들어서면 성적산출을 시작하는데 4학년 이전에 성적산출을 시작하는 것에 대한 지속적인 논쟁이 이루어지고 있다(Utbildningsdepartementet, 2019). 첫해 평가는 매 학기 교사와 학생, 학부모 간에 발전적 대화를 나누면서 형성적 피드백 및 개별화 학습에 주로 주목한다. 이러한 것들은 모든 학생을 위한 개별 발달 계획(IUP)의 수립으로 이어진다. 스웨덴 학교체제에는 교실 평가와 함께 전국적으로 성적산출을 동등하게 보장하는 표준화된 평가의 엄밀한 전통이 있다(Waldow, 2014 참조). 학생들은 국가의 중등학교 프로그램 중 하나에 지원하기 위해 일정 정도 교육과 교육과정에서 규정한 최소한의 기준에 도달하는 것이 필요하다. 한 과목 이상 기준을 충족하지 못한 학생들도 다양한 프로그램을 통해 자신들의 학교 성적표를 완성할 수 있다. 기말시험은 없고 학생들은 중등학교가 끝날 때 자신들의 전체 과정에 대한 성적을 포함한 최종 성적표를 받는다.

여기에 정규 학교체제를 보완하는 성인교육체제(Komvux)도 존재한다. 이를 통해 생애 어떤 단계에서든지 중등교육을 이수할 수 있다. 선별적인 독일 교육체제와 비교하여 스웨덴 종합학교체제에서는 교사의 성적산출과 결부되어 학생에 미치는 영향은 훨씬 적다. 양국의 평가 규범과 규정을 살펴보면, 스웨덴의 교사 평가에 관한 공식 문서와 규정에는 강력한 규범적 담론이 있는데 학생의 지식에 대한 총체적이지만, 동등한 평가라는 생각에 초점을 둔다. 스웨덴 평가에 관한 국가교육위원회(Skolverket)의 출판물 거의 대부분이 전국에 걸친 동등한 성적산출의 중요성을 강조한다. 평가에서 교사에 대한 기대와 '공정한' 평가로 간주되는 것은 규범적 수준에서 독일에서보다는 스웨덴 상황에서 훨씬 더 명확한 것 같다. 한편으로 스웨덴 교사는 독일 교사보다 평가의 실제 형태와 횟수에서 훨씬 많은 자유를 누린다. NRW 교육과정 문서에서 학습 목표는 모든 학년을 위해 규정되는데, 이것으로 선형적 지식 습득을 함축하고 한 해 동안 다루어야 하는 모든 주제를 다루도록 학생과 교사에 대해 압력을 행사한다. 게다가, 특정 기간 중 특정 교과에서 치뤄지는 많은 지필 시험과 구술시험을 비교하여 교사가 얼마나 가중치를 두어야 하는지에 대한 구체적인 지침이 존재한다. 이런 구체성의 수준은 NRW의 교사를 위한 일반적인 복무규정(Dienstordnung)의 관대함과는 뚜렷한 대조를 보인다. 즉, 일반적 복무규정은 '교사 자신의 책임감과 교수법적 자유에 기반해 학생들을 교육하고 가르치고 조언하고 평가하는 것이 교사가 되는 것의 일부'라고 명시되어 있다(MSW, 2011, section 4(1)).

스웨덴의 규정은 평가의 구체적인 형태를 설명하지는 않지만, 종합학교 교육과정에 독일보다는 훨씬 더 상세하게 성적산출에 관한 내용이 담겨 있다. 교육과정은 3학년, 6학년, 9학년 학습 목표가 담긴 교육과정 계획을 포함하고 있는데, 세 가지 서로 다른 평가 등급(A, C, E)별로 각 교과를 위한 지식 요건이 더욱 구체적으로 제시되어 있다. 이 지식 요건은 일정 수준의 성적을 받기 위해 모든 학생이 성취해야 하는 최소 기준을 의미하는 것으로 학생들의 과제 수행에 대해 성적을 산출하는 경우 교사를 위한 가장 중요한 도구로서 제시된다. 개별 교과별로 평가 관행에서 지식 요건의 활용 방법을 설명하는 수많은 추가적인 출판물들이 있다. 동시에 교사는 학생들을 평가할 때 학생들의 학습과정에 대한 모든 가용한 정보들을 사용하도록 고무된다.

평가 실제에 대한 제도적 틀과 이에 따른 평가에서의 교사 자율성이 실천의 틀을 엄밀하게 제공한다. 이 점을 염두에 두는 것이 아주 중요하다. 전문가가 이렇게 제공되는 틀과 이를 체화해 평가 수행을 위해 사용하는 방법은 여전히 굉장히 맥락적이어서 아직도 상황에 따라 다르게 적용된다.

평가에서 자율성에 대한 교사의 관점

이 절에서 논의한 경험적 자료는 독일과 스웨덴의 평가에 관한 교사의 정의감에 초점을 둔 비교 연구가 출처이다(Falkenberg, 2020).[1] 분석은 세 가지 유형의 자료에 기반하여 이루어졌다. 즉, 공식 문서(예를 들어, 규정, 법률, 교사를 위한 가이드), 7~10학년에서 수학 또는 독일어/스웨덴어를 가르친 다양한 학교 유형 출신 교사와의 44회 면담자료, 그리고 교사가 활용하거나 산출한 평가 자료들이다. 면담은 '공정한 평가'에 대한 교사의 이해, 교사의 평가 경로 및 실천은 물론, 교사가 공정하다고 생각하고 평가하려고 할 때 부딪히는 어려움 혹은 제한점에 초점을 두었다. 평가에서 자율성 문제는 독일과 스웨덴 교사와의 모든 인터뷰에서 어김없이 나타났는데, 공정한 평가를 위한 전제조건이든, 공정한 평가를 가로막는다고 인식된 자율성 부족의 측면에서든 어느 경우든 등장하였다. 분석 결과에 따르면, 표집된 독일과 스웨덴의 전체 교사에게서 4가지 평가에 관한 서로 다른 정의감 유형이 나타났다. 즉, 산술적, 절차적-관료적, 담론-상호작용적, 보상적 정의감이다. 이 각각은 교사가 다양한 평가 전략을 활용하여 평가를 공정하게 하기 위해 다양한 기대 간의 균형을 어떻게 맞추는지

---

1 이 프로젝트는 에미-뉘더연구소(Emmy-Noether-research group)의 '다양한 능력주의 세계? "표준기반개혁" 시대(2010-2019) 독일, 스웨덴, 영국에서의 교육평가 및 정의 개념'을 주제로 한 연구그룹의 일부였다. 이 연구는 Florian Waldow가 책임자로 있었고 독일연구재단(German Research Foundation, DFG)에서 연구비를 지원했다.

를 보여준다. 다음 절에서는 평가에서 전문가적 자율성 문제에 초점을 맞추고 서 이 4가지 유형의 정의감과 국가별 고유한 경향을 논의할 것이다.

수치 조작하기: 자율성과 산술적 정의감

산술적 정의감에 따르면 교사의 주된 책임은 교과 지식을 전달하는 것이며, 또한 학생의 지식을 테스트하는 교과교사로 교사 정체성을 규정한다. 평가는 주로 지필 시험을 활용한 측정으로 이해되면서 평가의 다른 형태, 예를 들어, 구술시험 혹은 팀 작업은 덜 타당한 것으로 간주된다. 학습단원 종료 시에 총괄평가에 초점을 두며 학습과정을 개선하기 위한 추가적인 조언은 이루어지지 않는다. 전반적인 평가 과정은 학생들의 능력과 학업 활동을 테스트하고 점수 또는 숫자로 변환되는 산술적 절차에 의해 이루어진다. 이 점수나 숫자는 합산되어 성적으로 변환되는데, 흔히 학년도 동안 다양한 평가 근거에 따라 산출된 개별 성적을 평균하여 최종 성적을 산출한다. 산술적 정의감을 보이는 교사는 개별 교실의 성적에 대해 가우스의 '정상' 분포 곡선을 기대하는 경향이 있고 이러한 기대에 부합하는 엄격한 성적 분포를 보이는 채점 방식을 사용하는 경향이 있다. 이어서 학생들은 이런 정상분포 곡선에 따라 등급 척도로 분류되지만, 교사의 전략은 예상치 못한 학생의 학업성취로 어김없이 도전받는다. 특별히, 이런 유형의 정의감을 가진 독일 교사는 흔히 특정 학습집단에 대한 기대와 성적을 일치시키기 위하여 회고적으로(즉, 학습집단의 모든 시험을 채점한 이후를 뜻함) 채점 방식을 바꾼다. 즉, 채점 방식의 조작이 전체 학습집단에 좀 더 공정한 방식이 될 것이라고 강조하고 이것을 교사의 '교수학적 자유'[2]로 언급하면서 정당화한다. 다시 말해서 이 교사는 산술적 정확성에 근거

---

2 면담내용은 인용부호로 표시되어 있다.

해 정의감을 내세우고 있지만, 어려운 상황에서도 교사가 공정한 평가에 이를 수 있는 것은 교사의 책략을 위한 전문가적 여유 덕분이다.

스웨덴 교사는 주로 지필 시험과 성적 평균에 점수를 부여하는 것과 같은 평가 아이디어를 대부분 거부하고 '우리는 형성적으로 평가해야 한다'라고 주장하였다. 독일 교사와 같이 시험을 채점하고 엄격하게 성적의 경계를 두는 것은 총괄평가로서 간주되는데, 많은 교사는 총괄평가를 과거에서 온 것 또는 적어도 곧 극복될 것으로 언급한다.

점수와 성적이 학생성취에 대한 학생과의 대화에서 주를 이루는데, 이것에서 벗어나는 한 가지 방법은 '성적'과 '학년 수준' 간의 의미를 구분하는 것이다. 스웨덴 교사 페르닐라(Pernilla)는 학생과의 대화에서 학년도 동안 학습과정에 관해 이야기할 때 '학년 수준'이라는 용어를 사용하여 설명하였다. 그녀가 생각하기에 학년말에 최종 성적을 받는 경우에만 '성적'이라는 용어를 사용해야 한다. 그렇지 않으면, 학생들은 '개별 성적이 마치 사실인 것처럼' 개별 성적을 단순히 합산하고 싶어 할 것이다. 하지만, 페르닐라는 '나는 학기말에 모든 과제를 살펴보고 학생이 성장하고 있는 진전 상황과 성적을 확인할 것'이라고 주장했다. 그 과정에서 페르닐라는 스콜베르케트(Skolverket) 규정에 따라 행동하는데, 이것은 최종 성적이 일정 기간 받은 모든 성적의 단순 평균이 아니라, 그 대신에 교사가 학생의 지식에 대해 가지고 있는 모든 정보를 종합하여 반영해야 한다고 분명하게 진술한다(Skolverket, 2012, p. 23).

그럼에도 불구하고, 일부 스웨덴 교사는 앞서 언급한 규정을 알면서도 무시하고서 한 학년 동안 이루어진 모든 평가를 합산하여 평균을 낸다고 보고하였다.

이에 대한 한 가지 설명을 말린(Malin)과의 인터뷰에서 발견할 수 있는데, 말린은 학생들이 '학년 수준'과 '성적'의 차이에 대해 굉장히 혼란스러워한다고 주장하였다. 말린은 자신의 문서작업과 학생들을 위한 피드백 도구로 루브릭을 활용한다. 이것들이 강의계획서를 기반으로 하여 핵심 내용 및 메모를 위한 네 개의 칸을 포함한다. 이 칸들에 다음과 같이 이름이 붙였다: 수준 1(F), 수준 2(E), 수준 3(C), 수준 4(A). 사소한 세부 사항처럼 보일 수도 있다. 그러나 이런 방식으로 칼럼에 이름을 붙임으로써, 교사 스스로 학년 수준(1-4)과 등급 (A-F) 간 의미상의 차이를 모호하게 만드는 동시에 실제로 역량은 C라고 말해서는 안 된다는 점을 알게 된다. '모든 것이 […] 하나의 등급으로 집계된다면 그 경우에만 C이기 때문에 수준을 말해야 한다.'

모든 스웨덴 교사가 그들 자신의 평가 관행이 여러 명의 독일 교사가 보다 자신 있게 행했던 것처럼 분석에서 산술적 절차에 기반해 있다는 점을 부인하였지만, 이 절차상의 흔적이 분석에서 발견될 수도 있다. 그러나, 산술적 정의 감에 의지하는 독일 교사와 비교하여 스웨덴 교사는 자신들의 평가 관행을 정당화하기 위해 외부적 기대(스콜베르케트 규정, 혹은 '학년 수준'이라는 용어의 애매모호함에 대한 학생들의 불평 등)가 있다는 것을 지적한다. 그 대신에 독일 교사는 애매하지만, 교육학적 자유라는 모호하지만 분명히 안심할 수 있는 개념에 의지하는데, 이 것이 다양한 방식의 전문가적 자율성에 대한 하나의 힌트로 이해될 수 있다.

규칙을 따르고 왜곡하기: 자율성과 절차적 관료적 정의감

절차적 관료적 정의감을 가진 사람들에게는 객관적이고 비교 가능하며 정확한 평가가 핵심이다. 이것은 투명성 강조 및 상세한 문서화의 필요와 함께 철저한 책무성을 통해 성취된다. 다음에 논의되는 담론적 상호작용적 정의감 및 보상적 정의감과 비교하여, 투명성과 문서화는 공유된 이해에 도달하거나 형성적 피드백을 제공하는 방법으로서가 아니라, 학생이나 학부모들이 교사의 의사결정에 문제를 제기하는 경우에 법적 보호 전략으로 주로 기능한다.

따라서 교사의 지위를 전문가적 임무를 가진 공무원으로 강조하면서, 교사는 흔히 법률적 틀을 언급한다.

하지만, 두 국가에서 법률적으로 문제없이 성적을 산출해야 할 필요성은 매우 다르게 형성된다. 독일 학부모들은 법정에서 개별 성적에 대해 상소할 권리를 가지는 한편, 스웨덴에서는 일단 성적표에 등급이 기재되고 나면 법률적 상소 절차가 진행될 가능성은 없다(Waldow, 2014). 그럼에도 불구하고, 스웨덴의 교사는 법적으로 자신들의 성적산출이 건전하다는 것을 분명히 할 의무가 있고 그것이 문서화에 대한 점차 높아지는 압력으로 이끄는 것 같다. 교사 프레드릭(Fredrik)이 말한 것처럼 그는 시작 단계부터 **모든 단계 하나하나**를 올바르게 추적하도록 유지하는 것이 필요하다고 느끼고 디지털 평가 도구를 사용하고 있다. 이 도구는 강의계획서의 핵심 내용과 지식 요건에 기반을 두고 있는데, 프레드릭이 개별 학생을 위한 개별 파일에 모든 것들을 '쉽게' '복붙'할 수 있다는 것을 의미한다. 그는 평가가 더 쉬워지게 되었고 업무 부담은 줄어들고 평가는 약간 더 '객관적'이고 법률적으로 건전해졌다는 점을 반복해서 강조하였다. 그러나 그가 평가 실제를 설명한 방식은 오히려 기계적인 분류 과정을 연상시킨다. 학습목표 선정, 프로그램 레지스터에 쌓이는 '결과' '매우 쉬움', '그렇게 하면 됨' 등을 코딩한 정확한 등급과 색깔 클릭 등과 같은 것 말이다. 실질적으로 그의 이야기에서 주저함이나 의심은 없다. 그러나 학생의 능력과 '정확한' 등급 수준을 일치시키는 것에 강력한 강조점을 둔다.

독일 수학 교사 다베르트(Herr Dabert)[3]도 이와 비슷한 전략을 사용하는데,

---

3 이 연구에서 사용된 가명은 독일과 스웨덴 교사 사이의 부가적인 차이를 보여준다. 즉, 스웨덴과 다른 북유럽 국가들에 있어 사람들을 부를 때 이름(성이 아닌)으로 부르는 것이 상당히 보편적이다. 심지어 그 사람이 엄연한 전문직 종사자라고 하더라도 말이다. 그러나 독일 교사 혹은 독일의 전문직 종사자들은 직업과 관련된 공식적인 호칭(예를 들어, Herr/Frau) 및 그 사람의 성으로 사용해 지칭한다.

'언제든지'에 책임질 수 있고 법률적으로 건전한 평가를 보장하기 위하여 아주 상세하게 기록하여 계속 문서로 남긴다. 그러나, 스웨덴 교사 프레드릭와 대조적으로 그는 자신의 '교육학적 자유'를 언급하면서 적극적으로 특정 규정을 무시하기로 했다고 당당하게 인정하였다. 인상적인 예를 들면, 다베르트는 숙제는 성적으로 매기지 말아야 한다는 규칙을 잘 알지만, 벌점으로 위장하여 누락된 숙제를 모든 수업에서 개별 학생에 점수를 부여하고 그것을 합산하여 학년말 최종 성적에 통합하는 문서 시스템에 포함시킨다. 그는 자신의 규칙을 아주 잘 알고 그것들을 왜곡하는 방법 역시 잘 안다. '교육학적 자유'라는 담론은 직업적 전문가로서 그가 스스로 공정한 평가에 중요하다고 말한 즉, 법률 테두리 내에 머물면서 엄밀한 평가 절차를 따르는 규칙에서 일탈한 것을 정당화하도록 돕는다.

전반적으로 자신들의 평가 관행을 설명할 때, 스웨덴 교사는 독일 교사가 NRW 교육부의 공식 문서를 언급하는 것보다 훨씬 더 자주 스콜베르케트 출판물과 입장을 언급한다. 이것을 스웨덴 교사와 교수활동에 대한 표준화가 증가했다는 예시라고 주장한다. 2015년에 이 연구를 위해 자료가 수집되고 나서 전자화된 평가체제가 스웨덴에서 점점 더 보편화되었기 때문에 향후 연구자들은 그때 이후 향상된 디지털화가 평가 실제에 어떻게 영향을 미쳤고 평가에 대해 심지어 보다 표준된 접근으로 어떻게 이끌었는지는 향후 연구자들이 밝힐 수 있다.

함께 결정하기: 자율성과 담론-상호작용적 정의감

담론-상호작용적 정의감은 교사끼리는 물론이고 교사와 학생 간의 개인적 관계와 집중적 의사소통에 강력하게 초점을 두는 것이 특징이다. 산술적이고 절차적-관료적 정의감을 가진 교사는 평가와 등급 매기기에 대한 학생들과의 '소모적인 토론'를 피하려고 하는 한편, 담론-상호작용적 정의감을 가진 교사는 자신들의 공정성에 대한 인식을 엄밀히 학생들과의 상호작용 및 자신의 판단에 대한 의사소통을 통한 검증에 둔다. 이 교사의 전형적 전략은 평가 결과에 대해 계속 이야기하여 합의에 도달하면서 평가기준에 대한 투명성을 보증하는 것이다. 이 교사는 엄격하게 스스로를 산술적 논리와 거리를 둔다. 예를 들어, 직업고등학교(Hauptschle)의 한 독일 교사가 "만약 등급이 [학년 성적 표의 학년]과 일치한다면, '너는 평균 성적은 2.75점 이고, 3등급이야, 내 생각에 그건 괜찮지 않아." 라고 말하면서 그 점수들 뒤에 숨는 것보다는 더 많은 것을 성취한 것이다. 이 교사는 전체 학습집단과 개별 학생의 최종 성적에 대한 자신의 결정에 대해 토론하기를 선호한다. 성적 수준이 다른 두 학생에게 같은 등급을 주는 것처럼 특별히 중요한 결정을 내려야 할 경우에 그녀는 평가에서의 전문가적 자율성을 강조하고 학생을 위한 투명한 결정을 하기 위하여 개인별 능력 및 학습상의 어려움에 대해 학급 차원에서 토론한다. 학생들을 토론의 장으로 끌어들임으로써, 그녀는 이 등급에 대한 정당성을 추구하여 확보한다. 이런 정의감에서 '교육학적 자유'라는 용어는 산술적 정의감에서 와는 다른 의미로 사용된다. 여기서, 교사와 학생 간 대화로 도출된 합의는 성적을 합산하여 최종 성적으로 평균화하는 일반적 절차에서 벗어나도록 허용한다.

스웨덴 교사의 인터뷰에서 담론-상호작용적인 전략은 특정 등급을 위한 다양한 지식 요건을 해석하기 위해 주로 사용된다. 교사는 동료들과 상세화된 강의계획서에 대해 집중적으로 토론하고 협력적 교수활동 전략을 통해 교사 입장에서 공정한 평가를 조장하는 규정에 대한 '공동의 이해'에 이르려고 한다. 독일 강의계획서는 스웨덴 강의계획서와 같이 핵심 내용과 학습 목표를 포함하고 있지만, 그것들은 스웨덴의 지식 요건과 유사한 정확한 평가기준이 부족하다. 독일 교사는 학생들이 일정한 성적을 받기 위해 정확하게 무엇을 알아야 하는지, 또는 무엇을 더 잘 보여주어야 하는지를 좀 더 자유롭게 정의한다. 이런 점에서 교사가 학생의 능력과 학업성취를 평가하는 것을 돕기 위해 스콜베르케트가 도입한 스웨덴의 지식 요건은 많은 도전을 받고 있다. 한편 공문서에 관한 '번역 작업'은 단순히 동일한 등급을 주는 것보다는 평가에 대한 심도 깊은 이해를 목표로 하기 때문에 절차적 관료적 정의감을 고수하는 교사의 초점처럼 시간과 정신적 자원이 많이 소요된다.

흥미롭게도, 스웨덴 교사는 독일 교사보다 훨씬 자주 동료 간 논쟁과 협동적 교수활동에 참여하는 경향이 있다. 대신 독일 교사는 '내 기준', '내가 부여하는 성적' 혹은 '내 의견'에 대해 말하면서 평가에 대한 생각을 집단적 행동보다는 오히려 개별 행동으로 강조하였다. 여기서 젊은 교사는 예외적인데, 이들은 표준화된 진단평가와 중앙집권화된 기말시험의 도입으로 성적산출 측면에서 교사들 간의 협력이 더 많이 필요하다고 주장한다(Maag Merki, 2012 참조).

가장 중요한 세부적인 국가별 차이는 평가 시기와 관련되어 있다. 독일 교사는 주로 학습과정이 끝난 후에 최종 성적을 개별적으로 설명하는 경향이 있는 반면, 스웨덴 교사는 학습과정이 시작할 때 지식 요건을 설명하는 것으로 토론을 시작한다. 이것은 주로 다양한 규정으로 설명될 수 있다. 출판된 스콜베르케트의 많은 저작들을 보면, 학생에게 기준을 설명하고 학생들이 학습과정 동안 그들이 어디에 있는지 분명히 알게 하고 모든 사소한 성취라도 대화하는 것이 필요하다고 제시한다(예를 들어, Skolverket, 2012, pp. 10-11 참조). 이런 지속적인 '성적에 대한 대화'는 학생들이 실제 학습 및 습득한 지식보다 등급에 집착하게 되고 그것이 때때로 학생에 대한 성취 압력으로 이어지게 한다는 부정적인 측면이 있다는 점이다(Vogt, 2017 참조). 교사가 학생들에게 이들이 성취와 등급에 대해 정보를 제공해야 한다는 조언이 독일의 문서에는 거의 없다. 그러나 어떤 성취가 어떤 등급인지에 대한 실제적 정의는 개별 교사에 달려 있으므로 독일 교사가 스웨덴 교사보다는 훨씬 많은 자유를 누린다.

그럼에도 불구하고, 학생이든 동료교사든 함께 토론을 통해 자신들의 평가에 대해 소통함으로써 정당성을 확보하는 것은 담론적 상호작용적 정의감을 고수하는 모든 교사의 공통점이다.

다양한 방법 탐색 - 자율성과 보상적 정의감

보상적 정의감은 모든 학생이 최상으로 성취할 수 있는 환경의 창출과 학생의 학습과정에 대해 책임감을 느끼는 '코치' 혹은 '교육자'로 교사 정체성을 정립하는 경향이 있다. 교사는 학생의 학습, 때로는 학습 성과의 산출에도 책임감을 느껴야 하는데, 평가를 주로 학생에 대한 형성적 피드백으로 기능해야 하는 지속적인 과정이라고 언급한다. 개별적 지원은 결과에만 초점을 두는 대신에 공정한 평가와 노력 및 개인 학습 곡선을 고려하기 위한 핵심 도구로서 강조된다. 이에 따라 객관성, 비교가능성, 측정과 같은 개념들이 산술적 정의감에서와 달리 중요시되지 않는다. 보상적 정의감은 스웨덴과 독일 모두에서 발견되지만, 제도적 틀이 다양해서 교사가 그것을 실천할 수 있는 정도는 굉장히 다르다.

대부분의 차이는 개별 학생을 위한 조직 차원의 적응에서 발견된다. 스웨덴의 규정하에서 모든 학생은 가능한 한 많이 발전하고 학습할 수 있어야 한다(SFS, 2010:800, 3장 2절 참고할 것). 이것은 교수활동과 평가에서 필수적인 부분으로서 IUPs[4]와 추가적 적응 혹은 특별한 지원으로 전환하고 교수활동과 평가

---

4 (역자 주) Individuell Utveckling Plan Portfolio(개인학습발달상황). IUP 포트폴리오는 스웨덴 모든 학교에서 활용하고 있는 교육 플랫폼으로, 학생의 개별 발달상황 및 학습진도를 기재하는 것이다. 2006년 제정된 법으로 인해 모든 학교급(K-12)학교에서 시행되고 있으며, 해당 내용을 기재하기 위해 연간 2회의 교사, 학생, 학부모 간 면담이 이뤄지도록 하고 있다. 한국의 학생생활기록부와 유사하다고 이해할 수 있다.

를 위한 조직 차원의 유연성을 좀 더 향상시킨다.

한편, 독일의 규정 역시 학생을 위한 개별 지원을 보다 선호한다. 그러나 교사가 평가 과정을 조정할 여지는 거의 없거나 전혀 없다. 유일한 예외는 학생들이 지필 시험을 위한 추가 시간과 같은 추가적 지원이나 보상적 조치를 받을 자격이 있다는 특별한 필요를 진단받았을 때이다. 이러한 제도적 틀은 보상적 정의감을 가진 독일 교사가 실제로 자신의 이상에 실제로 부응하고 평가에서 자신들의 전문가적 자율성을 활용하는 것을 더 어렵게 만든다. 레알슐레 (Realschule)의 교장인 홀러디에크(Frau Hollerdieck)는 표집된 사람 중에서 예외적인 사람인데, 이 교장은 지원적이고 개인에 초점을 둔 평가 실제에 대해 이야기한다. 교장들이 단지 경영적 문제에 책임지는 스웨덴과는 대조적으로 독일 교장들은 자신들의 경영상의 업무와 더불어 정기적으로 수업을 맡는다. 인터뷰 동안, 홀러디에크는 교장의 지위로 인해 재량권을 가지고 정규 교사가 따라야 하는 특정 규칙을 무시하거나 유보할 수 있다는 점이 분명해졌다. 그녀는 교사가 '의심스러운 경우 항상 학생들에게 유리하게' 자신들의 교육학적 자유재량권을 사용해야 한다고 주장하고 자신의 학교 교사가 개별적 지원에 보다 강하게 중점을 두도록 어떻게 고무됐는지를 설명하였다. 또 다른 면담 교사와 비교해 그녀는 교장으로서 다른 신념이 우세하는 학교의 정규 교사보다 전문가적 자율성(그리고 교직원들이 그들의 전문가적 자율성을 사용하도록 권유하는 것)을 발휘하는 것이 훨씬 더 쉽다. 게다가, 독일과 같이 계열별 학교체제에서 일하는 것이 다양한 학교 유형으로 학생들을 이끌어 개별적 지원을 제공하기에 적합하다(꽤 장히 논쟁적일 수 있는)는 공통 신념으로 이끈다(e.g., Tillmann, 2008).

비록 강도가 다양하지만, 대부분의 스웨덴 교사는 공동 기반으로 개별화된 교수학습을 공동기반으로 언급하였다. 강력한 보상적 정의감을 표현하는 교사들은 흔히 학생들이 가능한 한 많이 학습하고 성취할 수 있도록 다양한 가능성을 창출하는 것이 자신들의 '사명'이라는 점을 강조하였다. '학생들의 손을 잡는다' 또는 '학생들에게 길을 안내한다'와 같은 표현은 학생들의 학습 결과에 대해 얼마나 책임감을 느끼는지를 표현하기 위해 사용되는 전형적인 은유이다. 일반적으로 보상적 정의감을 가진 스웨덴 교사는 교수활동과 평가를 개별 학생에 맞추기 위하여 여러 가지 조직 차원의 도구를 사용한다. 즉, 다양한 평가 유형들을 사용하고, 다음 학년까지 연장하고 추가적인 개인 지도를 제공하는 것 등이다. 때로는 다른 방식들을 탐색하는 것은 스콜베르케트 규정에서 벗어나는 것이기도 하다. 그러나, 한 교사가 보고하고 있듯이 학생들이 협조하지 않는다면 다른 방법을 찾는 것은 어려울 수 있다.

요컨대, 비록 강조점과 함의가 다양하지만, 양국 교사와의 면담에서 보상적 정의감이 모두 발견된다. 그러나, 다른 세 가지 유형의 정의감과 달리, 스웨덴 교사가 독일 교사보다 자신들의 이상을 실현하는 데 더 많은 전문가적 자율성을 누린다.

논의와 마지막 성찰

이 장은 평가에서 교사의 전문가적 자율성은 맥락에 따라 굉장히 다르고 평가에 관한 교사의 신념이 '맥락에 따라' 다를 뿐만 아니라 교육 환경 '내에서도' 다양하다는 점을 보여준다.

하지만, 면담을 통해, 또한 독일 교사가 자신들의 평가 관행에 대해 말할 때 소위 '교육학적 자유'를 특별히 언급한다는 점을 분명히 알 수 있었다. 그럼에도 4가지 정의감에 따라 이런 특정 상황에서 이런 자유가 사용되는 방식은 차이가 있다. 즉, 교육학적 자유는 채점 방식의 조작을 정당화하고 규정을 탐색하여 왜곡하기 위해, 의사소통으로 교사와 학생 사이의 합의에 도달하기 위해, 혹은 보상적 목적을 위해 사용된다. 따라서 교육학적 자유는 전문가적 의사결정 즉, 학교 성적과 같이 학생의 삶의 기회에 심각한 영향을 끼치는 민감한 결정들을 정당화하기 위해 사용한다. 한편, 스웨덴 교사는 평가에 대해 이야기할 때 평가 관련 질문에서 규정을 훨씬 더 자주 언급하고 핵심적 행위자로서 스콜베르케트를 언급한다. 흔히, 교사는 교육과정에 대한 자신의 복사본을 가져오고 상세한 지식 요건들을 읽음으로써 자신들의 평가 관행을 설명한다. 따라서 우리는 스웨덴 교사가 독일 교사보다 평가에 관한 전문가적 자율성이 훨씬 더 제한적이라는 점을 주장한다. 제도적 틀이 독일 교사보다 스웨덴 교사를 더 많이 지원하는 평가에서의 보상적 조치와 개별 조정은 예외이다. 에베츠(Evetts, 2003; 2006; 2013)의 이해 방식으로 '위로부터'의 전문직화의 구분과 다시 한번 연계하면서, 독일 교사는 직업적 전문직성(안으로부터)에 의지하는 반면, 스웨덴 교사는 훨씬 더 조직적 전문직성('위로부터의') 경향을 가진다. 이것은 스웨덴과 독일의 교육 거버넌스 지배와 교사 자율성에 대한 다른 연구의 결과와 일치한다(Wermke, Rick Olason & Salokangas, 2019).

우리는 이제 양국의 교사가 자신들의 평가 관행을 설명할 때 다양한 정당성의 원천을 언급하고 이 정당성은 부분적으로는 규정 및 학교체제와 같이 제도적 상황을 통해서이며, 부분적으로는 교사 자신의 정의감을 통해서 확보된다고 결론 내린다. 양국의 교사는 성적을 매길 때 전문가로서 행동하지만, 이 의사결정에서 교사의 자율성 정도는 제도적 관점에서 가능한 것과 공정한 것으로 보이는 것에 의해 매우 큰 영향을 받는다.

이 장은 학교에서 평가에 관한 스웨덴과 독일 교사의 전문가적 자율성에 대한 지식뿐만 아니라 교사의 자율성 개념과 지역의 맥락성에 대해 광범위하게 이해하도록 한다. 특히 북유럽 교사문화의 분석에 유용할 것이다.

[참고문헌]

Abbott, A. D. (1988) The system of professions: an essay on the division of expert labour. Chicago: University of Chicago Press.

Braeken, J. and Blömeke, S. (2016) 'Comparing future teachers' beliefs across countries: approximate measurement invariance with Bayesian elastic constraints for local item dependence and differential item functioning', Assessment & Evaluation in Higher Education, 41(5), pp. 733-749. doi: 10.1080/02602938.2016.1161005.

Burrage, M. and Torstendahl, R. (eds.) (1990) The formation of professions: knowledge, state and strategy. London: Sage.

Collins, R. (2011) 'Credential inflation and the future of universities', Italian Journal of the Sociology of Education, 3(2), pp. 228-251.

Evetts, J. (2003) 'The sociological analysis of professionalism: occupational change in the modern world', International Sociology, 18(2), pp. 395-415. doi: 10.1177/0268580903018002005.

Evetts, J. (2006) 'Short note: the sociology of professional groups: new directions', Current Sociology, 54(1), pp. 133-143. doi: 10.1177/0011392106057161.

Evetts, J. (2011) 'A new professionalism? Challenges and opportunities', Current Sociology, 59(4), pp. 406-422. doi: 10.1177/0011392111402585.

Evetts, J. (2013) 'Professionalism: value and ideology', Current Sociology, 61(5-6), pp. 778-796. doi: 10.1177/0011392113479316.

Falkenberg, K. (2020) Gerechtigkeitsüberzeugungen bei der Leistungsbeurteilung. Eine GroundedTheory-Studie mit Lehrkräften im deutsch-schwedischen Vergleich. Wiesbaden: Springer VS.

Fredriksson, A. (2010) Marknaden och lärarna: hur organiseringen av skolan påverkar lärares offentliga tjänstemannaskap. Göteborg: Göteborgs universitet.

Hood, C. (1991) 'A public management for all seasons?', Public Administration, 69(1), pp. 3-19. doi: 10.1111/j.1467-9299.1991.tb00779.x.

Larson, M. S. (1977) The rise of professionalism: a sociological analysis. Berkeley: University of California Press.

Lipsky, M. (2010) Street-level bureaucracy: dilemmas of the individual in public services. New York: Russell Sage Foundation.

Lundahl, C. and Tveit, S. (2014) 'Att legitimera nationella prov i Sverige och i Norge – en fråga om profession och tradition', Pedagogisk forskning i Sverige, (4-5), pp. 297-323.Teachers' autonomy in assessment 215

Lundahl, C. and Waldow, F. (2009) 'Standardisation and "quick languages": the shape-shifting of standardised measurement of pupil achievement in Sweden and Germany', Comparative Education, 45(3), pp. 365-385. doi: 10.1080/03050060903184940.

Maag Merki, K. (2012) Zentralabitur. Die längsschnittliche Analyse der Wirkungen der Einführung zentraler Abiturprüfungen in Deutschland. Wiesbaden: Springer VS.

Ministerium für Schule und Weiterbildung des Landes Nordrhein-Westfalen (MSW) (2011) Allgemeine Dienstordnung für Lehrerinnen und Lehrer, Schulleiterinnen und Schulleiter an öffentlichen Schulen. Düsseldorf: MSW.

Skolverket (2012) Bedömning och betygssättning i gymnasieskolan (Allmänna råd). Stockholm.

Stenlås, N. (2009) En kår i kläm: läraryrket mellan professionella ideal och statliga reformideologier. Stockholm: Regeringskansliet. SFS, 2010:800. Skollag, Swedish Government Act, 2010:800, Education Act.

Terhart, E. (2011) 'Lehrerberuf und Professionalität: Gewandeltes Begriffsverständnis – neue Herausforderungen', in Helsper, W. and Tippelt, R. (eds.), Pädagogische Professionalität (57. Beiheft der Zeitschrift für Pädagogik). Weinheim: Beltz, pp. 202–224.

Tillmann, K.-J. (2008) 'Die homogene Lerngruppe – oder: System jagt Fiktion', in Otto, H.-U. and Rauschenbach, T. (eds.), Die andere Seite der Bildung. Wiesbaden: Springer Vorschau, pp. 33–39.

Tveit, S. (2014) 'Educational assessment in Norway', Assessment in Education: Principles, Policy & Practice, 21(2), pp. 221–237. doi: 10.1080/0969594X.2013.830079.

Utbildningsdepartementet (2019) Möjlighet till betyg från årskurs 4 (Promemoria, U2019/04190/ S). Available at: https://www.regeringen.se/rattsliga-dokument/departementsserien-och-promemorior/2019/12/mojlighet-till-betyg-fran-arskurs-4/(Accessed: 13 May 2021).

Vogt, B. (2017) Just assessment in school: pupils' conceptions in Sweden and Germany. Växjö: Linnéuniversitet.

Waldow, F. (2014) 'Conceptions of justice in the examination systems of England, Germany, and Sweden: a look at safeguards of fair procedure and possibilities of appeal', Comparative Education Review, 58(2), pp. 322–343. doi: 10.1086/674781.

Wermke, W., Rick Olason, S. and Salokangas, M. (2019) 'Decision-making and control: perceived autonomy of teachers in Germany and Sweden', Journal of Curriculum Studies, 51(3), pp. 306–325. doi: 10.1080/00220272.2018.1482960.

Zymek, B. (2008) 'Geschichte des Schulwesens und des Lehrerberufs', in Helsper, W. and Böhme, J. (eds.), Handbuch der Schulforschung (2nd ed.). Wiesbaden: Springer Vorschau, pp. 203–237. doi: 10.1007/978-3-531-91095-6_8.

제13장

통합, 분화, 그리고 복잡성:
교직 통제와 북유럽 모델

빌란트 베름케와 티네 프뢰츠(Wieland Wermke & Tine S. Prøitz)

서론

북유럽 학교체제와 그 외 지역의 국가 및 지역별 학교체제의 다양성은 전통적인 투입 혹은 산출 거버넌스 전략 차원에서 설명되어왔다. 산출 거버넌스는 흔히 표준 설정과 학교평가를 통해 학교의 산출을 통제하도록 만들어진 '표준화 개혁'과 관련된다. 이 접근은 경쟁 또는 소위 학교 선택 정책을 강조하는데, 예를 들어, 재정공급에서 수요로 전환함으로써 교육체제 내에 준시장을 구축한다. 반대로, 투입 지향 레짐은 경제적 자원, 상세한 교육과정, 교사에 대한 표준화된 전문직화처럼 투입에 대한 중앙집권적 규제와 관련된다. 요즘 교사, 교장, 학생, 또는 학부모들은 학교의 발전 방향에 영향을 미치는 다양한, 그리고 하이브리드 형태의 학교 거버넌스에 상당한 영향을 미치고 있다(Steiner-Khamsi & Waldow, 2012; Frostensson, 2015; Wermke & Prøitz, 2019). 하이브리드 형태의 거버넌스 출현은 단일하고, 국가 중심의 거버넌스 형태가 아니면서 영향을 미치는 여러 집합체들의 형성을 인정하는 토대를 제공한다. 우리는 역사사회학적 관점에서 세 국가의 교직을 비교함으로써 국가별 교직을 이해하기 위해 하나의 접근법을 제안하는데, 이것은 투입-산출 이분법뿐만 아니라 이 거버넌스 체제의 복잡성의 정도가 다양하다는 점을 강조하는 접근법이다. 우리는 이 복잡성을 특정 체제의 요소들이 우발적이고 다양한 방식으로 상호작용하는 방법의 측면에서 복잡성을 이해한다(Kauko & Wermke, 2018).

체제와 관련된 주체들이 많을수록 체제와 관련된 문제에 대한 잠재적 해결책이 더 많이 나올 수 있다. (특별한 기대와 다양한 평가기술을 가진 이해관계자) 해결책은 많으면 많을수록 교사가 잘못된 해결책을 선택할 위험 또한 높아진다. 다양한 수준의 분화와 통합을 포함한 개혁 전략은 국가별 교직이 관리해야 하는 다양한 수준의 복잡성을 산출한다. 교사의 업무 생활에서 복잡성은 위기관리의 쟁점이 된다. 즉, 의사결정은 점점 더 다양한 종류의 제재로 이어질수도 있는 잘못된 의사결정과 관련된 잠재된 위기를 최소화하는 것에 목적을 둔다. 베름케와 살로칸가스(Wermke & Salokangas, 2021)가 말하는 '자율성의 역설'이 복잡성과 위기관리의 한 예시이다. 이때 자율성의 역설이 의미하는 바는 할 의사결정이 많고 관련된 이해관계자의 수가 많을수록 교사는 잘못을 저지를 위험을 줄이기 위해 자신의 자율성을 더 많이 제한할 수 있다는 것이다.

이 장에서는 스웨덴 및 노르웨이와 함께 독일, 이 세 국가를 비교한다. 비교를 위하여 북유럽 상황을 대표하는 스웨덴 및 노르웨이와 함께 북유럽 이외의 상반된 상황으로 독일을 선정했다. 우리는 교육이 계속 중요한 역할을 해온 복지체제에서 보편주의와 평등이라는 북유럽의 기본 이념은 있을지라도 통일된 북유럽의 교직은 없다는 점을 주장할 것이다(Prøitz & Aasen, 2017). 스웨덴과 노르웨이가 북유럽 유산을 공유하고 있음에도 불구하고, 우리는 양국이 학교체제를 규제하는 방식에 있어 상당히 다르다는 점을 주장할 것이다. 실제로, 노르웨이는 고도로 계층화되고 조직적으로 차별화된 교육체제로서 독일 사례에 좀 더 가깝고 많은 북유럽 모델의 특징을 전혀 가지고 있지 않다.[1] 무엇보다도, 세 국가 모두 교육개혁을 거쳐왔지만, 방식과 시기는 달랐다. 우리의 비교 분석은 산출과 투입 전략 간의 보완적 관계와 다소 복잡한 다차원적 거버넌스 관계의 양상을 밝혀줄 것이다(Frostensson, 2015).

스웨덴 교사: 지속적인 개혁, 정치화, 시장화

1980년대와 1990년대 스웨덴의 교육개혁은 분권화와 시장화라는 두 단계로 진행되었다(Lundahl et al., 2010). 즉, 분권화는 학교에 대한 책임을 지방자치단체에 넘기는 것이고 시장화는 학교 선택의 자유를 도입한 것이다. 분권화는 지역의 자율성과 학교 재정 및 조직에 대한 지자체의 책임을 강화했다. 예를 들어, 교사 채용과 임금에 대한 책임이 중앙정부에서 지자체로 이전되었다. 이것은 학교체제의 강력한 시장화로 이어졌다. 학교 바우처의 도입은 학부모의 자녀를 위한 학교를 선택할 권리를 확대하면서 학교체제를 변화시켰다. 기술적으로 모든 학생은 학교 바우처를 받고 이 학생들이 출석하는 학교는 바우처로 재정지원을 받는다. 교사 역시 시장 내에서 자유롭게 이동하였다. 전통적으로 강력한 노동조합은 지금까지는 강력한 협동적 교사문화의 지표였는데, 시장화와 교사 업무의 분권화로 그 영향력을 잃어버렸다(Persson, 2008). 1990년대 초, 교사는 학교장과 개별적으로 임금을 협상하고, 시장 내에서 개별 학교의 상황에 의존하게 되었다. 스웨덴 교사는 공무원이 되어 그 에토스를 가지는 것(Lundqvist, 1998)에서 시장 행위자가 되는 것으로 변화되었다고 주장된다(Fredriksson, 2010).

---

1 Esping-Andersen(1990)의 연구에서 볼 수 있듯 (복지)국가에 대한 관점은 다양하다. 그러나 이 장에서는 더 자세하게 다루지는 않는다.

1990년대에 기대되는 결과가 달성되는 한 교사에 대한 관료적 규제는 거의 없었다. 무엇보다도, 교육과정과 강의계획서에 목적과 결과가 공개적으로 정의되었다. 이 개혁들의 주요 근거는 학교에 있는 자율적인 교사가 교육과정에 적극적으로 기여하고 자신들의 학교 맥락에서 공식화된 목표를 해석하고 실행할 것이라는 점이다(Carlgren, 2009). 이것이 또한 시장 기제를 가속화시켰다. 시장화와 분권화에 따라서 새로운 행위자에 학교체제를 전적으로 개방한 것이 부수적인 피해를 발생시켰다. 전통적으로 중앙집권적이고 통일된 체제가 점점 분화되었고 모니터할 수 없을 만큼 너무 복잡해졌다(Wermke & Forsberg, 2017). 무엇보다도, 2000년부터 PISA와 TIMSS와 같은 대규모 국제학업성취도평가 연구가 스웨덴의 정책 결정에 그 중요성이 점점 커졌다.

2000년대가 시작된 이후 스웨덴 학생들의 학업성취가 떨어지는 실망스러운 결과를 보였다. 이에 대해 국가는 새로운 통제 기술로 엄격한 중앙집권적 개혁을 시작하는 것으로 대응하였다. 2008년부터 정부는 확대된 학교 감독관 체제와 국가교육과정 시험을 통해 학교평가를 강화하고, 교과목 수를 늘리고 더 많은 학년에 대한 일제평가 실시를 포함하고 결과물들을 훨씬 더 폭넓게 평가에 활용하였다(Rönnberg, 2011). 한편, 학교에서 강의계획서는 좀 더 구조화되고 상세화되고 훨씬 더 규범적으로 변화했다. 오늘날 교사는 한쪽으로는 의사결정 책임의 증가와 업무의 개별화, 다른 쪽으로는 국가 및 지역 수준의 다양한 행위자의 엄격한 통제 체제라는 이중적 압력을 느낀다(Wermke & Salokangas, 2021). 요약하면, 스웨덴 학교체제는 복잡해졌고 굉장히 분화되었다.

최근 상황은 역사적 배경에 비추어 이해되어야 한다. 스웨덴 교사들 중 특정 집단(초등학교 교사)은 정치적으로 지배적인 사회민주주의 운동과 오랜 기간 서로 긴밀한 관계를 유지해왔다. 따라서, 교직은 발달 초기부터 굉장히 정치적 영향을 많이 받았다(Hartman, 2012). 이런 사회민주주의 거버넌스 체제 내에서 정치인, 정책 결정자, 교육연구자들은 학교를 운영하기 위해 긴밀하게 협력했다. 다른 말로 하자면, 근대 스웨덴의 대중적 학교교육 프로젝트는 굉장히 정치화되었다. 이런 정치화가 오늘날 학교체제의 복잡성과 분화의 근간으로 여겨질 수 있다. 분권화와 더불어 정치화가 실제 분화를 가속화시켰다고 주장될 수 있다. 오늘날 학교교육은 그것이 이루어지는 지자체와 어떤 정치집단이 그곳을 지배하는지에 의존한다. 지방자치단체의 학교 행정 역시 점점 정치화되어왔다는 것을 보여준다(Bergh, 2015).

고도의 정치화와 관련하여 스웨덴 체제가 가지는 또 다른 역사적 특징은 지속적인 학교개혁에 대한 신념이다. 1962년 종합학교교육이 시행된 이후 정부는 지속적인 평가와 관찰이 필요한 실험학교와 연구 프로젝트의 흐름을 유지하였다. 이런 현상은 '지속적인 개혁'(Hartman, 2012)으로 설명되어왔는데, 국가가 학교체제를 끊임없이 조정하고 발전시켜 나가는 것을 의미한다. 지속적인 개혁은 교사와 국가 사이의 관계를 형성하려는 국가의 시도였다고 주장될 수 있다. 따라서, 변화 또는 변화에 대한 대응은 지난 수십 년에 걸쳐 교직에 있어 필수적인 부분이 되어왔다. 결정적으로 지난 30년 이상 진행된 빠른 속도의 개혁은 교사는 끊임없이 초임자면서 의존적인 상태에 머무는 그런 환경에서 교사 간의 불확실성과 불안감을 조성했을 가능성이 있다(Wermke, 2013). 무엇보다, 이러한 '혁신 숭배'는 다양한 실천을 낳고 복잡성과 분화를 증가시킨다.

노르웨이: 강력하고 보편적 복지국가에서 산출 거버넌스로의 변화

스웨덴에서처럼 노르웨이는 전통적으로 교사교육을 포함하여 교육체제를 규제해왔고 전반적으로 교직에 대한 전제들을 정의해왔다. 국가의 교육정책을 통한 종합적 공교육체제의 형성과 운용이 국가 건설, 경제 성장, 보편적 복지 체제와 함께 광범위한 사회적 목적을 실현하도록 조력해왔다(Telhaug et al., 2006). 이러한 프레임 내에서 추진된 많은 개혁과 전략들은, 교직이 국가의 정책 목표를 달성하는 중요한 주체이고 국가 교육정책의 대상이었음을 보여준다. 지난 20년간의 강도 높은 교육개혁이 오늘날 노르웨이의 교사문화 형성에 특별한 영향을 끼쳤다. 이 개혁의 주요 내용은 분권화된 체제 내에서 강력한 책무성 프로그램과 결합된 결과 지향적 교육체제 및 평가체제를 포함한다(Aasen et al., 2012). 분권화와 더불어 전적으로 학습 성과 및 결과 모니터링에 기반하는 통제의 시기에 이어서 중앙정부 통제를 강화하는 정책이 한 번 더 시행되었다. 이로써 결과, 규정, 감독, 다양한 지원 시스템, 지침, 학교 감독, 전문성 개발 프로그램 등 여러 가지 방식으로 지배가 이루어졌다(Prøitz & Aasen, 2017).

2006년 초 개혁 시기에 노르웨이 교사는 국가의 전통적인 저부담 교육 상황과 결별하는 새로운 책무성 정책의 영향을 받았다. 그래도 노르웨이는 예를 들어, 미국의 인센티브 및 보상과 같이 독특한 고부담 후속 조치를 시행하지는 않았다. 이런 토대 위에서 노르웨이는 책무성 체제로 단지 일부만 추진되었다고 주장될 수 있다. 국가의 개혁 노력은 단기 목표 달성과 보다 광범위한 목표 성취라는 목적을 가지고서 책무성과 대중 요구에 대한 응답 가능성 사이의 긴장을 잘 조정하는 것은 물론이고 두 가지 모두를 위해 역량을 구축하려는 시도로 설명될 수도 있다(Hatch, 2013). 더욱이, 새로운 정책은 교사의 일에 대한 외부 통제를 강조하는데, 교사에 대한 전통적 신뢰와 교사의 자율성에 대한 문제를 제기한다(Mausethagen, 2013). 교사 역시 가장 최근 개혁으로 도입된 책무성 정책의 영향을 받고 있다고 발표한다(Mausethagen et al., 2018). 여전히, 오늘날 노르웨이 교사는 스스로 자율적 직업집단으로 인식하는데, 아마 상대적인 저부담 정책, 강력한 교사노동조합, 정책 결정에 이해관계 집단의 참여를 요구하는 합의 지향성 때문일 가능성이 있다(Helgøy & Homme, 2007; Prøitz & Aasen, 2017).

소위 지식진흥 교육과정개혁(Kunnskapsløftet)[2]과 함께 노르웨이 교육에 대한 새로운 지배 방식이 2006년 도입되었을 때, 노르웨이 학교체제는 사전에 규정된 학습 성과 및 평가를 거의 경험한 적이 없었다(Lysne, 2006). 이것은 강력한 과정 지향적 전통이 지배했기 때문이다(Engelsen and Smith, 2010). 학습 성과의 근거를 갖춘 새로운 교육과정의 도입은 좀 더 강력한 평가체제의 길을 마련하였는데, 즉 국가교육과정 시험, 진단 및 지도 제작 시험, 평가를 위한 국가 규정 개정, 형성 평가 실행을 개선하기 위한 집중적인 정부 주도 캠페인으로 구성된다. 이런 흐름은 스웨덴과 비슷하였다.

오늘날, 노르웨이는 공식적으로 2020년/2021년에 시작하는 새로운 교육과정 개혁의 문턱에 다시 서 있다. '학교교과개혁'으로 전 세계의 '21세기 역량(21st century skills)'을 도입하고 광범위한 역량 목표를 내세운다. 그리고 '딥 러닝'에 주목하는가 하면, 공공건강 및 생활 기술, 민주주의와 시민성, 그리고 지속가능한 발전이라는 세 가지 학제 간 주제를 도입하였다. 교육정책의 이런 새로운 발전 내에서 교사는 변화 주체로서 간주되고 교육개혁에서 통제되면서도 자율적이어야 한다는 두 가지 기대로 규정된다(Prøitz, Rye & Aasen, 2019).

한편, 교사와 학교행정가 들은 그들이 최근 몇 년 동안 국가가 규정한 학습 목표와 평가를 강력하게 강조해왔다. 교사는 자신들의 일상적 업무를 국가 수준 시험과 최종 성적산출 차원에서 공식적 체제의 요구사항을 충족시키는

----

2   (역자 주) 영어로는 National Curriculum for Knowledge Promotion in Primary and Secondary Education and Training이라고 옮길 수 있는 것으로, 지식진흥을 위한 초중등학교 국가교육과정을 일컫는다. 10년 동안의 초중등 의무교육과 고등학교교육(직업훈련 포함)을 포괄하는 모든 교육과정을 지칭하는 것으로 특히 초중등 단계의 핵심역량교육과정을 강조한다.

것과 또 다른 한편으로는 학습 성과를 지향하는 교육체제 내에서 전문적으로 교수 방법을 개발하는 것 사이의 균형을 맞추는 행위라고 설명한다(Mølstad, Prøitz, & Dieudé, 2020). 이런 이중성이 노르웨이 교사가 국가 거버넌스의 요구사항과 학교에서의 전문가적 업무방식 간에 어떻게 균형을 맞추어야 하는지를 역설한다.

최근 이어진 개혁들이 노르웨이 교직에 가져온 변화는 과거로부터의 특징에 의해 형성되었다(Thue, 2017). 1889년에 노르웨이는 종합초등학교체제를 도입하였는데, 이것은 유럽의 많은 다른 국가보다 일찍 이루어진 사회적 평등 개혁 방안이었다. 이런 체제의 도입이 종합초등학교체제가 요구하는 교사의 유형에 대한 논쟁을 점차 불러일으켰다. 그때부터 초등학교와 중등학교 교사를 위한 자격 기준과 이들이 어디서 교육받아야 하는지에 대한 논쟁이 되풀이되었다(Grotnæss, Sundet & Øygarden, 1982; Garm & Karlsen, 2004). 2017년부터 모든 교사교육은 종합대학 혹은 종합대학 단과대에서 취득하는 석사 수준의 자격을 요구한다.

따라서 노르웨이는 종합초등학교와 중등학교 교사에 대한 보다 통합적이고 포괄적인 전문직화에 대한 강력한 동력을 가지고 있었다(본서 제10장 참조). 우리는 교육 문제에 관한 높은 수준의 합의와 강한 협력적 전통을 가진 노르웨이 정치체제 내에서 역대 정부가 교사교육을 포함하여 교육체제를 어떻게 조정하고 개혁해왔는지를 살펴봄으로써 발전과정을 이해할 수 있다. 이런 역사적 발전은 오늘날의 좀 더 통합된 교직 및 교사교육을 위한 토대를 제공한다. 동시에, 보다 통합되고 통일성 있는 교사교육으로의 변화와 대조적으로 국가의 기대와 학교에서의 전문가적 작업 방식 간의 긴장도 존재한다. 이 긴장들을 처리하는 방식과 관련하여 교사문화가 혼합되어 있는 것이 분명하고, 그러한 문화 속에서 교사는 국가의 요구사항과 전문직의 요구사항 모두를 관리하는 전문가적 방식을 개발해왔다.

노르웨이는 초기부터 오늘날까지 국가가 교직의 발전에 계속 강력한 역할을 해왔다. 교직에 대한 통제는 또한 담론과 협동, 협상과 타협으로 특징지어진다. 따라서, 우리는 노르웨이가 스웨덴만큼 정치화되지 않았다고 주장할 수도 있다. 이것은 빠르고 급진적인 교육 시스템의 변화를 위해 노력하고 있는 사립학교의 모습을 볼 수 있는 스웨덴과 이런 발전에 사뭇 회의주의적인 태도를 보이고 있는 노르웨이 간의 차이 때문이라고 할 수 있다. 이런 회의주의는 더 많은 사립학교와 새로운 교육 시장 개방이 노르웨이에 존재하는 정책 결정자와 교직 사이의 협력 전통은 물론이고 공적 대중 교육체제에 어떻게 도전하는지를 보여준다. 국가, 대도시, 학교 간의 긴밀한 통합은 강력한 노동조합, 협동적이며 민주적인 정책 결정에서 합의 지향성과 함께 제2차 세계대전 이후 복지국가 체제와 국가 건설의 핵심 부분으로서의 교육에 대한 아이디어가 지속되고 있다는 것을 보여준다(Telhaug et al., 2006).

독일 교사: 조직적 분화와 관료주의

독일 연방공화국에서 교육은 각 주(Bundesländer)의 책임이다. 따라서 학교교육과 교수활동 문화에서 독특한 지역별 차이가 있다. 하지만, 연방의 각 주는 교육 문제에 대해 협력하고 자신들의 체제가 조화를 이루어내야 하기에 학교 거버넌스와 같은 핵심 구조, 중요한 교육 전통과 흐름은 굉장히 유사하다(Tenorth, 2008).

더욱이, 교직에 대해 논의하는 경우 독일 학교체제는 다양한 유형의 교사가 있는 다양한 학교 유형으로 나뉘어 있다는 점이 고려되어야 한다. 학교체제는 다양한 수준의 학생들을 위한 별도의 경로를 가진다. 학생들은 거주하는 주에 따라 4·5·6학년까지 초등학교에서 함께 배운다. 학생들은 학업성취를 기준으로 다양한 학교에 배정되는데 그때 학부모의 참여가 이루어진다. 동질적 집단이 성공적인 교육의 최상의 토대를 형성한다는 것이 핵심 사상이다 (Diederich & Tenorth, 1997). 따라서, 놀랄 것도 없이, 독일 역시 다양한 요구를 가진 학생들을 위한 고도의 복선적인 특별학교체제를 가진다. 교사가 학생의 교육 단계 초기에 가지는 중요한 책임을 가지는데, 이러한 학업 수행 기반 조직의 분화 체제는 성적과 교사 추천서가 기반이 된다. 결론적으로 북유럽 교육모델 이 보편주의와 평등한 기회라는 이념에 의지한다면, 독일 체제는 조직의 분화와 능력주의라는 상반된 이념을 드러낸다.

독일 교사는 주로 각 주가 고용한 공무원으로 정년이 보장된 지위를 갖는다. 각 주 역시 교사교육을 규제하고 점검하고 인증한다. 교직의 공무원 구조는 국가시험을 수반한 1단계 교사교육에서도 볼 수 있다. 교사훈련원 교장의 수업 기술에 대한 평가는 일련의 시범수업을 동반한다. 이것은 수업계획을 위한 청사진으로서, 강의중심 추론(예를 들어, 클라프키(Klafki, 2000) 강의 분석 참조)의 보급과 함께, 시범수업은 교사 업무의 표준에 대한 모델을 제시한다. 연방 주가 교사 시험에 대한 전반적인 책임을 지니고 있었기 때문에 교사시험은 각 주 시험으로 치러졌다. 베름케와 파울스루드(Wermke & Paulsrud, 2019)은 독일의 교사 훈련 형태는 통합적 특성이 강하다고 주장한다.

이렇게 전통적인 구조들은 2000년부터 주로 책무성과 관련된 다양한 개혁의 영향을 받아왔다(Thiel, 2019). 2000년대 초반에 PISA와 같은 대규모 국제 학업성취도평가 연구에서 독일의 순위가 낮은 것에 충격을 받고 국가적 차원에서 대응하게 되었다. 전통적으로 국가는 지속적인 자원 배분과 교사교육을 통해 학교체제에 대한 투입을 통제하고 그것을 통해 학교교육의 과정을 규제해왔는데, 2000년대 초부터는 투입 대신 산출에 대한 통제로 전환하였다. 이로써 독일의 모든 주에서 중앙의 교육과정에 기반한 시험 및 국가의 표준화

시험(Zentralabitur)이 시행되었다. 하지만, 학교들은 특정 영역에서 더 많은 자율성을 가졌다. 학교장은 좀 더 자유롭게 자원을 이용하고 학교의 필요에 따라 더 많은 교사를 고용하도록 허용되었다. 교사 전문성 개발과 관련된 학교장의 책임 역시 커졌다. 이전에는 이런 종류의 학교 자율성이 가능하지 않았다. 이 모든 것은 역시 오늘날 교사와 학교가 표준화된 교육과정 시험에 기반한 학생들의 학업성취와 국가 표준화 시험에 대해 더 많은 책임이 있다는 것을 의미한다(Thiel, 2019).

하지만, 이 개혁에도 불구하고 독일 교육체제는 완전한 '패러다임의 변화'를 겪지는 않았다 (Thiel, 2019). 대부분의 주정부에서 교사는 정년이 보장된 공무원으로 계속 남아 있다. 독일에서 발표한 개혁들은 경쟁을 통해 학교 성과를 개선하려고 했지만. 교육과정 시험 결과를 공개하지는 않았다. 독일은 스웨덴처럼 학교가 등록 학생수에 기반하여 학교 재정을 받는 시장 규제의 학교 체제를 가지고 있지는 않다. 개혁들에 대해서는 격렬하게 논의되어왔는데, 신공공관리 이념은 독일 교사 및 전통적인 공무원 구조에 의해 받아들여지지 않았다(Terhart, 2011).

역사적으로 개혁을 향한 강력한 국제 동향에도 불구하고 전통적인 구조는 대단한 회복탄력성을 보여주었다. 19세기에 교사는 성직자의 학교 감독관의 통제를 받지 않고 프러시아 정부에 종속되거나 심지어 그 일부였다. 국가는 교육과정을 형성하고 국가시험을 통해 교사의 역량을 인증하였다. 20세기에 접어들면서, 교수법과 실제적인 부분에 중점을 두면서 전문가 교사가 이끄는 교사교육의 2단계가 중등학교 교사에게 의무가 되었다. 교사교육의 2단계 역시 국가시험이 행해졌다(Lundgreen, 2011). 중등학교들은 자율적인 조직이고, 그런 자율적인 조직에서 교사가 학생 모집 및 입학과 같은 일반적인 문제는 물론이고 교수활동 내용 및 방법에 대해 판단하였다(Tenorth, 1996). 결론적으로 독일 교사는 정치적 경향 및 학교체제의 심각한 정치화로부터 상당히 보호받았다.

학교 차원의 이런 의사결정 역량 및 고위직 공무원과 동등한 교사의 지위는 오늘날 독일 교직의 중요한 기둥이었다(Lundgreen, 2011). 공식적 지위 역시 초등학교 교사들의 노력으로 20세기 후반 국가에 의해 승인된 것이다. 결론적으로 독일 교직은 정부와 밀접하게 관련되지만, 자율적으로 가르치고 학교를 운영하는 자격을 부여받았다. 이러한 역사적 배경을 갖는 교사의 특권은 교사훈련원에서의 교사 훈련을 통해 정당화되었다. 강의중심 추론은 교육과정에 대한 교사의 해석을 실제로 정당하기 위한 언어이지만(Hopmann, 2003), 헤르바르트와 후임자들의 교육 실천 모델을 따르면서 교사의 실천을 또한 표준화하고 형성하는 효과적인 방법이었다(Wermke, 2013). 이것이 각 주의 요구사항에 따라 교사교육 체제와 자격증을 가진 교사를 규제하고 구조화한다. 따라서 교사 '자격증'은 필수적인 증서였다. 이런 확대된 훈련은 중요한 자원들을 요구하였지만, 기준, 규범, 역량을 교사 훈련에 통합함으로써 각 주는 광범위한 교사 모니터링과 관련된 비용을 절약할 수 있었다. 이것은 역시 대중교육에 책임이 있는 주요 조직으로서의 교회를 대체하는 바람직한 결과를 초래했다(Hopmann & Künzli, 1992).

오랜 기간 독일 교직은 안정적으로 유지되어왔다. 제1차 세계대전과 제2차 세계대전 동안 교직의 지위를 결정하는 거버넌스에 주요한 변화가 없었고(Tenorth, 2008), 국가 사회주의 체제의 목적도 변화가 없었다. 1970년대 교육이 팽창하는 동안(Terhart, 1998), 또는 1990년 동독의 종합학교체제의 통일과 통합이 있고 난 후에도 중요한 변화는 없었다(Gehrmann, 2003). 독일 구조의 안정성과 독일의 근간인 관료적 전통은 스웨덴과 노르웨이에서 진행된 생생한 개혁의 역사와는 현저한 대조를 이룬다. 독일에서 전통은 통합하고 복잡성을 낮추는 것으로 여겨질 수 있다(Kauko & Wermke, 2018).

논의

세 국가의 교육체제 탐색은 각 주, 지자체, 학교장, 교사교육, 교직 간 관계의 다양성을 드러낸다. 프로스텐손(Frostensson, 2015)의 말로, 교사는 '다수의 거버넌스 관계' 속에서 탐색되어야 한다. 이 다양하게 구성되는 행위자 그룹은 북유럽 국가와 그 외 유럽 국가에서 국가별 교직을 이해하는 데 무척 중요하다. 이 장에서 역사사회학적 관점을 활용하여 이 세 국가의 교육체제에서 투입과 산출 거버넌스의 측면은 물론이고 투입 및 산출 거버넌스가 혼합된 측면을 추적하였다. 스웨덴은 아주 많은 산출 거버넌스 기술을 활용해왔고 노르웨이는 투입과 산출 거버넌스 중간에 존재한다. 한편 독일 체제는 북유럽의 두 국가보다 투입 거버넌스 체제로 설명될 수 있다.

스웨덴 교사는 고도로 복잡한 체제 내에서 교육활동을 한다. 1990년대부터 급진적 분권화와 시장화 개혁들이 복잡한 체제를 낳았는데, 학교와 학교교육이 어떤 모습일 수 있는지에 대한 다양한 생각을 한데 모아놓은 경향이 있다. 이것은 심각하게 스웨덴 체제를 분화하고 복잡성을 심화시켰고(Wermke & Forsberg, 2017), 학교체제의 시장화와 정치화가 이것을 이끌었다. 스웨덴 교직을 통합하는 특성들은 사라졌는데, 정치 행위자로서 강력한 노동조합과 안정적 국가 관료주의 내 공무원으로서의 협동적 교사 정체성과 같은 특성을 말한다. 최근에 국가는 학교체제를 다시 중앙집권화하기 시작했는데, 엄격한 학교 감독과 교사 등록의 시행이 가장 두드러진다. 국가교육과정 시험에 대한 강조도 점점 증가하고 있다.

하지만, 그런 개혁과정에서 중앙집권화된 거버넌스가 단순히 분권화된 거버넌스로 대체되는 것이 아니라 다시 중앙집권화된다는 점을 기억하는 것이 중요하다. 그 대신에 이런 오락가락하는 과정에서는 혼합 체제가 나타나는 것이 일반적이다. 실제 수많은 개혁 이후 스웨덴 교사는 자신들의 전문적 실천에서 수많은 거버넌스 장치들과 관계를 맺어야 하고 다양한 기대를 지닌 수많은 이해관계자에 대해 책임져야 한다. 역사적으로 스웨덴 교사는 위로부터의 정치적 개혁 압력에 이용되어왔다. '지속적인 개혁'이라는 현상은 오래도록 체제의 중요한 특징이었다. 우리가 혁신 숭배라고 부를 수도 있는 이러한 독특한 스웨덴의 양상은 교사의 실천에 계속해 영향을 미치는 중요한 개혁들을 새로이 도입하여 정치적 변화에 고도로 의존하는 직업인 교사를 만들었다. 결론적으로 분화의 위험성은 오래도록 교직 DNA의 일부가 되어왔고, 1990년대부터 스웨덴에서는 급진적 변화를 위한 풍부한 토대를 제공하였다.

노르웨이 사례는 어느 정도 스웨덴과 유사하지만, 덜 복잡하다. 노르웨이 교육은 강력한 합의 지향적 국가 거버넌스 유형이고 상대적으로 통일성을 가진 교사교육 및 학교체제이기 때문에 능력을 훨씬 더 중시한다. 그럼에도 불구하고, 국가의 강력한 거버넌스는 역시 긴장을 유발한다. 역량 기반 국가 교육과정에서부터 학교 감독에 이르기까지 수많은 통치 도구가 적용된다. 이해관계가 조정되어야만 하는 여러 이해관계자 집단과 다양한 통치 및 재정 역량을 가진 자율적인 지역 행정기관이 있다. 따라서 주정부, 지방의 자율성과 책무성, 책임의 형태에는 약간의 복잡성이 있다. 이런 맥락 내에서 교사 역시 교수활동과 학습활동을 둘러싼 고도의 자율성을 유지하는 한편 학생 학업성취를 둘러싼 높은 수준의 압력에 노출되어 있다. 따라서, 노르웨이 교사는 많은 지원책을 가진 강력한 정부가 정한 형식 교육과 교사교육의 틀 내에서 일한다. 하지만, 다양한 수준, 기관, 이해관계자들로부터의 다양한 기대의 공존이 복잡성과 긴장을 유발한다. 역사적으로 노르웨이 교사는 통합되고 분명히 스웨덴과 비교하여 저부담 전문가 상황에서 외부의 요구사항과 내부의 책임을 혼합하여 처리하는 데 익숙하다.

마지막으로 독일은 두 개의 북유럽 국가와 비교되는 흥미로운 비교 사례이고 복잡성에 대한 우리의 주장을 뒷받침하는 역할을 한다. 독일 체제는 책무성 및 모니터링 문화와 같이 국제적 동향에 역시 영향을 받아왔다. 하지만, 독일 체제는 책무성 개혁이 도입되기 전에도 굉장히 복잡하였다. 독일 교사는 학생들을 학업 능력에 기반하여 분류하고 진로계열로 나눈 체제에서 교육해 왔다. 그런 체제는 예를 들어, 성적과 평가 실제에 중요한 영향을 미쳤다. 다양한 유형의 학교는 학생들을 위한 다양한 삶의 기회와 관련되기 때문에 독일 교사는 교실과 학교에서 자신들의 의사결정에 큰 위험 부담을 가진다. 하지만, 교사는 그런 복잡성을 줄이기 위한 다양하고 강력한, 역사에 기반한 대응 전략을 활용할 수 있다. 독일 체제는 굉장히 관료화되어 있고, 그것이 어려운 결정에 직면해 있는 교사의 업무에 영향을 미친다. 공무원으로서 국가와의 긴밀한 관계는 독일 교사들이 다양한 전략을 구사할 수 있게 하는 든든한 토대를 제공한다. 지난 120년 넘는 기간 동안 안정적으로 지속되어온 이런 역사적 독특성이 책무성 지향 학교개혁에 대항하여 교사가 자신들의 직업을 방어할 수 있게 한다. PISA 결과로 보통수준의 학생성취를 보이며 'PISA 쇼크'(Ertl, 2006)를 초래하고 개혁 노력 등으로 독일 체제의 약점을 보여주는 것일지라도 독일 교직의 기본적인 구조는 크게 변화되지 않았다(Wermke, 2013).

이러한 상황으로 우리가 오늘날 확인한 혼합형 교육 거버넌스를 모두 이해하기 위해 복잡성이라는 역사사회적 개념을 도입해야 한다는 결론에 이르게 된다. 역사에 기반하여 학교체제의 복잡성을 비교하는 것은 교사 전문직성, 교육, 교육정책과 같이 다양한 분야의 지식을 통합하고 국가별 교직을 비교하는 풍요로운 방법이다. 이윽고 복잡성은 통합과 분화의 과정을 통해 설명될 수도 있고 직면하게 될 수 있다.

이런 주장은 북유럽 모델과 관련하여 다음과 같이 이해될 수도 있다. 즉, 최근 수십 년 동안, 노르웨이와 스웨덴 교사 모두 보다 산출 지향적이고 책무성 기반 거버넌스 체제로의 과도기를 경험해왔다. 독일 교사조차도 개혁 시도들과 직면하였다. 스웨덴 전략은 급진적 분권화와 시장화를 활용한 개혁으로 불리는데, 이것이 학교체제의 분화로 이끌었다(Wermke & Forsberg, 2017). 노르웨이 시스템은 그런 다양성을 허용하지 않았다. 독일 시스템에서와 같이, 우리는 통합적인 전략들을 확인하고 교사는 공무원으로서 통합적 정체성을 가진다(Wermke & Prøitz, 2019). 무엇보다, 학교 행정은 상대적으로 덜 정치화되어 있다. 두 가지 측면에서 독일은 노르웨이 사례를 닮았다.

노르웨이 사례 역시 교육 거버넌스에서 보다 강력한 국가 기관의 역할로 설명된다. 개혁과정에서 강력한 국가는 통합하는 효과가 있었고 노르웨이 교직에 대한 보다 낮은 수준의 복잡성으로 이끌었다. 최근에 도입된 거버넌스 기술이 노르웨이에서 지속 가능한지 여전히 확인되어야 하는데, 독일 체제에서는 그렇지 않았다(Terhart, 2011). 다른 구조들은 여전히 지속 가능하고, 그것이 스웨덴에서 확인된 심각한 복잡성의 증가를 막았다. 위계에 기반한 관료적 구조와 교수법 접근(Didaktik)은 여전히 독일 교직의 중요한 조건이다. 1988년에 호프만(Hopmann)은 행정적 교수법(Bürodidaktik)이라는 용어로 표현했는데, 교육과정 행정의 틀 내에서 교수활동 실제와 국가 거버넌스가 하는 행정 논리를 결합하였다. 하지만, 이러한 현상은 개혁 관성이라는 대가를 치르더라도 고도로 통합적이며 지속 가능한 것으로 판명되었다(Wermke, 2013). 하지만, 다양한 위기 상황에서 독일 교육의 복잡성은 역시 관리될 수 있었다. 이상에서 제시한 우리의 비교분석은 오늘날 통일된 북유럽 교사 모델은 없다는 결론으로 이끈다. 보편주의와 평등주의 측면에서 교육에서 북유럽 모델은 여전히 두드러지는 아이디어가 있긴 하지만(Prøitz & Aasen, 2017), 국가별로 교직이 그런 목표에 도달하는 방법은 사회적, 역사적 이유로 서로 다양하다. 적어도 교육개혁과의 관계 속에서 북유럽 국가는 통합과 분화 측면에서 다양성을 보인다. 북유럽 국가 모두에서 가설적 북유럽 모델이라는 관념적인 토대는 비슷하다. 그러나 그것들을 성취하는 수단과 이를 통해 국가별 교직과 그이들의 실천의 형태 및 실제 역시 다양하다(Schulte & Wermke, 2019). 그렇기 때문에 다양한 형태의 차별적인 조직을 가진 독일이 북유럽 모델과 강력한 대조를 이루지만, 독일과 노르웨이 교직이 오히려 좀 더 유사할 가능성이 있다.

[참고문헌]

Aasen, P., Møller, J., Rye, E., Ottesen, E., Prøitz, T. S. and Hertzberg, F. (2012) Kunnskapsløftet som styringsreform – et løft eller et løfte? Forvaltningsnivåenes og institusjonenes rolle i implementeringen av reformen (Report 20). Oslo: Nordisk Institutt for studier av innovasjon, forskning og utdanning (NIFU).

Bergh, A. (2015) 'Local educational actors doing of education – a study of how local autonomy meets international and national quality policy rhetoric', Nordic Journal of Studies in Educational Policy, 1(2). doi: 10.3402/nstep.v1.28146.

Carlgren, I. (2009) 'The Swedish comprehensive school – lost in transition', Zeitschrift für Erziehungswissenschaft, 12(4), pp. 633–649. doi: 10.1007/s11618-009-0103-1.

Diederich, J. and Tenorth, H.-E. (1997) Theorie der Schule. Berlin: Cornelsen Scriptor. Engelsen, K. and Smith, K(2010) 'Is "excellent" good enough?', Education Inquiry, 1(4), pp. 415–431. doi: 10.3402/edui.v1i4.21954.

Ertl, H. (2006) 'Educational standards and the changing discourse on education: the reception and consequences of the PISA study in Germany', Oxford Review of Education, 32(5), pp. 619–634. doi: 10.1080/03054980600976320.

Esping-Andersen, G. (1990) Three worlds of welfare capitalism. Cambridge: Polity Press.

Fredriksson, A. (2010) Marknaden och lärarna. Hur organiseringen av skolan påverkar lärares offentliga tjänstemannaskap. Gothenburg: Gothenburg University.

Frostensson, M. (2015) 'Three forms of professional autonomy: de-professionalisation of teachers in a new light', Nordic Journal of Studies in Educational Policy, 1(2), 28464. doi: 10.3402/nstep. v1.28464.

Garm, N. and Karlsen, G. E. (2004) 'Teacher education reform in Europe: the case of Norway; trends and tensions in a global perspective', Teaching and Teacher Education, 20(7), pp. 731–744. doi: 10.1016/j.tate.2004.07.004.

Gehrmann, A. (2003) Der professionelle Lehrer. Muster der Begründung – Empirische Rekonstruktion. Opladen: Leske und Budrich.

Grotnæss, I., Sundet, O. and Øygarden, S. (1982) Søkelys på praktisk lærerutdanning – Pedagogisk seminar i Oslo 75 år. Oslo: Universitetsforlaget.

Hartman, S. G. (2012) Det pedagogiska kulturarvet (2nd rev. ed.). Stockholm: Natur & Kultur.

Hatch, T. (2013) 'Beneath the surface of accountability: answerability, responsibility and capacity-building in recent education reforms in Norway', Journal of Educational Change, 14(2), pp. 113–138. doi: 10.1007/s10833-012-9206-1.

Helgøy, I. and Homme, A. (2007) 'Towards a new professionalism in school? A comparative study of teacher autonomy in Norway and Sweden', European Educational Research Journal, 6(3), pp.

232–249. doi: 10.2304/eerj.2007.6.3.232.

Hopmann, S. (1988) Lehrplanarbeit als Verwaltungshandeln. Kiel: Institut für die Pädagogik der Naturwissenschaften (IPN).

Hopmann, S. (2003) 'On the evaluation of curriculum reforms', Journal of Curriculum Studies, 35(4), pp. 459–478. doi: 10.1080/00220270305520.Integration, fragmentation, and complexity.

Hopmann, S. and Künzli, R. (1992) 'Didaktik-Renaissance', Bildung und Erziehung, 45(2), pp. 117–136. doi: 10.7788/bue-1992-0201.

Kauko, J. and Wermke, W. (2018) 'The contingent sense-making of contingency: epistemologies of change and coping with complexity in comparative education', Comparative Education Review, 62(2), pp. 157–177. doi: 10.1086/696819.

Klafki, W. (2000) 'Didaktik analysis as the core of preparation of instruction', in Westbury, I., Hopmann, S. and Riquarts, K. (eds.), Teaching as reflective practice. Mahwah, NJ: Lawrence Erlbaum, pp. 139–160.

Lundahl, L., Erixon Arreman, I., Lundström, U. and Rönnberg, L. (2010) 'Setting things right? Swedish upper secondary school reform in a 40-year perspective', European Journal of Education, 45(1), pp. 49–62. doi: 10.1111/j.1465-3435.2009.01414.x.

Lundgreen, P. (2011) 'Pädagogische professionen. Ausbildung und professionalität in historischer perspektive', Zeitschrift für Pädagogik, 57, pp. 9–39.

Lundquist, L. (1998) Demokratins väktare. Ämbetsmannen och vårt offentliga etos. Lund: Studentlitteratur.

Lysne, A. (2006) 'Assessment theory and practice of students' outcomes in the Nordic countries', Scandinavian Journal of Educational Research, 50(3), pp. 327–359. doi: 10.1080/00313830600743365.

Mausethagen, S. (2013) 'Reshaping teacher professionalism. An analysis of how teachers construct and negotiate professionalism under increasing accountability', PhD thesis. Oslo: Oslo and Akershus University College.

Mausethagen, S., Prøitz, T.S. and Skedsmo, G. (2018) Elevresultater: mellom kontroll og utvikling. Oslo: Fagbokforlaget.

Mølstad, C.E., Prøitz, T.S. and Dieudé, A. (2020) 'When assessment defines the content – understanding goals in between teachers and policy', Curriculum Journal. doi: 10.1002/curj.74.

Persson, S. (2008) Läraryrkets uppkomst och förändring: En sociologisk studie av lärares villkor, organisering och yrkesprojekt inom den grundläggande utbildningen i Sverige ca. 1800–2000. Stockholm: Arbetslivsinstitutet.

Prøitz, T. S. and Aasen, P. (2017) 'Making and re-making the Nordic model of education', in Nedergaard, P. and Wivel, A. (eds.), Routledge handbook on Scandinavian politics. London: Taylor & Francis/ Routledge.

Prøitz, T. S., Rye, E. and Aasen, P. (2019) 'Nasjonal styring og lokal praksis – Skoleledere og lærere som endringsagenter', in Jensen, R., Karseth B. and Ottesen, E. (eds.), Styring og ledelse i grunnopplæringen. Oslo: Cappelen Damm Akademisk.

Rönnberg, L. (2011) 'Exploring the intersection of marketisation and central state control through Swedish national school inspection', Education Inquiry, 2(4), pp. 689–707. doi: 10.3402/edui. v2i4.22007.

Schulte, B. and Wermke, W. (2019) Internationellt jämförande pedagogik. En introduktion. Stockholm: Liber.

Steiner-Khamsi, G. and Waldow, F. (2012) 'Policy borrowing and lending in education', World Yearbook of Education, 2012. London: Routledge.

Telhaug, A.O., Mediås, A. and Aasen, P. (2006) 'The Nordic model in education: education as part of the political system in the last 50 years', Scandinavian Journal of Educational Research, 50(3), pp. 245–283. doi: 10.1080/00313830600743274.

Tenorth, H.-E. (1996) 'Die professionelle Konstruktion der Schule – Historische Ambivalenz eines Autonomisierungsprozesses', Zeitschrift für Pädagogik, 34, pp. 285–297.

Tenorth, H.-E. (2008) Geschichte der Erziehung. Einführung in die Grundzüge ihrer neuzeitlichen Entwicklung (4th ed.). Weinheim and München: Juventa.228 Wieland Wermke and Tine S. Prøitz

Terhart, E. (1998) 'Changing concepts of curriculum: from 'Bildung' to 'learning' to 'experience': developments in (West) Germany from 1960s to 1990', in Gundem, B.B. and Hopmann, S. (eds.), Didaktik and/or Curriculum. Frankfurt: Peter Lang, pp. 107–126.

Terhart, E. (2011) 'Lehrerberuf und Professionalität: Gewandeltes Begriffsverständnis - Neue Herausforderungen', Zeitschrift für Pädagogik, 57, pp. 202–224.

Thiel, C. (2019) Lehrerhandeln zwischen neuer Steuerung und Fallarbeit. Professionstheoretische und empirische Analysen zu einem umstrittenen Verhältnis. Wiesbaden: Springer VS.

Thue, F. W. (2017) 'Lærerrollen lag på lag – Et historisk perspektiv', Norsk pedagogisk tidsskrift, 101(01), pp. 92–116. doi: 10.18261/issn.1504-2987-2017-01-09.

Wermke, W. (2013) Development and autonomy. Conceptualising teachers' continuing professional development in time and space. Stockholm: Stockholm University.

Wermke, W. and Forsberg, E. (2017) The changing nature of autonomy. Transformations of the late Swedish teaching profession. Scandinavian Journal of Educational Research, 61(2), 155–168.

Wermke, W. and Paulsrud, D. (2019) Autonomie im Lehrerberuf in Deutschland, Finnland und Schweden: Entscheidungen, Kontrolle, Komplexität. Münster: Waxmann Verlag.

Wermke, W. and Prøitz, T. S. (2019) 'Discussing the curriculum – Didaktik dichotomy and comparative conceptualisations of the teaching profession', Education Inquiry, 10(4), pp. 300–327. doi: 10.1080/20004508.2019.1618677.

Wermke, W. and Salokangas, M. (2021) The autonomy paradox: teachers' perceptions of selfgovernance across Europe. Berlin: Springer Nature.

북유럽 교사 모델

예스퍼 에크하트 라르센, 바바라 슐테, 프레드릭 튜
(Jesper Eckhardt Larsen, Barbara Schulte and Fredrik W. Thue)

우리는 어느 정도나 북유럽 모델에 대해 이야기할 수 있을까? 학교교사는 그런 모델을 만들고 이 모델과 상호작용하는 데 어떻게 기여해왔는가? 서문에서 주장하였듯이, '북유럽 모델'이라는 개념은 내부적으로는 지역적 정체성 확립의 도구였고 외부적으로는 문화적 정치적 외교의 도구로 역할을 해왔다. 북유럽 참조는 19세기 후반부터 독일의 위협에 맞선 덴마크에서, 시민전쟁 이후 핀란드에서, 제2차 세계대전 시기와 전후 시기에 특히 이념적으로 양극화된 냉전 동안 대부분의 북유럽 국가에서 동원되었다. 특히 20세기 북유럽 사회의 모델은 북유럽 바깥세상이 유토피아 그리고 때로는 디스토피아로서의 이념적 꿈을 구현하는 캔버스로 기능하였다.

이 책의 글들은 각 국가의 역사 궤적의 조각으로서 북유럽 교사를 비교 및 역사적으로 접근해 연구하였다. 이 국가들의 사례는 어떤 지점에서는 수렴되고 어떤 지점에서는 상호작용하면서 고유한 특징을 보였다. 혹 어떤 측면에서는 서로 대조적이었다. 과연 우리는 공통의 북유럽 경로라는 가설을 지지하는 5개국의 교육 전통과 교사 역할 및 문화 간의 몇몇 중요한 공통성이나 친연성을 규정할 수 있는가? 그럴 수 있다면, 그런 북유럽의 고유성을 파악하기 위한 적절한 역사적 관점은 무엇인가? 그 기원은 얼마나 깊숙이 과거로 거슬러 올라가야 하는가? 마지막으로 북유럽 국가는 세계화, 신자유주의, 국제

학업성취, 교사의 성과에 대한 산출 통제의 강화라는 새로운 시대에 어떻게 대응했는가? 교육에 있어 고유한 북유럽성은 글로벌 경향으로의 몰입을 통해 감소되거나 자취를 감추었는가?

따라서 여기 결론에서 제기된 질문들은 고유한 북유럽성이 교육 및 교사 문화 내에서 발견될 수 있는지, 어느 정도 발견될 수 있는지에 대한 역사적 평가뿐만 아니라, 이 책에서 포괄하는 세 가지 주제 즉, 북유럽 모델 맥락의 학교 교사, 북유럽 교사교육, 북유럽 교사와 전문가적 정체성 및 실천, 거버넌스 등 각 영역에서 북유럽 국가 간 유사점과 차이점을 살펴보는 데 초점을 둘 것이다.

북유럽 모델 맥락에서의 학교교사

'북유럽 모델'은 외부적 관점이나 내부적 관점에서 접근될 수 있다. 제2차 세계대전 이후 널리 유통되고 있는 고정관념으로서 '북유럽 모델'은 스웨덴 사례에 특권을 부여하는 경향이 있었다. 마치 스웨덴 사례가 북유럽 지역의 보다 보편적인 특성을 실현하거나 민주화와 근대화라는 독특한 북유럽 궤적의 선봉에 서 있는 것처럼 말이다. 이러한 외부적 관점은 전형적으로 북유럽 근대성의 정점 및 목적으로서 사회민주주의와 복지국가의 전성기에 역시 집중하였다.

내부에서 보자면, 교육에 대한 고유하고 공유된 북유럽 관점은 이론의 여지 없이 19세기 후반 일종의 '진짜' 스칸디나비아 통합을 이루려는 정치적 운동이 만들어낸 최초이자 어쩌면 유일하게 성공한 결과물일 수 있다. 초기 스칸디나비아주의와 이후 북유럽 협력 사이의 불연속성에 대한 다양한 해석이 있다(Hemstad, 2010). 하지만, 관련된 교육자들에게 이러한 불연속성은 아마 그다지 분명하지 않았을 것이다. 서론에서 언급하였듯이, 지역 네트워킹을 위한 첫 '북유럽 학교 회의'가 덴마크에서 개최될 예정이었지만, 1864년 프러시아 및 오스트리아와의 전쟁으로 회의가 개최되지 않았다(De nordiska skolmötenas silfverbröllop, 1895). 스칸디나비아주의는 정치적 운동으로서 덴마크를 방어하기 위해 군사력을 동원할 수는 없었지만, 전쟁 기간과 전후 시기 덴마크 영토의 패배 및 손실에 대해 교육·문화적으로 대응해야 한다는 생각이 덴마크 및 북유럽의 많은 교육 주체들의 정신과 마음에서 매우 중요하게 자리 잡았다(Skovmand, 1983; Nielsen, 1995). 고등평민학교 운동이 잘 보여주었듯이 교육에서 북유럽성은 '정기적인 학교 회의' 형태로 구체화되었다. 이것이 교육사상에 대한 상호작용 및 소통의 장을 마련하였다. 이 회의의 참여자들 중에는 현역 학교 교사의 비중이 상당하였다(Landahl, 2015).

이 책의 글들은 북유럽 교육이라는 공통의 영역이 처음 나타나기 전부터 북유럽 국가들의 교육 사이에 몇 가지 중요한 유사점과 차이점이 있음을 밝혀냈다. 덴마크-노르웨이는 일찍이 1739년에 처음으로 초등의무교육을 시행했던 반면, 스웨덴은 한 세기가 지나서야 그 뒤를 따랐고 아이슬란드와 핀란드는 각각 1907년, 1921년이 되어서야 의무교육을 도입하였다. 국가 학교체제와 교사교육의 형성 및 재구성에 있어 하향식과 상향식을 내세운 세력 간의 균형이 개별 국가에서는 시간에 따라서 서로 달랐을 뿐만 아니라 북유럽 국가 간에도 서로 달랐다.

이 책은 이 지역의 교사가 어떻게 국가의 사절이 되었고 일부는 어떻게 자신들의 고유한 의제를 가진 집단을 형성하였는지에 대한 다양하고 다면적인 시각을 보여준다. 18세기 후반과 19세기 초반의 학교교사는 사회적, 정치적 이유로 인해 절대주의 국가와 교회의 겸손한 하수인이었고 하향식 개혁구상들을 따라야 했다. 이것은 19세기 초 덴마크의 수업 감독 체제의 시행에서 아주 분명하게 확인되는데, 덴마크의 국왕은 절대주의 행보를 보이며 학교교사와 성직자의 모든 반대를 무시하였다(Reeh & Larsen, 2014). 하지만, 19세기 후반 교사는 전반적으로 좀 더 적극적인 역할을 맡았고 새로 등장한 교사노동조합과 개별 교사가 민주화의 초기 과정에서 정치적으로 활발하였다. 특히 노르웨이와 덴마크 같이 강력한 농촌 반문화운동을 발전시킨 국가에서는 교사의 정치화가 광범위한 영향을 미쳤다.

19세기 후반 민중에 대한 유기적 지식인이자 동시에 국가 건설에 복무해야 하는 공무원이라는 교사의 이중성은 과거와 어느 정도는 연속선상에 있다. 제3장에서 라르센(Christian Larsen)이 제시한 '농부로서의 교사'라는 역사는 민중'의'(of) 역할 모델과 민중을 '위'한(for) 역할 모델이라는 교사의 양가적 지위를 깔끔하고 집약적으로 대변한다. 교사는 자신들의 땅을 경작함으로써 지역공동체의 일원이 되고 근대국가를 대신하여 혁신과 근면성의 공적 사절이 되었다. 따라서, 제2장에서 교사 역할의 양면성은 19세기 후반에 흔히 '평민교사'라고 이름 붙여진 초창기 성직자의 양면성을 반영한다. 전국적으로 여기저기 흩어져 있는 목사와 교사 모두 지역공동체 및 지역공동체 '주체'의 생활 세계와 긴밀하게 접촉하는 '최일선의 공무원'이었다. 따라서 튜는 공식적으로 존중되는 가치의 전파자이자 아동 주체성을 돌보는 보호자라는 북유럽 교사의 이중적 역할은 복잡한 종교적 유산을 반영한 것이라고 주장하면서 연속성을 강조한다. 즉, 루터교는 겉으로 보기에 국가가 주도하는 엄격한 종교적 고백과 평신도 부흥주의가 이끄는 급진적 종교적 주체성 및 개인주의라는 역설적 조합이다.

하지만, '평민'이라는 개념이 보호국가 아래에서 종속적인 역할을 의미하는 것에서 민주화된 국민국가에서 주권의 범주로 변화하자 평민교사 개념은 새롭고 잠재적으로 혁명적인 의미를 갖게 되었다(Korsgaard, 2012). 19세기 후반부터 북유럽국가에서 '평민' 개념은 담론적으로 긍정적인 정치적인 함의가 계속 지배적인 것으로 묘사되어왔다(Trägårdh, 1990). 간단히 요약하면, 20세기 초

자유주의 농부들과 개량주의 사회민주주의 노동자 간에 동맹이 나타났다. 따라서 북유럽의 '평민' 개념은 개량주의, 민주적 사회주의와 결합된 자유주의로 채색되었고 계급 타협과 구별되었다. 따라서 독일에서는 1920년대부터 도구화된 인기영합적(völkisch) 이념에서 벗어났다(전게서).

제2차 세계대전 이후 스칸디나비아의 종합학교체제는 명백하게도 자유주의 진영과 사회민주주의 진영 및 사회운동 간의 협력과 타협으로 형성되었다(Wiborg, 2009). 이 정치 세력들이 종합학교체제를 형성하는 과정에서 상호작용한 정확한 방식은 국가마다 달랐다. 19세기 후반 스웨덴에서는 자유주의 정당과 노동당의 정치적 동원이 거의 동시에 일어났고 초등학교 교사의 두 정당에 대한 지지도는 거의 동일하게 나뉘었다. 덴마크와 노르웨이에서는 노동운동이 충분히 발달하기 수십 년 전에 광범위한 자유민주주의 운동이 일어났고 자유주의자들이 종합적인 국가 학교체제를 위한 중요한 조치를 처음으로 취하였다. 1945년 이후 노르웨이에서는 집권 노동당(Labour Party)이 전기중등 종합학교를 도입하였는데, 이것은 스웨덴 사례로 과거 자유 진보주의 교육정책의 연속선에 있는 것으로 간주될 수도 있다. 덴마크에서 사회민주주의자들은 덜 지배적이었고 주로 자유진보주의 정당(Radikale Venstre)과 연립정부를 구성하였다. 교육개혁은 널리 확산되지 못하였다. 덴마크 평민학교는 19세기 후반의 그룬트비히 유산에 깊이 영향을 받은 채로 유지되었고 전통적인 초등학교와 중등학교 교사 간의 문화적 분리가 지속되었다.

고유한 북유럽 교사문화는 노동당이 지배하는 정부와 평민학교 교사 간의 협력관계를 위한 토양을 준비시켰고 종교 및 민족의 부흥운동은 물론이고 지역 조직들의 촘촘한 네트워크, 대중 운동과 함께 19세기에 시민사회의 부상으로 탄생되었다. 고등평민학교 운동은 최근의 흐름과 자의식이 강한 직업 집단으로서 초등교사가 성장하는 데 중요한 연결고리 역할을 하였다. 유례없이 덴마크에서 강력하기는 했지만, 고등평민학교 운동은 노르웨이와 스웨덴에서도 매우 중요하였다. 세 국가 모두 교사문화에 영향을 미쳤고, 그룬트비히의 용어를 빌어 '삶을 위한 학교'로서 평민학교의 본질적 가치를 강조하는 교육 이념을 지지하였다. 이 사상들이 20세기 초 아동중심 교수법에 대한 수용성을 제고하였고 나중에는 제2차 세계대전 후에 초등학교 교육의 초보적이고 선별적 기능에 우선순위를 두지 않게 했다. 하지만, 덴마크와 노르웨이의 대중주의 성향의 국립 고등평민학교와 스웨덴의 합리주의 성향의 고등평민학교 사이에는 뚜렷한 차이가 있는데, 이러한 차이의 상당 부분은 스웨덴 노동운동의 유례없이 강력한 민중교육을 위한 제도적 네트워크의 일부였다. 이것은 라르센(Jesper Eckhardt Larsen)이 쓴 본서의 제1장에서 보다 '유기적인' 덴마크 및 노르웨이 교사와 좀 더 '식민화한' 스웨덴, 핀란드, 아이슬란드의 교사 사이에서 분석된 북유럽 국가 간의 차이와 관계가 있고, 이것들은 20세기 학교 발전과 교사문화에 반향을 일으켰다. 라르센은 대략 1880년대부터 1920년대까지 교사교육 기관에 대한 시민사회 통제와 구별되는 중앙집권적이고 국가주의 통제 형태에 대한 관찰 및 교사교육 기관의 채용 양상 및 위치에 대한 자료에 기반하여 이런 특성을 정의한다.

지역사회 지도자이자 정치적으로 적극적인 행위자로서, 스웨덴의 교사와 덴마크 및 노르웨이 교사는 그다지 많이 다르지 않다. 덴마크와 노르웨이 교사와 마찬가지로 스웨덴 교사는 흔히 지역공동체 조직과 운동에서 지도자였고 유기적 지식인의 일부 특징들을 공유하였다. 논란의 여지가 있긴 하지만, 스웨덴의 일반적인 교사문화는 하향적이고, 합리적이고, 국가통제주의가 좀 더 강하다. 도심 엘리트와 농촌 대항문화라는 노르웨이와 덴마크 교사 집단 간의 극심한 대립은 학문적 삶과 '평민' 간의 관계가 훨씬 조화롭거나, 좀 더 비판적인 방식으로 표현하면, 보다 위계적인 성격을 가진 스웨덴 사례에서는 발견되지 않았다. 또 다른 한편으로 핀란드 사례는 교육 분야에서 도심 엘리트의 완벽한 승리를 보여준다. 아이슬란드에서는 교사교육 분야 내에서 강력하게 반문화적 제도가 존재하지 않는 강력한 농부와 국가 통합의 그림이다.

제1장에서 라르센(J. E. Larsen)이 주장하고 있듯, 유기적 교사 유형이 식민화하고 국가통제주의 기능이 없는 것은 아니다. 따라서, 노르웨이와 덴마크의 교사는 북부 노르웨이의 사미족(Sami), 덴마크 그린란드의 이뉴이트(Inuit), 슐레비히(Schleswig)/남주트랜드(South Jutland)의 분쟁 중인 국경지역에서 기독교 정신과 민족주의의 사절로서 활동하였기 때문에 '식민화하는' 특성으로부터 자유로울 수는 없다. 이 서로 다른 두 가지 문화적으로 방어적인 국가에서의 소수자들에 대한 전략은 상당히 동화지향적일 수 있다. 유기적 유형의 교사는 심지어 미묘한 불평등을 재생산하도록 도울 수도 있다. 즉, 유기적 유형의 교사는 국가의 사절은 물론이고 국가 및 시민사회의 문화적 매개자로서 민중을 '평민교사로' 동등한 위치에서 만났기 때문에 좀더 애매하게 식민화하는 교사 유형보다 실제로 문화적 민족주의 및 국가 충성심을 전파하는 데 보다 효율적이었을지도 모른다. 따라서 스웨덴, 핀란드, 아이슬란드에서 어느 정도 발견되는 식민화하는 교사 유형은 이와 대조적으로 더 도시적이라거나 아마도 국제적 시각으로 특징지어질 수 있다.

다양한 북유럽 궤적들 간 융합의 가장 중요한 지점은 초등학교 교사가 '진보적' 정당 및 운동에 동조한다는 공통된 성향이다. 자신들의 문화적인 가치 및 직업적 가치가 지배하는 종합학교체제를 도입하고 확대하기 위해서 말이다. 19세기 후반부터 전쟁 기간 동안, 북유럽의 초등학교 교사는 국가 건설, 민주주의, 평등주의의 중요한 도구로서 보통평민학교를 설립하기 위해 자유주의 혹은 사회적 민주주의 개혁구상들을 승인하였다. 제2차 세계대전 후에 평민학교 교사는 전기중등학교를 확대된 의무적인 종합학교 교육체제에 통합하는 것을 지지하였다. 이들은 노동당 정부가 교사의 재량권과 직업 기회를 확대하는 것을 보았는데, 노동당 정부는 통합된 의무 학교는 통합된 교직이 필요하다고 주장하였다. 교육에 대한 '북유럽 모델'의 핵심적 특징은 국가 차원의 종합학교체제를 추구하면서 진보주의 정치적 세력과 초등학교 교사 간의 긴밀한 협동이었다. 전후 복지국가에서 이러한 협동은 조합주의 형태로 제도화되었다. 즉, 노동조합과 전문가협회가 교육정책 결정과 교육체제의 일상적 행정에 적극적으로 참여하였다(Wiborg, 2009, 2017; Helsvig, 2017).

　　노르웨이 교육 및 교사문화가 보이는 오랜 역사적 연속성은 거의 틀림없이 전후 복지국가에서부터 19세기까지, 심지어 더 과거로 거슬러 올라가면 절대왕정과 루터정교회까지 도달할 수 있다. 하지만, 이러한 연속성이 1980년대부터 새로운 정책 경향으로 깨어졌는지, 깨어졌다면 어느 정도 깨어졌는지는 복잡하고 논쟁의 여지가 있는 질문이다. 이런 경향은 점점 더 측정 가능한 학생들의 학습 성과 및 교육의 질에 대한 산출 통제에 중점을 두게 하며, 위로부터 교사를 '전문직화'하고 교사의 업무에 대해 스스로 책임지게 하는 광범위한 조치는 물론이고 협동조합주의 교육 거버넌스의 해체와 지역 및 중앙의 학교 운영에서 교사의 공동의사결정 권한을 감소시키고 있다.

북유럽 교사교육

최근 수십 년 동안, 핀란드는 국제적으로 칭송받는 학문중심 교사교육체제, 독특하게 자율적인 교직, 그리고 정부와 거리를 두고 주로 전문가가 운영하는 학교체제로 북유럽 국가 사이에서 두각을 드러내고 있다(제4장 참조). 이와 대조적으로 제13장에서 지적하였듯이, 스웨덴 교육체제는 '지속적인 개혁', 정치화, 그리고 시장화의 지배를 받고 교사의 사회적 지위는 현저하게 낮아지고 있다. 마우셋하겐이 제11장에서 보여주었듯이, 노르웨이는 교사를 전문직화하려는 정부의 추진력과 스스로 전문화하려는 교사의 선제적 시도들 사이에 계속되는 무언의 줄다리기로 어려움을 겪었지만, 민주-평등주의적 학교 전통과 새롭고 좀 더 성취지향적 열망 사이에서 묘한 타협안을 찾은 것 같다.

스웨덴과 노르웨이에서 평민학교 교사의 훈련은 1970년대에 승격되어 일반적인 고등교육 부문에 통합되었다. 교사 대학 및 대학 졸업장의 유연한 조합으로 계속교육을 위한 새로운 기회가 열린 것이다. 그렇다고 학문 지향의 후기중등학교 교사와 조금 더 교수학적이고 양육지향의 평민학교 교사 간의 전통적 이원성을 완전히 극복된 것은 아니었지만 초등학교와 전기중등학교에서부터 후기중등학교와 고등교육에 이르기까지 양국의 전체 교육체제는 계속해서 개혁되었다(제10장 참조). 따라서 종합학교 프로젝트는 전체 교육체제의 광범위한 민주화와 평등화를 이끌면서 고등교육 수준의 개혁을 위한 토대를 마련하였다. 이것은 대학 학과들조차도 철저하게 변화된 스웨덴에서 특히 분명했다.

덴마크에서는 견고한 평민학교 교사의 문화가 학교체제의 상급학교 교사문화에 침투할 수 없었고 그 반대의 경우도 마찬가지였으며, 서로 다른 두 가지 교사문화의 이중성과 각 학교들이 대체로 유지되었다. 덴마크의 사회민주주의자들은 국가 정치에서 패권주의가 덜하고 19세기에 뿌리내린 자유주의 교육 전통의 영향을 스웨덴과 노르웨이 동료들보다 더 많이 받았다. 이들은 일반적으로 교사교육 기관 개혁을 둘러싸고 훨씬 더 자제하는 입장을 취했다. 그리고 교육정책을 자유주의 및 보수주의 야당과의 연대 및 타협으로 형성했다. 1970년대 공통 북유럽 개혁 물결의 중요한 시기에, 빌둥(덴마크어로 almendannelse)에 계속 초점을 맞춘 덴마크의 대륙적인 후기중등학교 전통과 영미 방식의 고등학교에 영감을 받은 학교들 간의 차이가 공고해졌다(본서 제10장 참조; Haue, 2003).

북유럽의 맥락에서 핀란드가 보여온 궤적은 아주 독특하다(제5, 6, 7, 9장 참
조). 대략 1970년부터 모든 교사훈련 프로그램을 종합대학이 마련한 학문적인
프로그램으로 바꿈으로써 종합적 교사문화를 효과적으로 형성했다. 제5장
과 제7장에서 보았듯이 초등학교 교사 훈련을 대학화하려는 초기 개혁구상
은 상당히 일찍 마련되었다. 그래도 평민 지향의 교사문화를 유지하려는 문화
적 투쟁 없이 완전한 대학화는 실현되지 않았다(Nieminen, 2018).

아이슬란드에서는 교사 훈련 부문의 규모가 작아서 1971년 교사양성기
관에 대학 지위를 부여한 것이 덜 극적인 조치처럼 보였다. 이 과정은 1970년
대부터 초등종합학교 및 전기중등학교 교사교육을 고등교육체제에 통합한
스웨덴과 노르웨이에서의 초등교사 훈련 및 종합대학 간의 더딘 통합과 유사
하다. 이런 점에서 북유럽 지역에서뿐만 아니라 대부분의 다른 서구 국가와
비교할 때 덴마크는 예외적 국가이다. 다른 북유럽 및 유럽 대륙 국가에서 현
재 발견되는 '연구기반' 기관과 대조적으로 덴마크에서 초등학교 교사는 여전
히 비학문적, 전문적, 소위 '발달 기반' 기관에서 교육받는다(제7장 참조).

북유럽 교사, 전문가적 정체성과 실천, 그리고 거버넌스

과거 교육 및 교사의 직업적 정체성을 구성하는 개념은 이에 대한 현재의 타
협과 긴밀하게 연관되어 있다. 전문직성 개념을 사용하고 학교교사를 전문직
으로 바라봄으로써 교육 주체들은 기본적인 역사적 불연속성이라는 개념을
적극적으로 장려하는 것 같다. 북유럽 맥락에서 '전문가 교사'는 다소 새로운
교사 유형을 보여준다. 제11장에서 마우셋하겐이 보여주듯이, 20세기가 시작
되기 전에 교사 전문직성 담론은 북유럽 맥락에서 이루어지지 않았다. 그리

고, 분명하게, 그것은 북유럽 복지국가의 교육담론 및 제도와 긴밀하게 관련된 과거 종합학교 교사와 결별한 것이었다. 이제, 전문직화된 교사는 학업성취에 새롭게 초점을 두고서 다양한 연령 집단을 다루고 보편적 증거기반 방법을 통해 교수활동에 대한 자신들의 지식을 정당화하는 데 보다 전문화되어 학습을 최적화하는 사람이 되려고 한다.

북유럽 교사는 오랫동안 국가와의 관계가 긴밀하다고 여겨왔고, 많은 경우에 정책 결정자들의 전략을 신뢰하며 채택해왔다. 마우셋하겐의 연구에서 보여주듯이, 일부에서 기업주의가 종말을 구한 이후에도 교사 중에는 관료적으로 지배받으려는 의지가 지속되고 있다. 최근 북유럽의 교직은 업무 수행에서 관료적 지원으로 사회화되고 사실 종종 관료적 지원을 요청한다.

하지만, 북유럽 교사의 이런 공통적인 '국가통제주의'는 공유된 북유럽 거버넌스 모델로 나타나지 않는다. 오히려 북유럽 국가는 교사 통제에 대해 굉장히 다양한 접근법을 가진다. 이 책의 여러 장에서 볼 수 있듯 초기의 관찰에 의하면 모든 국가가 글로벌 교육 동향을 따르면서 투입 거버넌스에서 산출 거버넌스로 약간 이동하였지만, 교사에 대한 통제는 개별 국가에서 다르게 구성된다.

핀란드는 1970년대부터 강한 지속성을 가지고 가장 분명하게 중앙집권화된, 그리고 국가 주도의 자원 배분, 공공재로서의 재정지원, 고난도 학문적 교사교육, 일반적 교육과정 지침, 교육방법의, 저부담 교육 상황을 보여준다. 비록 최근 후기중등 직업학교의 개혁은 OECD가 밀고 있는 산출 거버넌스의 방향으로 전개되고 있지만 말이다.

스펙트럼상의 또 다른 편에는 스웨덴이 있는데, 스웨덴은 이 지역에서 거의 극단에 있는 사례라고 볼 수 있다. 스웨덴은 1980년대와 1990년대에 고도의 국가 주도 체제에서 산출지향적 체제로 전환하였다. 이것은 성과 평가 후

분권화된 자원 배분을 포함하는데, 준시장의 '선택적' 재정지원(국가 바우처)과 개별 기관을 위한 고부담 후속 기제들과 결합되었다. 또한 국가가 여전히 전적으로 재정 지원하지만, 수익은 사기업에 돌아가는 소위 '자유학교'를 확대한 민영화의 흐름을 포함한다. 하지만, 다양한 결과들은 중앙의 국가 감독관과 국가수준 평가를 도입하면서 이 움직임이 2008년에 이르러 부분적으로 달라지게 했다. 따라서 스웨덴 사례에 대한 인상은 '지속적인 개혁'과 '혁신 숭배' 중 하나로 보인다(제13장을 보라).

하지만, 베름케와 프뢰츠는 다루고 있는 많은 사례에서 투입과 산출 거버넌스 유형이 다양하고 복합적으로 섞여 있다고 주장한다. 노르웨이의 거버넌스는 전통적으로 국가 중심이지만, 20세기가 시작되면서 점점 지자체의 통제 및 산출 통제가 강화되고 있다. 스웨덴에서 학교 대부분은 공립(97%)이기 때문에 국가가 학교교육에 대해 거의 100% 독점하는 아이슬란드와 유사하다(사립 학교교육은 최근에 3%까지 성장했다). 하지만, 거버넌스 측면에서 아이슬란드는 학부모가 학교위원회의 강력한 구성원인 덴마크 모델을 좀 더 모방하였다. 덴마크 사례는 보다 전통적으로 사적인 특성을 보여주는데, 1855년 자유학교법이 제정된 이후 고유한 교수학적 이상들에 기반하여 비영리인 시민사회가 학교교육을 여는 것이 가능해졌기 때문이다. 여기서 '사립'은 국가가 어쨌든 재정지원을 담당하는(80% 국가 재정지원) 특이점이 있지만 말이다. 덴마크에서 전체 아동의 대략 18%가 사립학교에 다닌다. 이미 언급했듯이, 학부모들은 덴마크의 공적으로 재정 지원되고 운영되는 지방 학교의 학교위원회에서 큰 발언권을 가진다.

교사의 학급담임 역할과 교수학적 접근법의 활용으로 돌아가서 이 책의 몇 개의 장(제7장과 제13장)은 북유럽 국가가 독일의 교수법 접근(Didaktik) 전통에 영향을 받았다고 저술한다. 이러한 접근은 고유한 두 가지 '구성적 사고방식'(Hopmann, 2008)으로서 영미의 교육과정 접근법과 좋은 대조를 이룬다. 다섯 국가가 각각 어떻게 그리고 어느 정도로 학교교육 실천에서 교수법 접근을 수용하고 해석하고 통합해왔는가가 문제이다. 이런 접근법은 투입 거버넌스 체제와 긴밀하게 관련된다.

교수법 접근은 헤르바르트(Johann Friedrich Herbart)와 제자들의 연구에 크게 영향을 받았고 다양한 북유럽 국가는 이 접근법을 서로 다르게 들여왔는데, 핀란드에 미친 영향력이 가장 크다. 하지만, 19세기 초 빌둥이라는 독일의 사상이 들어올 때부터 계속 각 북유럽 국가는 이러한 공유된 사상에 대해 유사하지만, 다양한 해석을 발전시켜 나갔다. 18세기 후반 독일에서 사용되는 개념을 도입한 후, 이 빌둥은 제도화된 학습과 해석에 대한 일반적인 철학적 양상이라는 구성개념으로 발전하였다. 따라서, 덴마크와 노르웨이의 '*dannelse*', 스웨덴의 '*bildning*', 아이슬란드의 '*mentunn*', 핀란드의 '*sivistus*'가 개별 국가의 맥락에서 자신들만의 궤적을 가지게 되었다.

북유럽 국가에서 이 개념들에 대해 공유된 측면은 수업에서 교사의 교과 내용에 대한 반성적 해석이 결정적으로 중요하다는 점이다. 이런 전통 속에서 교사는 학생 교육을 위한 교과의 내재적 가치를 정교화하는 것에 책임을 진다. 따라서 북유럽 전통은 이런 전통에서 교수활동과 교수학의 반성적 실천이 소위 교직의 '신학'이라는 점을 강조한다(제7장 참조).

이런 접근은 영미 교육체제에 뿌리를 둔 소위 교육과정 접근과는 대조를 이룬다. 이런 접근은 공립학교체제 구축이라는 생각과 결합되는데, 목표 진술, 기술된 내용, 교과서(미국의 경우), 교사가 실행할 것으로 기대되는 교수방법을 포함한 대규모 교육과정 프로그램의 부분으로서 권위적인 행위자에 의해 명백하게 지시된다(Wermke & Prøitz, 2019). 교수법 접근은 교사를 의도된 목적과 교육내용에 대한 해석적이고 규범적으로 안내된 실행에 적극적으로 참여시키는 반면, 교육과정 접근은 행정적 정치적 수준에 있어 규범적 판단의 많은 부분을 대리하게 한다.

예를 들어, 노르웨이와 덴마크는 2000년대 초 소위 PISA 쇼크가 있기 전까지 대륙적 전통을 강하게 유지한 반면, 스웨덴은 교육과정 전통에 따라 제2차 세계대전 직후 곧 미국의 시험기반 평가 방식을 도입했다(Lundahl & Tveit, 2014; Tveit, 2014). 따라서 스웨덴은 북유럽 맥락에서 예외적인 사례로 설명되어왔다. 이 책에서 팔켄베르그와 린가르프(Falkenberg & Ringarp)는 스웨덴 교사가 독일 교사보다 평가에서의 전문가적 자율성에서 훨씬 제약받고 있다고 주장한다. 투입 거버넌스에서 산출 거버넌스로의 전환은 북유럽 맥락에서 방법, 내용, 규범적으로 독일 지향적인 경향성에서 영어권 국가의 영향력이 증가하는 방향으로 변화하고 있는 것으로 해석될 수 있다.

새로운 의제, 북유럽의 새로운 대응

많은 연구자들과 교육역사가들은 전 세계가 북유럽 지역의 새로운 정책을 전 세계가 혁신적 정책으로 모방하도록 유도해왔고, 이를 OECD 정책 권고 및 국제 학업성취(PISA)와 같은 초국가적 동력에 의해 주도된 신자유주의적 전환이라고 해석해왔다. 우리는 잠정적으로 이 새로운 발전에 대해 3가지 가능한 해석을 구분하려고 한다. (1) 세계화 압력에 따라 개혁이 필요하다는 생각, (2) 전통과 혁신에 대해 복잡하게 진화해온 복합체, 그리고 (3) 세계화된 교육의 시대로 가는 고유한 북유럽의 경로.

덴마크의 경우 거의 공식적으로 '복지국가'에서 '경쟁국가'로의 이동을 인정했는데, 이것이 첫번째 해석에 영향을 끼쳤다. 정치학자 페데르센(Ove Kaj Pedersen)에 따르면, 북유럽 복지국가는 세계화된 지식 경제의 압력에 따른 필수적 혁신으로 스스로를 경쟁국가로 변모시켰다(Pedersen, 2011). 경쟁국가는 높은 질의 대중교육, 과학적 수월성, 과학, 기술, 산업 간의 제도화된 협동 네트워크를 통해 혁신과 경쟁력을 최대화하는 데 목적을 둔다. 페테르센이 제시한 이러한 국가에 대한 새로운 해석이나 모델은 2013년 덴마크 재정부 장관이자 사회민주당 정부의 구성원인 코리돈(Bjarne Corydon)의 환영을 받았다.

이러한 해석과 함께 웨인과 위보르그(Waine & Wiborg)는 제8장에서 국가가 세계화, 기술적 혁신, 심화된 경제 경쟁이라는 변화된 국제 환경에 뛰어들면서 교육 및 교사교육의 새로운 시대가 지금 동트고 있는 것을 목격하고 있다고 주장하였다. 국가는 소위 '복지국가의 위기', 재정긴축의 착수, 정부 효율성에 대한 요구, 중앙집권화되고 관료화된 지배 방식에 대한 높아지는 불만에 직면해 있다. 새로운 시대를 해석하면서 평등한 교육구조의 창출로 더 이상 충분하지 않고 이제는 기존의 제도들이 특별히 제공하도록 설계되지 않은 학문적 수월성을 강조한다.

두 번째 해석에 따라 베름케와 프뢰츠는 최근 발전을 해석함에 있어 너무 강한 이분법에 대해 경고한다. 이들은 학교 거버넌스의 혼합적 발전에 개별 교사, 교장, 학생, 또는 학부모들이 다양한 방향으로 영향을 미치고 있음을 주장한다. 혼합 거버넌스 형태의 출현은 단일한 국가 기반 거버넌스 형태보다 오히려 영향력 있는 집합체의 형성을 인식하게 하는 기반을 조상했다. 이들은 역사사회적 관점에서 국가별 교직을 이해하기 위한 접근방식을 제안하였는데, 이것은 지배체제의 복잡성 수준이 다양하다는 점을 강조한다. 복잡성은 특정 시스템의 요소들이 어떻게 우연적이고 다양한 방식으로 상호작용하는가라는 측면에서 이해된다. 특정 측면에서 이런 두 번째 해석은 최근 교사에 대한 노르웨이 국가 보고서의 해석과 유사한데, 이 보고서들은 현재 상황에 대한 복합적 또는 고고학적 해석까지 덧붙여 교사 역할의 여러 층위를 규정한다 (Dahl et al., 2016).

마지막으로 정치인과 학자들 모두 새로운 세계화 시대로 가는 수많은 경로를 생각하는 경향이 있다. 덴마크 교육부장관 안토린(Christine Antorin)이 도입한 '신 북유럽학교'에 대한 개혁구상에서 문화적 상호 교류의 상대적 이점을 강조하는 요리와의 유사성이 쉽게 확인된다. 마치 '스시학(sushiology)'이라는 말을 통해 세계화 경향을 비유하는 것처럼 말이다(Ministeriet for Børn og Undervisning, 2012). 분명한 아시아 문화에 영감받아 탄생한 새로운 북유럽 요리를 가지고 문을 연 코펜하겐 식당 '노마(Noma)'처럼 북유럽 교육정책 결정자들과 실천가들은 의식적으로 경쟁적인 글로벌 의제들에 진취적이고 적극적으로 대응하는 기존 북유럽 모델의 강점을 의식적으로 활용해야 한다(Skerry, 2002; Christensen & Kristensen, 2012).

이 책의 서문에서 북유럽 모델에 대한 정치적이고 학문적 참조가 극적으로 증가하였다는 점을 지적하였다. 즉, 새로운 세계화 환경으로 가는 구체적인 경로는 '북유럽'으로 굉장히 적극적으로 구성되고 명명되고, 또한 상표가 붙여지고 있다. 그러나 북유럽 모델의 전반적인 쇠퇴를 고려해 볼 때, 이것들은 단지 수사적 표현에 불과한 것일까? 따라서 이 책의 글은 다양한 방향을 제시한다. 따라서 우리는 여기 결론에서 최종적인 종합을 목표로 삼을 수는 없다. 우리는 세계화, 초국가적으로 보급된 모델의 추상적 보편주의는 물론이고 세계 수준의 발달, 그리고 '교육 이념의 세계적 확산'에 대한 단일한 해석을 고수하는 대신에 북유럽 지역에서 학교교사의 역할과 문화를 비교하고 역사적으로 해석하면서, '각 국가간 차이를 발생시키는 구조적 정교화'와 '지속적인 사회 문화적 상호 관계 네트워크의 다양성'에 주목했다(Schriewer, 2003, p. 31).

[참고문헌]

Christensen, S. and Kristensen, J. E. (2012) 'Ny Nordisk Skole', Tubulens.net: Forum for samtidsrefleksion,17 October 2012. Available at: https://turbulens.net/ny-nordisk-skole/ (Accessed 12 May 2021).

Dahl, T., Askling, B., Heggen, K., Iversen Kulbrandstad, L., Lauvdal, T., Qvortrup, L., Salvanes, K. G., Skagen, K., Skrøvset, S. and Thue, F. W. (2016) Om lærerrollen. Et kunnskapsgrunnlag. Bergen: Fagbokforlaget.

'De nordiska skolmötenas silferbröllop' (1895) Svensk Läraretidning, 27, p. 334.

Haue, H. (2003) 'Parløb og stafet i dansk-norsk gymnasiekultur', in Slagstad, R., Korsgaard, O. and Løvlie, L. (eds.) Dannelsens forvandlinger. Oslo: Pax Forlag, pp. 210-231.

Helsvig, K. G. (2017) Reform og rutine: Kunnskapsdepartementets historie 1945-2017. Oslo: Pax.

Hemstad, R. (2010) 'Scandinavianism, Nordic co-operation and "Nordic democracy"', in Kurunmäki, J. and Strang, J. (eds.) Rhetorics of Nordic democracy. Studia Fennica Historica, vol. 17. Helsinki: Finnish Literature Society, pp. 179-193.

Hopmann, S. T. (2008) 'No child, no school, no state left behind: schooling in the age of accountability', Journal of Curriculum Studies 40(4), 417-456.

Korsgaard, O. (2012) Kampen om folket: Et dannelsesperspektiv på dansk historie gennem 500 år. Copenhagen: Gyldendal.

Landahl, J. (2015) 'Det nordiska skolmötet som utbildningspolitisk arena (1870-1970): ett rumsligt perspektiv på den moderna pedagogikens historia', Utbildning & Demokrati 24(3), pp. 7-23. doi: 10.48059/uod.v24i3.1040.

Lundahl, C. and Tveit, S. (2014) 'Att legitimera nationella prov i Sverige och i Norge - en fråga om profession och tradition', Pedagogisk forskning i Sverige (4-5), pp. 297-323.

Ministeriet for Børn og Undervisning (2012) Velkommen til Ny Nordisk Skole. Copenhagen: Ministeriet for Børn og Undervisning.

Nielsen, V. (1995) 'En dansk og nordisk kampskole', in Norlan, F. and Christiansen, E. (eds.) Harpens Kraft - Frederiksborg Højskole i 100 år. Aarhus: Systime.

Nieminen, M. (2018) 'Teachers' written school memories and the change to the comprehensive school system in Finland in the 1970s', Paedagogica Historica 55(2), pp. 253-276. doi: 10.1080/00309230.2018.1499785.

Pedersen, O. K. (2011) Konkurrencestaten. ISSN 2245-5116. København: Hans Reitzels Forlag.

Reeh, N. and Larsen, J. E. (2014) 'From competing technologies of mass schooling to the spiritual enlightenment of the nation: the reception of the monitorial system of education in Denmark 1814-1849', in Caruso, M. (ed.) Classroom struggle: organizing elementary school teaching in the 19th century. Studia Educationis Historica, vol. 2. Frankfurt: Peter Lang.

Schriewer, J. (2003) 'Comparative education methodology in transition', in Schriewer, J. (ed.) Discourse formation in comparative education, vol. 10. Frankfurt: Peter Lang, pp. 3–52.

Skerry, P. (2002) 'Beyond sushiology: does diversity work?', Brookings Review 20(1), pp. 20–23. doi: 10.2307/20081016.

Skovmand, R. (1983) Samspillet mellem Nordens folkehøjskoler indtil anden verdenskrig. Skrifter udgivet af Jysk Selskab for Historie, vol. 41. Aarhus: Universitetsforlaget.

Trägårdh, L. (1990) 'Varieties of völkish ideologies. Sweden and Germany 1848–1933', in Stråht, B. (ed.) Language and the construction of class identities. The struggle for discursive power in social organisation: Scandinavia and Germany after 1800, Report from the DISCO II Conference, Gothenberg: Göteborg University.

Tveit, S. (2014) 'Educational assessment in Norway', Assessment in Education: Principles, Policy & Practice 21(2), pp. 221–237. doi: 10.1080/0969594X.2013.830079.

Wermke, W. and Prøitz, T. S. (2019) 'Discussing the curriculum-Didaktik dichotomy and comparative conceptualisations of the teaching profession', Education Inquiry 10(4), pp. 300–327. doi: 10.1080/20004508.2019.1618677.

Wiborg, S. (2009) Education and social integration: comprehensive schooling in Europe. New York: Palgrave Macmillan.

Wiborg, S. (2017) 'Teacher unions in the Nordic Countries: solidarity and the politics of self-interest', in Moe, T. M. and Wiborg, S. (ed.) The comparative politics of education. Cambridge studies in the comparative politics of education. Cambridge: Cambridge University Press.

한국 교육모델, 교사와 교직:
우리는 지금 어디에 있는가?

먼저 질문 몇 가지를 해본다. 우리 교육에 북유럽 교사와 교직이 주는 시사점은 무엇인가? 행복한 교육을 만드는 북유럽 교육의 주체인 교사와 교직을 따라 하면 우리는 지금 '불행한 교육'을 바꾸어 낼 수 있을까? 제아무리 훌륭한 사례로 그들의 교직을 따라 한들, 우리의 불행한 교육을 '교사'가 바꿀 수 있는 힘이 있기는 한가? 우리 사회에서 실천되는 교육 속에서 교사와 교직은 어떤 위치에 놓여 있나? 이런 질문에 답하기 전에 잠시 2023년 한국 사회에서 교사란 누군지, 교사들의 직업적 삶은 어떠한지 되짚어 보고자 한다.

2023년 7월 18일, 서울 한 초등학교에서 1학년 담임을 맡고 있던 교사가 교내 교보재를 보관하던 장소에서 사망한 일이 발생했다. 언론 발표 이후 고인이 근무했던 학교에는 셀 수 없을 정도의 조문 화환이 늘어섰고 검은색 옷을 입은 조문객들이 놓아둔 국화송이들이 학교 주변을 가득 메웠다. 추모행렬은 이후에도 한동안 이어졌고, 사회관계망에는 추모를 의미하는 검은 리본이 자리 잡았다. 조문과 추모에 참여하는 이들 중 많은 수가 교사였다는 점에서 이 사건은 단 한 명의 교사가 치렀을 아픔을 함께 슬퍼하는 것이 아니라, 같은 아픔을 내려놓지 못하고 감내해 살아가는 교사들의 공감이 어우러진 공동의 슬픔으로 자리 잡았다. 이후 교사들은 토요일마다 서울 도심 광장을 채워 개인의 슬픔을 공동의 문제로 만들어 내는 과정을 거치고 있다. 특히 고인의 49재가 치러지는 날인 9월 4일은 슬픔을 나누는 교사들 사이에 '공교육 멈춤의 날'로 선언되었고, 또한 '교육환경 조성'을 향한 외침을 담아 '교권 강화 3법'을 통과시켜야 한다며 입법 기관인 여의도 국회 앞에서 대규모 집회가 열렸다.

안타깝게도 한국에서 교직은 더 이상 안전한 직업이라 하기 어려워졌다. 최근 발표된 내용을 보면 5년(2016~2021) 동안 자살한 교사는 76명으로 전체 교사 사망자의 11%에 이른다. 다른 통계 내용을 봐도 지난 10년(2014~2023) 동안 144명의 교사가 극단적 선택으로 사망했다. 1년 평균을 따져보면 2014~2017년 동안 연평균 7.5명이던 자살 교사의 수가 2018년부터 19.0명으로 대폭 증가했다. 하지만 이 사건 이후에는 9월 말까지 6명의 교사가 더 극단적인 선택의 길을 걸었다. 어쩌다 교사들 사이에 베르테르효과, 즉 모방자살효과가 언급되고 있는 상황이 되었는가. 국제언론 또한 한국의 교직에서 발생하는 비극적 사건에 관심을 기울이고 '학부모의 괴롭힘(영국 가디언지과 미국 NPR)'이라든지, '경쟁 심한 교육체제(미국 CNN 등)'의 직간접적인 원인에 대해 보도했다. 국제교원단체(International Education, IE)는 비극적인 사건에 공감하며 교직 환경의 실질적인 변화를 위한 교사들의 요구에 동의하고 연대한다는 성명서("A cry for justice: Solidarity with teachers in South Korea"(9월 1일))를 냈다.

그날 이후 한국 사회는 '교직'이 얼마나 유약한 상황에 놓인 직업인지에 대해 쓰리도록 되짚는 시간을 보내고 있다. 언론은 사건의 사실을 전하는 것을 넘어 왜 이런 일이 발생했는지에 대해 적잖은 기사들을 쏟아냈다. 꽤 많은 기사의 내용은 고인의 사망과 관련된 직간접적인 사실들을 재구성해내려는 것이었지만 시간이 지나면서 교사, 특히 초등학교 교사가 어떠한 직업적 어려움을 겪고 있는지, 왜 선망 직업이던 교직이 이렇게 위험하고 어려운 상황에 놓이게 되었는지를 분석하는 기사들이 등장했다. 무엇보다 최근 교사들의 심리적, 정서적 불안함에 대한 진단과 교사들의 이런 불안정한 감정적 상태를 조사한 자료들을 인용하며 위험에 처한 교사의 불안함을 드러내고 있다. 여러 조사 내용을 종합해 보면 교사들은 무엇보다 직업만족도가 낮고, 심리적인 우울함을 호소하고 있다. 우선 한국교총에서 조사한 자료에 따르면 모든 학교 급의 교사 직무만족도는 상당히 낮다. 겨우 23.6% 정도의 교사만이 가르치는 일에 만족한다고 했고, 이 수치도 조사된 이래 가장 낮았다. 아마도 2007년 같은 질문에 대한 만족도가 대략 68%였던 것과 비교해보면 지난 15년 동안 한국 사회의 교직에 어떤 변화가 있었는지 실감할 수 있지 싶다. 여기에 더해, 한국의 교사들은 우울하다. 전국교직원노동조합과 녹색병원이 공동으로 직무 관련마음건강에 대해 조사한 자료(2023년 8월)에 따르면, 심한 우울증을 호소하는 교사가 38%, 여기에 경중의 우울증을 포함하면 전체 교사의 52.2%가 우울증을 호소하는 상황이다. 한마디로 한국의 교사들이 집단적인 트라우마에 시달리고 있다는 진단을 간과할 수 없는 상황이 된 것이다.

왜 사태가 이 지경까지 이르렀을까? 많은 교사들의 목소리를 종합해 보면 교실에서의 교육할 수 있는 권한(교권)이 축소되다 못해 거의 없어진 것 아니냐는 하소연이 그 이유에 가장 넓게 자리하고 있다. 2000년대에 들어서 학생인권에 대한 목소리가 커지면서 학생인권조례가 각 지자체에서 성안되었고, '열린교육'과 '대안교육'의 여파 이후 교실 수업을 혁신한다며 등장한 혁신학교 브랜드는 교실에서 교사의 권위를 학생과 동등한 듯 보이게 했다. 체벌은 사라졌고, 자유학기제가 도입되면서 숙제도, 시험도 없는 학교는 학생들의 무풍지대가 된듯했다. 사교육을 통한 선행학습에 찌든 아이들은 교사의 수업에 관심을 기울이지 않게 되었다. 아니, 교실에 베개와 이불을 가져와 잠자는 사태가 벌어졌고, 수업을 진행하는 교사에게 방해가 될 정도로 시끄럽게 떠드는 상황이 여기저기에서 보였다. 그런 마당에 아이들에 대한 학부모의 지대한 관심은 교사의 교육 행위에 대한 지나친 간섭과 괴롭힘으로 이어졌다. 물론 '일부 학생', '일부 학부모'의 몰지각한 행동이겠지만, 교사들은 자신의 고유 직무인 가르침에 대한 권위와 다음 세대에 대한 교육적 영향력에 큼지막한 상처를 입을 수밖에 없었다.

부패한 교사 이미지가 투영된 김영란법이라던가, 체벌 금지 이후 훈육을 아동학대와 은근히 연결시키는 '아동학대범죄의처벌등에관한특례법'으로 교사들은 궁지에 몰리게 되었다. 마치 교권이 있던 자리에 학생 인권만 남은 듯한 느낌이 팽배해졌고, 교사에게는 더 이상 가르칠 수 없다는 자조 섞인 울분만 남은 것 같다. 이제 '스승의 날'과 같은 말뿐인 수사조차 폐지하자는 주장이 과하지 않게 들린다. 이런 상황에서 정치계도 발 빠르게 움직였다. 정파와 이념에 제한되지 않고 교직을 둘러싼 슬픔의 감정에 추동되어 교사들의 교육권을 보호해야 한다는 취지의 법 개정 작업에 돌입했다. 서이초 교사 사건이 일어나고 채 두 달밖에 안 된 9월 21일, 국회는 교원지위법, 초·중등교육법, 유아교육법, 교육기본법 등 4개 법률 개정안을 통과시켰다. 이들 법 개정은 '교육활동과정에서 교사가 아동학대혐의로 신고된다고 하더라도 정당한 사유가 없는 한 직위해제를 하지 않는다'는 내용으로 정리된다. 뭔가 '휘이익'하고 세상이 금방이라도 변한 듯한 상황이 이어지고 있다.

그런데 과연 그런가? 비극적인 사건을 통해 한국은 교사에 대한 인식이 바뀌었으며 교사의 가르침에 대한 권위가 새롭게 다잡아지게 되었는가? 학교에서 교사들은 이제 가르칠 만하다는 말이 나올 세상이 되었는지? 무엇을 가르쳐야 할지, 가르쳐야 할 것을 어떻게 가르쳐야 할지, 가르친 것이 제대로 가르쳐졌는지 어떻게 평가할지, 평가하는 과정과 그 결과에 대해 교사는 이전에 누리지 못했던 자율성을 얻게 될 것인가? 그리고 학생의 경험과 성장에 대한 교사로서의 판단에 대한 신뢰가 높아질 것인가? 교사는 한 시대의 지식인이면서 다음 세대를 위한 인품과 고귀한 시대정신을 지닌 지성인으로서의 전문성을 인정받게 될 것인가? 교사는 학생들이 살아갈 사회의 민주적 조건을 만들어 갈 수 있도록 민주적인 사회정치적 판단을 몸소 보여주고, 학생들과 더불어 민주사회의 긴장과 갈등을 함께 이야기할 수 있을까? 자신이 생각하기에 비민주적이고 반민주적인 행태와 제도, 사회적 관행에 대해 반대하고 새롭게 할 수 있도록 몸소 행동으로 보여주는 배움의 모범이 될 수 있겠는가? 우울증에 걸리지 않을 만큼 자신의 직업적 자부심이 크고, 그만큼 사회 속에서 교사로서의 역할이 중대하다는 것을 사회 구성원들이 인정하고 지지해 줄 수 있게 변하겠는가?

　　유감스럽게도 한국 사회의 교사와 교직은 이런 변화의 과정을 겪고 있는 것 같지 않다. 더불어 한국에서는 이런 사회의 도래를 금방 볼 수 있을 것 같지 않다. 한국 사회에서 일어난 비극은 비극이고, 한국에서 교직이 지닌 특성은 그대로 유지되어야 하기 때문이다. 비극을 둘러싼 슬픔보다 더 중요한 것이 있다고? 어쩌면 현대를 살아가는 한국 사회에서 교직을 둘러싼 작금의 비극은 상대적으로 그리 큰 문제가 아닐 수도 있다. 2014년 승객 476명 중 304명이 죽었고 특히 수학여행을 가던 학생 325명 중 250명, 교사 14명 중 11명이 사망한 세월호 사건은 거의 10년이 가까운 시간이 지나도록 무엇 때문에 사고가 발생했는지 밝히지 못한 채 잊혀가고 있다. 2022년 이태원 한 골목에서 할로윈 축제에 참가했던 159명이 밀리고, 깔리고, 밟혀 죽는 참사가 발생했다. 누구 하나 책임지는 이가 없는 상태로 이 사건은 쓸데없이 한밤중에 놀러간 사람들의 안타까운 죽음 정도로 취급당하고 있다. 뿐만 아니라 평소 멀쩡한 주차장에서, 지하도에서 폭우로 갑자기 불어난 물에 빠져 수십 명이 죽는 일이 매년 일어나고 있고, 안전 장비 제대로 갖추지 못한 어린 노동자들이 기계에 끼어 죽는 일도 끊이지 않는다. 무엇보다 성적 압박에, 다양한 방식의 괴롭힘 때문에 스스로 죽어나가는 청소년들이 적잖다.

이런 일들이 유감스럽다 못해 참담하다고 느끼는 이유는, 죽은 이들의 숫자가 크다는 것을 넘어 이 사회에서 왜 이런 일이 일어났고, 다시 이런 일이 일어나지 않도록 하기 위해 사회가 나아가야 할 논의와 변화의 수준이 극히 미약하기 때문이다. 한마디로 비극적인 일은 비극적인 슬픔으로 남겨두고, 이를 바로 잡기 위한 논의는 별개의 문제로 여겨지는 경우가 많은 것이다. 소 잃고 외양간 고친다는 말이 있지만, 소를 잃어버리고도 제대로 고쳐지는 일이 거의 없다는 이야기다. 가정컨대, 소를 잃어버린 사람의 슬픔과 손실이 외양간을 고치는 사람이 들여야 할 품 혹은 그로 인한 이익과 같지 않거나 별개이기 때문이 아닐까? 그래서 교사의 죽음으로 슬픔에 잠긴 대한민국은 그 슬픔의 감정이 잊히기를 기다리는 사람들 앞에서 언제 그런 일이 있었냐는 듯 별다른 변화 없이 늘 그러했던 일상을 다시 맞이하게 될 가능성이 높다.

　　그렇다면 우리는 이렇게 질문해야 한다. 비극을 잠시 잠깐의 해프닝 정도로 끝내면서까지 유지시켜야 할 사회적 가치는 무엇이고 이를 위한 교사의 고유한 직무라는 것이 무엇인가? 그런 교사의 교사다움은 어떻게 비치고 있고, 왜 그것은 계속 유지되어야 하는지. 어쩌면 이런 질문은 우리가 교사에게 무엇을 기대하고 있는지에 대한 질문과 답변에서 먼저 다뤄져야 할 것이다.

　　대부분의 국가가 유지, 관리하고 있는 공교육시스템은 모든 이에게 '포용적이고 형평적인 양질의 교육'을 제공한다는 목표를 내세우고 있다. 이를 구현하기 위한 사회제도 속에서 교사로 불리는 직군의 사람들이 해야 할 마땅한, 그래서 교직이 감당해야 하고 또 그렇게 실현되는 공통된 실천이 있다. 교사는 자신이 가르쳐야 하는 교과지식을 충분히 알고 또 그 지식의 범위를 키워나가야 한다. 교사는 아동의 발달단계에 따라, 아동이 처한 지식수준에 따라, 아동의 기질과 적성에 따라 가르쳐야 할 지식을 적절히 가르치기 위해 무던히 애쓰며 노력해야 한다. 더불어 아동기 이후 청소년기에 이르기까지 자신과 오랜 시간을 함께하는 다음 세대에게 인격과 품성을 가르치고 성장시켜야 하는, 그래서 한 사회의 민주적 시민성을 담지하도록 견인해야 한다. 또한 학교라는 공동체 속에서 이뤄져야 할 행정, 기획, 관리 업무에 능숙해지고, 다양한 동료 교사 및 학교 구성원들과 논의하고 협력하는 일에도 전문적인 식견을 가져야 한다. 교사라 불리는 사람들이 하고 있고, 또 해내야 할 일이 참 많다. 여기에 더해 최근에는 핀란드와 싱가포르 교사를 보고 배우라며, 연구자로서의 교사라는 정체성도 부각되고 있다.

우리는 교사에게 무엇을 기대하는가? 흔히 교사를 전문가, 교직을 전문직이라고 부르는데, 그 말은 무슨 뜻인가? 흔히 전문가로서의 교사를 설명하기 위해 비교되는 예시가 의사거나 법관이다. 의사가 병을 고치기 위해 의학지식을 쌓고 의료 경험을 쌓아가면서 누구도 흉내 낼 수 없는 질병진단 및 치료 전문가라고 한다면 법관은 (직무와 관련해 분야가 다양하고 세분화되어 있기는 하지만) 법전에 정통하고 법 위반 및 처벌이 적용된 판례에 근거해 삶의 다양한 다툼을 정의롭게 해결하는 데 개입하는 법률전문가라고 할 수 있다.

그렇다면 교사는? 앞서 이야기한 교사들이 해내야 할 일들에 근거해 보면, 교사는 교과 지식의 전문가인가? 그럼 교수법 전문가인가? 글쎄. 그것도 아니라면 교사는 인간 발달에 따른 심리적 성장을 돕는 발달심리 전문가인가? 글쎄. 그렇다면 교사는 학교 행정의 전문가인가? 거의 아니라 할 것이다. 그렇다고 교사가 교육학 연구자로 훈련받은 학자인가? 그랬으면 좋겠지만 아니다. 이런 경우 대체로 교사는 이 '모든 것'을 다 할 줄 알아야 하고, 실제 이런 활동을 통해 학생 한 명 한 명의 성장을 견인하는 매개자로서의 전문성을 지녔다고 이야기된다. 이 또한 그리 분명하지 않다. 이런 '모든 것' 속에 무엇이 포함되고 또 포함되지 않는지 역시 불분명할 뿐만 아니라, 혹 그런 것이 깔끔하게 정리되어 있다고 하더라도 사실 교사에게 그런 종합적인 것들을 다 잘해

내기를 기대하는 것은 지나친 것 아닌가? 아니, 그렇게 기대한들 이를 잘 해낼 수 있는 '슈퍼맨' '슈퍼우먼' 교사가 얼마나 되겠는가?

그런데, 흥미로운 사실은 교사는 이런 '슈퍼맨/우먼' 같은 교사 정체성을 요구받지 않았던 적이 한 번도 없다는 점이다. 국가가 제도로서 학교 시스템을 정비해 만들기 이전부터 학교라는 시공간에서 벌어지는 일련의 과정에서 교사는 아동의 지적이고, 정서적이며, 행동상의 변화, (듀이식으로 이야기해) 경험을 통한 성장을 매개하고 이끌어내는 전문가로 여겨졌다. 앞서 이야기했지만, 교사는 이 모든 일을 다 할 수도 없을 뿐만 아니라 그 '모든 일'의 범위가 명확하지 않은 상황에서 늘 '비난의 대상'이 되어 왔다. 다다를 수 없는 목표로서의 교직 정체성과 그에 따른 직무는 이 일을 해내는 교사들이 만든 것도 아니고, 그럴 수 있는 권한을 한번 가져본 적도 없다. 뭔가를 할 수 있고, 또 할 수 없는 문제에 대해 자신의 목소리를 제대로 내지도 못하고, 그 목소리를 낸들 제대로 받아들여지지도 않는 교사들의 양 어깨는 늘 무거운 짐이 가득 얹힌 상황으로 남아있다. 마치 전쟁터에 모인 병사들에게 전쟁에 꼭 이겨야 한다고 명령하는 꼴이랄까? 이 병사들은 매번 달라지는 전쟁 상황에서 무엇이 필요한지, 이를 어떻게 조달할지, 어디에서 어떻게 적을 죽이고 살아남아야 할지 알아서 해야 할 각자도생의 상황에 있을 수밖에 없다. 한국만의 문제는 아니다. 선진국, 개발도상국 가리지 않고 교사는 자신의 권한과는 상관없는 교육적 책무 속에서 과한 책임을 지며, 그 결과 부당한 비난에 노출될 수밖에 없다.

이런 내용의 교직에 대한 비판은 다양한 연구들을 통해 상당히 신랄하게 보고되었다. 골드스타인(Goldstein, 2019)은 〈교사전쟁〉을 통해 '교직은 미국에서 역사적으로 가장 치열한 전투가 벌어지는 직업'이라고 주장한다. 미국 역사에서 교사는 빠르게 변화하는 사회 속에서 공동체가 목도하는 목표를 효과적이며 효율적으로 성취해 낼 수단이었다. 안타깝게 이런 도구화된 교사들에게 주어진 것이라고는 별로 없었다. 종교적 이념과 공동체에 대한 헌신, 사회의 전통적 관행에 따른 젠더질서 속 순응의 미덕이 교사가 변화하는 사회 속에서 벌어지는 교육이란 이름 속 전쟁터에서 활용할 수 있는 무기였다. 안타깝게 미국 역사 속에서 이런 환경으로 자신의 직업을 비관해 생을 마감한 교사는 엄청나게 많았다.

라바리(Labaree, 2020)는 〈교사교육의 딜레마〉에서 이런 역사 속 교직의 모순과 딜레마를 분석적으로 설명하고 있다. 사회질서를 온존시키고 창의적으로 변혁시킨다는, 일견 그럴듯해 보이는 수사법 속에서 교사는 구조적 모순을 경험할 수 밖에 없는 존재며, 특히 이런 교사를 어떻게 키워내는지 교사교육의 장이 얼마나 딜레마에 빠져있는지를 적나라하게 기술해 준다. 그러다 보니 교사교육은 내용으로나 방식으로나 다른 학문영역에 비해 열등감에 시달리고 있고, 축적되는 지식보다는 정치적 영향력에 기대며, 별로 주는 것 없이 좋은 것이 만들어지리라는 근거 없는 낭만에 사로잡히게 되었다.

폴레비치(Pawlewicz, 2022)는 교사와 교직이 처한 이런 역사사회적 상황을 〈비난받는 교사〉로 이미지화해 냈다. 교사는 교직을 둘러싼 정책과 논쟁 속에서 늘 비난의 대상이 되었다. 교사를 비난하는 이유는 여러 가지다. 미국 역사 초기에는 교사들의 성정이 교사답지 못하다는 것 때문에 비난했고, 이민자가 많아지던 시기에는 이민자들을 미국사회에 잘 적응시키지 못한다며 욕을 했다. 낮은 봉급에 노조를 결성하고 시위하던 교사들은 돈만 밝힌다며 손가락질받았고, 소련과의 우주전쟁에서 지자 교사들이 학생들에게 수학·과학 능력을 제대로 배가시키지 못한다며, 그리고 1980년대 교육개혁의 시기에는 아이들을 실패시키는, 창의성을 죽여 평범한 바보가 되도록 한다며 비난받았다. 교사는 사회의 온갖 문제를 해결하는 사람이어야 했고, 사회가 나아가야 할 방향을 제대로 밝혀야 했으며, 가정의 엄마를 대리하는 따뜻함과 지적 냉철

함을 지닌 사람으로 아동의 지적, 정서적, 심지어 영혼의 성숙을 책임져야 했다. 이런 능력을 지닌 사람? 거의 찾을 수 없었다. 그 뒤에 일어난 일은? 그런 능력을 보여주지 못하는 교사들에게 비난의 화살을 돌리는 것이었다. '다 교사 탓이야.'

미국 이야기라고 치부하고 지나갈 수 있는 이야기인가? 한국은 어떠한가? 사실, 작금의 한국에서 벌어지는 일들을 가만히 들여다보면 교사를 둘러싸고 벌어지는 일이 미국이나 한국이나 크게 다르지 않아 보인다. 물론 두 국가의 교사와 교직은 다른 측면이 많다. 이런 차이 중에 무엇보다 강조되는 점은, 한국에서는 미국에 비해 고교 성적이 압도적으로 우수한 학생들이 교사가 된다. 지금까지는 그렇다. 이는 일제강점기 교육받은 지식인들이 선택할 수 있었던 사회진출의 좁은 기회 때문에 심화된 것이기는 하지만, 한국이 전통적으로 가르치는 일의 사회적 위신을 높이 평가하는 사회라는 점도 작용했기 때문이다. 여기에 교직은 직업 안정성과 임금 수준, 업무 여건에 대한 고려로 소위 중산층 가정의 꽤 괜찮은 직업으로 선호되었다.

그런데 고등학교 때까지 가장 공부 잘하는 학생들이 교사, 그것도 초등학교 교사가 되는 한국은 미국에서 교직과 교사가 천대받고 비난받는 상황과 다른가? 그렇지 않다. 교사들은 일하는 것에 비해 월급을 많이 받는다는 대중들의 비아냥거림을 견뎌야 한다. 학부모들의 학생에 대한 민원은 그게 상식적이건 그렇지 않건 무시할 수 없다. 자기 아이 시간 맞춰 약 먹여 달라고 하는 민원이나, 자기 아이는 '왕의 DNA'를 가졌으니 소중히 대해 달라는 민원, 학폭 가해자인 자기 아이를 감싸달라는 민원 등. 교사는 학력과 학벌이 높다고 생각하는 학부모로부터 무시당하기 일쑤고, 교사의 수업 및 교육적 행위에 대해 학부모와 판단을 다퉈야 하는 경우가 많다. 학부모가 민원으로 학교를 찾을 때면 수업은 제쳐두어야 할뿐더러, 어떤 상황에서도 행정상의 상급자들은 돕겠다고 선뜻 나서지 않는다. 전쟁터에 나가 한참 싸우다보니 불리한 상황에 처한 자신을 보게 되는데, 주변에 아무도 없이 전부 도망간 상황이다. 여기에 더해 교사들은 자신의 가르침이 아이들에게 가 닿는지 알기 어렵다. 어느 때부터인가 시험과 숙제는 없어졌고, 아이들의 교과 지식은 수업이 아닌 학원에서 배워 익혀나가는 것으로 안다. 학생들에게 학교는 졸업장을 받기 위해 가는 곳, 교사는 주는 것 없이 간섭만 많은 성가신 존재가 되어버렸다. 한국의 무시당하는 교사가 미국의 비난받는 교사와 뭐가 다른가?

어느 때부터인가 한국의 교직은 학생들 사이에서 가장 선호되는 직업이었다. 여전히 그 선호도는 높다. 교사가 되기 위해 입학해야 하는 사범대학과 교육대학은 높은 성적을 받아야 하고, 이들 학교에 들어가기는 정말 어렵다. 그런데 정작 교사가 되고 나면 교육 전문가로서 대우받지 못하는 것을 넘어 수많은 비난과 무시의 대상이 되고 있다. 이런 역설을 어떻게 이해해야 할까? 한국의 교직이 지닌 이런 상황을 다른 나라와 비교해 본다면 같은 점을 더 많이 발견하게 될까, 아니면 다른 점을 더 발견하게 될까? 전 지구적으로 많은 국가에서 공교육 시스템이 만들어지고 유지, 관리되면서 교직의 특성에 뭔 차이가 있을까 싶은데, 과연 한국이란 특정한 맥락에서 교사에게 부여되는, 혹은 교사가 지니게 되는 고유하고 특정한 정체성이 있단 말인가? 한국에서 교직이 지닌 고유한 특성이란 무엇인가? 과연 그런 게 있기는 한가?

각 사회는 그 사회가 유지해 온 사회문화적 구조와 일상적 실천 속에서 교육은 의미가 생성되고 그 교육 속에서 행위하는 주체 간의 상호작용이 결정된다. 교사와 교직 또한 그렇게 이해되는 것이 타당하고, 이런 이해를 심화시킬 수 있는 작업이 필요하다.

본서는 이런 작업이 어떤 것이고, 이런 작업을 어떻게 할 수 있는지를 보여줄 수 있는 꽤 흥미로운 연구물이라고 할 수 있다. 더욱이 본서는 한국 교육계에 교육 문제를 풀어나가는 데 빛이라도 던져준 듯한 '북유럽의 교육'에서 핵심적인 역할을 하는 교사와 교직을 다루고 있지 않은가? 한국에서 북유럽의 교육을 대하는 방식은 그리 다양하지 않다. 북유럽의 교육은 '행복교육'이고, '삶의 교육'이며, '잘 노는 교육' 혹은 공적 가치가 큰 부분을 차지하는 '공동체 교육'으로 이미지화되어 있다. PISA 성적으로 전 세계를 놀라게 했고, 잘 놀고 더불어 잘 배우는 생태적 배움터가 어떻게 기능하는지를 배우겠다는 교육적 열망의 대상, 그게 북유럽 국가들이었다.

핀란드가 대표적인데 그 이외에도 스웨덴, 덴마크 등에 대한 교육 참조가 많다. 그들 교육은 '행복', 우리 교육은 '불행', 그들 교육은 '놀이', 우리 교육은 '공부', 그들 교육은 '협력', 우리 교육은 '개인', 그들 교육은 '가치중심', 우리 교육은 '결과중심'으로 대비되는 경우가 흔하고, 이를 구체적인 자료로 보여주겠다며 통계자료와 함께 많은 교육 탐방을 통한 관찰일지 형식의 보고가 잇따랐다. 역자는 겨우 스웨덴 정도 가본 것이 전부인지라 이런 비교의 내용과 비교 방식, 탐방을 통해 관찰한 사실의 진위를 판단하기 어려운 처지다. 사실 이들의 연구는 사실 전달이라는 면에서는 나름 성공적이라고 생각한다. 그러나 아쉬운 점이 있다. 이들이 보여준다는 교육적 사실이 어떤 사실이냐는 것이고, 이런 사실의 전달이 그 사회의 교육과 교육적 실천을 충분히 이해할 만큼의 전체성을 갖고 있는가의 문제이다. 이 점에 대해 역자는 각 연구와 저서들의 의미를 확장해 받아들일 자신이 없다.

역자는 본서가 그런 사실과 사실 사이의 거리를 좁히고 좀 더 전체적으로 북유럽 교육에 대한 이해의 깊이를 더해줄 수 있도록 안내하는 연구서라고 생각한다. 무엇보다 북유럽 교육 세계에서 미국에서나 한국에서나 모순과 역설적 상황에 놓여 있는 교사와 교직이 어떤 사회문화적, 사회경제적 주체로 자리했고, 어떤 변화를 거쳐 오늘날에 이르게 되었는지를 다루는 책이라는 데에서 말이다. 특히 이 책은 북유럽 교육이 갖고 있는 특질을 다른 이들이 보고 따라 할 만한 함의를 기술하는 방식의 연구가 아니라는 점이 두드러진다. 오히려 그 반대다. 이 책은, OECD에서 2000년 이후 3년마다 실시하고 있는 PISA 이후 북유럽이라 통칭되는 지역의 교육이 갖는 동질성에 대해 '북유럽 교육모델'로 불리는 것이 실상은 존재하지 않는다는 비판을 담고 있다. 어쩌면 그런 이미지는 우선 수많은 의도와 이해관계가 얽여 만들어진 것이라고 봐야 한다는 점, 둘째, 북유럽을 구성하고 있는 서로 다른 국가들, 스웨덴, 노르웨이, 핀란드, 덴마크, 아이슬란드의 사회와 문화, 그리고 그 속에서 실천되고 있는 교육이 제각각의 모양과 내용, 형식을 가진 독자적인 것으로 이해해야 한다는 점, 셋째. 이런 독자적인 체제로서의 교육은 꽤 오랜 시간 서로 다른 사회문화적, 정치경제적 판단이 이어져온 역사사회적 과정으로 형성된 것이라는 점, 넷째, 그 속에서 주요하게 기능해온 교사와 교직의 공통성보다 차이점이 두드러진다는 점, 그리고 인접한 국가들 사이에 서로 영향을 주고받은 분명한 변화의 동인이 있음에도 서로 다른 방식으로 교직과 교사의 정체성이 만들어지고 유지되고 있다는 점으로 다시 설명된다.

흥미롭게도 교사는 교육적 성취에 있어 북유럽 신화 속 주인공이 아니었다. 교사는 사회적인 존경을 받는 직업적 지위도, 그럴 만큼의 국가적 관심도, 제도적 장치에 따른 적절한 교육과 훈련도 받지 못했었다. 동네 교회의 목사를 돕는 조력자가 했던 일이 학교 시스템 속 교사로 자리매김하면서 교사는 지역사회의 온갖 잡다한 요구에 부응하는 직업인이 되었다. 심지어 학교가 위치한 동네의 농사일에서조차 지도자로서의 면모를 보여야 했다. 충분한 급여를 받는 직업군에 속하지 못한 것은 당연했다. 그래서 이 지역 초기 교사 중에 농촌 출신이 그토록 많았고, 이들을 교육하는 교사훈련원은 대도시보다 농촌지역에 자리 잡는 경우가 많던 것이다. 부모의 직업을 이어 교사를 직업으로 택하는 사람들이 많았던 이 지역의 교사들은 시간이 지나면서 도시 태생의 여성들이 주로 차지하는 직군으로 변해 왔다. 흥미로운 것은 이들 국가 간에 교사가 누구이고 이들을 어떻게 대우해야 하며, 기존 사회의 엘리트와 견주어 어떻게 교육되는 것이 바람직한가에 대한 논의가 끊이지 않았다는 점이다. 더욱이, 이런 논의 과정 및 협상 내용은 각국이 달랐고 결과적으로 교사의 지위 및 교사교육 시스템은 상당히 다른 모습을 띠게 되었다는 점이다.

여기에서 꼭 짚고 넘어가야 할 것이 있다. 이상의 북유럽 교육모델을 비판하는 연구자들은 초등학교 교사와 중등학교 교사를 구분해 교직을 설명한다. 간단히 이야기하면 중등학교 교사가 전통적으로 엘리트 교육을 받은 한 사회의 지성인으로 존경받았던 것과 달리 초등학교 교사는 저급한 수준의 교육에 만족해야 했던 말단 공무원에 불과한 직군인 사람들이었다. 그리고 이런 교직의 전통적인 구분은 여전히 지금도 여러 국가에서 다양한 방식으로 유지, 존속되고 있다. 이런 초등교사와 중등교사 사이의 구분은 앞서 언급했던 미국의 사례를 다룬 역사적 기술, 〈비난받는 교사〉에서도 등장한다. 초등학교는 한동안 가정의 확장이라 여겨졌으며 초등학교는 엄마를 대신해 아이들을 돌보는 장소 정도로 이해되었고, 그런 교사에게 필요한 자질은 자상한 엄마, 사회에서 필요로 하는 젠더 역할자의 인성이었다. 사실 그게 정확하게 뭔지는 모른다. '따뜻하고 어진' 엄마교사로서 초등학교 교사는 자질의 내용이 무엇인지 따지는 것조차 허용되지 않고 단지 판단을 받아야 하는 대상이었을 뿐이었다.

한국의 사정은 어떠한가? 초등학교 교사와 중등학교 교사 간에 어떤 차이점이 있는가? 서로 다른 자격을 부여한다는 면에서 양성 과정이 다르고, 가르치는 학교의 장이 다르다는 것을 제외하고 법적 지위의 차이, 사회적 지위의 차이, 사회, 보수의 차이, 심지어 근무 여건의 차이가 있는가? 현재 법적인 차이는 그리 두드러지지 않는다. 앞서 잠시 언급한 바 있는데, 초등교사가 되기 위해 거쳐야 하는 교육과정으로서 교대에 입학하는 것이 중등학교 교사가 되기 위한 사대 입학보다 좀 더 어렵다고 할까? 그러고 보면 한국에서는 애초 초등학교 교사가 되는 것이 더 어려운 일이다. 왜 이런 현상이 나타났는가? 이런 현상은 한국 사회에서 초등학교 교사와 중등학교 교사의 차이가 없거나 미미하다고 하기에 정당한 요소인가?

안타깝지만 꼭 그런 것 같아 보이지 않는다. 더욱이 근현대 한국 교육의 역사 속에서 초등교사와 중등교사는 상당히 다른 자격 및 양성과정, 서로 다른 사회적 대우를 받았었다. 즉, 지금의 학교급별 교사의 차이가 덜 느껴지는 현상은 극히 이례적인 모습일 뿐이고, 심지어 겉으로만 그럴 뿐 좀 더 깊이 들여다보면 초등교사와 중등교사 사이의 기능과 역할 차이, 사회적 인식의 차이는 상당히 크다. 아마도 이런 이유 때문에 서이초 교사의 죽음 이후 한국 교육을 규정하는 논쟁은 주로 초등교사의 일이지 중등교사의 일로 여겨지지 않는다. 이와 다른 측면에서, 중등 단계의 경우 정규 교사가 될 수 있는 선발 예정 교원 수가 양성되는 예비 교원에 비해 턱없이 부족한 상황에 대해 초등교사들은 별 감흥이 없다. 애초 서로 다른 길을 가기로 한 것이 아니냐는 반응이 대부분이다. 교직에 대한 태도, 교사로서의 정체성, 사회적 지위에 대한 인식 수준의 차이는 중등교사와 초등교사, 초중등교사와 유치원 교사, 유치원 교사와 보육교사, 정규 교사와 교육공무직 종사자, 심지어 교원 중에서도 정규직 교사와 기간제 교사 학교 사이에 아주 크다. 교사와 교직을 보며 설명해 내고 이해해야 할 것들이 너무도 많다.

그러고 보면 우리는 한국에서 교사가 누구인지, 교사가 어떻게 이런 사회 경제적 조건 속에서 일하고 있는지, 지난 100년, 혹은 그 이상의 시간 속에서 교사와 교직이 어떤 방식으로 형성되고 변화해왔는지를 제대로 이해하고 있지 못하다. 왜 교사교육 기관으로서 교대와 사대는 서로 다른 듯하면서 유사한 시스템을 유지하고 있는지 명확히 이해하고 있지 못하다.

질문은 수없이 많다. 시작 자체가 정치적인, 혹은 효율적인 운영에 있었다고 하더라도 시간이 지나면서 그 시스템이 효과적이라는 증거가 있는가? 이런 효과성과 효율성은 어떤 기준에 따라 판단되어야 하는가? 초등학교 교사와 중학교 교사를 묶어 기초교육단계로 인식하고 이들의 양성과 행정을 고등학교 교사양성 및 관리 시스템과 달리 관리하는 국가들이 많은데, 한국은 이런 다른 시스템과 어떻게, 그리고 왜 같고 다른가? 초등학교 교원을 양성하는 교육기관이 1961년 이전에는 고등학교급('사범학교'), 1961년에 2년제 전문대학('교육대학'), 1981년에 4년제 단과대학('교육대학교')으로 변경되면서 이들의 교육적 여건과 교사들의 정체성에 어떤 변화가 있었던 걸까? 이런 제도, 정책적 결정은 어떻게 이뤄진 것일까? 이런 결정 과정에서 제안자, 실행자, 반대자는 누구고, 협의 과정은 어떻게 진행되었는가? 1970년대 대학교육 전체의 질적 수준을 의심하는 국가 지도자들의 걱정 때문에 시작된 교원 양성기관의 교육과정은 왜 큰 틀에서 변화하지 않고 있는가? 왜 우리나라는 교육과정에서 실습이 중요하다고 하면서도 정작 실습에 배정하는 시간은 적을까? 교사들이 갖추어야 할 전문성의 영역에 대해 우리는 합의하고 있는가? 혹 그런 게 있다면 이를 어떻게 가장 잘 수행할 수 있는가? 한국의 교사들에게는 왜 아직도 정치적 기본권을 행사할 법적 권한이 없을까? 교사들에게 요구하는 정치적 중립성, 그 기원은 어디인가? 정치적 사안에 대해서도 자신의 생각을 개진할 수 없는 교사들은 아이들에게 어떻게 민주적 시민성을 키우도록 하고 있나? 좀 더 나아가, 이런 교사들의 교육을 담당해야 할 교사교육가들은 어떤 능력을 갖춘 사람들이어야 할까? 세계적인 학술지에 논문을 많이 내고, 정부 교육정책을 통해 연구를 잘하는 것이 교사교육가들에게 왜 필요한가? 주변의 다른 나라(일본, 대만,

중국/홍콩, 싱가포르, 베트남 등)의 교사 및 교직과 한국의 교사 및 교직은 어떤 점에서 갖고 다른가? 이들을 묶어 본서에서 검토하고 있는 '북유럽 교육모델'이라고 할 만한 공통된 특징을 찾아낼 수 있을까? 그런 게 있다면 '동아시아 교육모델'이라고 할 수 있는가? 과연 이런 모델 속에서 우리는 공유할 만한 교사와 교직의 공통된 역사사회적 특징을 설명해 낼 자료를 잘 확보하고 있는가? 등

북유럽 지역의 스웨덴, 노르웨이, 핀란드, 덴마크, 아이슬란드. 이들은 교육적 성취가 높은 국가군으로 여전히 이들 국가의 교육에 대한 '모델화' '신화화'가 진행 중이고, 이들 국가를 참조해 교육의 새로운 희망을 만들어 가자는 열망이 채 식지 않았다. 우리는 어떤 방식으로 이들 국가의 교육과 이들의 교사, 교직을 바라볼 것인가? 안타깝지만 답변을 하다 보면 위에서 제기한 것처럼 우리 교육에 대한 질문이 더 많아진다. 그러나 유감스럽게도 우리 교육에 대해, 우리 교사와 교직에 대해 아는 것이 많지 않다. 역자는 본서가 이런 질문의 유효성을 함께 공유하고 한국 교육에 대한 성실한 설명을 어떻게 풀어낼지 독자들과 논의하기 위한 장으로 기능하기 바란다. 비록 북유럽이라는 익숙하지 않은 사회문화적 맥락, 정치경제적인 상황에 대해 이해하기 쉽지 않을 것이긴 해도 말이다. 하지만 이런 이해의 과정을 거치며 우리가 살고 있는 사회문화적 맥락, 정치경제적 상황 속에서 교육이 어떻게 기능하고 있는지, 이를 일상적으로 실천하고 있는 교사와 그들의 직업으로서 교직이 어떻게 자리 잡아 왔는지, 왜 그렇게 될 수밖에 없었는지 더 많이 이해할 수 있게 되리라 믿는다.

본서는 번역을 시작한 지 상당히 시간이 흘러서야 이렇게 한 권의 책으로 엮여 빛을 보게 되었다. 무엇보다 번역작업을 함께 한 사랑하는 아내 김민조 선생의 노고를 감사하게 생각한다. 서로 다른 일정, 번역을 대하는 다른 태도, 교사와 교직에 대한 유사하지만 서로 다른 관점, 한 명은 초등교사 양성기

관에서, 다른 한 명은 중등교사 양성기관에서 일한다는 여건의 차이에도 불구하고 본서가 갖고 있는 진주와도 같은 중요성을 공유하며 이렇게 마무리를 짓게 되었다. 꼼꼼하지 못한 역자와 달리 김민조 선생의 꼼꼼함과 세심함으로 본서의 글과 구성이 훨씬 독자들에게 나은 모습으로 만들어졌다고 생각한다. 더불어 본서가 출간되는 데 있어 살림터 출판사가 보여준 공감과 격려에 감사하게 생각한다. 무엇보다 교육의 진보적 변혁과 이를 통한 대한민국 사회대전환을 향한 발걸음이 시급함에도 정치경제적 여건상 더디고 어려워진 상황에서 출판사에 별 도움이 되지 않을 번역서를 흔쾌히 출간해 준 것에 감사의 마음을 더한다.

역자들에게 번역은 상당히 고되고 더딘 노동의 과정이자 학습의 과정이다. 그러나 번역서를 내는 일은 단순히 번역하는 데 드는 고됨과 배움의 희열과는 다른 긴장을 안기는 일이 분명하다. 역자들이 택한 문체, 어휘에 따라 본서의 원래 의미와 중요성이 나아질 수도, 혹은 오히려 나빠질 수도 있기 때문이다. 그런 점에서 역자들은 본 번역서가 독자들에게 귀한 학습의 기회를 갖는 데 적절한 기여를 하지 못할까봐 안절부절한 마음을 갖고 있다. 독자들이 혹 접하게 될 오탈자, 혹 이해를 저해할 오역은 이런 긴장된 마음에서 해방되지 못하는 역자들이 짊어져야 할 것임을 우리는 다시 확인한다. 그럼에도 불구하고 본서를 통해 한국 사회의 교육, 그 속에서 매일 매일 분투하는 교사, 그들의 직업으로서 교직이 보다 잘 이해될 수 있는 단초를 독자들이 발견할 수 있기를 손 모아 기대해 본다.

2023년 11월
역자를 대표해 유성상 쓰다

역 자 소 개

유성상

서울대 교육학과에서 학부와 석사과정을 공부하고 미국 캘리포니아대학교(UCLA)에서
박사과정(국제비교교육)을 마쳤다. 한국교육개발원 부연구위원과 한국외국어대학교 부교
수를 거쳐 지금은 서울대학교 교육학과와 대학원 글로벌교육협력전공에서 교육자로,
연구자로 살아가고 있다. 워낙 많은 관심사를 가진 터라 답변보다는 질문하기 좋아하
는, 늘 궁금한 게 많은 대학 선생이다. 교육은 개인의 일임과 더불어 사회 공동체의 일
이라는 점을 늘 되새기며 교육의 모순적이며 역설적인 상황을 이해하고 설명하려고 노
력한다. 그래서 근현대 한반도의 사회, 경제, 문화가 교육이 만들어지고 변화하는 데
어떤 연관성을 보이고 있는지, 한국의 교육이 갖는 상대적 자율성을 바탕으로 사회,
경제, 문화를 바꾸어 나갈 힘이 있는지 궁금해한다. 더불어 한반도를 넘어선 다양한
국가, 특히 여러 지역에 위치한 개발도상국의 교육이 어떻게 사회, 경제, 문화와 관계를
맺고, 교육이란 이름으로 보다 나은 삶을 지향하도록 하는 힘으로 작동하는지에 관심
을 기울이고 있다. 교사와 교직은 이런 궁금증과 학술적 질문을 구성하는 핵심 주제
다. 아마도 교육이 이뤄지는 가장 중핵적 요인을 가르치는 사람과 배우는 사람 사이의
관계라고 생각하기 때문이리라. 어떻게 하면 더불어 살아가며, 이런 더불어 살아가기
위한 삶의 관계들이 좀 더 나아질 수 있는지에 대해 꾸준히 논의하고 글을 쓰고 있다.
지은 책으로는 교육의 눈으로 영화를 읽은 〈배움의 조건〉, 인권의 눈으로 학생의 배움
을 분석한 〈인권과 학교교육〉이 있으며, 〈교사전쟁〉, 〈교사교육의 딜레마〉, 〈비난받는
교사〉, 〈과정으로서의 교육〉, 〈골리앗 무찌르기〉, 〈교육이 미래라고 생각하는 당신에게
PRIZE〉, 〈사랑의 교육학〉, 〈프레이리와 교육〉, 〈존 듀이와 교육〉 등의 (공)역서가 있다.

김민조

이화여대 초등교육과에서 공부하고 서울대 교육학과에서 석사와 박사과정(교육행정전공)을 마쳤다. 현재는 청주교육대학교에서 연구자이자 교사교육자로서 여전히 좌충우돌하면서 살아가고 있다. 2011년부터 청주교대에서 자리를 잡고서 연구자로 현장 선생님들을 만나고 선생으로 예비교사들을 만나는 시간이 이어지면서 늘 "나는 한국의 교사, 한국의 예비교사들에 대해 무엇을, 얼마나 알고 있는가?"라는 질문과 마주하게 되었다. 이러한 질문이 교육행정전공 연구자로서 교사연구에 보다 집중하도록 이끌었다. 오랜 기간 '교사'라는 연구주제를 부여잡고 있었음에도 '교사'라는 존재에 대한 무지함을 확인하면서 의기소침해하던 차에 한국의 교사와 교직에 대한 이해의 고리를 찾을 수 있지 않을까라는 기대로 번역 작업을 시작하고, 어느새 6년의 시간이 지났다. 그동안 〈교사전쟁〉, 〈교사교육의 딜레마〉, 〈비난받는 교사〉 등의 책이 출판되었다. 이 과정에서 그동안 풀리지 않던 의문들이 풀리기도 했고 그동안 보지 못했던 현상을 새롭게 조망하게도 되었고, 더 나아가 한국의 교사와 교직에 대해 꼬리에 꼬리를 무는 질문들을 제기해 보는 호사를 누리기도 했다. 이런 질문들은 공역자 유성상 선생과의 아침 커피타임에서 주요 이야기거리가 되었다. 이제는 이 질문들이 그냥 연기처럼 사라지기 전에 잘 부여잡고 답을 찾아가는 행복을 누려보려고 한다. 그 행복을 조만간 나눌 수 있기를 기대한다.

색 인

삶의 행복을 꿈꾸는 교육은
어디에서 오는가?

● **교육혁명을 앞당기는 배움책 이야기** 혁신교육의 철학과 잉걸진 미래를 만나다!

● 비고츠키 선집 시리즈 발달과 협력의 교육학 어떻게 읽을 것인가?

● **경쟁과 차별을 넘어 평등과 협력으로 미래를 열어가는 교육 대전환!** 혁신교육 현장 필독서